基本電學

攻略本（下）

基本電學含實習 攻略本（下）

編 著 者	李文源、李協衛、鄭曜鐘、林金龍、旗立理工研究室
出 版 者	旗立資訊股份有限公司
住　　　址	台北市忠孝東路一段83號
電　　　話	(02)2322-4846
傳　　　真	(02)2322-4852
劃 撥 帳 號	18784411
帳　　　戶	旗立資訊股份有限公司
網　　　址	https://www.fisp.com.tw
電 子 郵 件	school@mail.fisp.com.tw
出 版 日 期	2021/11月初版 2025/6月四版
I S B N	978-986-385-409-8

光碟、紙張用得少
你我讓地球更美好

國家圖書館出版品預行編目資料

基本電學含實習攻略本 / 李文源, 李協衛, 鄭曜鐘, 林金龍, 旗立理工研究室編著. -- 四版. -- 臺北市 : 旗立資訊股份有限公司, 2025.05
　冊；　公分
ISBN 978-986-385-409-8 (下冊 : 平裝)

1.CST: 電學　2.CST: 電路　3.CST: 技職教育

528.8352　　　　　　　　　114006523

Printed in Taiwan

※著作權所有，翻印必究

※本書如有缺頁或裝訂錯誤，請寄回更換

大專院校訂購旗立叢書，請與總經銷旗標
科技股份有限公司聯絡：
住址：台北市杭州南路一段15-1號19樓
電話：(02)2396-3257
傳真：(02)2321-2545

編輯大意

　　本書係依據教育部於108年實施之十二年國民基本教育技術型高級中等學校電機與電子群「基本電學」及「基本電學實習」課程綱要，並參考各版本之基本電學及實習教材精華，且融合本人四十餘年之教學心得編輯而成。

　　本書適合電機、電子群基本電學含實習之初學者導讀及準備各類考試之用。編輯之特點以單元為主，其內有重點整理，適合同學由簡易漸進學習再作有系統之研讀，每個公式更詳列MKS制及CGS制之單位換算，並配合多題範例解說，除易於瞭解外，進而可融會貫通。

　　每章後，更以歷屆試題做為該章之練習以評量研讀成果，使同學於演練歷屆試題中熟習各類考試命題趨勢。試題後，每題皆有精詳之解析可使同學了解其解題要領，提高日後參加考試獲取高分的信心。

　　此外，本書亦可搭配分章／節「階段練習題本」專書（選購），做為同學在各個學習段落後，充分練習各種題型、增強實力之用。

　　編寫本書期間，承蒙好友及家人之鼓勵協助，謹此致謝。本書雖經嚴謹編輯校正，仍難免有所疏漏及錯誤，尚祈各位先進不吝賜教為幸。

編者　謹誌

114年統一入學測驗
基本電學（含實習）試題分析

一、出題範圍

　　電機類、資電類的專業科目(一)考試為同一份試題，共50題，其中基本電學及基本電學實習的部分佔25題。試題中，有3題為實習類型題目，其餘22題運用基本電學的概念即可解題；在題目分配上，出題的重點偏重於電路的分析、計算題型。出題比重高的章節為CH4直流網路分析（4題）、CH3串並聯電路（3題）、CH9基本交流電路（3題）。

二、題型及難易度分析

　　本屆考題大部分難易度適中偏易，題型方向大多為各單元的基本題型與基本電路之計算。此次考試的題目，在本書中皆可找到相關重點、題型及考古題，若能熟讀本書並多加練習其中的題目，則同學必能輕鬆拿高分。

三、配分比例

章節	單元名稱	題數	114年統測試題題次	比例
CH1	電學基本概念	1	1	4%
CH2	電阻	1	2	4%
CH3	串並聯電路	3	3, 4, 20	12%
CH4	直流網路分析	4	5, 6, 7, 21	16%
CH5	電容及靜電	1	8	4%
CH6	電感及電磁	1	9	4%
CH7	直流暫態	2	10, 23	8%
CH8	交流電	2	11, 12	8%
CH9	基本交流電路	3	13, 14, 24	12%
CH10	交流電功率	1	15	4%
CH11	諧振電路	2	16, 17	8%
CH12	交流電源	1	18	4%
實習1	工場安全衛生及電源使用安全	1	19	4%
實習2	常用家電量測	0		0%
實習3	電子儀表之使用	1	22	4%
實習4	常用家用電器之檢修	1	25	4%
合　計		25		100%

Contents 目　錄

CH 7　直流暫態
- 7-1　電阻電容（RC）暫態電路 7-3
- 7-2　電感電容（RL）暫態電路 7-10
- 7-3　電阻電感電容（RLC）暫態電路 7-15

CH 8　交流電
- 8-1　電力系統的認識 8-3
- 8-2　波形 8-4
- 8-3　頻率及週期 8-14
- 8-4　相位 8-17
- 8-5　相量運算 8-20

CH 9　基本交流電路
- 9-1　純電阻、純電感及純電容的交流電路 9-3
- 9-2　電阻電容（RC）串聯電路 9-9
- 9-3　電阻電感（RL）串聯電路 9-11
- 9-4　電阻電感電容（RLC）串聯電路 9-13
- 9-5　電阻電容（RC）並聯電路 9-16
- 9-6　電阻電感（RL）並聯電路 9-18
- 9-7　電阻電感電容（RLC）並聯電路 9-21
- 9-8　串聯與並聯等效電路之互換 9-24
- 9-9　電阻電感電容（RLC）串並聯電路 9-30

CH 10 交流電功率

10-1 瞬間功率 10-3
10-2 平均功率 10-5
10-3 虛功率 10-11
10-4 視在功率 10-17
10-5 功率因數 10-19

CH 11 諧振電路

11-1 串聯諧振電路 11-3
11-2 並聯諧振電路 11-13
11-3 串並聯諧振電路 11-20

CH 12 交流電源

12-1 單相電源 12-3
12-2 三相電源 12-6
12-3 電源使用安全 12-24
※12-4 交流迴路 12-25

實習 實習篇－Part II

實習3 電子儀表之使用 實-3
實習4 常用家用電器之檢修 實-8

CH 7 直流暫態

本章目錄

7-1　電阻電容（RC）暫態電路 3

7-2　電阻電感（RL）暫態電路 10

7-3　電阻電感電容（RLC）暫態電路 15

本章重點在於電阻電容（RC）電路與電阻電感（RL）電路的充放電狀態，以及電感 L、電容 C 於電路充電瞬間與電路穩定時的狀態

統測命題重點

1. 電阻-電容電路的充電過程：

   (1) $I(t) = \dfrac{E}{R} e^{-\frac{t}{\tau}}$（由 $\dfrac{E}{R} \to 0$）　　(2) $V_R(t) = E e^{-\frac{t}{\tau}}$（由 $E \to 0$）

   (3) $V_C(t) = E(1 - e^{-\frac{t}{\tau}})$（由 $0 \to E$）　　式中：$0 \leq t \leq 5\tau$；$\tau = RC$

2. 電阻-電容電路的放電過程：

   (1) $V_C(t) = E e^{-\frac{t}{\tau}}$（由 $E \to 0$）　　(2) $V_R(t) = -E e^{-\frac{t}{\tau}}$（由 $-E \to 0$）

   (3) $I(t) = -\dfrac{E}{R} e^{-\frac{t}{\tau}}$（由 $-\dfrac{E}{R} \to 0$）　　式中：$0 \leq t \leq 5\tau$；$\tau = RC$

3. 電阻-電感電路的充電過程：

   (1) $V_L(t) = E e^{-\frac{t}{\tau}}$（由 $E \to 0$）　　(2) $I(t) = \dfrac{E}{R}(1 - e^{-\frac{t}{\tau}})$（由 $0 \to \dfrac{E}{R}$）

   (3) $V_R(t) = E(1 - e^{-\frac{t}{\tau}})$（由 $0 \to E$）　　式中：$0 \leq t \leq 5\tau$；$\tau = \dfrac{L}{R}$

4. 電阻-電感電路的放電過程：

   (1) $V_L(t) = -E e^{-\frac{t}{\tau}}$（由 $-E \to 0$）　　(2) $I(t) = \dfrac{E}{R} e^{-\frac{t}{\tau}}$（由 $\dfrac{E}{R} \to 0$）

   (3) $V_R(t) = E e^{-\frac{t}{\tau}}$（由 $E \to 0$）　　式中：$0 \leq t \leq 5\tau$；$\tau = \dfrac{L}{R}$

5. 當電路於充電瞬間：其電感視為斷路，而電容視為短路。

6. 當電路於充電完成，電路穩定後：其電感視為短路，而電容視為斷路。

7. 於串並聯電路之RL及RC充放電電路時，可利用戴維寧等效電路簡化之。

7-1　電阻電容（RC）暫態電路

一　直流暫態

於直流電路中，若有電容（C）或電感（L）之元件，自接通直流電源之瞬間，其電容或電感會有一小段充電過程；當充電完成後自切斷電源而接通電路之瞬間，其電容或電感會有一小段放電過程。無論是充電或放電過程，其電路之電流值是隨時間而變化，此狀態稱為暫態；若電路之電流值已達穩定狀態且不隨時間而變化，此狀態稱為穩態。

二　時間常數（τ）

於暫態電路中，電路之電壓或電流達穩定值之63.2%所需之時間。

1. RC直流電路之時間常數：$\tau = RC$ 〔s, 秒〕

2. RL直流電路之時間常數：$\tau = \dfrac{L}{R}$ 〔s, 秒〕

　　單位：(1)　τ：秒（sec）　　　　(2)　R：歐姆（Ω）
　　　　　(3)　C：法拉（F）　　　　　(4)　L：亨利（H）

三　充放電過程中的指數曲線

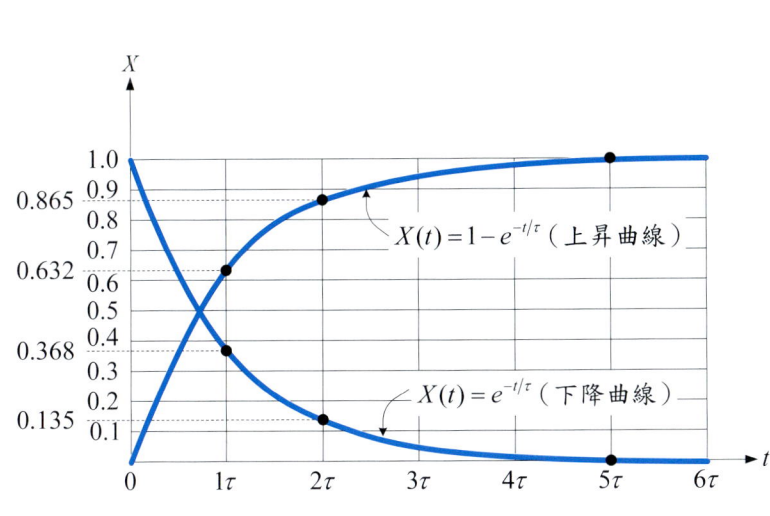

▼ 左圖式中 $e^{-\frac{t}{\tau}}$ 的數值

t	$e^{-\frac{t}{\tau}}$
0	$e^0 = 1.0$
1τ	$e^{-1} = 0.368$
2τ	$e^{-2} = 0.135$
3τ	$e^{-3} = 0.0498$
4τ	$e^{-4} = 0.0183$
5τ	$e^{-5} = 0.00674 \cong 0$（於電工學中 e^{-5} 視同為零）

四 RC直流電路之充電過程

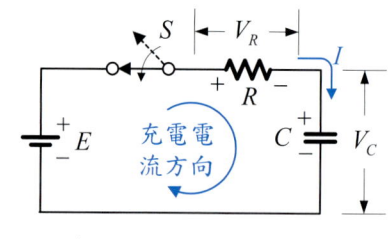

（RC之充電電路圖）

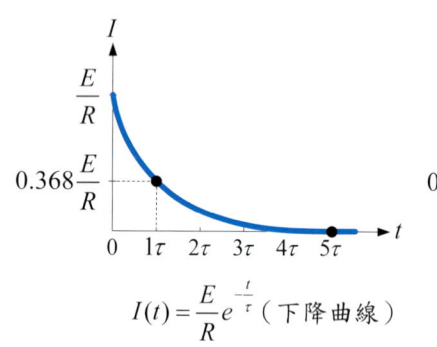

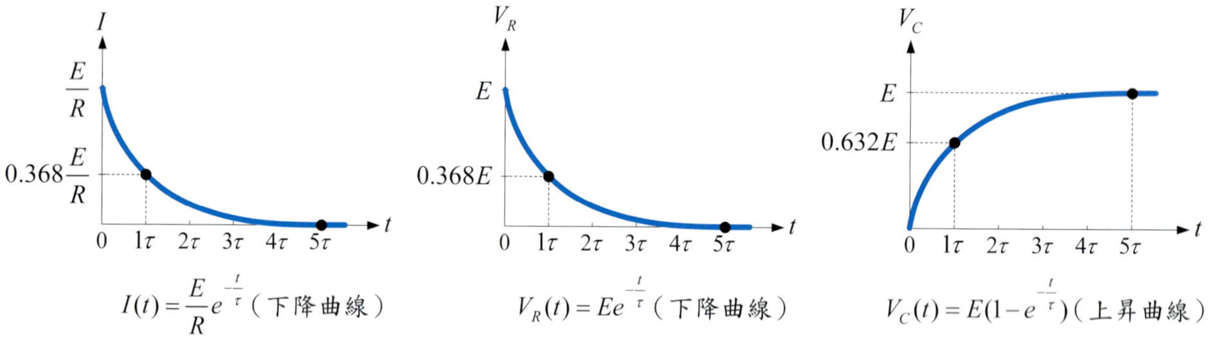

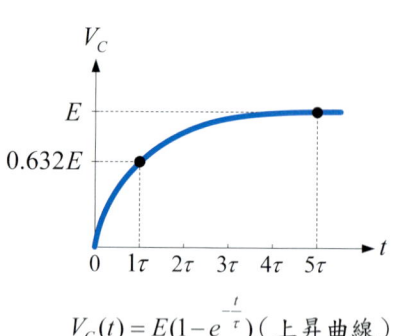

▲ $I(t)$、$V_R(t)$ 及 $V_C(t)$ 的充電特性曲線

1. RC充電之時間常數：$\tau = RC$。

2. 當 $t = 0$ 時（即開關 S 閉合，電路接通之瞬間）：此時電容（C）視為短路。

    $I = \dfrac{E}{R}$（最大）　　$V_R = E$（最大）　　$V_C = 0$

3. 當 $0 \leq t \leq 5\tau$ 時（暫態：即電容之充電過程）：

    $I(t) = \dfrac{E}{R} e^{-\frac{t}{\tau}} = \dfrac{E}{R} e^{-\frac{t}{RC}}$　　　　（由 $\dfrac{E}{R}$ 逐漸減小至零）

    $V_R(t) = E e^{-\frac{t}{\tau}} = E e^{-\frac{t}{RC}}$　　　　（由 E 逐漸減小至零）

    $V_C(t) = E(1 - e^{-\frac{t}{\tau}}) = E(1 - e^{-\frac{t}{RC}})$　　　　（由零逐漸增大至 E）

4. 當 $t \geq 5\tau$ 時（即電容 C 充電完畢，電路視同穩定）：電容（C）視為開路。

    $I = 0$　　$V_R = 0$　　$V_C = E$（最大）

範例 1

求右圖之開關 S 閉合後之

(1) 時間常數 τ。

(2) $t = 0$ 之 I、V_R、V_C。

(3) $t = 0.01$ 秒及 $t = 0.03$ 秒之 $I(t)$、$V_R(t)$、$V_C(t)$。

(4) $t = 0.05$ 秒之 I、V_R、V_C。

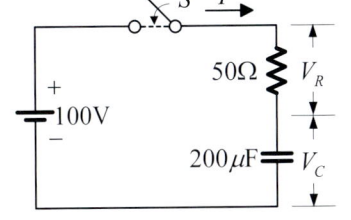

解 (1) RC充電之時間常數：$\tau = RC = 50 \times 200\mu = 0.01$ (秒)

(2) 當 $t = 0$ 時（開關 S 閉合瞬間）：電容視為短路

$$I = \frac{E}{R} = \frac{100}{50} = 2 \text{ (安培)} \quad V_R = E = 100 \text{ (伏特)} \quad V_C = 0 \text{ (伏特)}$$

(3) 當 $0 \leq t \leq 5\tau$ 時：

$$I(t) = \frac{E}{R}e^{-\frac{t}{RC}} = 2e^{-\frac{t}{0.01}} \text{ (安培)}$$

$$V_R(t) = Ee^{-\frac{t}{RC}} = 100e^{-\frac{t}{0.01}} \text{ (伏特)}$$

$$V_C(t) = E(1 - e^{-\frac{t}{RC}}) = 100(1 - e^{-\frac{t}{0.01}}) \text{ (伏特)}$$

(a) 若 $t = 0.01$ 秒時：

則 $I(t) = 2e^{-\frac{0.01}{0.01}} = 2e^{-1} = 2(0.368) = 0.736$ (安培)

$V_R(t) = 100e^{-\frac{0.01}{0.01}} = 100e^{-1} = 100(0.368) = 36.8$ (伏特)

$V_C(t) = 100(1 - e^{-\frac{0.01}{0.01}}) = 100(1 - e^{-1}) = 100(1 - 0.368) = 63.2$ (伏特)

(b) 若 $t = 0.03$ 秒時：

則 $I(t) = 2e^{-\frac{0.03}{0.01}} = 2e^{-3} = 2(0.0498) = 0.0996$ (安培)

$V_R(t) = 100e^{-\frac{0.03}{0.01}} = 100e^{-3} = 100(0.0498) = 4.98$ (伏特)

$V_C(t) = 100(1 - e^{-\frac{0.03}{0.01}}) = 100(1 - e^{-3})$
$= 100(1 - 0.0498) = 95.02$ (伏特)

(4) 當 $t \geq 5\tau$ 時（此時電路視同穩定）：電容視為開路

$I = 0$ (安培)　　$V_R = 0$ (伏特)　　$V_C = E$ (伏特)

若 $t = 0.05$ 秒時（或 $t > 0.05$ 秒時，則電容視為開路）

$I = 0$ (安培)　　$V_R = 0$ (伏特)　　$V_C = 100$ (伏特)

五 RC直流電路之放電過程

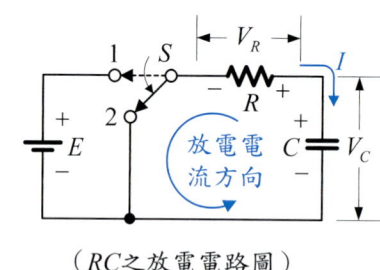

（RC之放電電路圖）

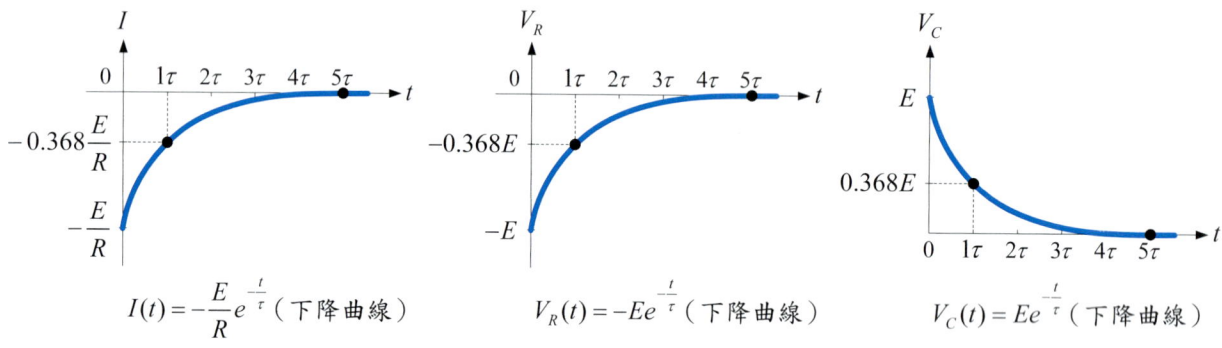

▲ $I(t)$、$V_R(t)$及$V_C(t)$的放電特性曲線

當開關S於 "1" 位置經$t \geq 5\tau$充電穩定後，則電容C之上極板帶正電荷，下極板帶負電荷，即$V_C = E$。若開關S由 "1" 投入 "2" 時，則正負電荷連接電阻（R）成一通路，電容（C）即開始放電。

1. RC放電之時間常數：$\tau = RC$。

2. 當$t = 0$時（即開關S由 "1" 投入 "2" 之瞬間）：

    $V_C = E$

    $V_R = -E$　　　　　　　　　　（與充電時之極性相反）

    $I = -\dfrac{V_C}{R} = -\dfrac{E}{R}$　　　　　（與放電電流之方向相反）

3. 當$0 \leq t \leq 5\tau$時（暫態：即電容之放電過程）：

    $V_C(t) = Ee^{-\frac{t}{\tau}} = Ee^{-\frac{t}{RC}}$　　　（由E逐漸減小至零）

    $V_R(t) = -Ee^{-\frac{t}{\tau}} = -Ee^{-\frac{t}{RC}}$　　（由$-E$逐漸減至零）

    $I(t) = -\dfrac{E}{R}e^{-\frac{t}{\tau}} = -\dfrac{E}{R}e^{-\frac{t}{RC}}$　　（由$-\dfrac{E}{R}$逐漸減至零）

4. 當 $t \geq 5\tau$ 時（即電容 C 放電完畢，電路視同穩定）：

$$V_C = 0 \text{ (伏特)} \quad V_R = 0 \text{ (伏特)} \quad I = 0 \text{ (安培)}$$

範例 2

求右圖開關 S 由 a 點投入 b 點後之

(1) 時間常數 τ。

(2) $t = 0$ 之 V_C、V_R、I。

(3) $t = 0.01$ 秒及 $t = 0.02$ 秒之 $V_C(t)$、$V_R(t)$、$I(t)$。

(4) $t = 0.06$ 秒之 V_C、V_R、I。

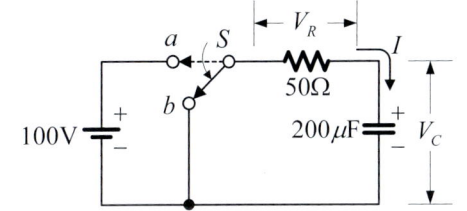

解 (1) RC 充電之時間常數：$\tau = RC = 50 \times 200\mu = 0.01$ (秒)

(2) 當 $t = 0$ 時（開關由 "a" 投入 "b" 之瞬間）：

$$V_C = E = 100 \text{ (伏特)}$$

$$V_R = -E = -100 \text{ (伏特)}$$

$$I = -\frac{E}{R} = -\frac{100}{50} = -2 \text{ (安培)}$$

(3) 當 $0 \leq t \leq 5\tau$ 時（電容 C 之放電過程）：

$$V_C(t) = Ee^{-\frac{t}{\tau}} = Ee^{-\frac{t}{RC}} = Ee^{-\frac{t}{0.01}} \text{ (伏特)}$$

$$V_R(t) = -Ee^{-\frac{t}{\tau}} = -Ee^{-\frac{t}{0.01}} \text{ (伏特)}$$

$$I(t) = -\frac{E}{R}e^{-\frac{t}{\tau}} = -\frac{E}{R}e^{-\frac{t}{0.01}} \text{ (安培)}$$

(a) 若 $t = 0.01$ 秒時：

$$V_C(t) = Ee^{-\frac{t}{\tau}} = 100e^{-1} = 100(0.368) = 36.8 \text{ (伏特)}$$

$$V_R(t) = -Ee^{-\frac{t}{\tau}} = -100e^{-1} = -100(0.368) = -36.8 \text{ (伏特)}$$

$$I(t) = -\frac{E}{R}e^{-\frac{t}{\tau}} = -\frac{100}{50}e^{-1} = -2(0.368) = -0.736 \text{ (安培)}$$

(b) 若 $t = 0.02$ 秒時：

$$V_C(t) = Ee^{-\frac{t}{\tau}} = 100e^{-2} = 100(0.135) = 13.5 \text{ (伏特)}$$

$$V_R(t) = -Ee^{-\frac{t}{\tau}} = -100e^{-2} = -100(0.135) = -13.5 \text{ (伏特)}$$

$$I(t) = -\frac{E}{R}e^{-\frac{t}{\tau}} = -\frac{100}{50}e^{-2} = -2(0.135) = -0.27 \text{ (安培)}$$

(4) 當 $t \geq 5\tau$ 時（即電容 C 放電完畢，電路視同穩定）：

$V_C = 0$ (伏特)　　$V_R = 0$ (伏特)　　$I = 0$ (安培)

若 $t = 0.06$ 時（因 $t > 5\tau$，則電路視同穩定）

則 $V_C = 0$ (伏特)　　$V_R = 0$ (伏特)　　$I = 0$ (安培)

範例 3

右圖中為一直流電路：

(1) 當 S 關閉瞬間，求初期電流值。

(2) 求此電路之時間常數。

(3) 達穩定狀態後，求電容所帶電荷值。

(4) 求電容所儲存電能值。　　[電信]

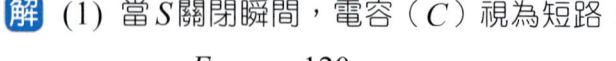

解 (1) 當 S 關閉瞬間，電容（C）視為短路：

$$I = \frac{E}{R} = \frac{120}{120 \times 10^3} = 1 \times 10^{-3} \text{ (安培)}$$

(2) 時間常數：$\tau = RC = (120 \times 10^3)(50 \times 10^{-6}) = 6$ (秒)

(3) 電路穩定後，電容（C）視為開路：

$\therefore V_C = E = 120$ (伏特)

$Q = CV_C = (50 \times 10^{-6}) \times 120 = 6 \times 10^{-3}$ (庫侖)

(4) $W = \frac{1}{2}CV_C^2 = \frac{1}{2} \times (50 \times 10^{-6}) \times 120^2 = 0.36$ (焦耳)

範例 4

100伏的電池接於 R 為 $1\text{M}\Omega$，C 為 2MFD（即 $2\mu\text{F}$）之串聯電路，該時間常數為 _____ 秒。 [二專]

答 2

解 $\tau = RC = (1\times10^6)(2\times10^{-6}) = 2$（秒）

範例 5

在右圖中，自開關 K 閉合時起需經 _____ 秒，其電流減小 63.2%。 [保送]

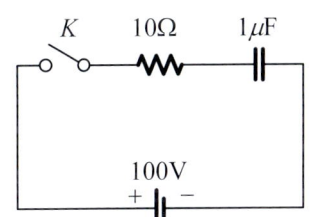

答 10^{-5}

解 電流由最大值降到 36.8%，須經過一個時間常數：
$1\tau = RC$
$t = 1\tau = RC = 10\times(1\times10^{-6}) = 10^{-5}$（秒）

範例 6

試分析何以電容器在直流電路中充電與放電時，其電流方向相反？ [保送]

解 如右圖所示，開關 S 於 a 位置時，電容（C）充電，其充電電流（I）由上極板流入。若開關 S 投入 b 位置時，電容（C）放電，其放電電流（I_C）由上極板流出，故充電電流（I）與放電電流（I_C）方向相反。

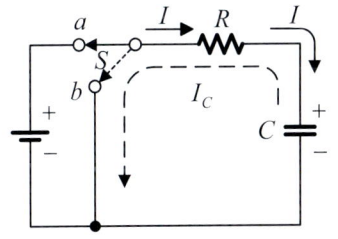

範例 7

C 充電電路中，時間常數乃指在 RC 秒時電壓升高完成至穩定電壓的 _____ 所需之時間。 [保送]

答 63.2%

7-2 電阻電感（RL）暫態電路

一 RL直流電路之充電過程

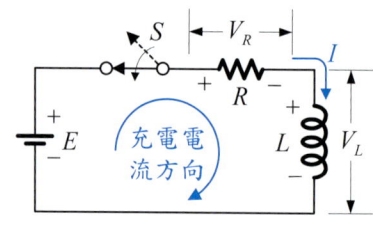

（RL之充電電路圖）

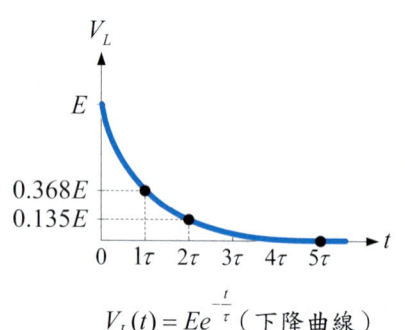
$V_L(t) = Ee^{-\frac{t}{\tau}}$（下降曲線）

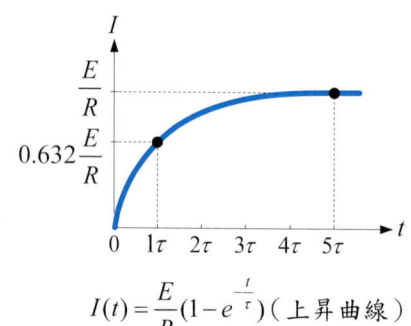
$I(t) = \frac{E}{R}(1-e^{-\frac{t}{\tau}})$（上昇曲線）

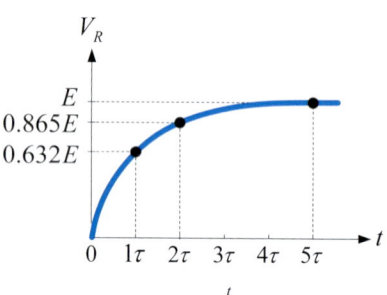
$V_R(t) = E(1-e^{-\frac{t}{\tau}})$（上昇曲線）

▲ $V_L(t)$、$I(t)$及$V_R(t)$的充電特性曲線

1. RL充電之時間常數：$\tau = \frac{L}{R}$。

2. 當$t=0$時（即開關S閉合，電路接通之瞬間）：此時電感器（L）產生一與電源電壓（E）相等之反電勢V_L，使充電電流（I）為零，電感器（L）視為開路，線路視為斷路。

    $V_L = E$（最大）　　$I = 0$　　$V_R = 0$

3. 當$0 \le t \le 5\tau$時（暫態：即電感之充電過程）：

    $V_L(t) = Ee^{-\frac{t}{\tau}} = Ee^{-\frac{R}{L}t}$　　　　（由E逐漸減小至零）

    $I(t) = \frac{E}{R}(1-e^{-\frac{t}{\tau}}) = \frac{E}{R}(1-e^{-\frac{R}{L}t})$　　（由零逐漸增大至$\frac{E}{R}$）

    $V_R(t) = E(1-e^{-\frac{t}{\tau}}) = E(1-e^{-\frac{R}{L}t})$　　（由零逐漸增大至E）

4. 當$t \ge 5\tau$時（即電感L充電完畢，電路視同穩定）：電感（L）視為短路。

    $V_L = 0$　　$I = \frac{E}{R}$（最大）　　$V_R = E$（最大）

範例 8

求右圖開關 S 閉合後之

(1) 時間常數 τ。

(2) $t=0$ 時之 V_L、I、V_R。

(3) (a) $t=0.02$ 秒時之 $V_L(t)$、$I(t)$、$V_R(t)$。

(b) $t=0.06$ 秒時之 $V_L(t)$、$I(t)$、$V_R(t)$。

(4) $t=0.1$ 秒時之 V_L、I、V_R。

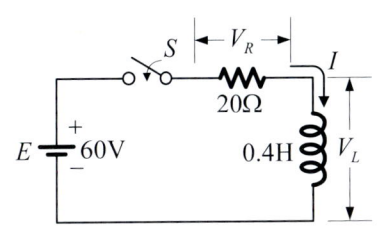

解 (1) RL 充電之時間常數：$\tau = \dfrac{L}{R} = \dfrac{0.4}{20} = 0.02$（秒）

(2) 當 $t=0$ 時（即開關 S 閉合之瞬間）：電感（L）視為開路。

$V_L = E = 60$（伏特） $I = 0$（安培） $V_R = 0$（伏特）

(3) 當 $0 \leq t \leq 5\tau$ 時（即電感充電過程）：

$V_L(t) = Ee^{-\frac{t}{\tau}} = Ee^{-\frac{t}{0.02}}$（伏特）

$I(t) = \dfrac{E}{R}(1-e^{-\frac{t}{\tau}}) = \dfrac{E}{R}(1-e^{-\frac{t}{0.02}})$（安培）

$V_R(t) = E(1-e^{-\frac{t}{\tau}}) = E(1-e^{-\frac{t}{0.02}})$（伏特）

(a) 若 $t=0.02$ 秒時：

則 $V_L(t) = 60e^{-\frac{0.02}{0.02}} = 60e^{-1} = 60(0.368) = 22.08$（伏特）

$I(t) = \dfrac{60}{20}(1-e^{-\frac{0.02}{0.02}}) = 3(1-e^{-1}) = 3(1-0.368) = 1.896$（安培）

$V_R(t) = 60(1-e^{-\frac{0.02}{0.02}}) = 60(1-e^{-1}) = 60(1-0.368) = 37.92$（伏特）

(b) 若 $t=0.06$ 秒時：

則 $V_L(t) = 60e^{-\frac{0.06}{0.02}} = 60e^{-3} = 60(0.0498) = 2.988$（伏特）

$I(t) = \dfrac{60}{20}(1-e^{-3}) = 3(1-0.0498) = 3(0.9502) = 2.8506$（安培）

$V_R(t) = 60(1-e^{-3}) = 60(1-0.0498) = 60(0.9502) = 57.012$（伏特）

(4) 當 $t \geq 5\tau$ 秒時（此時電路視同穩定）：電感（L）視為短路。

若 $t=0.1$ 秒時（因 $t=5\tau$，則電路視同穩定）

則 $V_L = 0$（伏特） $I = \dfrac{E}{R} = \dfrac{60}{20} = 3$（安培） $V_R = E = 60$（伏特）

二 RL直流電路之放電過程

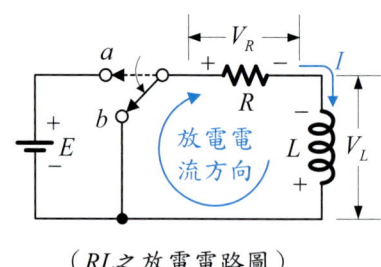

（RL之放電電路圖）

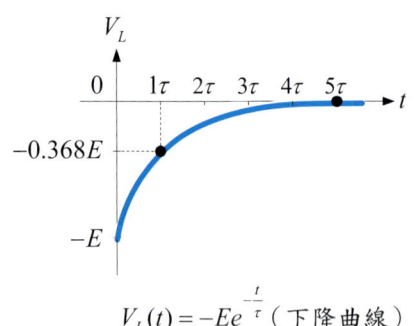

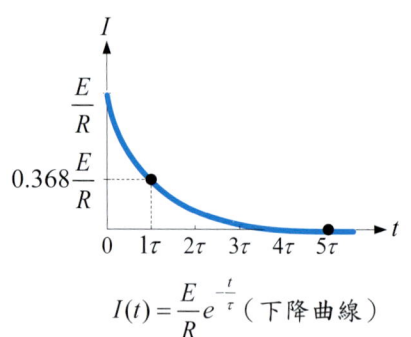

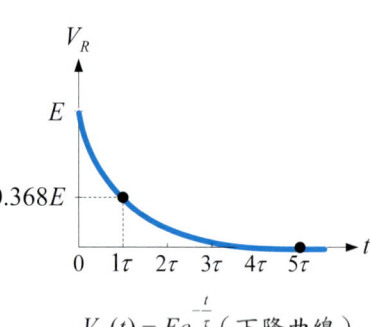

▲ $V_L(t)$、$I(t)$及$V_R(t)$的放電特性曲線

當開關S置於a點經$t \geq 5\tau$，電感（L）已達充電完畢後，電感已儲存最大磁能量。若將開關S由a點投入b點時，由能量守恆定律知其電感有感應電動勢可視為一電源，其極性與原電源E之極性相反。

1. RL放電之時間常數：$\tau = \dfrac{L}{R}$。

2. 當$t = 0$時（即開關S由a點投入b點之瞬間）：

    $V_L = -E$　　　　　　　　　（最大）（與原電源E之極性相反）

    $V_R = E$　　　　　　　　　　（最大）（與充電時之極性相同）

    $I = \dfrac{E}{R}$　　　　　　　　　（最大）（與放電電流之方向相同）

3. 當$0 \leq t \leq 5\tau$時（暫態：即電感之放電過程）：

    $V_L(t) = -Ee^{-\frac{t}{\tau}} = -Ee^{-\frac{R}{L}t}$　　（由$-E$逐漸減至零）

    $I(t) = \dfrac{E}{R}e^{-\frac{t}{\tau}} = \dfrac{E}{R}e^{-\frac{R}{L}t}$　　（由$\dfrac{E}{R}$逐漸減小至零）

    $V_R(t) = Ee^{-\frac{t}{\tau}} = Ee^{-\frac{R}{L}t}$　　（由E逐漸減小至零）

4. 當$t \geq 5\tau$時（即電感L放電完畢，電路視同穩定）：

    $V_L = 0$(伏特)　　$I = 0$(安培)　　$V_R = 0$(伏特)

範例 9

求右圖之開關 S 由 a 點投入 b 點後之

(1) 時間常數 τ。

(2) $t = 0$ 時之 V_L、I、V_R。

(3) $t = 0.02$ 秒及 $t = 0.04$ 秒時之 $V_L(t)$、$I(t)$、$V_R(t)$。

(4) $t = 0.2$ 秒時之 V_L、I、V_R。

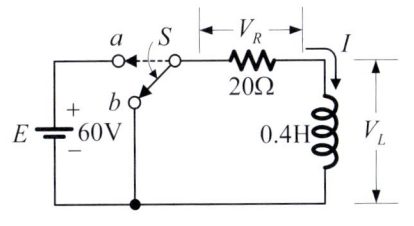

解 (1) RL 放電之時間常數：$\tau = \dfrac{L}{R} = \dfrac{0.4}{20} = 0.02$ (秒)

(2) 當 $t = 0$ 時（即開關 S 由 a 點投入 b 點之瞬間）：

$V_L = -E = -60$ (伏特)

$I = \dfrac{E}{R} = \dfrac{60}{20} = 3$ (安培)

$V_R = E = 60$ (伏特)

(3) 當 $0 \leq t \leq 5\tau$ 時（暫態：即電感之放電過程）：

$V_L(t) = -Ee^{-\frac{t}{\tau}} \qquad I(t) = \dfrac{E}{R}e^{-\frac{t}{\tau}} \qquad V_R(t) = Ee^{-\frac{t}{\tau}}$

(a) 若 $t = 0.02$ 秒時：

$V_L(t) = -Ee^{-\frac{t}{\tau}} = -60e^{-\frac{0.02}{0.02}} = -60e^{-1} = -60(0.368) = -22.08$ (伏特)

$I(t) = \dfrac{E}{R}e^{-\frac{t}{\tau}} = \dfrac{60}{20}e^{-\frac{0.02}{0.02}} = 3e^{-1} = 1.104$ (安培)

$V_R(t) = Ee^{-\frac{t}{\tau}} = 60e^{-\frac{0.02}{0.02}} = 60e^{-1} = 22.08$ (伏特)

(b) 若 $t = 0.04$ 秒時：

$V_L(t) = -Ee^{-\frac{t}{\tau}} = -60e^{-\frac{0.04}{0.02}} = -60e^{-2} = -60(0.135) = -8.1$ (伏特)

$I(t) = \dfrac{E}{R}e^{-\frac{t}{\tau}} = \dfrac{60}{20}e^{-\frac{0.04}{0.02}} = 3e^{-2} = 3(0.135) = 0.405$ (安培)

$V_R(t) = Ee^{-\frac{t}{\tau}} = 60e^{-\frac{0.04}{0.02}} = 60e^{-2} = 60(0.135) = 8.1$ (伏特)

(4) 當 $t \geq 5\tau$ 時（即電感放電完畢，電路視同穩定）：

$V_L = 0$ (伏特)　　$I = 0$ (安培)　　$V_R = 0$ (伏特)

若 $t = 0.2$ 秒時（因 $t > 5\tau$，則電路視同穩定）

則 $V_L = 0$ (伏特)　　$I = 0$ (安培)　　$V_R = 0$ (伏特)

範例 10

電感為0.2亨利，電阻為10Ω之RL串聯電路，其時間常數（time constant）為 _____ 秒。 [二專]

答 0.02

解 $\tau = \dfrac{L}{R} = \dfrac{0.2}{10} = 0.02$ (秒)

範例 11

RL串聯電路中，設R為5歐，L為8亨，則其τ_L為 _____。 [保送]

答 1.6秒

解 τ_L（RL之時間常數）$= \dfrac{L}{R} = \dfrac{8}{5} = 1.6$ (秒)

範例 12

直流RL串聯電路中，其時間常數為 _____ 秒。 [保送]

答 $\dfrac{L}{R}$

解 $\tau = \dfrac{L}{R}$ (秒)

範例 13

RL直流電路與RC直流電路中時間常數，其值及定義為何？ [保送]

解 RL直流電路之 $\tau = \dfrac{L}{R}$，RC直流電路之 $\tau = RC$，其值各不同；但RL與RC直流電路中時間常數皆代表電路由電流變化63.2%所需之時間，故其定義相同。

範例 14

在直流 RL 串聯電路中，設 $E = 15\,\text{V}$、$R = 3\,\Omega$、$L = 20\,\mu\text{H}$；試求當電流穩定時該線圈儲存之能量。　　　　　　　　　　　　　　　　　　　　　　　　　　　　　　　　　　[保送]

解 當電流穩定時，則 $I = \dfrac{E}{R} = \dfrac{15}{3} = 5$（安培）

$\therefore W_L = \dfrac{1}{2}LI^2 = \dfrac{1}{2}(20\times10^{-6})(5)^2 = 2.5\times10^{-4}$（焦耳）

7-3　電阻電感電容（RLC）暫態電路

一　當電路於充電之瞬間

電感（L）視為斷路，而電容（C）視為短路。

範例 15

試求右圖中，當開關 S 閉合瞬間之電路暫態。

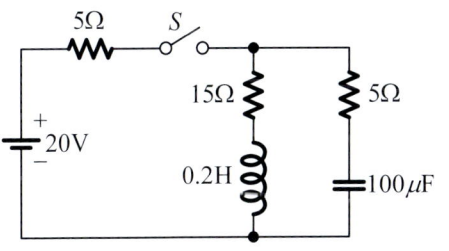

解 當 S 閉合之瞬間（$t = 0$ 時），原圖可化成右圖：

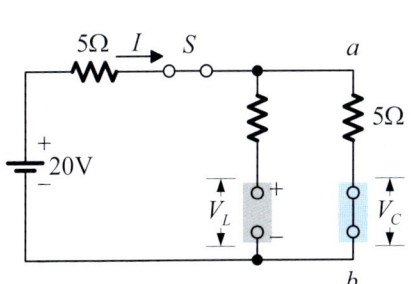

則 $I = \dfrac{20}{5+5} = 2$（安培）

$V_C = 0$（伏特）

$V_L = V_{ab} = \dfrac{5}{5+5}\times 20 = 10$（伏特）

二 當電路於充電達穩態後

其電感（L）視為短路，而電容（C）視為斷路。

範例 16

試求右圖電路達穩態後之狀況。

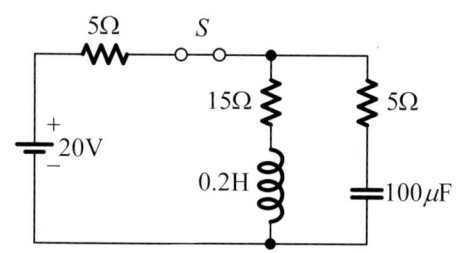

解 當 S 閉合達電路穩定後，原圖可化成右圖：

則 $I = \dfrac{20}{5+15} = 1$（安培）

$V_C = V_{ab} = \dfrac{15}{5+15} \times 20 = 15$（伏特）

$V_L = 0$（伏特）

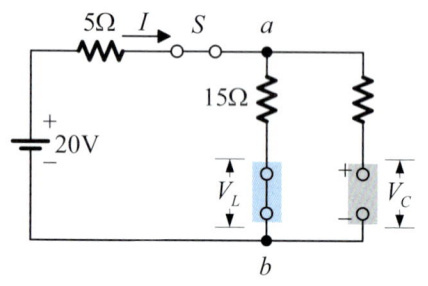

三 複雜網路的 RC 及 RL 暫態

於串並聯電路之 RC 及 RL 充放電電路，可利用戴維寧等效電路簡化之。

範例 17

試求下圖電路充電之暫態。

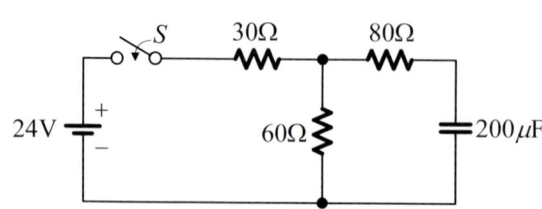

解 **Step 1** 將原圖化成下圖（利用戴維寧定理）

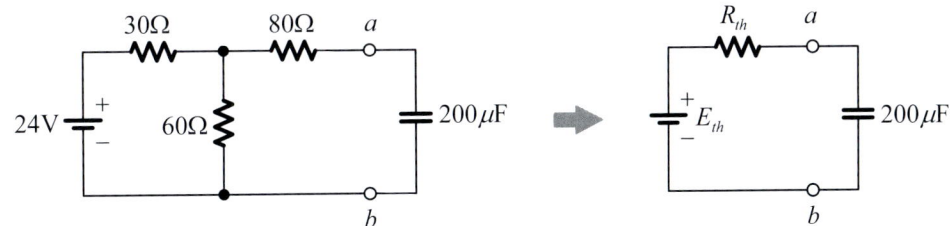

(1) 求R_{th}：

$$R_{th} = R_{ab} = \frac{(60)(30)}{60+30} + 80$$
$$= 100\,(\Omega)$$

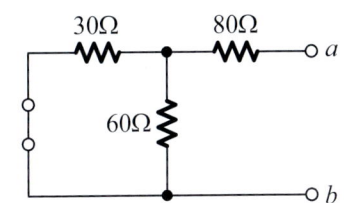

(2) 求E_{th}：

$$E_{th} = V_{ab} = \frac{60}{30+60} \times 24$$
$$= 16\,(伏特)$$

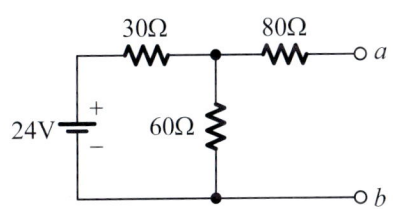

Step 2 原圖可化成下圖，再求充電之暫態。

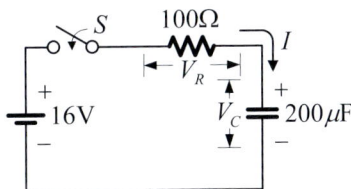

(1) 時間常數 $\tau = 100 \times 200 \times 10^{-6} = 0.02\,(秒)$

(2) 當 $t=0$（開關 S 閉合之瞬間）：電容（C）視為短路。

$$V_C = 0\,(伏特) \qquad I = \frac{16}{100} = 0.16\,(安培) \qquad V_R = 16\,(伏特)$$

(3) 當 $0 \leq t \leq 5\tau$（暫態：充電過程）：

$$V_C(t) = E(1-e^{-\frac{t}{\tau}}) = 16(1-e^{-\frac{t}{0.02}})\,(伏特)$$

$$I(t) = \frac{E}{R}e^{-\frac{t}{\tau}} = \frac{16}{100}e^{-\frac{t}{0.02}} = 0.16e^{-\frac{t}{0.02}}\,(安培)$$

$$V_R(t) = Ee^{-\frac{t}{\tau}} = 16e^{-\frac{t}{0.02}}\,(伏特)$$

(4) 當 $t \geq 5\tau$（電路穩定）：電容（C）視為開路。

$$V_C = 16\,(伏特) \qquad I = 0\,(安培) \qquad V_R = 0\,(伏特)$$

四 RLC串聯電路的充電狀態

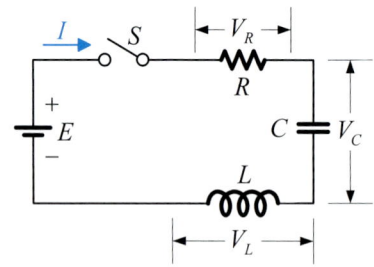

1. 當開關S閉合之瞬間（$t=0$）：電容（C）視為短路，電感（L）視為開路，如右圖：

   則 $I = 0 \quad V_R = 0 \quad V_C = 0 \quad V_L = E$

   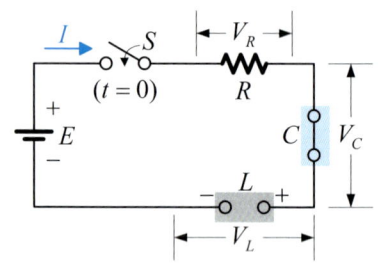

2. 當開關S閉合至電路穩定後（$t \geq 5\tau$）：電容C視為開路，電感L視為短路，如右圖：

   則 $I = 0 \quad V_R = 0 \quad V_C = E \quad V_L = 0$

   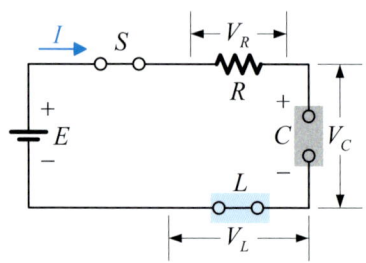

五 RLC串並聯電路的充電狀態

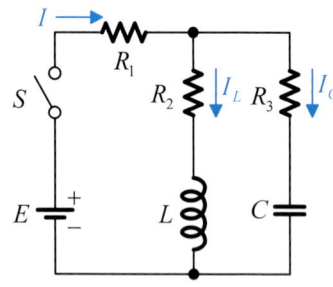

1. 當開關S閉合之瞬間（$t=0$）：C視為短路，L視為開路，如右圖：

   則 $I = I_C = \dfrac{E}{R_1 + R_3} \quad I_L = 0$

   $V_L = \dfrac{R_3}{R_1 + R_3} E \quad V_C = 0$

   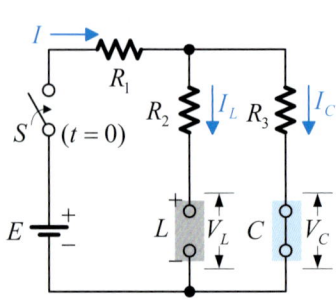

7-18

2. 當開關 S 閉合已達穩態後（$t \geq 5\tau$）：C 視為開路，L 視為短路，如右圖：

則 $I = I_L = \dfrac{E}{R_1 + R_2}$ $I_C = 0$

$V_L = 0$ $V_C = \dfrac{R_2}{R_1 + R_2}E$

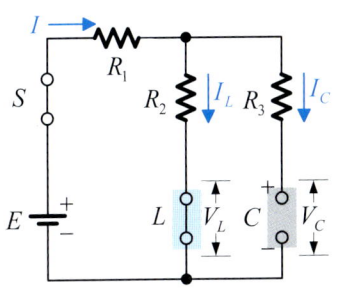

範例 18

如右圖，當 S 關上後經過時間 $t \to \infty$ 時，$V_{AB} = $ _____ 伏特。 [教院]

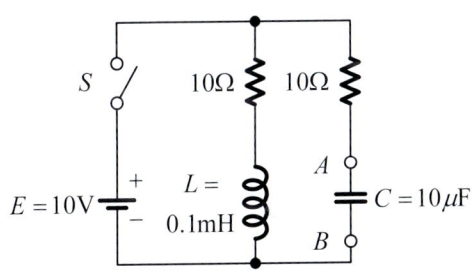

答 10

解 當 $t \to \infty$ 時，即 $t \geq 5\tau$，則電路穩定，其 L 為短路，C 為開路，如右圖所示：

∴ $V_{AB} = V_C = E = 10$ (伏特)

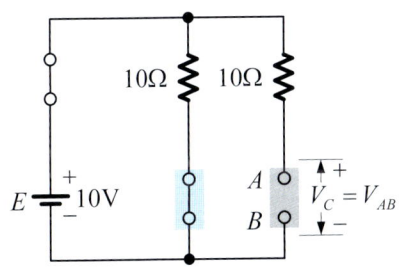

範例 19

S 閉合，求 $I = $？

(1) $t = 0$ 時。

(2) t 很久了。　　　　　　　　　　[二專]

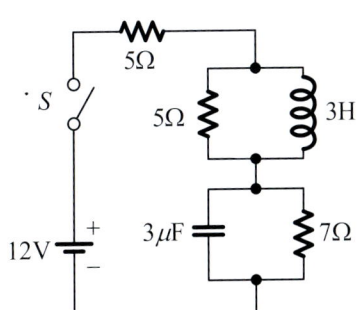

解 (1) $t=0$ 時，其 L 為斷路，C 為短路，如下圖(a)：

$$\therefore I = \frac{12}{5+5} = 1.2\ (安培)$$

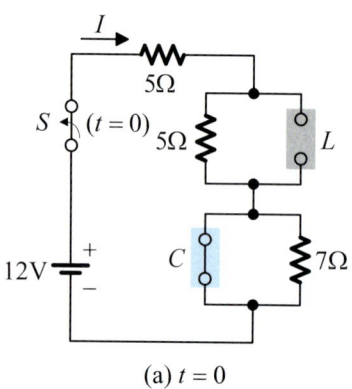
(a) $t=0$

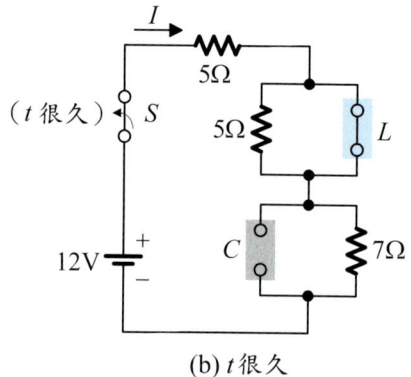
(b) t 很久

(2) t 很久了，即電路穩定時，其 L 為短路，C 為開路，如上圖(b)：

$$\therefore I = \frac{12}{5+7} = 1\ (安培)$$

範例 20

右圖中當電路穩定時 V_C 為 _____ 伏特，V_L 為 _____ 伏特，I 為 _____ 安培。 [保送]

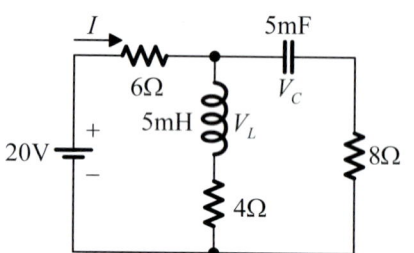

答 8，0，2

解 穩定時 L 為短路，C 為開路，如右圖：

則 $V_C = V_{ab} = \dfrac{4}{6+4} \times 20 = 8$ (伏特)

$V_L = 0$ (伏特)（$\because L$ 短路）

$I = \dfrac{20}{6+4} = 2$ (安培)

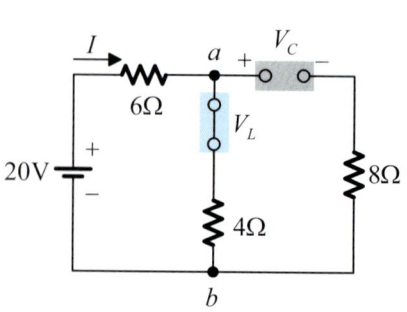

7-20

★ 直流暫態之整理

一 RC暫態充電與放電之比較

	RC暫態的充電狀態	RC暫態的放電狀態
電路圖	(充電電路圖)	(放電電路圖)
特性曲線	$v_C(t)$ 上昇曲線，至 E（0.632E、0.865E） $v_R(t)$ 下降曲線，由 E 至 0（0.368E、0.135E） $i(t)$ 下降曲線，由 $\frac{E}{R}$ 至 0（0.368$\frac{E}{R}$、0.135$\frac{E}{R}$）	$v_C(t)$ 下降曲線，由 E 至 0（0.368E、0.135E） $v_R(t)$ 下降曲線，由 $-E$ 至 0（$-0.368E$、$-0.135E$） $i(t)$ 下降曲線，由 $-\frac{E}{R}$ 至 0（$-0.368\frac{E}{R}$、$-0.135\frac{E}{R}$）
開始瞬間 $t = 0$	$v_C = 0$ （電容視為短路） $v_R = E$ $i = \dfrac{E}{R}$	$v_C = E$ $v_R = -E$ （與充電時之極性相反） $i = -\dfrac{E}{R}$ （與放電電流之方向相反）
暫態 $0 < t < 5\tau$	$v_C = E(1 - e^{-\frac{t}{RC}})$ （由零逐漸增大至 E） $v_R = Ee^{-\frac{t}{RC}}$ （由 E 逐漸減小至零） $i = \dfrac{E}{R}e^{-\frac{t}{RC}}$ （由 $\dfrac{E}{R}$ 逐漸減小至零）	$v_C = Ee^{-\frac{t}{RC}}$ （由 E 逐漸減小至零） $v_R = -Ee^{-\frac{t}{RC}}$ （由 $-E$ 逐漸減小至零） $i = -\dfrac{E}{R}e^{-\frac{t}{RC}}$ （由 $-\dfrac{E}{R}$ 逐漸減小至零）
穩態 $t \geq 5\tau$	$v_C = E$ （電容視為斷路） $v_R = 0$ $i = 0$	$v_C = 0$ $v_R = 0$ $i = 0$

二 RL暫態充電與放電之比較

	RL暫態的充電狀態	RL暫態的放電狀態
電路圖		
特性曲線	(下降曲線 $v_L(t)$：由 E 降至 $0.368E$, $0.135E$ …) (上昇曲線 $v_R(t)$：$0.632E$, $0.865E$ … 至 E) (上昇曲線 $i(t)$：$0.632\frac{E}{R}$, $0.865\frac{E}{R}$ … 至 $\frac{E}{R}$)	(下降曲線 $v_L(t)$：由 $-E$ 升至 $-0.368E$, $-0.135E$ …) (下降曲線 $v_R(t)$：由 E 降至 $0.368E$, $0.135E$ …) (下降曲線 $i(t)$：由 $\frac{E}{R}$ 降至 $0.368\frac{E}{R}$, $0.135\frac{E}{R}$ …)
開始瞬間 $t=0$	$v_L = E$ （電感視為斷路） $v_R = 0$ $i = 0$	$v_L = -E$ （與原電源 E 之極性相反） $v_R = E$ （與充電時之極性相同） $i = \dfrac{E}{R}$ （與放電電流之方向相同）
暫態 $0 < t < 5\tau$	$v_L = Ee^{-\frac{t}{L/R}}$ （由 E 逐漸減小至零） $v_R = E(1 - e^{-\frac{t}{L/R}})$ （由零逐漸增大至 E） $i = \dfrac{E}{R}(1 - e^{-\frac{t}{L/R}})$ （由零逐漸增大至 $\dfrac{E}{R}$）	$v_L = -Ee^{-\frac{t}{L/R}}$ （由 $-E$ 逐漸減小至零） $v_R = Ee^{-\frac{t}{L/R}}$ （由 E 逐漸減小至零） $i = \dfrac{E}{R}e^{-\frac{t}{L/R}}$ （由 $\dfrac{E}{R}$ 逐漸減小至零）
穩態 $t \geq 5\tau$	$v_L = 0$ （電感視為短路） $v_R = E$ $i = \dfrac{E}{R}$	$v_L = 0$ $v_R = 0$ $i = 0$

7-22

三 電感與電容在充、放電時之電路狀態

狀態	電容器 C	電感器 L
充電開始（瞬間） （$t=0$）	電壓 $v_C=0$，C視為短路 有最大的充電電流 i_C	有最大的感應電勢 v_L 儲能電流 $i_L=0$，L視為斷路
充電期間（暫態） （$0<t<5\tau$）	電壓 v_C 逐漸增大 充電電流 i_C 逐漸減小	感應電勢 v_L 逐漸減小 儲能電流 i_L 逐漸增大
充電完畢（穩態） （$t \geq 5\tau$）	有最大的電壓 v_C 充電電流，C視為斷路	感應電勢 $v_L=0$，L視為短路 有最大的儲能電流 i_L
放電開始（瞬間） （$t=0$）	有最大的電壓 v_C （與充電穩態時一致） 有最大的放電電流 i_C （方向與充電時相反）	有最大的感應電勢 v_L （極性與充電時相反） 有最大的釋能電流 i_L （與充電穩態時一致）
放電期間（暫態） （$0<t<5\tau$）	電壓 v_C 逐漸減小 放電電流 i_C 逐漸減小 （方向與充電時相反）	感應電勢 v_L 逐漸減小 釋能電流 i_L 逐漸減小 （極性與充電時相反）
放電完畢（穩態） （$t \geq 5\tau$）	電壓 $v_C=0$ 放電電流 $i_C=0$	感應電勢 $v_L=0$ 釋能電流 $i_L=0$

基本電學（下）攻略本

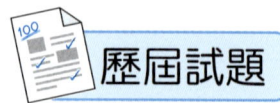

7-1 電阻電容（RC）暫態電路

(　　)1. 電阻R_1與電容C_1串聯電路，此電路時間常數為50ms，電容C_1為$20\mu F$，則電阻R_1為何？　(A)20kΩ　(B)2.5kΩ　(C)50Ω　(D)2.5Ω　　　　[110統測]

(　　)2. 如圖(1)所示之平行板電容器C，已知兩極板之面積為$10m^2$，間距$d=1mm$，介質相對介電係數$\varepsilon_r = \dfrac{100}{8.85}$。若此電容器初始儲能為零，則當開關$SW$閉合後0.1秒時，電容器兩極板間之電場強度（V/m）約為何？（$e \cong 2.718$）
(A)6320　(B)3680　(C)2880　(D)1440　　　　[108統測]

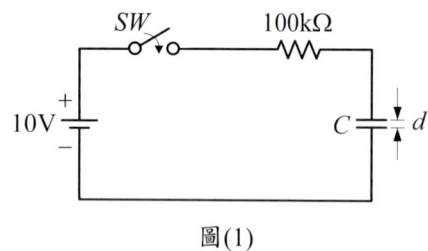

圖(1)

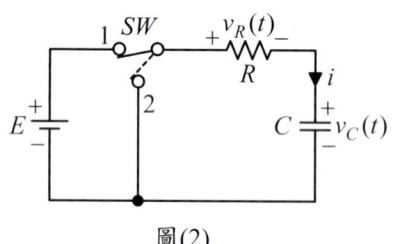

圖(2)

(　　)3. 如圖(2)所示之電路，電路之時間常數為τ，若電容之初值電壓為零，在$t=0$時將開關SW切入位置1，並在$t=5\tau$時，再將開關SW切回位置2。則$t=0$之後$v_R(\tau)+v_C(\tau)+v_R(6\tau)+v_C(6\tau)$之值為何？
(A)E　(B)$0.5E$　(C)$0.368E$　(D)$0.144E$　　　　[108統測]

(　　)4. 一電阻R與一無初始電荷的電容C串聯接於直流電源電壓E之RC充電暫態電路，若開始充電的時間是$t=0$，則下列敘述何者錯誤？
(A)在時間$t=RC$時，電容的端電壓約為$0.368E$
(B)電容兩端的電壓隨時間增加會愈來愈大，穩態時達定值E
(C)在時間$t=3RC$時，電阻的端電壓約為$0.05E$
(D)電阻兩端的電壓隨時間增加會愈來愈小，穩態時為零　　　　[107統測]

(　　)5. 如圖(3)所示之電路，電容C的電容值為$2000\mu F$，其初始電壓為300V。當$t=0$秒時，開關S閉合，電容C經由電阻R放電，若電容電壓欲在1秒內降至初始電壓的40%以下，且放電電流愈小愈好，則下列電阻中何者最適宜？
（$e^{-0.1}=0.905$，$e^{-1}=0.368$，$e^{-10}=4.54\times 10^{-5}$）
(A)5Ω　(B)50Ω　(C)500Ω　(D)5kΩ　　　　[統測]

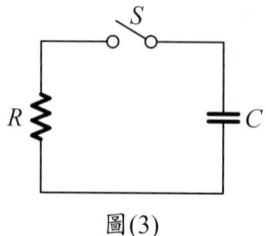

圖(3)

7-24

( )6. 某RC串聯電路,其電容器初始電壓為零。當時間t = 0秒時加入直流電壓開始充電,則當t = R × C秒時,電容器之端電壓可達到充電穩態電壓之百分比為何? (A)56.2% (B)65.3% (C)63.2% (D)72.3% [統測]

( )7. 如圖(4)所示之RC串聯電路,當電路達到穩態時,電容兩端的電壓值為何? (A)10V (B)8V (C)7V (D)2V [統測]

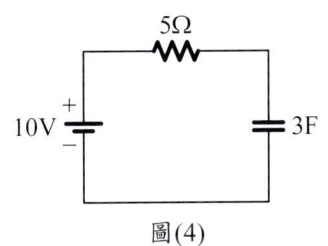
圖(4)

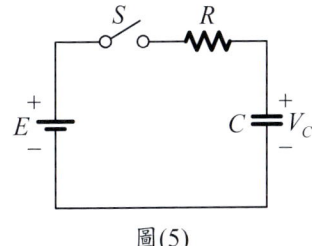
圖(5)

( )8. 如圖(5)所示電路,若$E = 100\text{ V}$,$R = 20\text{ k}\Omega$,$C = 50\text{ nF}$,且電容的初始電壓為30V,則開關S閉合之瞬間,流經電阻的電流為多少? (A)1.1mA (B)1.8mA (C)3.5mA (D)5.2mA [統測]

( )9. 有一個RC串聯的直流電路,電容無儲能,將直流電壓源10V投入,則下列何者能為電容的電壓波形? (A)0V (B)10V (C)$10e^{-t}$V (D)$10(1-e^{-t})$V [統測]

( )10. 有一個RC串聯的直流電路,電容無儲能,將直流電壓源10V投入,在t = 0秒時,則下列何者能為電容的電壓? (A)0V (B)10V (C)$10e^{-t}$V (D)$10(1-e^{-t})$V [統測]

( )11. 一直流RC電路之時間常數τ為1秒;已知電容正處於放電狀態,且電路中無任何電源存在,在時間t = 2秒時,跨於電阻上之電阻電壓為1伏特,則在t = 4秒時,此電阻之電阻電壓為何? (A)e^{-1}V (B)e^{-2}V (C)e^{-3}V (D)e^{-4}V [四技二專]

( )12. 一直流RC電路之時間常數為τ秒,已知電容正處於放電狀態。若在時間$t = t_0$時跨於電容兩端之電壓為V_C,則在$t = t_0 + 2\tau$時,電容電壓約為多少? ($e^{-1} \cong 0.37$) (A)$0.14V_C$ (B)$0.26V_C$ (C)$0.40V_C$ (D)$0.74V_C$ [四技二專]

( )13. 如圖(6)所示,t = 0時,開關K接通,10秒後電容端電壓應接近多少? (A)2伏特 (B)5伏特 (C)7伏特 (D)10伏特 [四技二專]

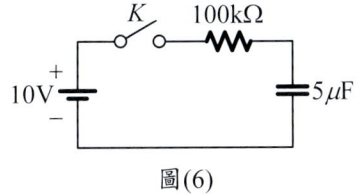
圖(6)

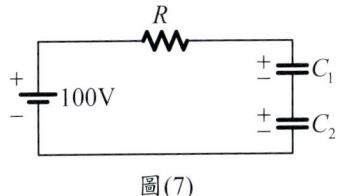
圖(7)

( )14. 如圖(7)所示,電路時間常數τ = ?其中$R = 1\text{ k}\Omega$,$C_1 = 6\text{ }\mu\text{F}$,$C_2 = 3\text{ }\mu\text{F}$ (A)1ms (B)2ms (C)3ms (D)6ms [四技二專]

( )15. 續上題,穩定後($t \to \infty$),C_2二端電壓(V_{C2})為多少伏特?
(A)33.3伏特 (B)50伏特 (C)66.6伏特 (D)100伏特 [四技二專]

( )16. 一RC串聯電路,$R = 800\text{ k}\Omega$,$C = 0.5\text{ }\mu\text{F}$,試求其充電5個時間常數,需耗時多久? (A)0.2秒 (B)0.4秒 (C)4秒 (D)2秒 [四技二專]

7-2 電阻電感(RL)暫態電路

( )17. 如圖(8)所示,$E_1 = 100\text{ V}$、$R_1 = 5\text{ }\Omega$、$R_2 = 5\text{ }\Omega$、$L_1 = 100\text{ mH}$,電路在穩態時,電感電流I_L及電感的儲存能量W_L各為何?
(A)$I_L = 20\text{ A}$、$W_L = 20\text{ J}$ (B)$I_L = 10\text{ A}$、$W_L = 5\text{ J}$
(C)$I_L = 20\text{ A}$、$W_L = 20\text{ mJ}$ (D)$I_L = 10\text{ A}$、$W_L = 10\text{ mJ}$ [110統測]

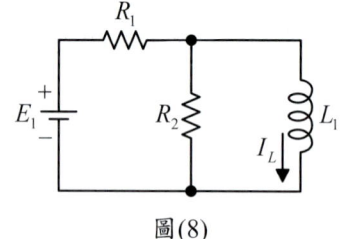

圖(8)

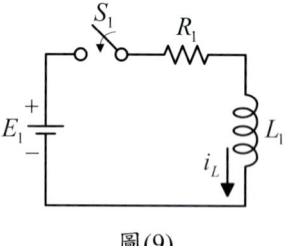

圖(9)

( )18. 如圖(9)所示,在開關S_1閉合前電感無儲存能量,若S_1在時間$t = 0$秒時閉合,電感電流$i_L = 10(1 - e^{-20t})\text{ A}$,則下列敘述何者正確?
(A)$E_1 = 10\text{ V}$、$R_1 = 2\text{ }\Omega$、$L_1 = 100\text{ mH}$
(B)$E_1 = 10\text{ V}$、$R_1 = 4\text{ }\Omega$、$L_1 = 20\text{ mH}$
(C)$E_1 = 20\text{ V}$、$R_1 = 2\text{ }\Omega$、$L_1 = 100\text{ mH}$
(D)$E_1 = 40\text{ V}$、$R_1 = 4\text{ }\Omega$、$L_1 = 50\text{ mH}$ [110統測]

( )19. 如圖(10)所示,若開關S閉合時$t = 0$,則$t > 0$的電流$i(t)$為何?
(A)$i(t) = 50(1 - e^{-50t})\text{ A}$ (B)$i(t) = 50(1 - e^{-t/50})\text{ A}$
(C)$i(t) = 5(1 - e^{-50t})\text{ A}$ (D)$i(t) = 5e^{-50t}\text{ A}$ [106統測]

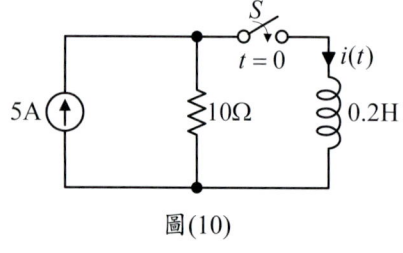

圖(10)

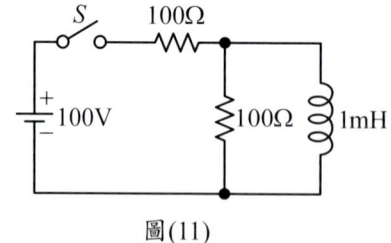

圖(11)

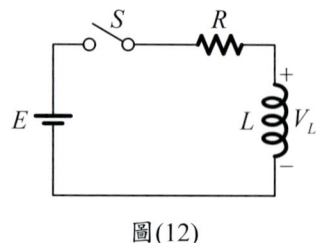

圖(12)

( )20. 如圖(11)所示,若電感在開關S閉合前已無儲能,且開關S在時間時$t = 0$閉合,請問在$t = 0^+$時電感兩端的電壓及穩態時流過電感的電流大小為何?
(A)0V,2A (B)50V,2A (C)0V,1A (D)50V,1A [102統測]

( )21. 如圖(12)所示之電路,$E = 100\text{ V}$,$R = 10\text{ k}\Omega$,$L = 20\text{ mH}$。$t = 0$秒時,開關S閉合,若電感L在開關閉合前無任何儲能,則$t = 2\text{ }\mu\text{s}$時,此電感兩端電壓降V_L值為何? (A)0V (B)36.8V (C)90.5V (D)100V [統測]

( )22. RL 串聯電路,若 $R=1\,k\Omega$,$L=300\,mH$,則電路之時間常數 τ 為何?
(A)$0.3\mu s$ (B)$0.3ms$ (C)$3.3s$ (D)$3333.3s$ [統測]

( )23. 下列有關串聯電路之敘述,何者錯誤?
(A)電阻、電感串聯電路,電阻愈大,則時間常數愈大
(B)電阻、電容串聯電路,電阻愈大,則時間常數愈大
(C)電阻、電容串聯電路,電容愈大,則電路所需之穩態時間愈長
(D)電阻、電感串聯電路,電感愈大,則電路所需之穩態時間愈長 [統測]

( )24. 如圖(13)所示之電路,$V_{in}=25\,V$,開關 S 於 $t=0$ 秒時閉合。若 $L=10\,mH$,$R=50\,k\Omega$,則當 $t=1$ 微秒(μs)時,流經 R 之電流 I 約為何?
(A)$0.50mA$ (B)$0.42mA$
(C)$0.32mA$ (D)$0.25mA$ [統測]

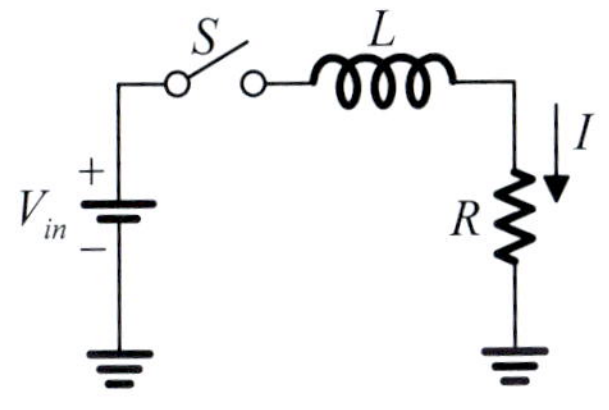

圖(13)

( )25. RC 串聯電路中,若 $R=400\,k\Omega$、$C=0.5\,\mu F$,則時間常數 τ 為何?
(A)5秒 (B)0.5秒 (C)0.2秒 (D)0.02秒 [統測]

( )26. 在一 RL 串聯電路中,$R=50\,\Omega$、$L=0.5\,H$,接上100V直流電源,在接上電源之瞬間,電感器 L 兩端電壓為何?
(A)0V (B)25V (C)50V (D)100V [統測]

( )27. 承第26題,電感器充電儲能過程中,其電流為何?
(A)$2(1-e^{-100t})A$ (B)$2e^{-100t}A$ (C)$2(1-e^{-25t})A$ (D)$2e^{-25t}A$ [統測]

( )28. RL 串聯電路中,當電感器 L 充電完成後,L 儲滿何種能量?
(A)熱能 (B)磁能 (C)電場 (D)位能 [統測]

( )29. 如圖(14)所示之電路,開關於 $t=0$ 時關閉(close),則電容器在穩態時($t\to\infty$)所儲存的能量為多少焦耳?
(A)25 (B)50 (C)100 (D)200 [統測]

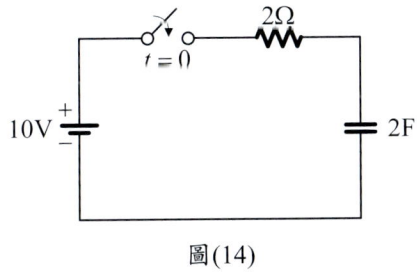

圖(14)

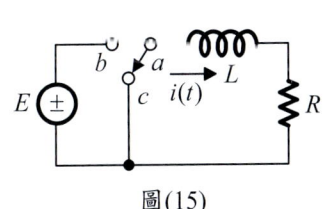

圖(15)

( )30. 如圖(15)為電阻與電感之串聯電路,開關切在 "c" 的位置經一段很長時間,試求當開關由位置 "c" 切至位置 "b" 起,流經電感的電流 $i(t)$ 之暫態值為何?
(A)$i(t)=\dfrac{E}{R}(1-e^{\frac{-R}{L}t})$ (B)$i(t)=\dfrac{E}{R}e^{\frac{-R}{L}t}$
(C)$i(t)=\dfrac{E}{R}(1-e^{\frac{-L}{R}t})$ (D)$i(t)=\dfrac{E}{R}e^{\frac{-L}{R}t}$ [四技二專]

( )31. 圖(16)所示電路,若電感器在開關S閉合前無任何儲能,則開關S最少要閉合多少時間,電感器電流才能達到1.0安培?
(A)2.5毫秒 (B)1.5毫秒 (C)0.5毫秒 (D)0.0毫秒 [保送]

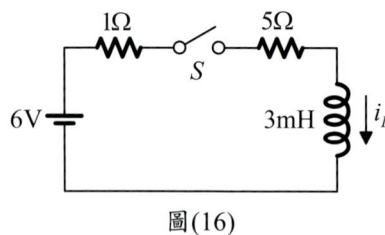

圖(16)

( )32. RL串聯電路中,$R = 10\,\Omega$,$L = 1\,\text{mH}$,若加上100伏特直流電源予以充電,在開始充電瞬間,電感之電壓為
(A)10伏特 (B)0伏特 (C)1伏特 (D)100伏特 [四技二專]

7-3 電阻電感電容(RLC)暫態電路

( )33. 如圖(17)所示電路,若開關S閉合前,電容器無儲存能量。S於時間$t = 0$時閉合,則在S閉合瞬間($t = 0$)和電路穩態($t = \infty$),I分別為何?
(A)0.46mA,1mA (B)1.25mA,2mA
(C)1.25mA,0.46mA (D)1mA,1.25mA [109統測]

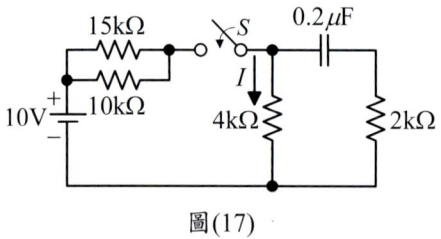

圖(17)

( )34. 如圖(18)所示電路,若電感器、電容器於開關S閉合前皆無儲存能量,則S閉合後之電流I的穩態值為何?
(A)1.27mA (B)1.56mA (C)2mA (D)2.8mA [109統測]

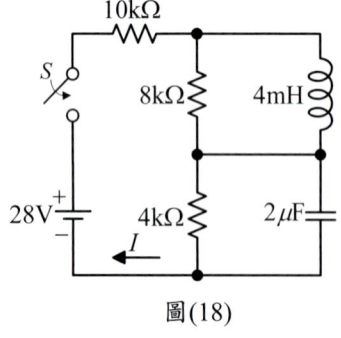

圖(18)

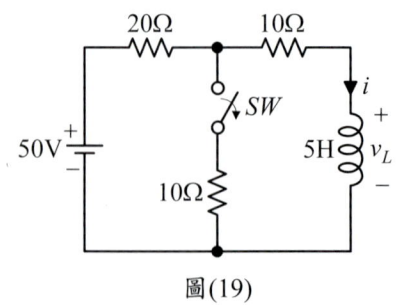

圖(19)

( )35. 如圖(19)所示之電路,開關SW閉合一段時間達穩態後,在$t = 0$時將開關SW切離,則切離瞬間電感器兩端之電壓v_L為何?
(A)10V (B)20V (C)40V (D)50V [108統測]

( )36. 如圖(20)所示,電感在開關S閉合前已無儲能,若開關S在時間t = 0時閉合,則t > 0的電壓v(t)為何?
(A)$v(t) = 20(1 - e^{-100t})$ V (B)$v(t) = 20(1 - e^{-50t})$ V
(C)$v(t) = 20 + 10e^{-100t}$ V (D)$v(t) = 20 + 10e^{-50t}$ V [107統測]

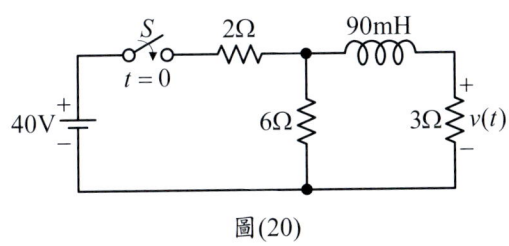
圖(20)

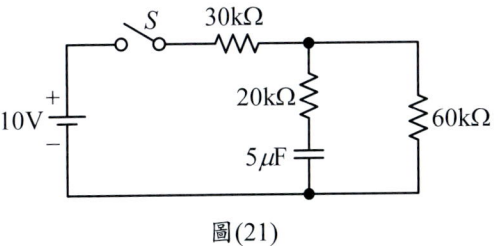
圖(21)

( )37. 如圖(21)所示,開關S閉合時的充電時間常數及開關S啟斷後的放電時間常數,分別為多少秒?
(A)0.25及0.4 (B)0.4及0.2 (C)0.4及0.25 (D)0.2及0.4 [106統測]

( )38. 如圖(22)所示,若電壓源E = 15 V,$R_1 = R_2 = R_3 = 10\,\Omega$,$C = 10\,\mu F$,開關SW打開時為t = 0,則下列敘述何者錯誤?
(A)t > 0之電路時間常數$\tau = 0.3$ ms
(B)t = 0電容器的電壓為零
(C)開關打開後電路達穩態時電容器C電壓大小為7.5V
(D)電路達穩態後,沒有電流流過電容器C [105統測]

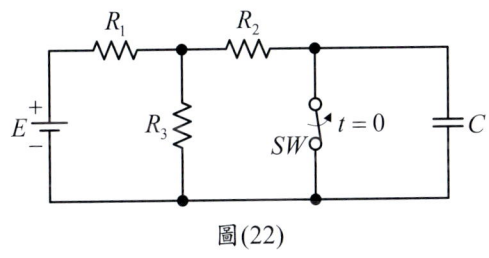
圖(22)

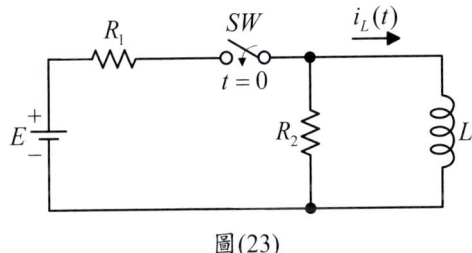
圖(23)

( )39. 如圖(23)所示,若電壓源E = 24 V,$R_1 = 3\,\Omega$,$R_2 = 6\,\Omega$,L = 5 mH,開關SW閉合時為t = 0,請問t > 0之$i_L(t)$為何?
(A)$16(1 - e^{-400t})$A (B)$8(1 - e^{-400t})$A (C)$16e^{-400t}$A (D)$8e^{-400t}$A [105統測]

( )40. 如圖(24)所示之電路,在t = 0秒時將開關S閉合,若電容器的電壓v_C初值為12V,則S閉合瞬間的電容器電流i_C與充電時間常數分別為何?
(A)7mA,0.2秒 (B)7mA,0.25秒
(C)12mA,0.2秒 (D)20mA,0.4秒 [104統測]

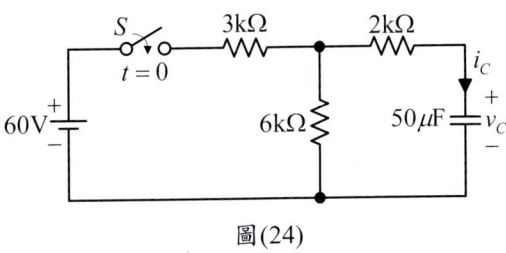
圖(24)

( )41. 如圖(25)所示之電路，開關S在t = 0秒時閉合，若電感器的初始能量為零，則電路時間常數τ與t = 1秒時之電感器電流i_L分別為何？
(A) $\tau = 1$ ms，$i_L = 2.4$ A (B) $\tau = 1$ ms，$i_L = 1.2$ A
(C) $\tau = 2$ ms，$i_L = 2.4$ A (D) $\tau = 2$ ms，$i_L = 1.2$ A [104統測]

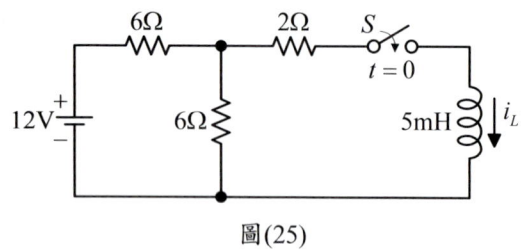
圖(25)

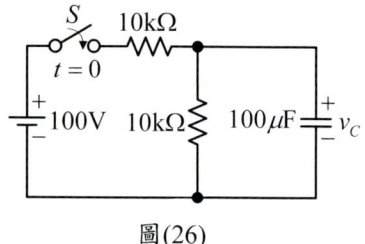
圖(26)

( )42. 如圖(26)所示之電路，在t = 0秒時將開關S閉合；若電容電壓的初值為零，則S閉合後電容電壓v_C為何？
(A)$v_C = 100(1 - e^{-0.5t})$ V (B)$v_C = 50(1 - e^{-2t})$ V
(C)$v_C = 50(1 - e^{-0.5t})$ V (D)$v_C = 50e^{-0.5t}$ V [103統測]

( )43. 如圖(27)所示之電路，開關S原先為閉合且電路已呈現穩態，在t = 0秒時將開關S切斷，則S切斷瞬間之電感電流i_L為何？
(A)−4A (B)−1.6A (C)1.6A (D)4A [103統測]

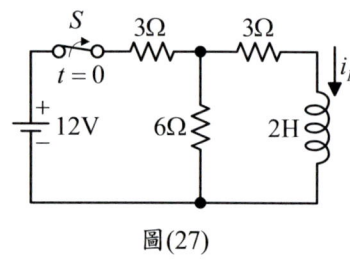
圖(27)

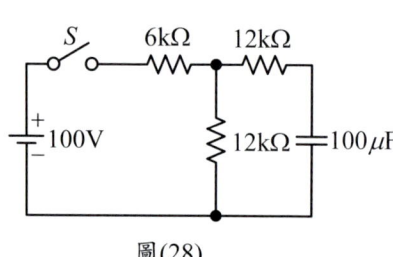
圖(28)

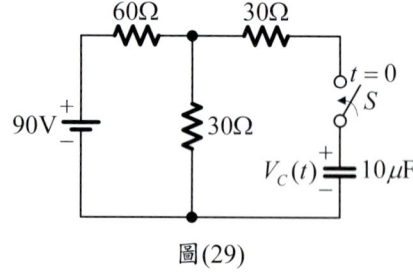
圖(29)

( )44. 如圖(28)所示，若開關S閉合及開關S打開時，則電路的時間常數各為何？
(A)1.6秒，1.2秒 (B)3.0秒，1.2秒
(C)1.6秒，2.4秒 (D)3.0秒，2.4秒 [102統測]

( )45. 如圖(29)所示電路，開關S在t = 0時閉合，假設電容在開關閉合前無任何儲能。求經過10^{-3}秒（sec）時，電容兩端之瞬時電壓$V_C(t = 10^{-3}$ sec)值約為何？
(A)19V (B)26V (C)29V (D)30V [統測]

( )46. 如圖(30)所示電路，將開關閉合很長時間後，電流I約為多少？
(A)0.01mA
(B)0.1mA
(C)1.43mA
(D)2.58mA [統測]

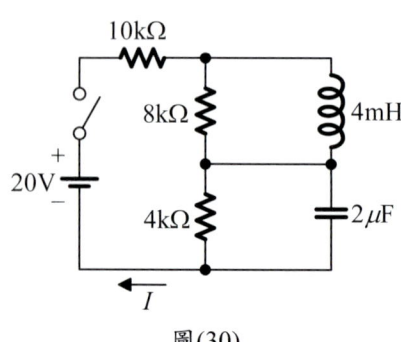
圖(30)

( )47. 如圖(31)所示電路,當開關S閉合時,求充電時間常數為多少?
(A)1ms (B)2ms (C)3ms (D)4ms [統測]

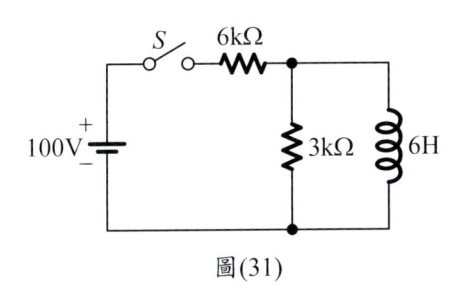

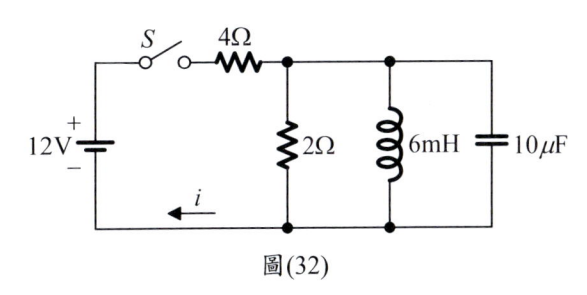

( )48. 如圖(32)所示電路,開關S閉合後,到達穩態時,電流i為多少?
(A)2A (B)3A (C)4A (D)6A [統測]

( )49. 如圖(33)所示電路,在時間t = 0,開關S閉合,求充電時間常數?
(A)0.2秒 (B)0.3秒 (C)0.6秒 (D)0.9秒 [統測]

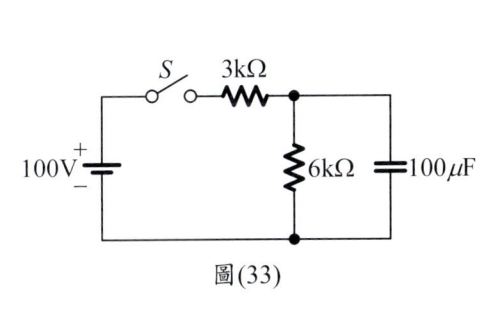

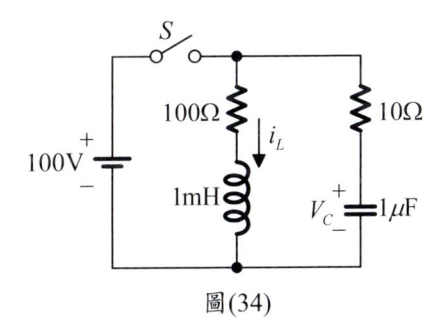

( )50. 如圖(34)所示電路,求開關S閉合後,到達穩態時之i_L及V_C值?
(A)$i_L = 0$ A,$V_C = 0$ V (B)$i_L = 0$ A,$V_C = 10$ V
(C)$i_L = 1$ A,$V_C = 10$ V (D)$i_L = 1$ A,$V_C = 100$ V [統測]

( )51. 一電容充放電電路如圖(35)所示,假設開關SW停留在位置2已經很長一段時間(10秒以上),若在時間t = 0秒時將SW切到位置1,過1秒之後再切回位置2,則下列有關電路中電流的敘述,何者正確?(假設電容充放電經5倍時間常數即達穩態)
(A)在SW切回位置2之瞬間(t = 1秒),$i_2 = 0$ mA
(B)在SW切到位置1之瞬間(t = 0秒),$i_C = 0$ mA
(C)在SW切回位置2之瞬間(t = 1秒),$i_C = 0$ mA
(D)在SW切回位置2之後再經過5秒(相當於t = 6秒),$i_2 = 0$ mA [統測]

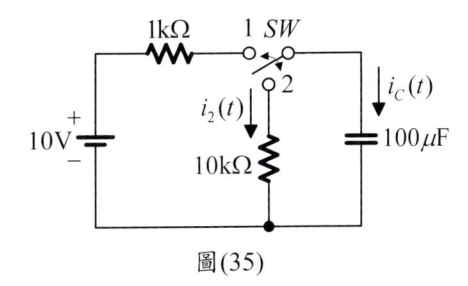

( )52. 如圖(36)所示,若電路已達穩態,當 $t=0$ 時,開關 S 由 1 到 2,則 V_R 值為多少伏特?

(A)$-150e^{-200t}$ (B)$50-150e^{-200t}$ (C)$50e^{-200t}$ (D)$50+50e^{-200t}$ [統測]

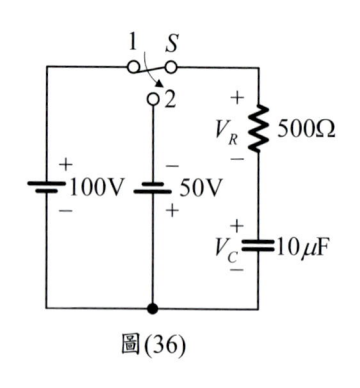

圖(36)

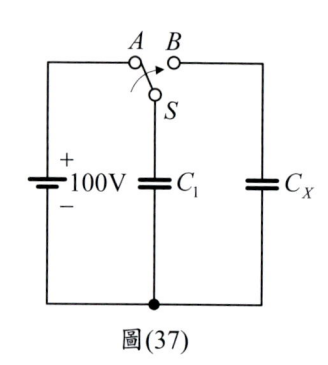

圖(37)

( )53. 如圖(37)所示,C_1 為 $33\mu F$ 充滿電後,把開關 S 由 A 移到 B 點,則 C_1 之電壓降為 75V 後達到穩定。假設 C_X 之初始電壓為零,則電容 C_X 值為

(A)$44\mu F$ (B)$33\mu F$ (C)$22\mu F$ (D)$11\mu F$ [統測]

( )54. 如圖(38)所示電路之電感及電容均無儲能,則在開關 S 閉合瞬間,電源電流 I_S 應為若干 A? (A)0 (B)1 (C)1.333 (D)2 [統測]

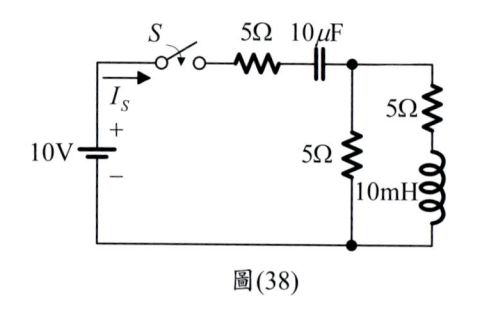

圖(38)

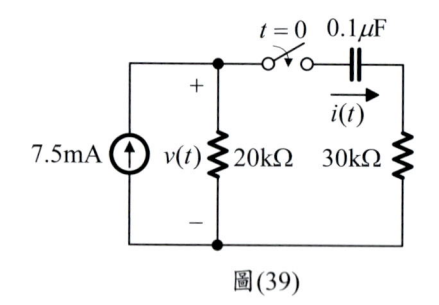

圖(39)

( )55. 如圖(39)所示,電容的初始電壓為零,當 $t=0$ 時,此開關閉合(Closed),且之後一直維持閉合的狀態,試求此電路開關閉合後的時間常數為多少?

(A)5ms (B)3ms (C)2ms (D)1.2ms [四技二專]

最近統測試題

( )56. 如圖(40)所示電路,$t=0$ 秒前電容器電壓為零,若 $t=0$ 秒時將開關 S 閉合,則電容器兩端電壓 $v_C(t)$ 為何?

(A)$60(1-e^{-0.5t})V$ (B)$20(1-e^{-0.5t})V$

(C)$60(1-e^{-0.05t})V$ (D)$20(1-e^{-0.05t})V$ [7-3][111統測]

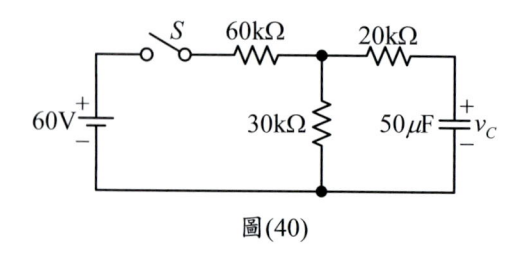

圖(40)

( )57. 如圖(41)所示電路，$t=0$ 秒前電感器儲存能量為零，若 $t=0$ 秒時將開關 S 由位置1切至位置2，則下列敘述何者正確？
(A)流經電感器的初始電流值為1A且電路時間常數為80ms
(B)流經電感器的初始電流值為0A且電路時間常數為80ms
(C)流經電感器的初始電流值為1A且電路時間常數為0.2ms
(D)流經電感器的初始電流值為0A且電路時間常數為0.2ms [7-2][111統測]

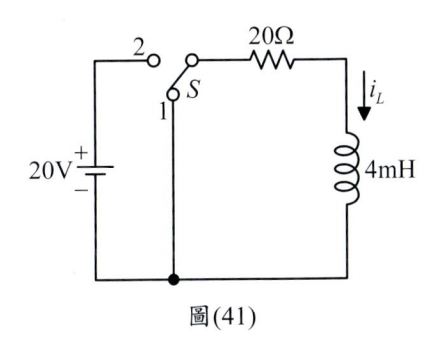

圖(41)

( )58. 電阻與電容串聯電路，電阻為2kΩ，電容為25μF，此電路的時間常數為何？
(A)12.5ms　(B)25ms　(C)50ms　(D)100ms [7-1][112統測]

( )59. 如圖(42)所示之暫態電路及電流 $i_L(t)$ 時間響應圖，電流 $I_S = 10$ A，時間常數 τ 為0.02秒。已知電阻 $R_S = 2\,\Omega$，且電感在開關 S_1 閉合前無儲存能量，當時間為零時（$t=0$ 秒）開關 S_1 閉合（導通），則此電路的直流電壓源 E_S 與電感 L_S 分別為何？
(A)$E_S = 20$ V、$L_S = 40$ mH
(B)$E_S = 10$ V、$L_S = 30$ mH
(C)$E_S = 20$ V、$L_S = 20$ mH
(D)$E_S = 10$ V、$L_S = 10$ mH [7-2][112統測]

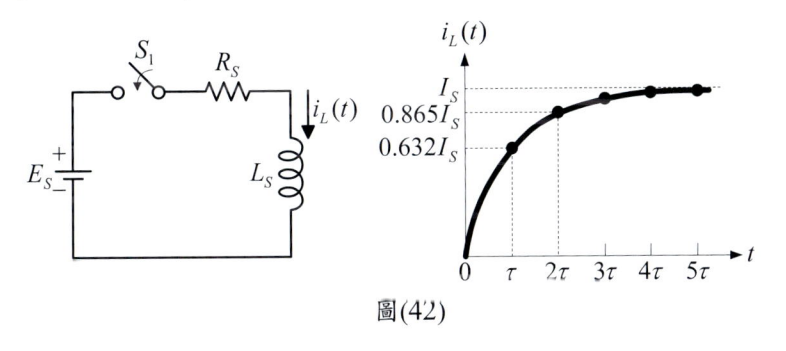

圖(42)

Note

答案與詳解

答
1.B 2.A 3.A 4.A 5.C 6.C 7.A 8.C 9.D 10.A
11.B 12.A 13.D 14.B 15.C 16.D 17.A 18.C 19.C 20.D
21.B 22.B 23.A 24.A 25.C 26.D 27.A 28.B 29.C 30.A
31.A 32.D 33.A 34.C 35.B 36.B 37.D 38.A 39.B 40.A
41.B 42.B 43.C 44.C 45.B 46.C 47.C 48.B 49.A 50.D
51.D 52.A 53.D 54.B 55.A 56.B 57.D 58.C 59.A

解

1. $\tau = R_1 \times C_1 = 50$ (ms)　　$R_1 = \dfrac{\tau}{C_1} = \dfrac{50\text{ms}}{20\mu\text{F}} = 2.5$ (kΩ)

2. (1) $C = \varepsilon\dfrac{A}{d} = \varepsilon_0 \times \varepsilon_r \times \dfrac{A}{d} = 8.85\times 10^{-12} \times \dfrac{100}{8.85} \times \dfrac{10}{10^{-3}} = 1\,(\mu\text{F})$

    (2) $\tau = RC = 100\text{k} \times 1\mu = 0.1\,(\text{s})$

    (3) $V_{C充} = E \times (1 - e^{-\frac{t}{\tau}}) = 10 \times (1 - e^{-\frac{0.1}{0.1}}) = 10 \times (1 - e^{-1}) = 6.32\,(\text{V})$

    (4) $V = E \times d\quad \therefore E = \dfrac{V}{d} = \dfrac{6.32}{10^{-3}} = 6320\,(\text{V/m})$

3. 電容充電期間，$E = v_R + v_C \Rightarrow v_R(\tau) + v_C(\tau) = E$

    電容放電期間，$v_R = -v_C \Rightarrow v_R(6\tau) = -v_C(6\tau)$

    $\therefore v_R(\tau) + v_C(\tau) + v_R(6\tau) + v_C(6\tau) = E\,(\text{V})$

4. $\tau = RC$

    (A) $V_C = E(1 - e^{-\frac{t}{\tau}}) = E(1 - e^{-\frac{RC}{RC}}) = E(1 - e^{-1}) = 0.632E$

    (B) $t \gg 5\tau$ 時，$V_C = E$

    (C) $V_R = Ee^{-\frac{t}{\tau}} = Ee^{-\frac{3RC}{RC}} = Ee^{-3} = 0.05E$

    (D) $t \gg 5\tau$ 時，$V_R = 0\,(\text{V})$

5. $\tau = RC\quad R = \dfrac{\tau}{C} = \dfrac{1}{2000 \times 10^{-6}} = 500\,(\Omega)$

7. RC串聯電路，其電路達到穩態時，電容視同開路

    $\therefore V_C = E = 10\,(\text{V})$

8. $I = \dfrac{E - V_C}{R} = \dfrac{100 - 30}{20\text{k}} = \dfrac{70}{20\text{k}} = 3.5\,(\text{mA})$

答案與詳解

9. RC 串聯的直流電路充電時，其電容的電壓波形為：

$$V_C = E(1-e^{-t}) = 10(1-e^{-t}) \text{ (伏特)}$$

10. RC 串聯的直流電路充電時，當 $t=0$ 秒時，電容視同短路，則 $V_C = 0$ (伏特)。

11. RC 放電之 $V_R(t) = -Ee^{-\frac{t}{\tau}}$（且 $\tau = 1$ 秒）

    (1) 當 $t = 2$ 秒時：

    $$V_R(t) = V_R(2) = -Ee^{-\frac{2}{\tau}} = -Ee^{-2} = 1 \text{ (V)}$$

    (2) 當 $t = 4$ 秒時：

    $$V_R(t) = V_R(4) = -Ee^{-\frac{4}{\tau}} = -Ee^{-4} = -Ee^{(-2)+(-2)} = (-Ee^{-2})(e^{-2}) = e^{-2} \text{ (V)}$$

12. 電容放電：

    $$V_C(t) = Ee^{-\frac{2\tau}{\tau}} = V_C e^{-2} = V_C(0.135) = 0.135V_C \fallingdotseq 0.14V_C$$

13. $\tau = RC = (100 \times 10^3)(5 \times 10^{-6}) = 0.5$ (秒)

    $t = 10$ (秒) $\gg 5\tau = 5 \times 0.5 = 2.5$ (秒)

    ∴ 電路穩定，其電容視為斷路 $\Rightarrow V_C = E = 10$ (伏特)

14. $C = \dfrac{C_1 C_2}{C_1 + C_2} = \dfrac{(6\mu)(3\mu)}{6\mu + 3\mu} = 2 \text{ (}\mu\text{F)}$

    ∴ $\tau = RC = (1 \times 10^3)(2 \times 10^{-6}) = 2 \times 10^{-3}$ (s) $= 2$ (ms)

15. 利用電容串聯分壓法：

    $$V_{C2} = \dfrac{C_1}{C_1 + C_2} E = \dfrac{6\mu}{6\mu + 3\mu} \times 100 = 66.6 \text{ (伏特)}$$

16. $5\tau = 5RC = 5(800 \times 10^3)(0.5 \times 10^{-6}) = 2$ (秒)

17. 電路在穩態，電感視為短路

    $$I_L = \dfrac{E_1}{R_1} = \dfrac{100}{5} = 20 \text{ (A)}$$

    $$W_L = \dfrac{1}{2} L_1 \times I_L^2 = \dfrac{1}{2} \times 100\text{m} \times 20^2 = 20 \text{ (J)}$$

18. RL 充電過程中

    $$i_L = \dfrac{E}{R} \times (1 - e^{-\frac{t}{\tau}}) \text{ (A)} \Rightarrow \dfrac{E_1}{R_1} = 10 \text{ (A)}$$

    $$\dfrac{1}{\tau} = \dfrac{1}{\frac{L_1}{R_1}} = \dfrac{R_1}{L_1} = 20 \text{ (s}^{-1}\text{)}$$

答案與詳解

(A)(B) 當 $E_1 = 10$ V時

$$R_1 = \frac{E_1}{10} = \frac{10}{10} = 1\,(\Omega)\,,\ L_1 = \frac{R_1}{20} = \frac{1}{20} = 50\,(mH)$$

(C) 當 $E_1 = 20$ V時

$$R_1 = \frac{E_1}{10} = \frac{20}{10} = 2\,(\Omega)\,,\ L_1 = \frac{R_1}{20} = \frac{2}{20} = 100\,(mH)$$

(D) 當 $E_1 = 40$ V時

$$R_1 = \frac{E_1}{10} = \frac{40}{10} = 4\,(\Omega)\,,\ L_1 = \frac{R_1}{20} = \frac{4}{20} = 200\,(mH)$$

19. 原圖化戴維寧等效電路

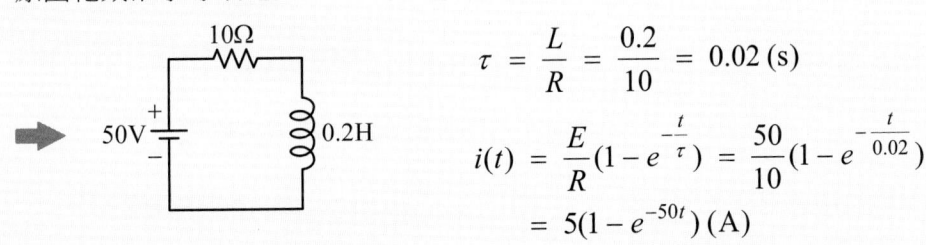

$$\tau = \frac{L}{R} = \frac{0.2}{10} = 0.02\,(s)$$

$$i(t) = \frac{E}{R}(1 - e^{-\frac{t}{\tau}}) = \frac{50}{10}(1 - e^{-\frac{t}{0.02}})$$
$$= 5(1 - e^{-50t})\,(A)$$

20. (1) S閉合於 $t = 0^+$，L視同開路（如圖(a)），則電感兩端之電壓為

$$V_L = \frac{100}{100 + 100} \times 100 = 50\,(V)$$

(2) S閉合穩態時，L視同短路（如圖(b)），則流過電感之電流為

$$I_L = \frac{100}{100} = 1\,(A)$$

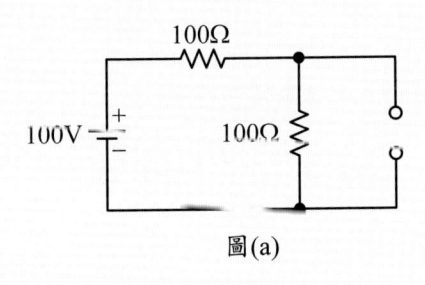

圖(a) 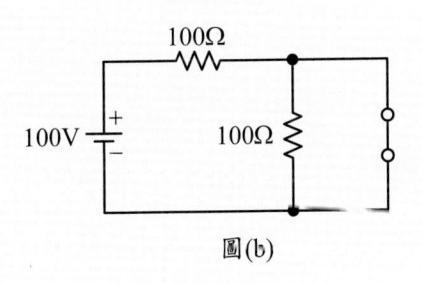　　　　圖(b)

21. $\tau = \dfrac{L}{R} = \dfrac{20m}{10k} = 2\,(\mu s)$

　　$\therefore V_L = E \cdot e^{-1} = 100 \times 0.368 = 36.8\,(V)$

22. RL串聯之時間常數：$\tau = \dfrac{L}{R} = \dfrac{300 \times 10^{-3}}{1000} = 0.3\,(ms)$

23. RL串聯之時間常數：$\tau = \dfrac{L}{R}$，若 R 愈大則時間常數愈小。

答案與詳解

24. $I(t) = \dfrac{E}{R}(1-e^{-\frac{t}{\tau}}) = \dfrac{E}{R}(1-e^{-\frac{R}{L}t}) = \dfrac{25}{50\text{k}}(1-e^{-\frac{50\text{k}\times 1\mu}{10\text{m}}}) = 0.5\text{m}(1-0) = 0.5\,(\text{mA})$

25. RC 之時間常數：$\tau = RC = 400\text{k} \times 0.5\mu = 0.2\,(秒)$

26. RL 串聯電路中，在接上電源之瞬間，其 L 視同開路
    $\therefore V_L = E = 100\,(\text{V})$

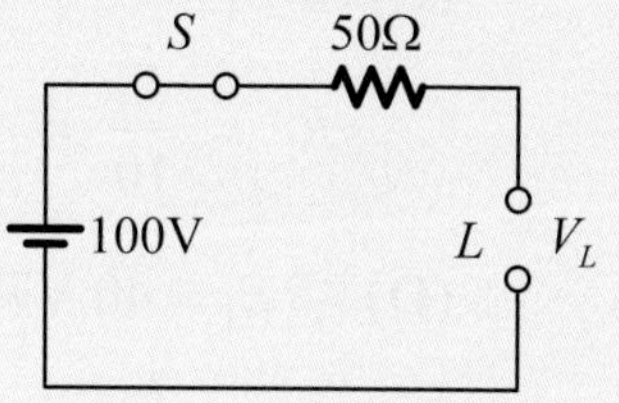

27. RL 直流充電過程：

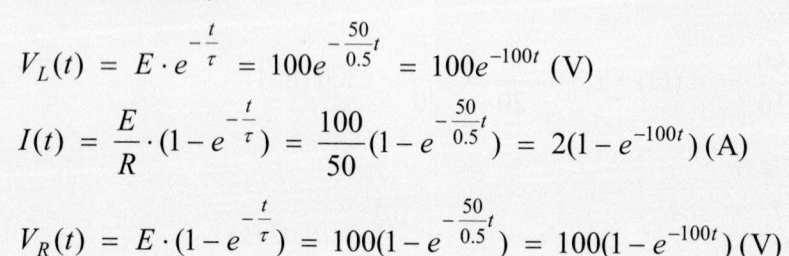

    $V_L(t) = E \cdot e^{-\frac{t}{\tau}} = 100 e^{-\frac{50}{0.5}t} = 100 e^{-100t}\,(\text{V})$

    $I(t) = \dfrac{E}{R}\cdot(1-e^{-\frac{t}{\tau}}) = \dfrac{100}{50}(1-e^{-\frac{50}{0.5}t}) = 2(1-e^{-100t})\,(\text{A})$

    $V_R(t) = E\cdot(1-e^{-\frac{t}{\tau}}) = 100(1-e^{-\frac{50}{0.5}t}) = 100(1-e^{-100t})\,(\text{V})$

28. RL 串聯電路中，當電感器 L 充電完成後，電感器 L 已儲存最大磁能量。

29. 電容器穩態後所儲存之能量：$W = \dfrac{1}{2}CV^2 = \dfrac{1}{2}(2)(10)^2 = 100\,(焦耳)$

30. 開關切於 "c" 的位置經一段很長時間，而當開關由位置 "c" 切至位置 "b" 時，是為 RL 充電電路，其 $i(t)$ 為上昇曲線：

    $i(t) = \dfrac{E}{R}(1-e^{-\frac{t}{\tau}}) = \dfrac{E}{R}(1-e^{-\frac{R}{L}t})$

31. 電路穩定後：

    $I = \dfrac{6}{5+1} = 1\,(安培)$

    $t = 5\tau = 5\dfrac{L}{R} = 5 \times \dfrac{3\times 10^{-3}}{6} = 2.5\times 10^{-3}\,(秒) = 2.5\,(毫秒)$

32. 充電瞬間，L 視為開路　　$\therefore V_L = E = 100\,(伏特)$

33. S 閉合瞬間（$t=0$）$\Rightarrow$ 電容器視為短路

    原圖 $\Rightarrow$ 10V, 6kΩ, 4kΩ ($V_{4\text{k}\Omega}$), 2kΩ　　　$15\text{k}\Omega // 10\text{k}\Omega = 6\,(\text{k}\Omega)$

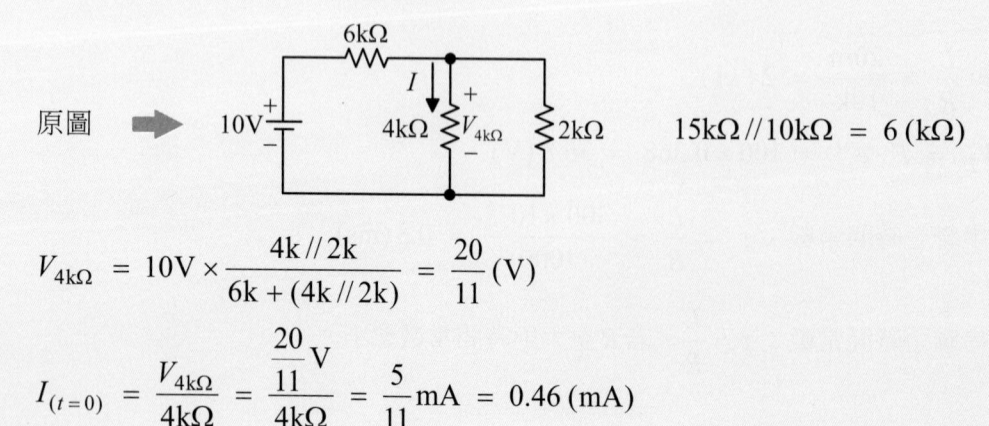

    $V_{4\text{k}\Omega} = 10\text{V} \times \dfrac{4\text{k}//2\text{k}}{6\text{k}+(4\text{k}//2\text{k})} = \dfrac{20}{11}\,(\text{V})$

    $I_{(t=0)} = \dfrac{V_{4\text{k}\Omega}}{4\text{k}\Omega} = \dfrac{\frac{20}{11}\text{V}}{4\text{k}\Omega} = \dfrac{5}{11}\text{mA} = 0.46\,(\text{mA})$

答案與詳解

電路穩態（$t = \infty$）$\Rightarrow$ 電容器視為開路

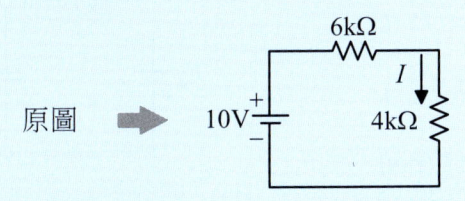

原圖 $\Rightarrow$ 10V, 6kΩ, 4kΩ

$I_{(t=\infty)} = \dfrac{10V}{6kΩ + 4kΩ} = 1 \text{ (mA)}$

34. 電路達穩態 $\Rightarrow$ 電容器視為開路，電感器視為短路

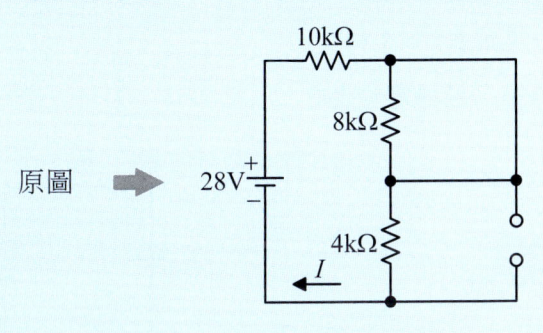

原圖 $\Rightarrow$ 28V, 10kΩ, 8kΩ, 4kΩ

$I = \dfrac{28V}{10kΩ + 4kΩ} = 2 \text{ (mA)}$

35. (1) 達穩態時，流經電感電流 $i = \dfrac{50}{20 + (10 // 10)} \times \dfrac{10}{10 + 10} = 1 \text{ (A)}$

(2) 切離瞬間，$50 = i \times 20 + i \times 10 + v_L$　　$v_L = 50 - 1 \times 20 - 1 \times 10 = 20 \text{ (V)}$

36. 求90mH串聯3Ω戴維寧等效電路：

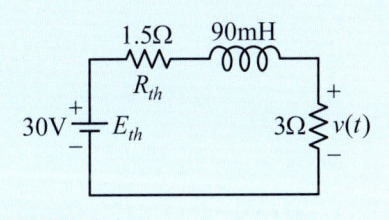

$R_{th} = 2Ω // 6Ω = 1.5 \text{ (Ω)}$

$E_{th} = 40 \times \dfrac{6}{2 + 6} = 30 \text{ (V)}$

$\tau = \dfrac{L}{R} = \dfrac{90mH}{1.5Ω + 3Ω} = 20 \text{ (ms)}$

$v(t) = 30(1 - e^{-\frac{t}{\tau}}) \times \dfrac{3}{1.5 + 3} = 20(1 - e^{-50t}) \text{ (V)}$

37. (1) 開關 S 閉合：

求移除電容時之戴維寧等效電阻 R_{th}：

$R_{th} = \dfrac{30k \times 60k}{30k + 60k} + 20k = 40 \text{ (kΩ)}$

$\tau_{充} = R_{th}C = 40k \times 5\mu = 0.2 \text{ (s)}$

(2) 開關 S 啟斷：

放電迴路：

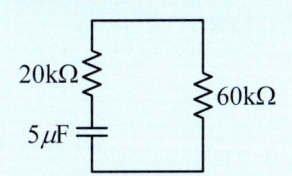

$R_{th} = 20k + 60k = 80 \text{ (kΩ)}$

$\tau_{放} = R_{th}C = 80k \times 5\mu = 0.4 \text{ (s)}$

答案與詳解

38. (A) 原圖求戴維寧等效電路

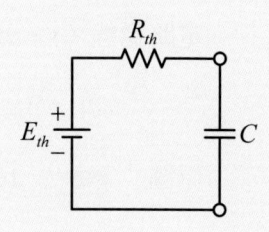

    $R_{th} = (R_1 /\!/ R_3) + R_2 = (10 /\!/ 10) + 10 = 15\,(\Omega)$

    $E_{th} = E \times \dfrac{R_3}{R_1 + R_3} = 15 \times \dfrac{10}{10 + 10} = 7.5\,(\text{V})$

    時間常數 $\tau = R_{th} \times C = 15 \times 10\mu = 0.15\,(\text{ms})$

    (B) $t = 0$ 時，電容器的電壓等於開關上的電壓為 0。

    (C) 開關打開後，電容器 C 電壓 $V_C = E_{th} = 7.5\,(\text{V})$。

    (D) 穩態時，電容器充電完畢，視為開路，通過電流為 0。

39. 原圖求戴維寧等效電路

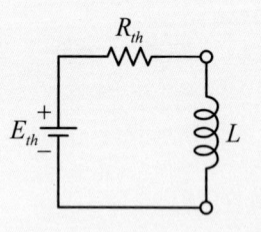

    $R_{th} = R_1 /\!/ R_2 = 3 /\!/ 6 = 2\,(\Omega)$

    $E_{th} = E \times \dfrac{R_2}{R_1 + R_2} = 24 \times \dfrac{6}{3 + 6} = 16\,(\text{V})$

    時間常數 $\tau = \dfrac{L}{R_{th}} = \dfrac{5\text{mH}}{2} = 2.5\,(\text{ms})$

    當 $t > 0$ 時，電感充電 $\Rightarrow i_L(t) = \dfrac{E_{th}}{R_{th}}(1 - e^{-\frac{t}{\tau}}) = \dfrac{16}{2}(1 - e^{-\frac{t}{2.5\text{m}}}) = 8(1 - e^{-400t})\,(\text{A})$

40. 先化為戴維寧等效電路：

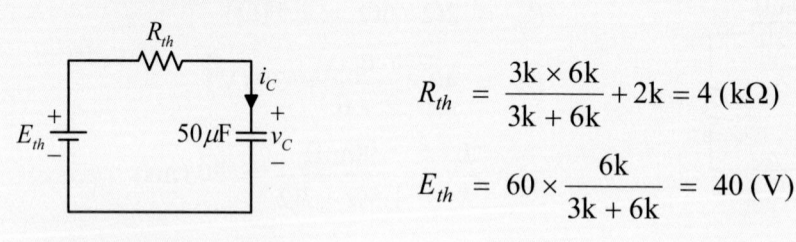

    $R_{th} = \dfrac{3\text{k} \times 6\text{k}}{3\text{k} + 6\text{k}} + 2\text{k} = 4\,(\text{k}\Omega)$

    $E_{th} = 60 \times \dfrac{6\text{k}}{3\text{k} + 6\text{k}} = 40\,(\text{V})$

    ∵ S 閉合瞬間 $v_C = 12\,\text{V}$

    ∴ $i_C = \dfrac{E_{th} - v_C}{R_{th}} = \dfrac{40 - 12}{4\text{k}} = 7\,(\text{mA})$

    $\tau = R_{th}C = 40 \times 10^3 \times 50 \times 10^{-6} = 0.2\,(\text{s})$

41. 先化為戴維寧等效電路：

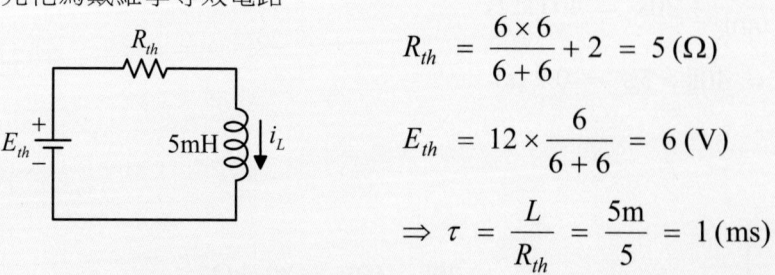

    $R_{th} = \dfrac{6 \times 6}{6 + 6} + 2 = 5\,(\Omega)$

    $E_{th} = 12 \times \dfrac{6}{6 + 6} = 6\,(\text{V})$

    $\Rightarrow \tau = \dfrac{L}{R_{th}} = \dfrac{5\text{m}}{5} = 1\,(\text{ms})$

    ∵ $t = 1\,\text{s}$ 大於 $5\tau = 5\,\text{ms}$

    ∴ 電感器充電完畢，視為短路 $\Rightarrow i_L = \dfrac{E_{th}}{R_{th}} = \dfrac{6}{5} = 1.2\,(\text{A})$

答案與詳解

42. 原圖求戴維寧等效電路：

    $R_{th} = 10k // 10k = 5 \,(k\Omega)$，$E_{th} = 100 \times \dfrac{10k}{10k+10k} = 50 \,(V)$

    $\tau = R_{th}C = 5k \times 100\mu = 0.5 \,(s)$

    $v_C = E_{th}(1 - e^{-\frac{t}{\tau}}) = 50(1 - e^{-2t}) \,(V)$

43. S切斷瞬間之電感電流等於穩態時電感流過之電流。

    ∵ 穩態時，L視為短路，$R_{th} = 3 + (6//3) = 5 \,(\Omega)$

    總電流 $I = \dfrac{12}{5} = 2.4 \,(A)$

    ∴ $i_L = 2.4 \times \dfrac{6}{6+3} = 1.6 \,(A)$

44. (1) S閉合時，如圖(a)

    $R = 12k + \dfrac{12k \times 6k}{12k + 6k} = 16 \,(k\Omega)$

    ∴ $\tau = RC = 16k \times 100\mu = 1.6 \,(秒)$

    (2) S打開時，如圖(b)

    $R = 12k + 12k = 24 \,(k\Omega)$

    ∴ $\tau = RC = 24k \times 100\mu = 2.4 \,(秒)$

    圖(a)　　　圖(b)

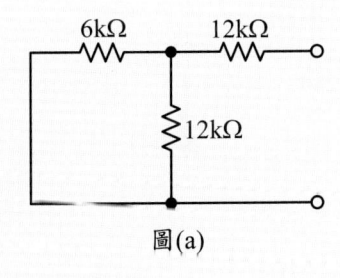

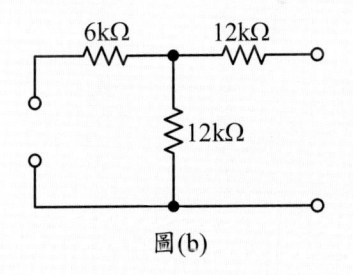

45. 將原圖化成下圖(a)，再利用戴維寧定理求下圖(b)之R_{th}及E_{th}：

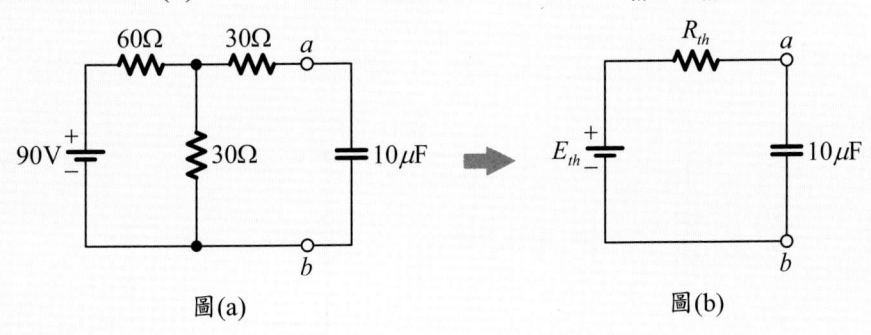

    圖(a)　　　圖(b)

7-41

答案與詳解

(1) 求 R_{th}：

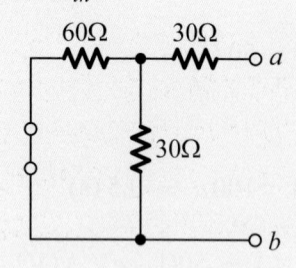

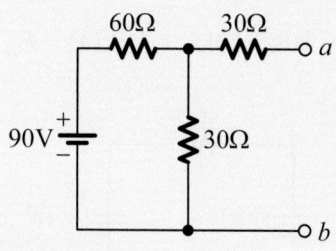

$$R_{th} = R_{ab} = \frac{(60)(30)}{60+30} + 30 = 50\,(\Omega)$$

(2) 求 E_{th}：

$$E_{th} = V_{ab} = \frac{30}{30+60} \times 90 = 30\,(V)$$

將原圖化成下圖，再求充電暫態：

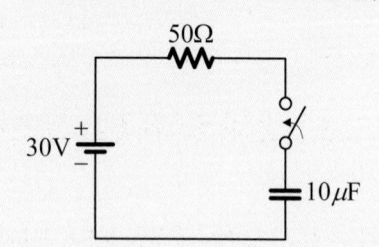

$$\tau = RC = 50 \times 10\mu = 0.5 \times 10^{-3}\,(秒)$$

$$V_C(t) = E(1 - e^{-\frac{t}{\tau}})$$

$$V_C(10^{-3}) = 30(1 - e^{-\frac{10^{-3}}{0.5 \times 10^{-3}}}) = 30(1 - e^{-2}) = 30(1 - 0.135) = 25.95 \fallingdotseq 26\,(V)$$

46. 直流 RLC 電路開關閉合很長時間後，其 L 視同短路，C 視同斷路，則電路如下圖：

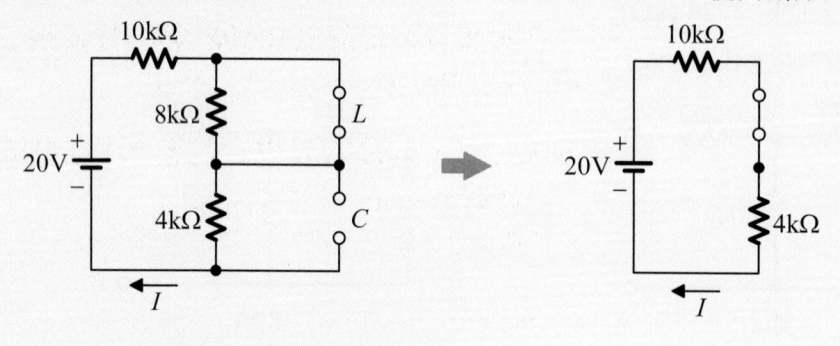

$$\therefore I = \frac{20}{10k + 4k} \fallingdotseq 1.43\,(mA)$$

47. 開關 S 閉合後，到達穩態，則 L 視同短路，C 視同斷路。電路如下圖所示：

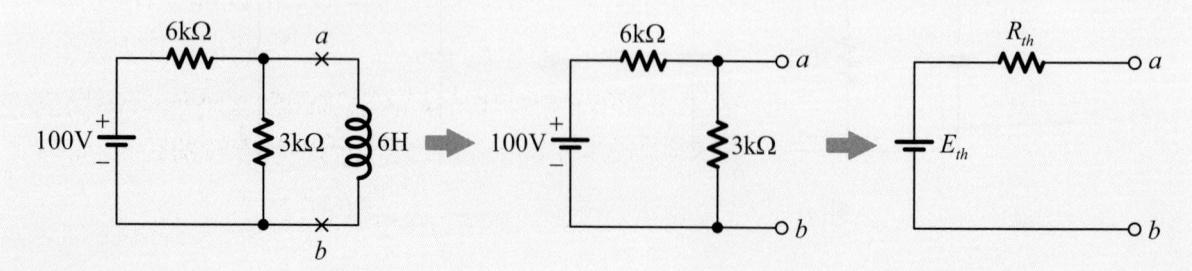

7-42

CH7 直流暫態

答案與詳解

求 R_{th}：

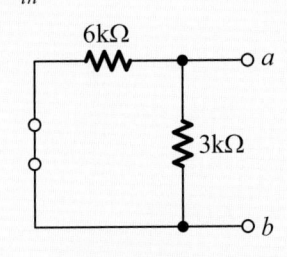

$$R_{th} = R_{ab} = \frac{6k \times 3k}{6k + 3k} = 2\ (k\Omega)$$

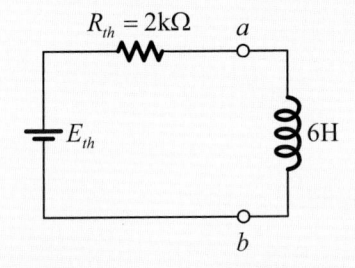

$$\tau = \frac{L}{R} = \frac{6}{2k} = 3\ (ms)$$

48. 開關 S 閉合後，到達穩態，則 L 視同短路，C 視同斷路。電路如下圖所示：

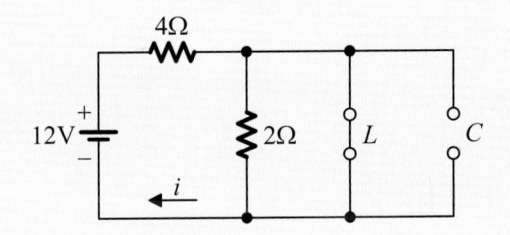

∵ 2Ω 短路

∴ $i = \dfrac{12}{4} = 3\ (A)$

49.

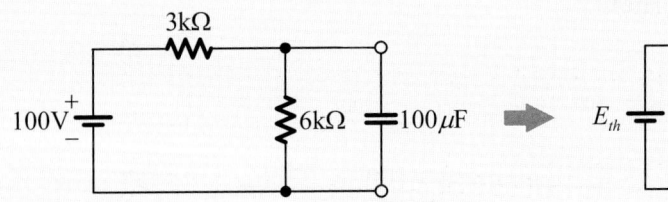

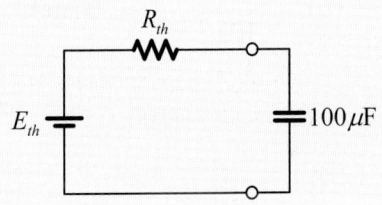

R_{th}：

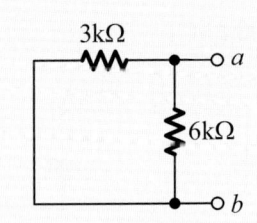

$R_{th} = R_{ab} = (3k\Omega 並 6k\Omega) = 2\ (k\Omega)$

充電時間常數 $\tau = R_{th}C$

$\tau = 2k \times 100\mu = 0.2\ (秒)$

50. 開關 S 閉合且達穩態：（電感視為短路，電容視為斷路）

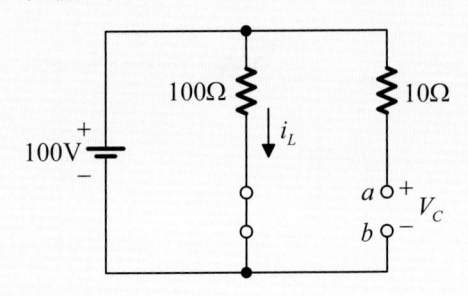

$i_L = \dfrac{100}{100} = 1\ (A)$

$V_C = V_{ab} = 100\ (V)$

答案與詳解

51. 充電之時間常數：

$\tau_1 = 1\text{k} \times 100\mu = 0.1$ (秒)，其 $i_C(t) = \dfrac{10}{1\text{k}} e^{-\dfrac{t}{\tau_1}}$

放電之時間常數：

$\tau_2 = 10\text{k} \times 100\mu = 1$ (秒)，其 $i_2(t) = \dfrac{10}{10\text{k}} e^{-\dfrac{t}{\tau_2}}$; $i_C(t) = -i_2(t)$

(A) SW切回位置2（是為放電之過程）；當 $t = 1$ 秒時：

$i_2(t) = \dfrac{10}{10\text{k}} e^{-\dfrac{t-1}{\tau_2}}$ $\therefore i_2(1) = \dfrac{10}{10\text{k}} e^{1-1} = 1$ (mA)

(B) SW切到位置1（是為充電之過程）；當 $t = 0$ 秒時：

$i_C(0) = \dfrac{10}{1\text{k}} = 10$ (mA)

(C) SW切回位置2（是為放電之過程）；當 $t = 1$ 秒時：

$i_C(1) = -i_2(t) = -\dfrac{10}{10\text{k}} e^0 = -1$ (mA)

(D) SW切回位置2（是為放電之過程）；當 $t = 6$ 秒時：

$i_2(6) = \dfrac{10}{10\text{k}} e^{1-6} = 0$ (mA)

52. $V_R = -E e^{-\dfrac{t}{\tau}} = -(100+50) e^{-\dfrac{t}{500 \times 10\mu}} = -150 e^{-200t}$

53. (1) 開關 S 於 A 點充滿電後，其電荷 $Q = 33\mu \times 100 = 3300\mu$ (庫侖)

    (2) 開關 S 由 A 移到 B 點穩定後，則 C_1 與 C_x 為並聯，如下圖所示：
    其 $C = C_1 + C_x$，$V = V_1 = V_x = 75$ (V)，$Q = 3300$ (μC)

    $\because C = \dfrac{Q}{V} \Rightarrow (C_1 + C_x) = \dfrac{Q}{V}$

    $\Rightarrow (33\mu + C_x) = \dfrac{3300\mu}{75}$

    $\Rightarrow C_x = 11$ (μF)

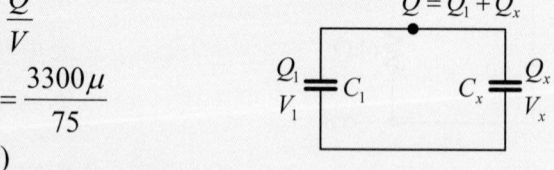

54. 當電感及電容均無儲能，在開關 S 閉合瞬間
    則電路為右圖：
    則 $I_S = \dfrac{10}{5+5} = 1$ (安培)

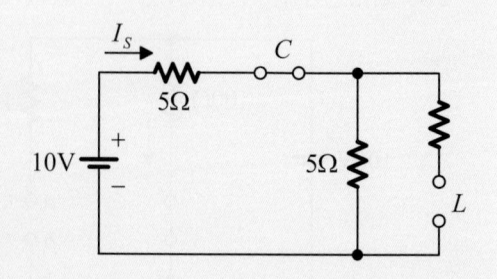

7-44

答案與詳解

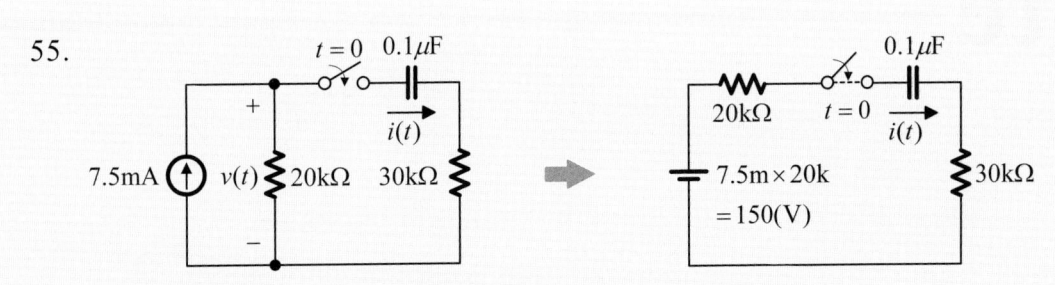

55.

$$\therefore \tau = RC = (20\text{k} + 30\text{k})(0.1\mu) = 5\,(\text{ms})$$

56. 求原圖之戴維寧等效電路：

$$R_{th} = (60\text{k}//30\text{k}) + 20\text{k} = 40\,(\text{k}\Omega) \qquad E_{th} = 60 \times \frac{30\text{k}}{60\text{k}+30\text{k}} = 20\,(\text{V})$$

$$\tau = R_{th}C = 40\text{k}\Omega \times 50\mu\text{F} = 2\,(\text{s}) \qquad v_C = E_{th}(1-e^{-\frac{t}{\tau}}) = 20(1-e^{-0.5t})\,(\text{V})$$

57. 若 $t=0$ 秒時將開關 S 由位置 1 切至位置 2，電感器為充電狀態，開關閉合瞬間電感器視為開路，流經電感器的初始電流值為 0A。

$$\tau = \frac{L}{R} = \frac{4\text{m}}{20} = 0.2\,(\text{ms})$$

58. $\tau = RC = 2\text{k} \times 25\mu = 50\,(\text{ms})$

59. $\tau = \dfrac{L_S}{R_S} = \dfrac{L_S}{2} = 0.02\,(\text{s})$，$L_S = 0.04 = 40\,(\text{mH})$

利用 L_S 充電完畢時，L_S 視為短路，則

$$I_S = \frac{E_S}{R_S} = \frac{E_S}{2} = 10\,(\text{A})，E_S = 10 \times 2 = 20\,(\text{V})$$

Note

CH 8 交流電

本章目錄

8-1	電力系統的認識	3
8-2	波形	4
8-3	頻率及週期	14
8-4	相位	17
8-5	相量運算	20

本章重點在於正弦波、鋸齒波、三角波等交流波形的各項特性（最大值、平均值、有效值、波峰因數、波形因數），以及相量式與複數標準式的加減乘除運算

統測命題重點

1. 角頻率：$\omega = 2\pi f$

2. $I_m = \sqrt{2}I = \dfrac{\pi}{2}I_{av}$（或 $V_m = \sqrt{2}V = \dfrac{\pi}{2}V_{av}$）

3. 波形因數（$F.F.$）$= \dfrac{\text{有效值}}{\text{平均值}}$

4. 波峰因數（$C.F.$）$= \dfrac{\text{最大值}}{\text{有效值}}$

5. 交流正弦波時，其 $F.F. = 1.11$；$C.F. = 1.414 = \sqrt{2}$

6. 頻率與週期關係：$f = \dfrac{1}{T}$

7. 角度與弳度之關係：$\dfrac{180°}{\text{角度}} = \dfrac{\pi}{\text{弳度}}$

8. 相位之比較

9. 相量運算：
    (1) 複數標準式之加、減、乘、除
    (2) 相量式之加、減、乘、除

8-1 電力系統的認識

一 直流

直流電源所提供之電壓其大小與極性不隨時間而變化；而直流電路之電流其大小與方向也不變。

1. **脈動直流**：電壓或電流之大小隨時間作規則性之脈動變化，而其電壓之極性及電流之方向則不變，如下圖(a)所示。

2. **穩定直流**：電壓之大小與極性和電流之大小及方向均不隨時間而變化，如下圖(b)所示。

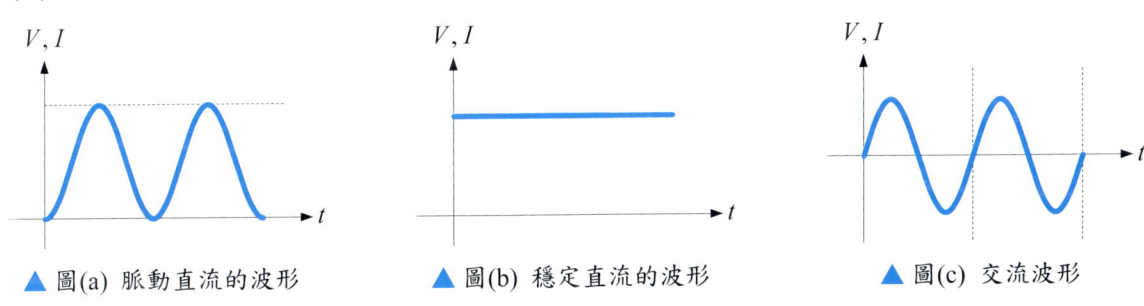

▲ 圖(a) 脈動直流的波形　　▲ 圖(b) 穩定直流的波形　　▲ 圖(c) 交流波形

二 交流

交流電源所提供之電壓或電流其大小及極性均隨時間而變化，如上圖(c)所示。

三 感應電動勢

依發電機原理得知，有一線圈以等速率在一均勻的磁場中旋轉割切磁力線，則該線圈可感應而生一電動勢，此感應電勢之大小及極性係隨正弦函數而變化，如下圖所示：$e = Blv\sin\theta$ 〔V, 伏特〕

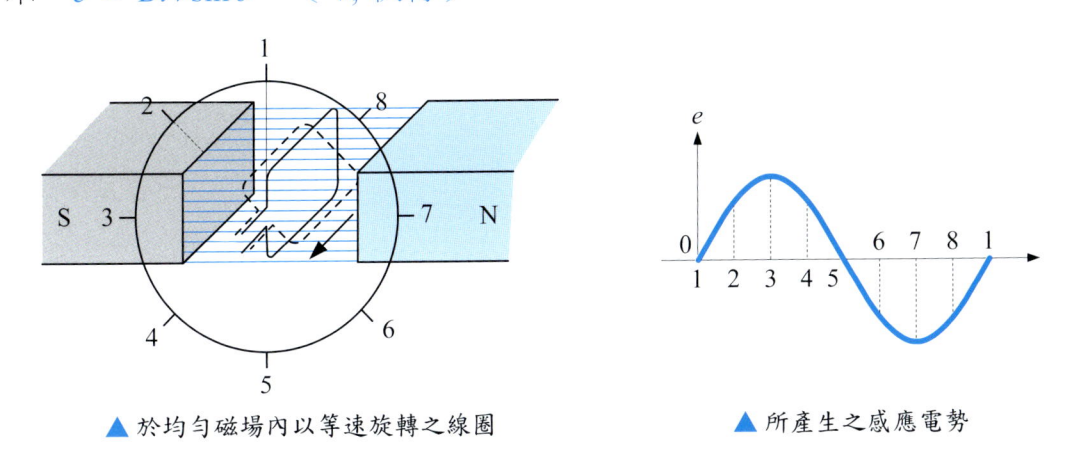

▲ 於均勻磁場內以等速旋轉之線圈　　▲ 所產生之感應電勢

四 交流電力傳輸

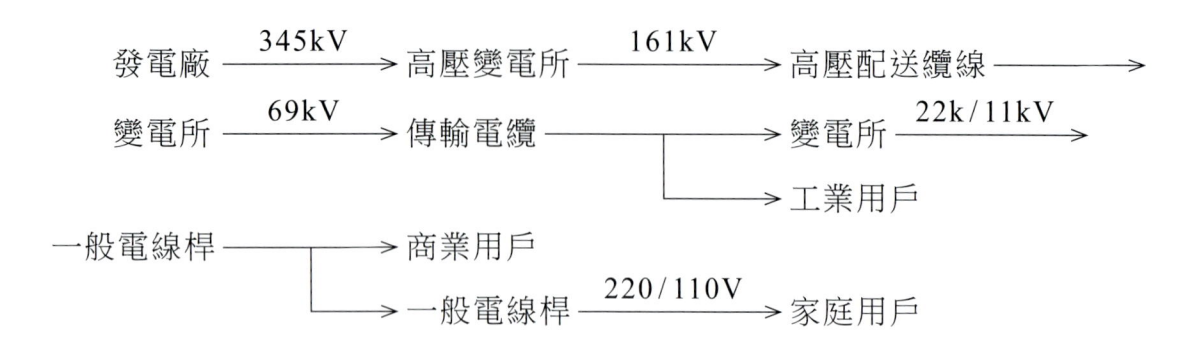

```
發電廠 ──345kV──→ 高壓變電所 ──161kV──→ 高壓配送纜線 ──→
變電所 ──69kV──→ 傳輸電纜 ──┬──→ 變電所 ──22k/11kV──→
                          └──→ 工業用戶

一般電線桿 ──┬──→ 商業用戶
           └──→ 一般電線桿 ──220/110V──→ 家庭用戶
```

五 交流電的優點

1. 發電成本降低,提高經濟效益。

2. 發電效率高,保養費用低廉。

3. 昇降電壓調整容易,可節省導線成本及減少功率損失。

補充說明　　　　　臺灣電力系統發電量配比

2023年《聯合國氣候變化綱要公約》第28次締約方大會(COP28)召開,議題在於減少碳排放、進行能源轉型脫離化石燃料(煤炭、石油、天然氣等),希望能將全球升溫控制在1.5°C以內。目標設定在2030年**全球減碳43%、再生能源裝置容量提高至三倍、能源效率年平均改善率加倍**。這個議題與聯合國永續發展目標(SDGs)的**目標7「可負擔的潔淨能源」**(再生能源使用)、**目標13「氣候行動」**(減少碳足跡)相輔相成。

截至2023年,臺灣發電量配比:燃煤42%、燃氣40%、再生能源9%、核能6%、其他3%。其中可以發現臺灣利用化石燃料發電的比例仍然偏高,要接軌國際趨勢,尚有努力空間。

8-2　波形

一 交流波形

　　交流波形的型式有很多種,常見的有正弦波、脈波、方波、鋸齒波和三角波等,其中正弦波是各種交流波形的基本波形,任何波形都可視為是由許多不同型式的正弦波所組成。

二 正弦波

正弦波電壓 $v(t)$ 及電流 $i(t)$ 的數學式為：

$$v(t) = V_P \sin \omega t = V_P \sin 2\pi f t = V_m \sin 2\pi f t \quad [\text{V, 伏特}]$$

$$i(t) = I_P \sin \omega t = I_P \sin 2\pi f t = I_m \sin 2\pi f t \quad [\text{A, 安培}]$$

式中：V_P（或 I_P）為波形的振幅；

V_m（或 I_m）為波形的最大值；$V_P = V_m$

$\omega = 2\pi f$ 為波形的角頻率；

f 為波形的頻率。

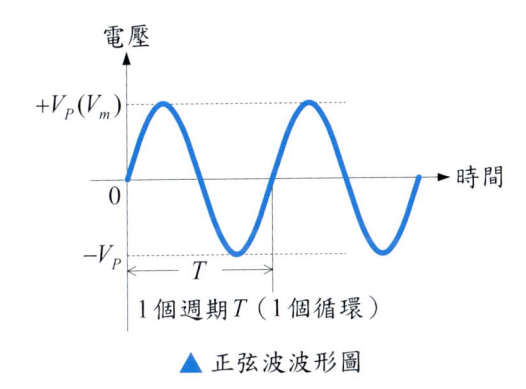

▲ 正弦波波形圖

三 脈波

脈波（Pulse）是一種單極性的波形。

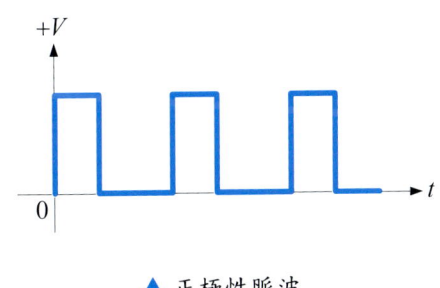

▲ 正極性脈波

▲ 負極性脈波

右圖中脈波有電壓產生的一段時間，稱為脈波寬度（t_p）；兩脈波之間無電壓值的一段時間稱為空白寬度（t_s）。

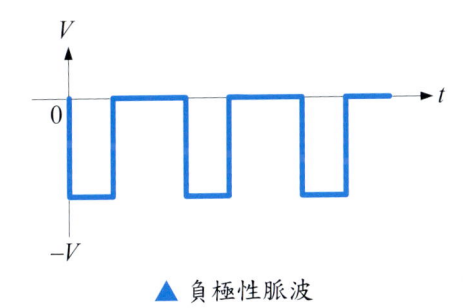

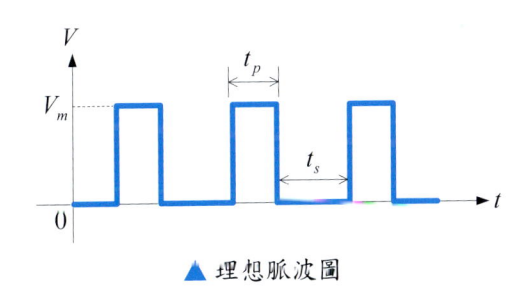

▲ 理想脈波圖

四 方波

方波（Square wave）是工業上常用的訊號，圖(a)為一個典型的方波波型。在一個週期內，波形有正負兩個半週的電位變化，而且兩個半週的時間相等。方波的變化發生在一瞬間，急驟上升而形成的波形稱為前緣；急驟下降的波形稱為後緣；方波之前緣和後緣的形狀都為垂直直線。

事實上，方波是由一個正弦波與它的諧波所組成，合成的諧波愈多，波形就愈接近方波。如圖(b)所示。

▲ 圖(a) 方波波形圖

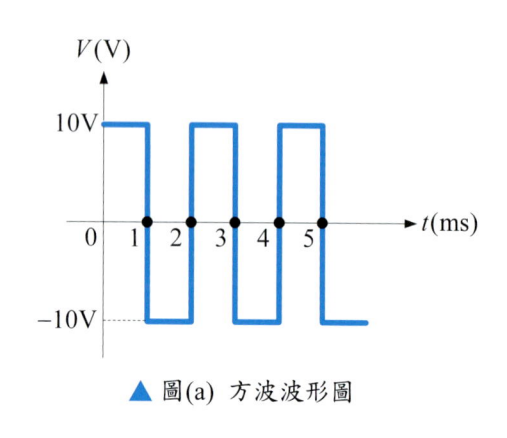

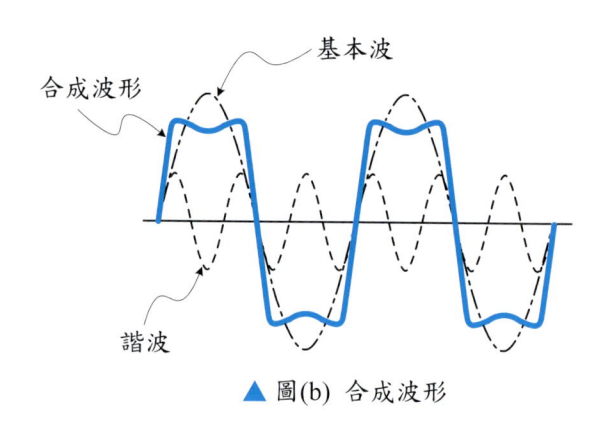

▲ 圖(b) 合成波形

五 鋸齒波

鋸齒波（sawtooth wave）的波形是依直線進行變化，在最小值時以一固定斜率上升至最大值（掃描時間），到最大值時再以另一斜率下降至最小值（返馳時間）。

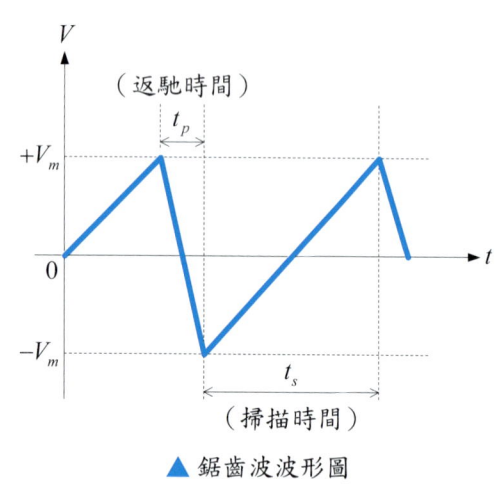

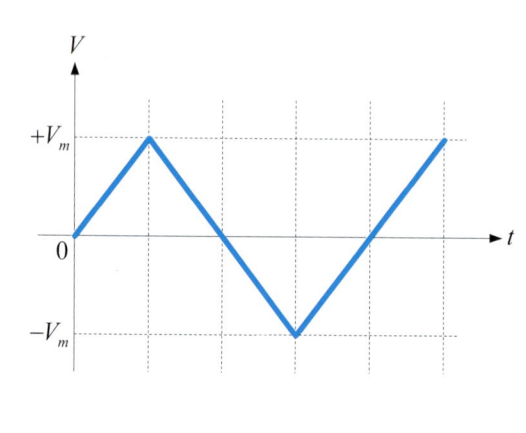

▲ 鋸齒波波形圖

▲ 三角波波形圖

六 三角波

當掃描時間與返馳時間相等時之鋸齒波稱為三角波（triangular wave）。

七 交流正弦波之一般式

$$i(t) = I_m \sin \omega t = I_m \sin 2\pi f t \text{（或} i = I_m \sin \omega t = I_m \sin 2\pi f t \text{）}$$

$$v(t) = V_m \sin \omega t = V_m \sin 2\pi f t \text{（或} v = V_m \sin \omega t = V_m \sin 2\pi f t \text{）}$$

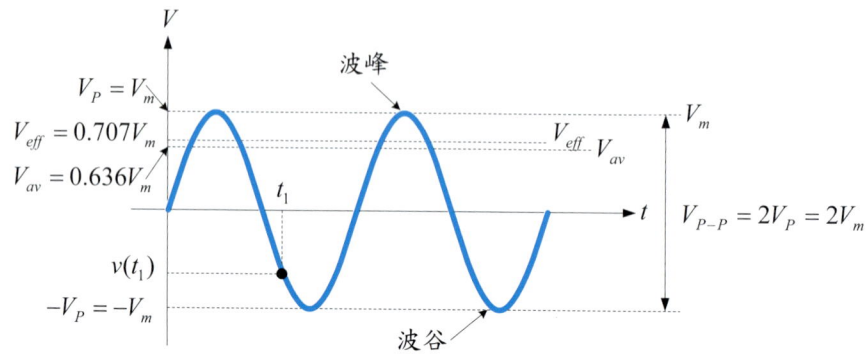

▲ 正弦波的瞬間值、峰值、平均值、有效值

八 峰間值

電壓或電流波形中其波峰與波谷之間的值，稱為峰間值，以 V_{P-P}、I_{P-P} 表示之。於交流正弦波時，

$$V_{P-P} = 2V_P = 2V_m \qquad I_{P-P} = 2I_P = 2I_m$$

九 瞬時值

交流電壓或電流，隨時間而改變大小，在波形中某一瞬間之數值稱為瞬時值。以 v、i 表示之。

十 最大值

於電壓或電流波形中之最大瞬時值，稱為最大值或峰值或波幅。以 V_m、I_m 表示之。

十一 平均值

於電壓或電流波形中，其一個週期內所包含的總平均面積之值，稱為平均值，以 V_{av}、I_{av} 表示之。

1. 於一對稱之交流波形，由於正半波與負半波完全相同，其一週期之平均值為零，故通常我們所求交流電之平均值是指其正半波之平均值而言。

2. 於交流正弦波時：

$$I_{av} = \frac{2}{\pi} I_m = 0.636 I_m \ (\text{或} I_m = \frac{\pi}{2} I_{av}) \qquad 〔A, 安培〕$$

$$V_{av} = \frac{2}{\pi} V_m = 0.636 V_m \ (\text{或} V_m = \frac{\pi}{2} V_{av}) \qquad 〔V, 伏特〕$$

十二 有效值（均方根值，rms）

1. 若一交流電加於一電阻所產生的熱量與一直流電加於該電阻所產生之熱量相等時，則此直流電壓或電流稱為交流電壓或電流之有效值。以 V、I 表示之。

2. 若將電壓或電流之波形平方後，求其平均值，再開方根，即均方根值。亦以 V_{eff}、I_{eff} 表示之。

3. 於交流正弦波時：

$$I（或 I_{eff}）= \frac{1}{\sqrt{2}}I_m = 0.707I_m（或 I_m = \sqrt{2}I）\quad 〔A, 安培〕$$

$$V（或 V_{eff}）= \frac{1}{\sqrt{2}}V_m = 0.707V_m（或 V_m = \sqrt{2}V）\quad 〔V, 伏特〕$$

4. 通常我們所稱之電壓、電流，額定電壓、額定電流，或電壓表量出之電壓值、電流表量出之電流值；於直流電時係指其平均值，於交流電時係指其有效值。

十三 波形因數（F.F.）

電壓或電流之有效值與平均值之比。

$$F.F. = \frac{V}{V_{av}} = \frac{I}{I_{av}}（於交流正弦波時，其波形因數 (F.F.) = 1.11）$$

十四 波峰因數（C.F.）

電壓或電流之最大值與有效值之比。

$$C.F. = \frac{I_m}{I} = \frac{V_m}{V}（於交流正弦波時，其波峰因數 (C.F.) = 1.414 = \sqrt{2}）$$

範例 1

若有一交流正弦波電壓為 $v = 100\sqrt{2}\sin(157t)$ 伏特，則於 0.005 秒時其 v、V_m、V、V_{av}、$C.F.$ 及 $F.F.$ 為何？

[高專夜]

解 (1) $\because v = V_m \sin(2\pi ft) = 100\sqrt{2}\sin 157t \quad \therefore f = 25\,(\text{Hz})$

$v = 100\sqrt{2}\sin(2 \cdot \pi \cdot 25 \cdot t) = 141.4\sin(50 \times 0.005 \times \pi) = 141.4\sin(\frac{\pi}{4})$

$= 141.4\sin 45° = 141.4 \times 0.707 = 100\,(\text{伏特})$

(2) 此交流正弦波電壓之最大值 V_m 為 $100\sqrt{2} = 141.4\,(\text{伏特})$

(3) 有效值 $V = \frac{V_m}{\sqrt{2}} = \frac{141.4}{\sqrt{2}} = 100\,(\text{伏特})$

(4) 平均值 $V_{av} = \frac{2}{\pi}V_m = \frac{2}{\pi}(141.4) = 90\,(\text{伏特})$

(5) $C.F. = \dfrac{V_m}{V} = 1.414 = \sqrt{2}$

(6) $F.F. = \dfrac{V}{V_{av}} = 1.11$

十五 正負對稱之交流電經半波整流後

其平均值減為原來之 $\dfrac{1}{2}$ 倍（即 $V'_{av} = \dfrac{1}{2}V_{av}$，$I'_{av} = \dfrac{1}{2}I_{av}$），而有效值則減為原來之 $\dfrac{1}{\sqrt{2}}$ 倍（即 $V' = \dfrac{1}{\sqrt{2}}V$，$I' = \dfrac{1}{\sqrt{2}}I$）。其 $F.F. = \dfrac{\pi}{2}$，$C.F. = 2$。

十六 常用波形的各項特性

常用波形之最大值、有效值及平均值之關係與波峰因數（$C.F.$）及波形因數（$F.F.$）如下表所示。

波形	最大值、平均值、有效值之關係	波峰因數（$C.F.$）及波形因數（$F.F.$）
正弦波	$I_m = \dfrac{\pi}{2}I_{av} = \sqrt{2}I$ $V_m = \dfrac{\pi}{2}V_{av} = \sqrt{2}V$	$C.F. = \sqrt{2} = 1.414$ $F.F. = \dfrac{\pi}{2\sqrt{2}} = 1.11$
鋸齒波	$I_m = 2I_{av} = \sqrt{3}I$ $V_m = 2V_{av} = \sqrt{3}V$	$C.F. = \sqrt{3} = 1.732$ $F.F. = \dfrac{2}{\sqrt{3}} = 1.155$
方波	$I_m = I_{av} = I$ $V_m = V_{av} = V$	$C.F. = 1$ $F.F. = 1$
直流	$I_m = I_{av} = I$ $V_m = V_{av} = V$	$C.F. = 1$ $F.F. = 1$

十七 經全波整流後，常用波形的各項特性

將電壓、電流之波形全波整流後，其最大值、平均值、有效值與未整流前全部相同。

十八 經半波整流後，常用波形的各項特性

若為半波整流，則其關係如下表所示。

波形	最大值、平均值、有效值之關係	波峰因數（$C.F.$）及波形因數（$F.F.$）
正弦波	$I_m = \pi I_{av} = 2I$ $V_m = \pi V_{av} = 2V$	$C.F. = 2$ $F.F. = \dfrac{\pi}{2}$
鋸齒波	$I_m = 4I_{av} = \sqrt{6}I$ $V_m = 4V_{av} = \sqrt{6}V$	$C.F. = \sqrt{6}$ $F.F. = \dfrac{4}{\sqrt{6}}$
方波	$I_m = 2I_{av} = \sqrt{2}I$ $V_m = 2V_{av} = \sqrt{2}V$	$C.F. = \sqrt{2}$ $F.F. = \dfrac{2}{\sqrt{2}}$
直流	$I_m = I_{av} = I$ $V_m = V_{av} = V$	$C.F. = 1$ $F.F. = 1$

範例 2

波形因數乃 _____ 與平均值之比值。 [二專]

答 有效值

解 波形因數 $F.F. = \dfrac{\text{有效值}}{\text{平均值}}$

範例 3

正弦波之平均值與有效值之比值為 _____ 。 [二專]

答 0.90

解 $E = \dfrac{1}{\sqrt{2}} E_m$，$E_{av} = \dfrac{2}{\pi} E_m$ ∴ $\dfrac{\text{平均值}}{\text{有效值}} = \dfrac{E_{av}}{E} = \dfrac{\dfrac{2}{\pi} E_m}{\dfrac{1}{\sqrt{2}} E_m} = \dfrac{2\sqrt{2}}{\pi} = 0.90$

範例 4

今有一交流電壓 $v = V_m \sin(2\pi ft + \alpha)$ 伏特，在此 V_m 表波幅；f 表頻率；α 表相角，則此交流電壓之有效值為 _____ 伏特。 [二專]

答 $0.707 V_m$

解 正弦波之有效值 $V = \dfrac{V_m}{\sqrt{2}} = 0.707 V_m$

範例 5

有一橋式整流式伏特計，輸入電壓交流最大值為 E_m，則於伏特表指示之直流電壓為 _____。 [二專]

答 $\dfrac{2}{\pi} E_m$

解 橋式整流式伏特計所量的為全波之平均值，即 $E_{av} = \dfrac{2}{\pi} E_m$

範例 6

載有正弦電流 $i = I_m \sin \omega t$ 之電流有效值 $I_{eff} = $ _____。 [教院]

答 $\dfrac{I_m}{\sqrt{2}}$

解 $\because I_m = \sqrt{2} I = \sqrt{2} I_{eff}$ $\therefore I_{eff} = \dfrac{I_m}{\sqrt{2}}$

範例 7

如右圖所示之三角波其半週之平均值應為 _____。 [教院]

答 $\dfrac{1}{2} I_m$

解 在三角波或鋸齒波中：

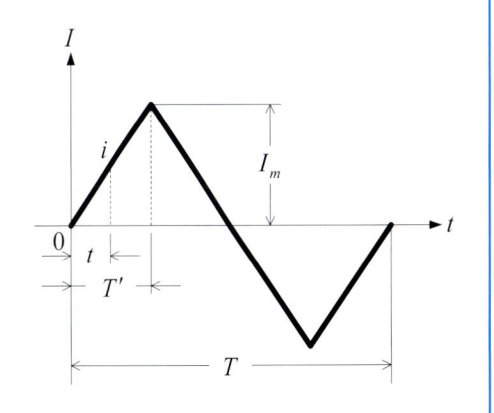

$I_{av} = \dfrac{1}{2} I_m$ ； $I_{rms} = \dfrac{1}{\sqrt{3}} I_m$

8-11

基本電學（下）攻略本

範例 8

某三角形電流波，其電流最大值為10A，則其有效值為 _____ 安培。 [保送]

答 $\dfrac{10}{\sqrt{3}}$

解 ∵ 三角波之有效值：

$$I = \dfrac{1}{\sqrt{3}} I_m = \dfrac{1}{\sqrt{3}} \times 10 = \dfrac{10}{\sqrt{3}} = 5.77 \text{ (安培)}$$

範例 9

計算下圖電流之均方根值為 _____ 安培。 [教院]

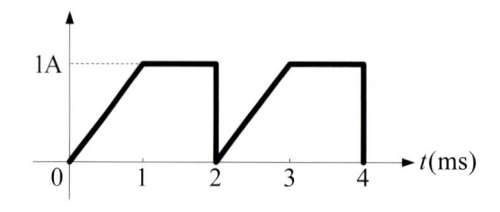

答 0.8165

解 $I_{rms} = \sqrt{\text{各階波之平方和的平均值}}$

∴ 本題之 $I_{rms} = \sqrt{\dfrac{\text{三角波與方波之平方和}}{\text{週期}（T）}} = \sqrt{\dfrac{(\dfrac{1}{\sqrt{3}})^2 \times 1 + (1)^2 \times (2-1)}{2}}$

$= 0.8165$ (安培)

P.S. 圖(甲)(乙)：三角波之平方面積為$(\dfrac{b}{\sqrt{3}})^2 \times a$；

圖(丙)：方波之平方面積為$(b)^2 \times a$；

圖(丁)：正弦波之平方面積為$(\dfrac{b}{\sqrt{2}})^2 \times a$。

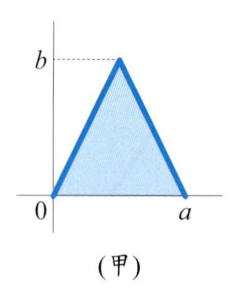

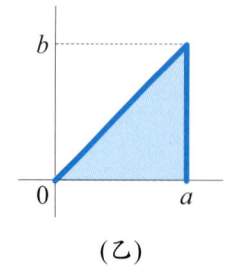

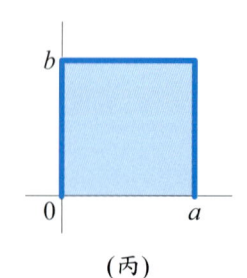

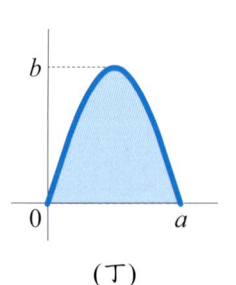

（甲）　（乙）　（丙）　（丁）

範例 10

波形為對稱之三角波，其波峰因數為 _____。 [保送]

答 $\sqrt{3}$

解

常用波形	波形因數（$F.F.$）	波峰因數（$C.F.$）
正弦波	$\dfrac{\pi}{2\sqrt{2}}$（1.11）	$\sqrt{2}$（1.414）
方波	1.0	1.0
鋸齒波三角波	$\dfrac{2}{\sqrt{3}}$（1.155）	$\sqrt{3}$（1.732）
直流	1.0	1.0

範例 11

波形因數的定義為何？半波整流器及全波整流器以正弦波輸入時，其波形因數各為若干？ [保送]

解 (1) 波形因數 $F.F. = \dfrac{\text{有效值}}{\text{平均值}}$

(2) 半波整流之 $F.F. = \dfrac{V}{V_{av}} = \dfrac{\frac{1}{2}V_m}{\frac{1}{\pi}V_m} = \dfrac{\pi}{2} = 1.57$

(3) 全波整流之 $F.F. = \dfrac{V}{V_{av}} = \dfrac{\frac{1}{\sqrt{2}}V_m}{\frac{2}{\pi}V_m} = \dfrac{\pi}{2\sqrt{2}} = 1.11$

範例 12

波形為對稱之方波，其波形因數為多少？ [技院]

解 對稱方波之波形因數：$F.F. = \dfrac{V}{V_{av}} = 1$

（$\because$ 對稱之方波：$V_m = V = V_{av}$，$I_m = I = I_{av}$）

8-3 頻率及週期

一 頻率

循環性交變電壓或電流，於1秒內所出現之週期數，稱為頻率。以 f 表之，單位為赫茲（Hz）。

二 週期

循環性交變電壓或電流，經歷一個循環所需之時間稱為週期，以 T 表之，單位為秒（s）。

三 頻率與週期之關係

$$f = \frac{1}{T} \quad 或 T = \frac{1}{f} \quad 或 fT = 1$$

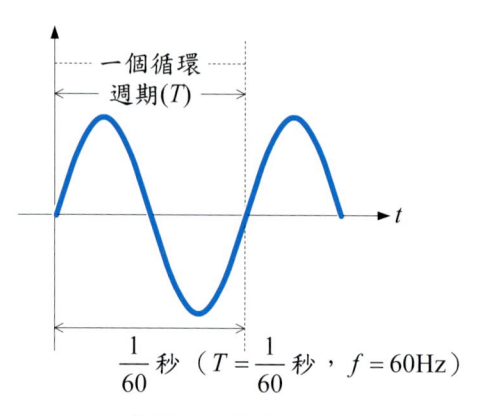

$\frac{1}{60}$ 秒 （$T = \frac{1}{60}$ 秒，$f = 60\text{Hz}$）

聲頻的正弦波

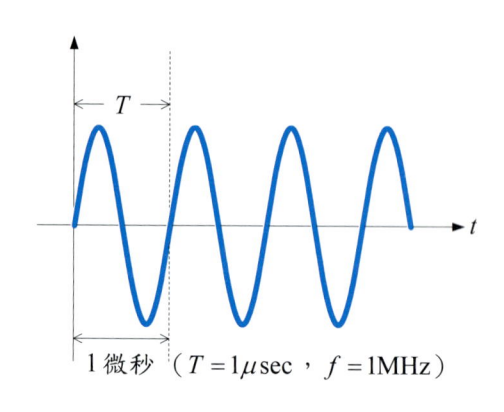

1 微秒 （$T = 1\mu\text{sec}$，$f = 1\text{MHz}$）

射頻的正弦波

▲ 正弦波的頻率與週期

範例 13

一週期性波的頻率為25赫，當完成五週期時則需 _____ 秒。　　[二專]

答 0.2

解 $\because f = 25\,(\text{Hz}) \quad \therefore T = \frac{1}{f} = \frac{1}{25} = 0.04\,(秒)$

$5T = 5 \times 0.04 = 0.2\,(秒)$

四 角頻率

每秒內旋轉的弳度,稱為角頻率。以 ω 表示之,其單位為弳度/秒(rad/s);亦稱為角速度。

若有一旋轉向量之頻率 f,旋轉一週為 2π 弳度,則角頻率

$$\omega = 2\pi f = \frac{2\pi}{T} \Rightarrow f = \frac{\omega}{2\pi}$$

範例 14

試求下列角頻率所對應的頻率 f:(1) $\omega = 377$ (2) $\omega = 314$ (3) $\omega = 157$。

解 (1) $\omega = 377$,則 $f = \dfrac{\omega}{2\pi} = \dfrac{377}{2 \times 3.14} = 60\,(\text{Hz})$

(2) $\omega = 314$,則 $f = \dfrac{\omega}{2\pi} = \dfrac{314}{2 \times 3.14} = 50\,(\text{Hz})$

(3) $\omega = 157$,則 $f = \dfrac{\omega}{2\pi} = \dfrac{157}{2 \times 3.14} = 25\,(\text{Hz})$

範例 15

$i = 100\sin(377t - 15°)$ A,式中所示頻率為 _____ Hz。 [保送]

答 60

解 ∵ $\omega = 2\pi f$

∴ $f = \dfrac{\omega}{2\pi} = \dfrac{377}{2 \times 3.14} = 60\,(\text{Hz})$

五 角度與弳度的互換

1 個圓週的角度 $= 360° = 2\pi \Rightarrow 180° = \pi \Rightarrow \dfrac{180°}{\text{角度}} = \dfrac{\pi}{\text{弳度}}$

範例 16

試將下列之角度與弳度互換：(1) $\dfrac{\pi}{6}$ (2) $\dfrac{\pi}{4}$ (3) $60°$。 [保送]

解 (1) $\dfrac{\pi}{6} = \dfrac{180°}{6} = 30°$

(2) $\dfrac{\pi}{4} = \dfrac{180°}{4} = 45°$

(3) $60° = \dfrac{\pi}{180°} \times 60° = \dfrac{\pi}{3}$

六　交流發電機的轉速、極數與頻率之關係

$$f = \dfrac{PN}{120} = \dfrac{PS}{2} \quad [\text{Hz, 赫茲}]$$

機械角度 $= \dfrac{P}{2}$ 電工角度

式中：f：頻率（Hz, 赫茲）

　　　P：極數（極）

　　　N：每分鐘轉速（r.p.m）

　　　S：每秒鐘轉速（r.p.s）

七　頻率與波長之關係

$$f = \dfrac{v}{\lambda} \quad [\text{Hz, 赫茲}]$$

式中：f：頻率（Hz, 赫茲）

　　　λ：波長（m, 米）

　　　v：波速（m/s, 米／秒）

P.S. 於電磁輻射時，無線電波是以光速來傳送的，其值約為 3×10^8 m/s。

範例 17

一無線電波頻率為100MHz，則其波長應為 _____ 公尺。　　　[教院][保送]

答 3

解 $v = 3 \times 10^8$ (m/sec)

$f = 100$ (MHz) $= 10^8$ (Hz)

$\because f = \dfrac{v}{\lambda}$　　$\therefore$ 波長 $\lambda = \dfrac{v}{f} = \dfrac{3 \times 10^8}{10^8} = 3$ (m)

8-4　相位

一　正弦波方程式

$$v = V_m \sin(\omega t + \theta_v) \quad 或 e = E_m \sin(\omega t + \theta_e)$$

$$i = I_m \sin(\omega t + \theta_i)$$

式中 θ_v（θ_e）為電壓之初相角，θ_i 為電流之初相角。

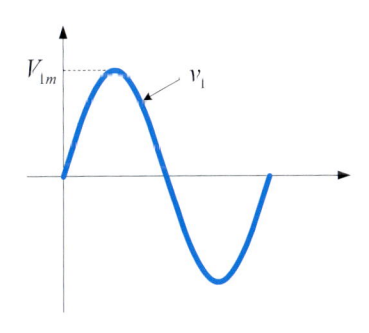

▲ 圖(a) $v_1 = V_{1m} \sin \omega t$
電壓初相角 $\theta_v = 0°$

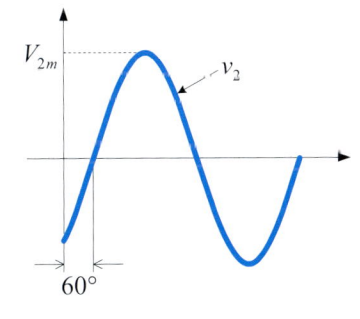

▲ 圖(b) $v_2 = V_{2m} \sin(\omega t - 60°)$
電壓初相角 $\theta_v = -60°$

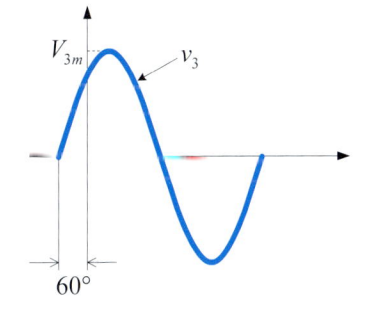

▲ 圖(c) $v_3 = V_{3m} \sin(\omega t + 60°)$
電壓初相角 $\theta_v = 60°$

二 同相位（In Phase）、相位超前（Leading）、或相位落後（Lagging）

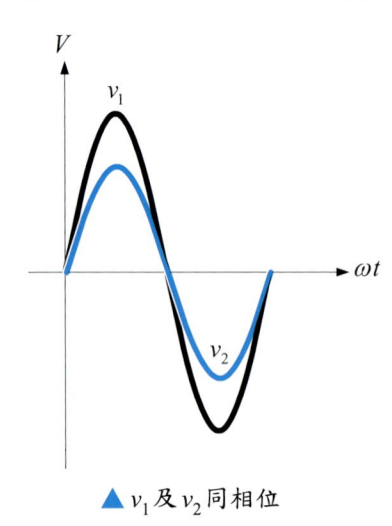

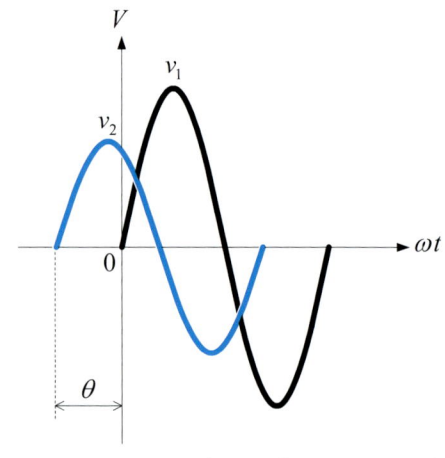

▲ v_1 及 v_2 同相位

▲ v_2 超前 v_1 θ 角度（或 v_1 落後 v_2 θ 角度）

三 相位差

若有 $i = I_m \sin(\omega t + \theta_i)$、$v = V_m \sin(\omega t + \theta_v)$，則相位差：$\theta = \theta_i - \theta_v$（頻率 f 或角頻率 ω 相同之相位才能相比）

1. 若 $\theta_i = \theta_v$，則 $\theta = 0°$，i 與 v 同相（或 I、V 同相）。

2. 若 $\theta_i > \theta_v$，則表示 i 超前 v（或 I 超前 V），即 i 與 v 異相（或 I 與 V 異相）。

3. 若 $\theta_i < \theta_v$，則表示 i 落後 v（或 I 落後 V），即 i 與 v 異相（或 I 與 V 異相）。

4. 若 θ_i 與 θ_v 相差 $90°$，則表示 i 與 v 正交（或 I 與 V 正交）。

5. 若 θ_i 與 θ_v 相差 $180°$，則表示 i 與 v 反相（或 I 與 V 反相）。

四 函數轉換

$$v = V_m \cos(\omega t) = V_m \sin(\omega t + 90°)$$

範例 18

$i_1 = 10 \sin \omega t$，$i_2 = 10 \cos \omega t$，則 i_2 比 i_1 引前 _____。 [二專]

答 $90°$

解 $i_1 = 10 \sin \omega t$　$i_2 = 10 \cos \omega t = 10 \sin(\omega t + 90°)$
$\theta_{i1} = 0°$，$\theta_{i2} = 90°$　$\therefore \theta_{i2} - \theta_{i1} = 90° - 0° = 90°$，即 i_2 比 i_1 引前 $90°$

範例 19

把 $\sin(\theta + \dfrac{\pi}{6})$ 的相位遲後 $\dfrac{\pi}{2}$ 角時，變成 _____。 [教院]

答 $\sin(\theta - \dfrac{\pi}{3})$

解 $\sin(\theta + \dfrac{\pi}{6} - \dfrac{\pi}{2}) = \sin(\theta + \dfrac{\pi}{6} - \dfrac{3\pi}{6}) = \sin(\theta - \dfrac{\pi}{3})$

範例 20

$V_m \sin(\omega t + \theta_1)$ 電壓和 $I_m \cos(\omega t - \theta_2)$ 電流的相位差為 _____。 [教院]

答 $\theta_1 + \theta_2 - 90°$ 或 $90° - (\theta_1 + \theta_2)$

解 ∵ $i = I_m \cos(\omega t - \theta_2) = I_m \sin(\omega t - \theta_2 + 90°) = I_m \sin(\omega t + 90° - \theta_2)$

∴ 相位差 $\theta = \theta_1 - (90° - \theta_2) = \theta_1 + \theta_2 - 90°$

或相位差 $\theta = (90° - \theta_2) - \theta_1 = 90° - (\theta_1 + \theta_2)$

即：可能電壓超前電流 $(\theta_1 + \theta_2 - 90°)$，亦可能電流超前電壓 $(90° - \theta_1 - \theta_2)$

範例 21

如下圖所示，若以 $i = I_m \sin \omega t$ 為基準，則電壓 v_L 之瞬時值為 _____。
電壓 v 之瞬時值為 _____。 [二專]

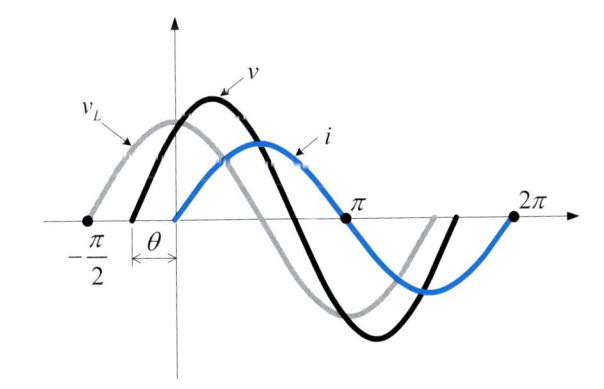

答 $v_L = V_{Lm} \sin(\omega t + 90°)$ 或 $v_L = V_{Lm} \cos \omega t$；$v = V_m \sin(\omega t + \theta)$

解 (1) v_L 超前 i 90° ∴ $v_L = V_{Lm} \sin(\omega t + 90°) = V_{Lm} \cos \omega t$

（∵ $\sin(90° + \alpha) = \cos \alpha$）

(2) v 超前 i θ ∴ $v = V_m \sin(\omega t + \theta)$

8-5 相量運算

一 虛數

基本電學之虛數以 "j" 為符號，有別於數學之 "i"，以免與電流混淆不清。

1. $j = \sqrt{-1}$ 　　　　　　　　$j^{4n+1} = j^{4n-3} = j$
   $j^2 = -1$ 　　　　　　　　　$j^{4n+2} = j^{4n-2} = j^2 = -1$
   $j^3 = -j$ 　　　　　　　　　$j^{4n+3} = j^{4n-1} = j^3 = -j$
   $j^4 = 1$ 　　　　　　　　　　$j^{4n} = 1$
   　　　　　　　　　　　　　（上式中之 n 為整數）

2. $\angle\theta = \cos\theta + j\sin\theta$
   $\angle 0° = 1$
   $\angle 90° = j = \angle -270°$
   $\angle 180° = \angle -180° = -1$
   $\angle 270° = \angle -90° = -j$
   $\angle 360° = \angle -360° = \angle 0° = 1$
   $\angle\theta = \angle(\theta \pm 360°) = \angle(-360° + \theta) = \angle(360° + \theta)$

二 複數之概念

1. 複數 = 實數 + 虛數　　　**P.S.** 實數有正負，虛數也有 $+j$、$-j$。

   (1) 複數之標準式（直角座標式）：$\overline{C} = a + jb$

   (2) 相量式：$\overline{C} = C\angle\theta$

   (3) 指數式：$\overline{C} = Ce^{j\theta}$

   (4) 複數之極式（三角函數式）：$\overline{C} = C(\cos\theta + j\sin\theta)$

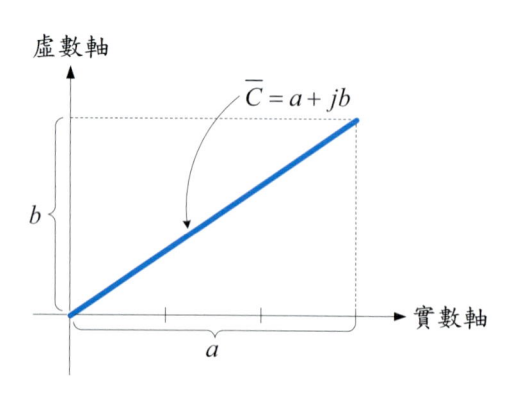

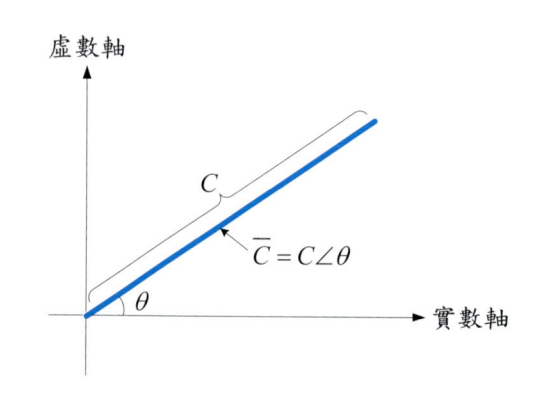

2. 複數各式之互換：

$$\overline{C} = a + jb = \sqrt{a^2 + b^2} \angle \tan^{-1}\frac{b}{a} = C\angle\theta = Ce^{j\theta}$$

$$\overline{C} = C\angle\theta = C(\cos\theta + j\sin\theta) = C\cos\theta + jC\sin\theta = a + jb$$

上式中：$C = \sqrt{a^2 + b^2}$　　$\theta = \tan^{-1}\frac{b}{a}$　　$a = C\cos\theta$　　$b = C\sin\theta$

3. 共軛複數：（$\overline{C}^*$為$\overline{C}$之共軛複數之符號）

   (1) $\overline{C} = a + jb$，其共軛複數為$\overline{C}^* = a - jb$。

      範例：$3 + j4$其共軛複數為$3 - j4$。

   (2) $\overline{C} = C\angle\theta$，其共軛複數為$\overline{C}^* = C\angle -\theta$。

      範例：$10\angle 30°$其共軛複數為$10\angle -30°$。

三 三角函數

1. (虛數軸圖示)

   第二象限 (90°~180°)　第一象限 (0°~90°)

   第三象限 (180°~270°) 或 (−180°~−90°)　第四象限 (270°~360°) 或 (−90°~0°)

2.

象限\函數	1	2	3	4
$\sin\theta$	+	+	−	−
$\cos\theta$	+	−	−	+
$\tan\theta$	+	−	+	−

3.

角度\函數	0°	30°	37°	45°	53°	60°	90°
$\sin\theta$	0	$\frac{1}{2}$	$\frac{3}{5}$	$\frac{\sqrt{2}}{2}$	$\frac{4}{5}$	$\frac{\sqrt{3}}{2}$	1
$\cos\theta$	1	$\frac{\sqrt{3}}{2}$	$\frac{4}{5}$	$\frac{\sqrt{2}}{2}$	$\frac{3}{5}$	$\frac{1}{2}$	0
$\tan\theta$	0	$\frac{1}{\sqrt{3}}$	$\frac{3}{4}$	1	$\frac{4}{3}$	$\sqrt{3}$	∞無限大

四 複數標準式換算為相量式（須注意各象限之角度）

★1. 若 $\overline{C} = a + jb$，則 $\theta = \tan^{-1}\dfrac{b}{a}$（即 θ 介於 $0°\sim 90°$ 之間）

範例：$8 + j6 = \sqrt{8^2 + 6^2}\angle\tan^{-1}\dfrac{6}{8} = \sqrt{100}\angle\tan^{-1}\dfrac{3}{4} = 10\angle 37°$

2. 若 $\overline{C} = -a + jb$，則 $\theta = 180° - \tan^{-1}\dfrac{b}{a}$（即 θ 介於 $90°\sim 180°$ 之間）

範例：$-8 + j6 = \sqrt{(-8)^2 + 6^2}\angle(180° - \tan^{-1}\dfrac{6}{8}) = 10\angle(180° - 37°) = 10\angle 143°$

3. 若 $\overline{C} = -a - jb$，則 $\theta = 180° + \tan^{-1}\dfrac{b}{a}$（即 θ 介於 $180°\sim 270°$ 之間）

範例：$-8 - j6 = \sqrt{(-8)^2 + (-6)^2}\angle(180° + \tan^{-1}\dfrac{6}{8}) = 10\angle(180° + 37°) = 10\angle 217°$

★4. 若 $\overline{C} = a - jb$，則 $\theta = 360° - \tan^{-1}\dfrac{b}{a} = -\tan^{-1}\dfrac{b}{a}$

（即 θ 介於 $0°\sim -90°$ 或 $270°\sim 360°$ 之間）

範例：$8 - j6 = \sqrt{(8)^2 + (-6)^2}\angle(360° - \tan^{-1}\dfrac{6}{8}) = 10\angle(360° - 37°) = 10\angle 323°$

$8 - j6 = \sqrt{(8)^2 + (-6)^2}\angle -\tan^{-1}\dfrac{6}{8} = 10\angle -37°$（常用此式）

P.S. 於基本電學中，其複數只使用第 1 及第 4 象限，即 $a + jb$ 或 $a - jb$。

五 複數之運算

1. 複數標準式之加、減、乘、除：

   (1) 加法與減法：（實數部分相加減及虛數部分相加減）

   (a) $(a + jb) + (c + jd) = (a + c) + j(b + d)$

   範例：$(5 + j4) + (9 - j5) = (5 + 9) + j(4 - 5) = 14 - j$

   (b) $(a + jb) - (c + jd) = (a - c) + j(b - d)$

   範例：$(8 + j3) - (5 - j7) = (8 - 5) + j[3 - (-7)] = 3 + j10$

   (c) 一複數與其共軛複數相加，其值為實數。

   範例：$(3 + j4) + (3 - j4) = 6$

(2) 乘法：（依代數的乘法求之）

(a) $(a+jb)(c+jd) = a \cdot c + a \cdot jd + jb \cdot c + jb \cdot jd$
$= ac + jad + jbc + j^2bd$
$= (ac - bd) + j(ad + bc)$　（$\because j^2 = -1$）

範例：$(2+j3)(4-j5) = 2 \cdot 4 + 2 \cdot (-j5) + j3 \cdot 4 + j3 \cdot (-j5)$
$= 8 - j10 + j12 - j^2 15$
$= (8+15) + j(12-10) = 23 + j2$

(b) 一複數與其共軛複數相乘，其值為實數。

範例：$(3+j4)(3-j4) = 9 - j12 + j12 + 16 = 25$

(3) 除法：若其分母為複數，則須乘以其共軛複數，將分母實數化。

$$\frac{a+jb}{c+jd} = \frac{(a+jb)(c-jd)}{(c+jd)(c-jd)} = \frac{ac + a(-jd) + jbc + (jb)(-jd)}{c^2 - j^2d^2}$$

$$= \frac{(ac+bd) + j(bc-ad)}{c^2 + d^2} = \frac{ac+bd}{c^2+d^2} + j\frac{bc-ad}{c^2+d^2}$$

範例：$\dfrac{2+j2}{4+j3} = \dfrac{(2+j2)(4-j3)}{(4+j3)(4-j3)} = \dfrac{8 - j6 + j8 - j^2 6}{4^2 + 3^2}$

$= \dfrac{14 + j2}{25} = \dfrac{14}{25} + j\dfrac{2}{25}$

2. 相量式之加、減、乘、除：

(1) 加法與減法：相量式之角度要相同（或相差360°）或相差180°方可相加減，否則須換算成複數標準式再相加減。

範例1：$3\angle 0° - 2\angle 180° = 3\angle 0° - 2\angle 0° = 1\angle 0° = 1$

範例2：$5\angle 60° + 3\angle 240° = 5\angle 60° + 3\angle (60° + 180°)$
$= 5\angle 60° - 3\angle 60°$
$= 2\angle 60°$

範例3：$5\angle 53° - 5\angle 37° = 5(\cos 53° + j\sin 53°) - 5(\cos 37° + j\sin 37°)$
$= 5(\dfrac{3}{5} + j\dfrac{4}{5}) - 5(\dfrac{4}{5} + j\dfrac{3}{5})$
$= 3 + j4 - (4 + j3) = -1 + j$

(2) 乘法與除法：

(a) $(C_1\angle\theta_1)\cdot(C_2\angle\theta_2) = (C_1\times C_2)\angle(\theta_1+\theta_2)$

範例：$(6\angle 20°)\cdot(2\angle 30°) = (6\times 2)\angle(20°+30°) = 12\angle 50°$

(b) $\dfrac{C_1\angle\theta_1}{C_2\angle\theta_2} = \dfrac{C_1}{C_2}\angle(\theta_1-\theta_2)$

範例：$\dfrac{6\angle 20°}{2\angle 30°} = \dfrac{6}{2}\angle(20°-30°) = 3\angle -10°$

(c) $(C\angle\theta)^n = C^n\angle n\theta$

範例：$(2\angle 30°)^3 = 2^3\angle(3\times 30°) = 8\angle 90°$

(d) $\sqrt[n]{C\angle\theta} = \sqrt[n]{C}\angle\dfrac{\theta}{n}$

範例：$\sqrt[3]{8\angle 60°} = \sqrt[3]{8}\angle\dfrac{60°}{3} = 2\angle 20°$

六 相量

1. $v = V_m\sin(\omega t+\theta_v)$

   相量：$\overline{V_m} = V_m\angle\theta_v$

   $\overline{V} = \dfrac{\overline{V_m}}{\sqrt{2}} = \dfrac{V_m}{\sqrt{2}}\angle\theta_v = V\angle\theta_v$ 　　如圖(a)所示

   範例：$i = 10\sqrt{2}\sin(\omega t+53°)$ (安培)

   其相量為：$\overline{I_m} = 10\sqrt{2}\angle 53°$ (安培)

   $\overline{I} = \dfrac{\overline{I_m}}{\sqrt{2}} = 10\angle 53°$ (安培) 　　如圖(b)所示

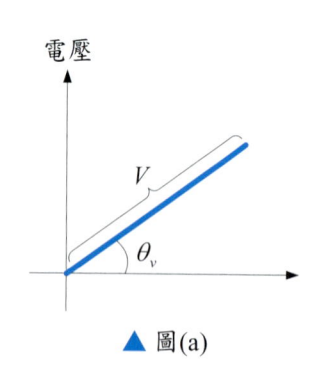

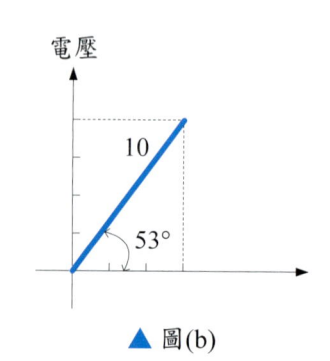

▲ 圖(a)　　　　▲ 圖(b)

七 相量之運算

相量式僅表示正弦波之大小及相位,而與頻率無關;故相量式僅適用於頻率相同之正弦波運算。

範例:$v_1 = 100\sqrt{2}\sin(377t + 53°)$ (伏特)

$v_2 = 50\sqrt{2}\sin(377t - 37°)$ (伏特)

$v_3 = 200\sqrt{2}\sin(314t + 30°)$ (伏特)

則:$\overline{V_{1m}} = 100\sqrt{2}\angle 53°$ (伏特),$\overline{V_1} = 100\angle 53°$ (伏特)

$\overline{V_{2m}} = 50\sqrt{2}\angle -37°$ (伏特),$\overline{V_2} = 50\angle -37°$ (伏特)

$\overline{V_{3m}} = 200\sqrt{2}\angle 30°$ (伏特),$\overline{V_3} = 200\angle 30°$ (伏特)

其 $\overline{V_{1m}}$ 與 $\overline{V_{2m}}$ 及 $\overline{V_1}$ 與 $\overline{V_2}$ 可用相量式相加減乘除,因頻率相同;但 $\overline{V_{1m}}$ 與 $\overline{V_{3m}}$、$\overline{V_{2m}}$ 與 $\overline{V_{3m}}$、$\overline{V_1}$ 與 $\overline{V_3}$、$\overline{V_2}$ 與 $\overline{V_3}$ 不可相加減乘除,因頻率不同。

範例 22

$\dfrac{10\angle 60° \cdot 2\angle -30°}{5\angle 30°} = $ _____ 。 [二專]

答 $4\angle 0°$

解 原式 $= \dfrac{(10\times 2)\angle[60°+(-30)°]}{5\angle 30°} = \dfrac{20\angle 30°}{5\angle 30°} = 4\angle(30°-30°) = 4\angle 0°$

範例 23

一相量 $2e^{-j30}$ 的極座標表示法為 _____ 。 [保送]

答 $2\angle -30°$

解 $\because Ce^{j\theta} = C\angle\theta$ $\therefore 2e^{-j30°} = 2\angle -30°$

範例 24

試繪出 $-10\angle-60°$ 之相量圖。 [保送]

解

$$\begin{aligned}-10\angle-60° &= -10[\cos(-60°)+j\sin(-60°)]\\&= -10(\cos 60° - j\sin 60°)\\&= -10(\frac{1}{2}-j\frac{\sqrt{3}}{2})\\&= -5+j5\sqrt{3}\\&= -5+j8.66\end{aligned}$$

（實數軸為 -5，虛數軸為 0.866）

$$\begin{aligned}&= 10\angle(180°-60°)\\&= 10\angle 120°\end{aligned}$$

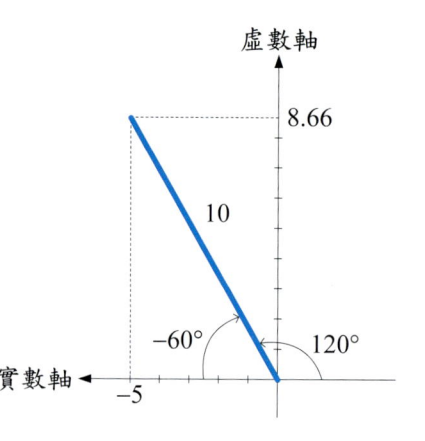

另解

$$\begin{aligned}-10\angle-60° &= (-1)(10\angle-60°) = (1\angle 180°)(10\angle-60°)\\&= 10\angle(180°-60°) = 10\angle 120°\end{aligned}$$

範例 25

若 $i_1(t)=3\sin\omega t$、$i_2(t)=4\cos\omega t$，則其和 $i_1(t)+i_2(t)$ 之相位角為 _____。 [保送]

答 $+53°$

解 $i_1(t)=3\sin\omega t$

$i_2(t) = 4\cos\omega t = 4\sin(\omega t+90°)$

$\overline{I_{1m}} = 3\angle 0°$，$\overline{I_{2m}} = 4\angle 90°$

$\overline{I_{1m}} + \overline{I_{2m}} = 3\angle 0° + 4\angle 90° = 3+j4 = 5\angle\tan^{-1}(\frac{4}{3}) = 5\angle 53°$

$\therefore i_1(t)+i_2(t) = 5\sin(\omega t+53°)$ $\therefore$ 知其相位角為 $+53°$

歷屆試題

8-2 波形

( )1. 如圖(1)所示的電壓波形，其平均值為 V_1，有效值為 V_2，則 V_2/V_1 的比值為何？　(A)1　(B)2　(C)5　(D)10 [109統測]

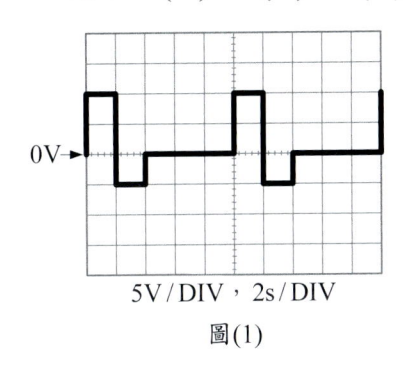

圖(1)　5V/DIV，2s/DIV

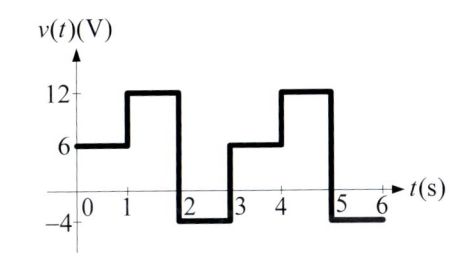

圖(2)

( )2. 如圖(2)所示為電壓 $v(t)$ 之週期性波形，則其有效值約為多少伏特？
(A)$\sqrt{65.33}$　(B)$\sqrt{54.67}$　(C)$\sqrt{32.67}$　(D)$\sqrt{21.78}$ [107統測]

( )3. 有一週期性電壓波形，其週期為20ms，每一週期中有10ms的固定直流電壓100V、5ms的固定直流電壓–40V及5ms的0V電壓，請問此電壓波形之平均值為何？　(A)100V　(B)70V　(C)50V　(D)40V [105統測]

( )4. 如圖(3)所示之週期性電壓信號 v，該信號的平均值電壓 V_{av} 及有效值電壓 V_{rms} 分別為何？
(A)$V_{av} = 5\text{ V}$，$V_{rms} = 10\sqrt{2}\text{ V}$
(B)$V_{av} = 5\text{ V}$，$V_{rms} = 5\text{ V}$
(C)$V_{av} = 5\sqrt{2}\text{ V}$，$V_{rms} = 5\text{ V}$
(D)$V_{av} = 5\text{ V}$，$V_{rms} = 5\sqrt{2}\text{ V}$ [103統測]

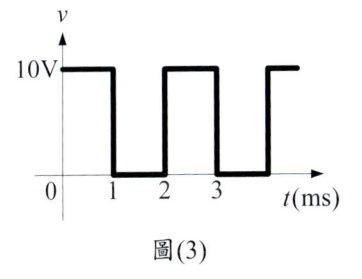

圖(3)

( )5. 有一交流電源 $v(t) = 100\sin(377t - 45°)$ 伏特，請問其最大值及一個週期的平均值為何？
(A)100V，63.6V　(B)141V，63.6V
(C)100V，0V　(D)141V，0V [102統測]

( )6. 如圖(4)所示之週期信號 $v_1(t)$，其峰值為 V_P，若 $D = T_1/(T_1 + T_2)$，當 $D = 0.55$ 時 $v_1(t)$ 之平均值為何？
(A)$0.74V_P$
(B)$0.55V_P$
(C)$0.45V_P$
(D)$0.25V_P$ [統測]

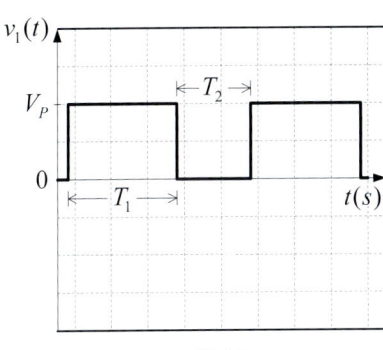

圖(4)

( )7. 有一電壓源 $v(t) = -3 + 4\sqrt{2}\sin 5t$ V，其平均值電壓與有效值電壓比約為何？
(A)－0.6　(B)0　(C)0.75　(D)1　　　　　　　　　　　　　　　　　　　[統測]

( )8. 如圖(5)所示之週期性電壓波形 $v(t)$，此電壓之有效值為何？
(A)5.77V
(B)6.67V
(C)7.07V
(D)11.55V　　　　　　　　　　　　　[統測]

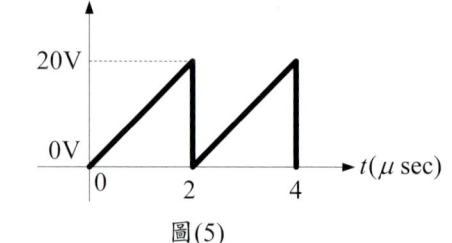

圖(5)

( )9. 一對稱之交流弦波電壓以示波器量測得知電壓峰對峰值 $V_{PP} = 440$ V，則此電壓之有效值 V_{rms} 約為何？
(A)311V　(B)220V　(C)156V　(D)110V　　　　　　　　　　　　　[統測]

( )10. 家用的交流電源110V、60Hz，經半波整流，但未濾波，則此整流後電壓的平均值約為多少？　(A)35V　(B)40V　(C)50V　(D)55V　　　　　　　　[統測]

( )11. 有一交流電壓為 $v(t) = 100\sin(377t)$ V，若以伏特計量測時，其指示應為幾伏特？　(A)141.4V　(B)100V　(C)70.7V　(D)50V　　　　　　　　　　　[統測]

( )12. 如圖(6)所示，a 為平均值，b 為有效值，則 a、b 的電壓各為多少伏特？
(A)$a = -1$，$b = 3\sqrt{2}$
(B)$a = -1$，$b = 2\sqrt{3}$
(C)$a = -1$，$b = 3\sqrt{3}$
(D)$a = -1$，$b = 2\sqrt{2}$　　　　　　　　　　　　　　　　　　　　[統測]

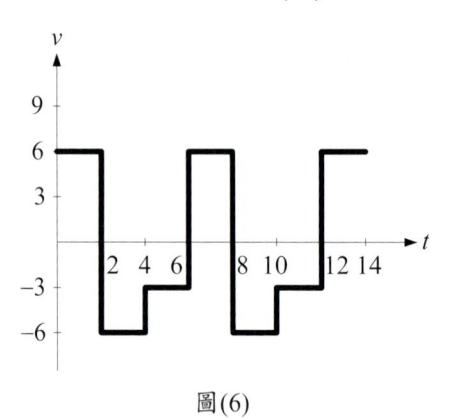

圖(6)

( )13. 下列有關正弦波形的敘述，何者正確？
(A)波形因數（form factor）為 $\sqrt{2}$　(B)波形因數為 $\sqrt{3}$
(C)波峰因數（crest factor）為 $\sqrt{2}$　(D)波峰因數為 $\sqrt{3}$　　　　　[統測]

( )14. 有一3mH之電感器，在 $t \geq 0$ 秒時，其端電流 $i(t) = 10 - 10e^{-100t}(3\cos 200t + 4\sin 200t)$ A，則在 $t = 0$ 秒時，此電感器儲存之能量為　(A)2400mJ　(B)1500mJ　(C)600mJ　(D)150mJ　　[四技二專]

( )15. 有一交流電壓 $v(t) = 157\sin 377t$ 伏特，求此正半週電壓平均值應接近多少？
(A)100伏特　(B)110伏特　(C)90伏特　(D)141伏特　　　　　　　　[四技二專]

(　)16. 有一交流電壓 $v(t) = 100\sin(314t - 30°)$ 伏特，求電壓最大值 V_m 及當 $t = 0.01$ 秒時之瞬間電壓值為多少？
(A) $V_m = 144$ 伏特，$v(0.01) = 100$ 伏特
(B) $V_m = 100$ 伏特，$v(0.01) = 100$ 伏特
(C) $V_m = 100$ 伏特，$v(0.01) = 50$ 伏特
(D) $V_m = 144$ 伏特，$v(0.01) = 25$ 伏特
[保送]

(　)17. 如圖(7)所示之電壓波形，其電壓平均值為
(A) 30伏特　　(B) 40伏特
(C) –10伏特　　(D) 15伏特
[保送]

(　)18. 某正弦交流電壓最大值（或稱峰值）為100伏特，則其電壓有效值（或稱均方根值）為
(A) 63.6伏特　　(B) 70.7伏特
(C) 100伏特　　(D) 141.4伏特
[保送]

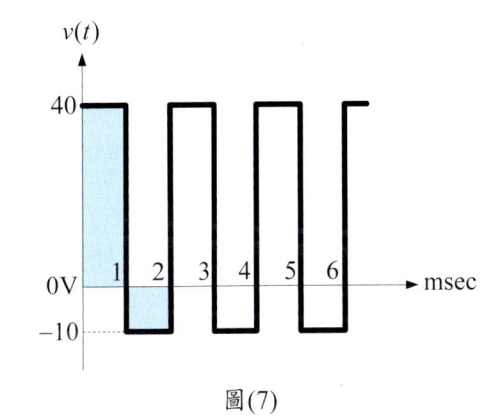

圖(7)

(　)19. 一正弦交流電壓之有效值為110伏特，則此正弦波形之峰對峰值為
(A) 99伏特　(B) 155.6伏特　(C) 220伏特　(D) 311.1伏特
[四技二專]

8-3　頻率及週期

(　)20. 正弦波電壓信號週期函數的峰值 V_m 為200V、週期為10ms，此電壓有效值及頻率為何？
(A) 電壓有效值為 $200\sqrt{2}$ V，頻率為200Hz
(B) 電壓有效值為 $100\sqrt{2}$ V，頻率為100Hz
(C) 電壓有效值為 $50\sqrt{2}$ V，頻率為100Hz
(D) 電壓有效值為 $50\sqrt{2}$ V，頻率為50Hz
[110統測]

(　)21. 有一部8極的正弦波發電機，線圈轉速為750rpm，若輸出電壓的有效值為110V，則其輸出電壓波形為何？
[109統測]

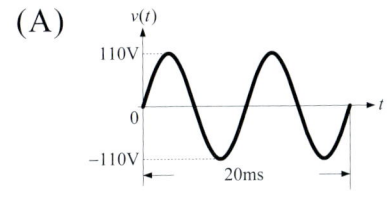

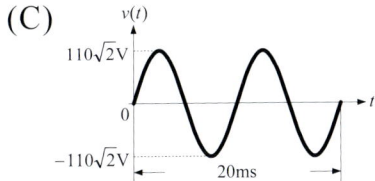

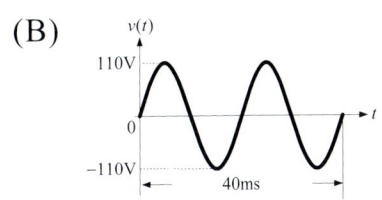

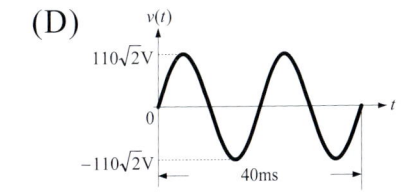

(A) 波形圖，峰值110V/-110V，週期20ms
(B) 波形圖，峰值110V/-110V，週期40ms
(C) 波形圖，峰值 $110\sqrt{2}$ V/$-110\sqrt{2}$ V，週期20ms
(D) 波形圖，峰值 $110\sqrt{2}$ V/$-110\sqrt{2}$ V，週期40ms

8-29

( )22. 若 $v(t) = 100\sqrt{2}\sin(157t - 30°)$ V，則 $v(t)$ 的頻率與有效值分別為何？
(A)50Hz，120V　　(B)25Hz，120V
(C)50Hz，100V　　(D)25Hz，100V　　[104統測]

( )23. 有一交流電機，其轉速為每秒30轉，若欲產生頻率為60Hz之電源，請問此電機的極數為何？　(A)4極　(B)6極　(C)8極　(D)12極　　[102統測]

( )24. 將110V／60Hz的市電電壓以交流電壓瞬間值方程式 $v(t)$ 表示時，下列何者正確？
(A)$v(t) = 110\sin(60t)$ V　　(B)$v(t) = 110\sin(377t)$ V
(C)$v(t) = 156\sin(60t)$ V　　(D)$v(t) = 156\sin(377t)$ V　　[統測]

( )25. 已知交流電壓 $v(t) = 200\sin(\omega t + 30°)$ V，週期 $T = 0.02$ 秒，當 $t = 0.01$ 秒時，$v(t)$ 之瞬時電壓值為何？
(A)−100V　(B)100V　(C)−200V　(D)200V　　[統測]

( )26. 如圖(8)所示之電流波形，其頻率為何？
(A)50Hz　(B)200Hz　(C)250Hz　(D)500Hz　　[統測]

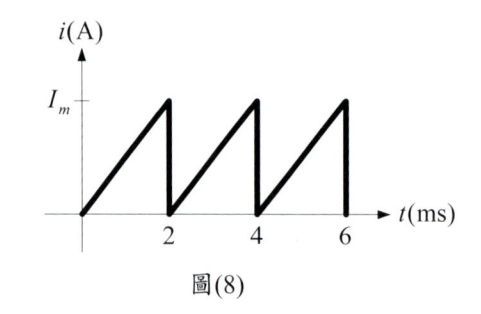

圖(8)

( )27. 交流電的頻率為60Hz，則其角頻率為多少？
(A)60弳度／秒　　(B)220弳度／秒
(C)377弳度／秒　　(D)480弳度／秒　　[統測]

( )28. 一交流正弦波為 $v(t) = 155\sin(377t + 10°)$ V，其頻率為多少？
(A)50Hz　(B)60Hz　(C)155Hz　(D)377Hz　　[統測]

( )29. 電流 $i(t) = 20\cos(\omega t)$ 安培，週期 $T = 0.01$ 秒，當 $t = 0.005$ 秒時，電流之瞬間值為　(A)20安培　(B)0安培　(C)−20安培　(D)10安培　　[保送]

( )30. 有GSM無線手機頻率為900MHz，則該頻率之週期及波長分別為
(A)1.1×10^{-3}秒，$\frac{1}{3}$公尺　　(B)1.1×10^{-9}秒，$\frac{1}{3}$公尺
(C)1.1×10^{-3}秒，$\frac{1}{3} \times 10^6$公尺　　(D)1.1×10^{-9}秒，$\frac{1}{3} \times 10^6$公尺　　[四技二專]

( )31. 一部12極同步發電機，若感應電壓的頻率為60Hz，則同步轉速為多少rpm？
(A)5　(B)20　(C)600　(D)720　　[四技二專]

( )32. 若兩電壓 $v_1 = 10\sin(\omega t)$，$v_2 = 100\sin(\omega t + \theta)$，則 $v_1 + v_2$ 之角速度為 v_1 角速度之 (A)1倍 (B)2倍 (C)0.5倍 (D)0.25倍 [保送]

( )33. 有一交流電壓 $v(t) = 100\sin(314t - 30°)$，則其頻率為多少？
(A)60Hz (B)50Hz (C)100Hz (D)120Hz [四技二專]

8-4 相位

( )34. 有一60Hz之弦波電壓源，當 $t = \dfrac{100}{9}$ 毫秒時電壓達到最小值 −110V，則當 t 為下列何者時，此電壓源之瞬間電壓為零？
(A)0秒 (B)$\dfrac{1}{115}$秒 (C)$\dfrac{1}{144}$秒 (D)$\dfrac{1}{181}$秒 [108統測]

( )35. 有一交流電壓為 $v(t) = 220\sqrt{2}\sin(377t - 45°)$ V，試求在 $t = \dfrac{1}{240}$ 秒時之瞬間電壓值約為多少伏特？ (A)220 (B)200 (C)150 (D)110 [106統測]

( )36. 有一個交流電路的輸入電壓 $v(t) = 156\cos(377 - 30°)$ V，輸入電流 $i(t) = 10\sin(377 + 30°)$ A，請問兩者之相位關係為何？
(A)電壓 $v(t)$ 相角超前電流 $i(t)$ 相角30°
(B)電壓 $v(t)$ 相角超前電流 $i(t)$ 相角60°
(C)電流 $i(t)$ 相角超前電壓 $v(t)$ 相角30°
(D)電流 $i(t)$ 相角超前電壓 $v(t)$ 相角60° [105統測]

( )37. 兩電壓 $v_1(t) = 100\sqrt{2}\sin(377t + 30°)$ V 及 $v_2(t) = 10\sqrt{2}\sin(377t - 60°)$ V，下列有關該兩電壓相位關係的敘述，何者正確？
(A)v_2 的相位角與 v_1 同相 (B)v_2 的相位角超前 v_1 為90°
(C)v_2 的相位角落後 v_1 為90° (D)v_2 的相位角落後 v_1 為60° [103統測]

( )38. 若電壓 $v(t) = 50\sin(\omega t + 45°)$ V，電流 $i(t) = 10\cos(\omega t - 45°)$ A，則下列何者正確？
(A)v 領先 i 90° (B)v 落後 i 90°
(C)v 領先 i 180° (D)v 與 i 同相 [統測]

( )39. 有兩個交流訊號，分別為 $v(t) = 60\sin(377t + 30°)$ 和 $i(t) = 40\sin(377t - 10°)$，此兩個交流訊號的相位關係為何？
(A)v 超前 i 20° (B)v 滯後 i 20°
(C)v 超前 i 40° (D)v 滯後 i 40° [統測]

( )40. 交流電壓 $v(t) = V_m\sin(314t + 60°)$ 伏特，交流電流 $i(t) = I_m\cos(314t - 30°)$ 安培，則 $v(t)$ 及 $i(t)$ 之相位為
(A)$v(t)$ 超前 $i(t)$ 90° (B)$v(t)$ 超前 $i(t)$ 30°
(C)$v(t)$ 與 $i(t)$ 同相 (D)$v(t)$ 超前 $i(t)$ 60° [統測]

( )41. 交流電壓 $v(t) = V_m \sin(314t + 60°)$ 伏特，交流電流 $i(t) = I_m \sin(314t - 30°)$ 安培，則 $v(t)$ 及 $i(t)$ 之相位為
(A) $v(t)$ 超前 $i(t)$ 90°
(B) $v(t)$ 超前 $i(t)$ 30°
(C) $v(t)$ 與 $i(t)$ 同相
(D) $v(t)$ 超前 $i(t)$ 60°   [四技二專]

8-5 相量運算

( )42. 已知電流 $i_1 = 50\sin(2000t)$ A、$i_2 = 50\cos(2000t)$ A，若電流 $i_T = i_1 + i_2$，則下列敘述何者正確？
(A) 電流 i_T 的相位領前電流 i_1 為 90°
(B) 電流 i_T 的相位領前電流 i_2 為 90°
(C) 電流 i_T 的相位領前電流 i_2 為 45°
(D) 電流 i_T 的相位領前電流 i_1 為 45°   [110統測]

( )43. 若 $\bar{A} = 64\angle 180°$，$\bar{B} = \sqrt{2}\angle 45°$，則 $\sqrt[4]{\bar{A}} + (\bar{B})^3 = ?$
(A) $4\sqrt{2}\angle 45°$ (B) $4\sqrt{2}\angle 135°$ (C) $4\angle 90°$ (D) $4\angle -90°$ [107統測]

( )44. 有兩個交流電壓分別為 $v_1(t) = 30\sqrt{2}\cos(377t - 45°)$ V 和 $v_2(t) = 30\sqrt{2}\cos(377t - 135°)$ V，則 $v_1(t) + v_2(t)$ 為何？
(A) $60\sqrt{2}\cos(377t - 175°)$ V
(B) $60\sqrt{2}\sin(377t + 90°)$ V
(C) $60\cos(377t + 45°)$ V
(D) $60\sin(377t)$ V   [106統測]

( )45. 若 $i_1(t) = 4\sin(\omega t)$ A 的相量式為 $2\sqrt{2}\angle 0°$ A，則 $i(t) = 10\cos(\omega t - 45°)$ A 的相量式為何？
(A) $\bar{I} = 10\angle -45°$ A
(B) $\bar{I} = 10\angle 45°$ A
(C) $\bar{I} = 5\sqrt{2}\angle 45°$ A
(D) $\bar{I} = 5\sqrt{2}\angle -45°$ A   [104統測]

( )46. 有兩交流電流，$i_1(t) = \sin(\omega t - 30°)$ A，$i_2(t) = -\cos(\omega t - 30°)$ A，則 i_1 與 i_2 的相位關係為何？
(A) i_1 與 i_2 同相位
(B) i_1 相位超前 i_2 30°
(C) i_1 相位超前 i_2 60°
(D) i_1 相位超前 i_2 90°   [統測]

( )47. 一單相馬達具有起動線圈與運轉線圈兩並聯線圈迴路，若兩線圈之電流分別為 $10\cos(377t)$ A 及 $17.32\sin(377t)$ A，則馬達之總電流為何？
(A) $20\cos(377t - 30°)$ A
(B) $27.32\cos(377t - 30°)$ A
(C) $20\sin(377t + 30°)$ A
(D) $27.32\sin(377t + 30°)$ A   [統測]

( )48. 已知交流電壓 $v(t) = v_1(t) + v_2(t)$，若 $v_1(t) = 10\sin(377t + 30°)$ V，$v_2(t) = 10\sin(377t - 30°)$ V，則 $v(t)$ 為何？
(A) $v(t) = 20\sin(377t)$ V
(B) $v(t) = 17.3\sin(377t)$ V
(C) $v(t) = 14.4\sin(377t)$ V
(D) $v(t) = 10\sin(377t)$ V   [統測]

(　)49. 相量 $\overline{A} = 2\sqrt{3} + j2$，若 $\dfrac{1}{\overline{A}} = C\angle\phi$，則
(A)$C = 4$　(B)$\phi = -36.9°$　(C)$C = 0.5$　(D)$\phi = -30°$ [統測]

(　)50. 若複數 $\overline{A} = 4\sqrt{2}\angle 45°$，$\overline{B} = 2 - j2\sqrt{3}$，則 $\overline{A} \div \overline{B} = $？
(A)$2 + j11$　(B)$\sqrt{2}\angle 105°$　(C)$6\sqrt{2}\angle -25°$　(D)$\sqrt{3}$ [統測]

最近統測試題

(　)51. 如圖(9)所示週期性電流信號 $i(t)$，該信號之平均值 I_{av} 及有效值 I_{rms} 分別為何？
(A)$I_{av} = 1$ A，$I_{rms} = \sqrt{7}$ A
(B)$I_{av} = \sqrt{7}$ A，$I_{rms} = 1$ A
(C)$I_{av} = 2$ A，$I_{rms} = 2\sqrt{7}$ A
(D)$I_{av} = 2\sqrt{7}$ A，$I_{rms} = 2$ A　[8-2][111統測]

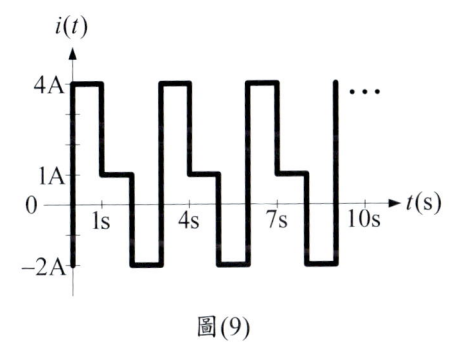

(　)52. 兩個電壓時間函數 $v_1(t)$ 與 $v_2(t)$，若 $v_1(t)$ 的相位超前 $v_2(t)$ 為 60°，則下列何者正確？
(A)$v_1(t) = 20\sin(314t - 30°)$ V、$v_2(t) = 20\cos(314t - 60°)$ V
(B)$v_1(t) = 20\cos(314t - 60°)$ V、$v_2(t) = 20\sin(314t - 30°)$ V
(C)$v_1(t) = 20\sin(314t - 30°)$ V、$v_2(t) = 20\sin(314t - 60°)$ V
(D)$v_1(t) = 20\cos(314t - 30°)$ V、$v_2(t) = 20\sin(314t - 60°)$ V [8-4][112統測]

Basic Electricity

基本電學（下）攻略本

答案與詳解

答
1.C	2.A	3.D	4.D	5.C	6.B	7.A	8.D	9.C	10.C
11.C	12.C	13.C	14.C	15.A	16.C	17.D	18.B	19.D	20.B
21.D	22.D	23.A	24.D	25.A	26.D	27.C	28.B	29.C	30.B
31.C	32.A	33.B	34.C	35.A	36.A	37.C	38.D	39.C	40.C
41.A	42.D	43.C	44.C	45.C	46.D	47.C	48.B	49.D	50.B
51.A	52.B								

解

1. $V_1 = V_{av} = \dfrac{10 \times 2 + (-5) \times 2 + 0 \times 6}{10} = 1$ (V)

   $V_2 = V_{rms} = \sqrt{\dfrac{10^2 \times 2 + (-5)^2 \times 2 + 0^2 \times 6}{10}} = \sqrt{\dfrac{250}{10}} = 5$ (V)

   $\Rightarrow \dfrac{V_2}{V_1} = \dfrac{5\text{V}}{1\text{V}} = 5$

2. $V_{rms} = \sqrt{\dfrac{6^2 \times 1 + 12^2 \times 1 + (-4)^2 \times 1}{3}} = \sqrt{65.33}$ (V)

3. 依題意繪出週期性電壓波形為

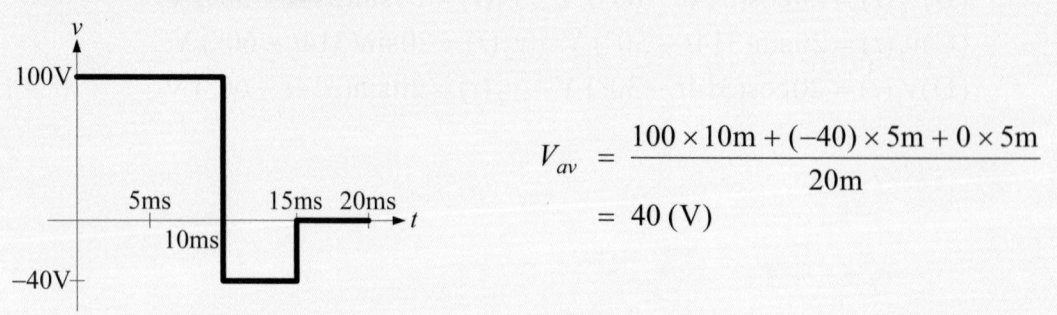

   $V_{av} = \dfrac{100 \times 10\text{m} + (-40) \times 5\text{m} + 0 \times 5\text{m}}{20\text{m}}$

   $= 40$ (V)

4. $V_{av} = \dfrac{10 \times 1 + 0}{2} = 5$ (V)，$V_{rms} = \sqrt{\dfrac{10^2 \times 1 + 0}{2}} = \sqrt{50} = 5\sqrt{2}$ (V)

5. $v(t) = V_m \sin(\omega t + \theta)$　　V_m為最大值　　$\therefore V_m = 100$ (V)

   正弦波交流電源一個週期的正半波與負半波完全相同，其一週期之平均值為零。

6. 平均值 $= \dfrac{T_1 \times V_P}{T_1 + T_2} = \dfrac{T_1}{T_1 + T_2} \times V_P = D \times V_P = 0.55 V_P$

7. 平均值 $V_{av} = -3 + 0 = -3$　　有效值 $V = \sqrt{(-3)^2 + (\dfrac{4\sqrt{2}}{\sqrt{2}})^2} = \sqrt{9 + 16} = 5$

   $\therefore \dfrac{V_{av}}{V} = \dfrac{-3}{5} = -0.6$

8-34

答案與詳解

8. 三角波之有效值 $V = \dfrac{1}{\sqrt{3}}V_m = \dfrac{1}{\sqrt{3}} \times 20 = 11.55\,(\text{V})$

9. $V_{PP} = 440\,(\text{V}) \Rightarrow V_m = 220\,(\text{V})$

   $\therefore V = \dfrac{1}{\sqrt{2}}V_m = \dfrac{220}{\sqrt{2}} = 155.6 \fallingdotseq 156\,(\text{V})$

10. 交流正弦波時：$V_{av} = \dfrac{2}{\pi}V_m = \dfrac{2}{\pi}\sqrt{2}V = 0.9V = 99\,(\text{V})$

    半波整流後，其平均值為正弦波之一半：$99 \times \dfrac{1}{2} \fallingdotseq 50\,(\text{V})$

11. 伏特計量測交流時，其電壓值為有效值 $= \dfrac{100}{\sqrt{2}} = 70.7\,(\text{V})$

12. (1) 平均值：$a = \dfrac{(6 \times 2) + (-6)(2) + (-3)(2)}{6} = \dfrac{12 - 12 - 6}{6} = -1$

    (2) 有效值 = 均方根值：

    $b = \sqrt{\dfrac{(6^2 \times 2) + (-6)^2 \times 2 + (-3)^2 \times 2}{6}} = \sqrt{\dfrac{72 + 72 + 18}{6}} = \sqrt{27} = 3\sqrt{3}$

13. 正弦波形之波形因數 $F.F. = 1.11$　　正弦波形之波峰因數 $C.F. = \sqrt{2}$

14. $i(t) = 10 - 10e^{-100t}(3\cos 200t + 4\sin 200t)\,(\text{A})$

    在 $t = 0$ 秒時：$I = i(0) = 10 - 10(3\cos 0° + 4\sin 0°) = 10 - 30 = -20\,(\text{A})$

    $W_L = \dfrac{1}{2}LI^2 = \dfrac{1}{2}(3 \times 10^{-3})(-20)^2 = 600\,(\text{mJ})$

15. $\because V_m = 157\,(\text{伏特})$　　$\therefore V_{av} = \dfrac{2}{\pi}V_m = 100\,(\text{伏特})$

16. $v(t) = 100\sin(314t - 30°)$　　$\therefore V_m = 100\,(\text{伏特})$

    $\therefore v(0.01) = 100\sin(2\pi \times 50 \times 0.01 - 30°) = 100\sin(\pi - 30°) = 100\sin 30°$

    $= 100 \times \dfrac{1}{2} = 50\,(\text{伏特})$

17. $V_{av} = \dfrac{\text{面積}}{\text{週期}} = \dfrac{(40 \times 1) + (-10 \times 1)}{2} = 15\,(\text{伏特})$

18. $V_m = 100\,(\text{伏特})$　　$V = \dfrac{V_m}{\sqrt{2}} = \dfrac{100}{\sqrt{2}} = 70.7\,(\text{伏特})$

19. $V = 110\,(\text{伏特}) \Rightarrow V_m = \sqrt{2}V = 155.56\,(\text{伏特})$

    正弦波形之峰對峰：$V_{P-P} = 2V_m = 2 \times 155.56 = 311.2\,(\text{伏特})$

Basic Electricity
基本電學（下）攻略本

答案與詳解

20. $V_m = 200$ (V)，$T = 10$ (ms)（正弦波）

    $V_{rms} = \dfrac{V_m}{\sqrt{2}} = \dfrac{200}{\sqrt{2}} = 100\sqrt{2}$ (V)

    $f = \dfrac{1}{T} = \dfrac{1}{10\text{ms}} = 100$ (Hz)

21. P：極數　　N：每分鐘轉速

    $f = \dfrac{PN}{120} = \dfrac{8 \times 750}{120} = 50$ (Hz) $\Rightarrow T = \dfrac{1}{f} = \dfrac{1}{50\text{Hz}} = 20$ (ms)

    $V_{rms} = 110$ (V) $\Rightarrow V_m = 110\sqrt{2}$ (V)

22. $\because \omega = 2\pi f = 157$ (rad/s)　　$\therefore f = \dfrac{\omega}{2\pi} = \dfrac{157}{2\pi} \cong 25$ (Hz)

    $\because V_m = 100\sqrt{2}$ (V)　　$\therefore$ 有效值 $V = \dfrac{V_m}{\sqrt{2}} = \dfrac{100\sqrt{2}}{\sqrt{2}} = 100$ (V)

23. $f = \dfrac{PS}{2} \Rightarrow P = \dfrac{2f}{S} = \dfrac{2 \times 60}{30} = 4$ (極)

24. 台電之頻率為60Hz $\Rightarrow \omega = 377$ (rad/s)

    $v(t) = V_m \sin \omega t = (110 \times \sqrt{2})\sin(377t) = 156\sin(377t)$ (V)

25. $v(t) = 200\sin(\omega t + 30°) = 200(\sin 2\pi ft + 30°) = 200\sin(2\pi \cdot \dfrac{t}{T} + 30°)$

    $v(0.01) = 200\sin(2\pi \cdot \dfrac{0.01}{0.02} + 30°) = 200\sin(\pi + 30°) = -200\sin 30° = -100$ (V)

26. $\because T = 2\text{m}$ (s)　　$\therefore f = \dfrac{1}{T} = \dfrac{1}{2 \times 10^{-3}} = 500$ (Hz)

27. $\omega = 2\pi f$　　$\therefore \omega_{60} = 2 \times 3.14 \times 60 \doteqdot 377$ (弳度／秒)

28. 由 $v(t)$ 知 $\omega = 377$　　$\therefore f = \dfrac{\omega}{2\pi} = \dfrac{377}{2\pi} = 60$ (Hz)

29. $i(t) = 20\cos(\omega t) = 20\sin(\omega t + 90°) = 20\sin(2\pi ft + 90°)$

    $= 20\sin(2\pi \times \dfrac{1}{0.01} \times 0.005 + 90°) = 20\sin(\pi + 90°)$

    $= -20\sin 90° = -20$ (安培)

30. $T = \dfrac{1}{f} = \dfrac{1}{900\text{M}} = 1.1 \times 10^{-9}$ (秒)

    $\lambda = \dfrac{v}{f} = \dfrac{3 \times 10^8}{900\text{M}} = \dfrac{1}{3}$ (公尺)

答案與詳解

31. $N_s = \dfrac{120f}{P} = \dfrac{120 \times 60}{12} = 600$ (rpm)

32. $v_1 + v_2$ 之角速度與 v_1 及 v_2 之角速度一樣。

33. $\because \omega = 2\pi f = 314$ $\therefore f = \dfrac{314}{2\pi} = 50$ (Hz)

34. $v(t) = V_m \sin(2\pi ft + \theta)$
    當 $2\pi ft + \theta = 270°$，$v(t)$ 具最小值
    $\Rightarrow 2\pi ft + \theta = 2 \times 180° \times 60 \times \dfrac{100}{9} \text{m} + \theta = 270°$
    $\Rightarrow \theta = 270° - 240° = 30°$
    因為 $v(t)$ 具初始角度 $30°$，所以當 $2\pi ft + 30° = 180°$ 時，$v(t) = 0$ (V)
    $\Rightarrow 2\pi ft + 30° = 2 \times 180° \times 60 \times t + 30° = 180°$
    $\Rightarrow t = \dfrac{180° - 30°}{2 \times 180° \times 60} = \dfrac{1}{144}$ (s)

35. $v(\dfrac{1}{240}) = 220\sqrt{2} \sin(2\pi \times 60 \times \dfrac{1}{240} - 45°) = 220\sqrt{2} \sin(90° - 45°)$
    $= 220\sqrt{2} \times \dfrac{1}{\sqrt{2}} = 220$ (V)

36. $v(t) = 156\cos(377t - 30°) = 156\sin(377t + 60°)$ (V)，$\theta_v = 60°$
    $i(t) = 10\sin(377t + 30°)$ (A)，$\theta_i = 30°$
    $\Rightarrow$ 電壓 $v(t)$ 相角超前電流 $i(t)$ 相角 $30°$

37. $\theta_{v1} = 30°$，$\theta_{v2} = -60°$
    $\theta = \theta_{v1} - \theta_{v2} = 30 - (-60°) = 90°$ $\Rightarrow v_1$ 超前 v_2 $90°$，v_2 落後 v_1 $90°$

38. $v(t) = 50\sin(\omega t + 45°)$ $\Rightarrow$ 其初相角為 $\theta_v = 45°$
    $i(t) = 10\cos(\omega t - 45°) = 10\sin(\omega t - 45° + 90°) = 10\sin(\omega t + 45°)$
    $\Rightarrow$ 其初相角為 $\theta_i = 45°$
    $\theta_v = \theta_i$，相位差 $\theta = \theta_v - \theta_i = 0°$
    即 v 與 i 同相

39. $\theta_v = +30°$，$\theta_i = -10°$，即 v 超前 i $40°$（或 i 滯後 v $40°$）。

40. $v(t) = V_m \sin(314t + 60°)$ $\therefore \theta_v = 60°$
    $i(t) = I_m \cos(314t - 30°) = I_m \sin(314t - 30° + 90°)$
    $= I_m \sin(314t + 60°)$ $\therefore \theta_i = 60°$
    $\theta = \theta_v - \theta_i = 60° - 60° = 0°$
    即 $v(t)$ 與 $i(t)$ 同相

答案與詳解

41. $v(t) = V_m \sin(314t + 60°)$ $\therefore \theta_v = 60°$

  $i(t) = I_m \sin(314t - 30°)$ $\therefore \theta_i = -30°$

  $\theta = \theta_v - \theta_i = 60° - (-30°) = 90°$

  $v(t)$ 超前 $i(t)$ $90°$

42. $i_1 = 50\sin(2000t)$ (A)，$i_2 = 50\cos(2000t) = 50\sin(2000t + 90°)$ (A)

  $\overline{I_1} = \dfrac{50}{\sqrt{2}}\angle 0°$ (A)，$\theta_1 = 0°$

  $\overline{I_2} = \dfrac{50}{\sqrt{2}}\angle 90°$ (A)，$\theta_2 = 90°$

  $\overline{I_T} = \overline{I_1} + \overline{I_2} = \dfrac{50}{\sqrt{2}}\angle 0° + \dfrac{50}{\sqrt{2}}\angle 90° = \dfrac{50}{\sqrt{2}} + j\dfrac{50}{\sqrt{2}} = 50\angle 45°$ (A)，$\theta_T = 45°$

  (A)電流 i_T 的相位領前電流 i_1 $45°$

  (B)(C)電流 i_T 的相位落後電流 i_2 $45°$

43. $\sqrt[4]{\overline{A}} + (\overline{B})^3 = \sqrt[4]{64}\angle\dfrac{180°}{4} + (\sqrt{2})^3\angle(45°\times 3) = 2\sqrt{2}\angle 45° + 2\sqrt{2}\angle 135°$

      $= 2 + j2 + (-2 + j2) = j4 = 4\angle 90°$

44. $\cos\alpha = \sin(90° + \alpha)$

  $v_1(t) = 30\sqrt{2}\cos(377t - 45°) = 30\sqrt{2}\sin(377t + 45°)$ $\overline{V_1} = \dfrac{30}{\sqrt{2}} + j\dfrac{30}{\sqrt{2}}$ (V)

  $v_2(t) = 30\sqrt{2}\cos(377t - 135°) = 30\sqrt{2}\sin(377t - 45°)$ $\overline{V_2} = \dfrac{30}{\sqrt{2}} - j\dfrac{30}{\sqrt{2}}$ (V)

  $\Rightarrow \overline{V_1} + \overline{V_2} = (\dfrac{30}{\sqrt{2}} + j\dfrac{30}{\sqrt{2}}) + (\dfrac{30}{\sqrt{2}} - j\dfrac{30}{\sqrt{2}}) = \dfrac{60}{\sqrt{2}}$ (V)

  $\therefore v_1(t) + v_2(t) = 60\sin(377t)$ (V)

45. $i(t) = 10\cos(\omega t - 45°) = 10\sin(\omega t + 45°)$ (A)

  當 $I_m = 4$ 時，$I = 2\sqrt{2}$，則 $I_m = 10$，$I = 5\sqrt{2}$（$\dfrac{4}{10} = \dfrac{2\sqrt{2}}{I} \Rightarrow I = 5\sqrt{2}$ (A)）

  $\Rightarrow \overline{I} = 5\sqrt{2}\angle 45°$ (A)

46. i_1 之初相角：$\theta_{i1} = -30°$

  i_2 之初相角：$\theta_{i2} = 180° + 90° - 30° = 240°$

       $= 240° - 360° = -120°$

    或 $\theta_{i2} = (-180°) + 90° - 30° = -120°$

    （$\because -1 = \angle 180° = -180°$）

  $\theta_{i1} - \theta_{i2} = -30° - (-120°) = 90°$，即 i_1 相位超前 i_2 $90°$

8-38

答案與詳解

47. $\because i_1 = 10\cos(377t) = 10\sin(377t + 90°)$ $\therefore \overline{I_1} = \dfrac{10}{\sqrt{2}}\angle 90°\,(A) = j\dfrac{10}{\sqrt{2}}\,(A)$

$\because i_2 = 17.32\sin(377t)$ $\therefore \overline{I_2} = \dfrac{17.32}{\sqrt{2}}\angle 0°\,(A) = \dfrac{17.32}{\sqrt{2}}\,(A)$

$\overline{I} = \overline{I_1} + \overline{I_2} = j\dfrac{10}{\sqrt{2}} + \dfrac{17.32}{\sqrt{2}} = \sqrt{(\dfrac{10}{\sqrt{2}})^2 + (\dfrac{17.32}{\sqrt{2}})^2}\angle \tan^{-1}\dfrac{10/\sqrt{2}}{17.32/\sqrt{2}}$

$= \sqrt{50 + 150}\angle \tan^{-1}\dfrac{10}{17.32} = 10\sqrt{2}\angle 30°\,(A)$

$\therefore i = \sqrt{2}(10\sqrt{2})\sin(377t + 30°) = 20\sin(377t + 30°)\,(A)$

48. $\because v_1 = 10\sin(377t + 30°)$ $\therefore \overline{V_1} = \dfrac{10}{\sqrt{2}}\angle 30° = \dfrac{10}{\sqrt{2}}(\cos 30° + j\sin 30°)\,(V)$

$\because v_2 = 10\sin(377t - 30°)$ $\therefore \overline{V_2} = \dfrac{10}{\sqrt{2}}\angle -30° = \dfrac{10}{\sqrt{2}}(\cos 30° - j\sin 30°)\,(V)$

$\overline{V} = \overline{V_1} + \overline{V_2} = \dfrac{10}{\sqrt{2}}(\cos 30° + j\sin 30°) + \dfrac{10}{\sqrt{2}}(\cos 30° - j\sin 30°)$

$= \dfrac{20}{\sqrt{2}}\cos 30° = \dfrac{10\sqrt{3}}{\sqrt{2}}\angle 0° \Rightarrow \overline{V_m} = 10\sqrt{3}\angle 0°$

$\therefore v(t) = 10\sqrt{3}\sin(377t) = 17.3\sin(377t)\,(V)$

49. $\overline{A} = 2\sqrt{3} + j2 = \sqrt{(2\sqrt{3})^2 + (2)^2}\angle \tan^{-1}\dfrac{2}{2\sqrt{3}} = \sqrt{12 + 4}\angle \tan^{-1}\dfrac{1}{\sqrt{3}} = 4\angle 30°$

$\dfrac{1}{\overline{A}} = \dfrac{1}{4\angle 30°} = \dfrac{1}{4}\angle -30° \Rightarrow C = \dfrac{1}{4}$，$\phi = -30°$

50. $\overline{B} = 2 - j2\sqrt{3} = \sqrt{2^2 + (2\sqrt{3})^2}\angle \tan^{-1}\dfrac{-2\sqrt{3}}{2} = 4\angle -60°$

$\therefore \overline{A} \div \overline{B} = (4\sqrt{2}\angle 45°) \div (4\angle -60°) = \dfrac{4\sqrt{2}}{4}\angle(45° + 60°) = \sqrt{2}\angle 105°$

51. $I_{av} = \dfrac{4\times 1 + 1\times 1 + (-2)\times 1}{3} = \dfrac{3}{3} = 1\,(A)$

$I_{rms} = \sqrt{\dfrac{4^2\times 1 + 1^2\times 1 + (-2)^2\times 1}{3}} = \sqrt{\dfrac{21}{3}} = \sqrt{7}\,(A)$

52. $v_1(t) = 20\cos(314t - 60°)\,V = 20\sin(314 + 30°)\,V$，$\theta_{v1} = +30°$

$v_2(t) = 20\sin(314t - 30°)\,V$，$\theta_{v2} = -30°$

$\theta_{v1} - \theta_{v2} = 30° - (-30°) = +60°$，$v_1(t)$的相位超前$v_2(t)$為$60°$

Note

CH 9 基本交流電路

本章目錄

9-1　純電阻、純電感及純電容的交流電路 3

9-2　電阻電容（RC）串聯電路 9

9-3　電阻電感（RL）串聯電路 11

9-4　電阻電感電容（RLC）串聯電路 13

9-5　電阻電容（RC）並聯電路 16

9-6　電阻電感（RL）並聯電路 18

9-7　電阻電感電容（RLC）並聯電路 21

9-8　串聯與並聯等效電路之互換 24

9-9　電阻電感電容（RLC）串並聯電路 30

本章重點在於**各種交流電路的特性（阻抗、導納、電壓、電流、相位角），以及判斷電路為電容性或電感性**

統測命題重點

1. 純電阻電路：$\overline{Z} = \overline{R} = R$；$V$與$I$同相。

2. 純電容電路：$\overline{Z} = \overline{X_C} = -jX_C$；$V$落後$I$ 90°。

3. 純電感電路：$\overline{Z} = \overline{X_L} = jX_L$；$V$超前$I$ 90°。

4. 串聯電阻電容電路：V落後I $\tan^{-1}\dfrac{X_C}{R}$（電容性電路）

5. 串聯電阻電感電路：V超前I $\tan^{-1}\dfrac{X_L}{R}$（電感性電路）

6. 電阻、電感、電容串聯電路：

    (1) $X_L > X_C$（電感性電路）：V超前I $\tan^{-1}\dfrac{X_L - X_C}{R}$

    (2) $X_C > X_L$（電容性電路）：V落後I $\tan^{-1}\dfrac{X_C - X_L}{R}$

7. 並聯電阻電容電路：I超前V $\tan^{-1}\dfrac{B_C}{G}$（電容性電路）

8. 並聯電阻電感電路：I落後V $\tan^{-1}\dfrac{B_L}{G}$（電感性電路）

9. 電阻、電感、電容並聯電路：

    (1) $B_C > B_L$（電容性電路）：I超前V $\tan^{-1}\dfrac{B_C - B_L}{G}$

    (2) $B_L > B_C$（電感性電路）：I落後V $\tan^{-1}\dfrac{B_L - B_C}{G}$

9-1 純電阻、純電感及純電容的交流電路

一 純電阻交流電路

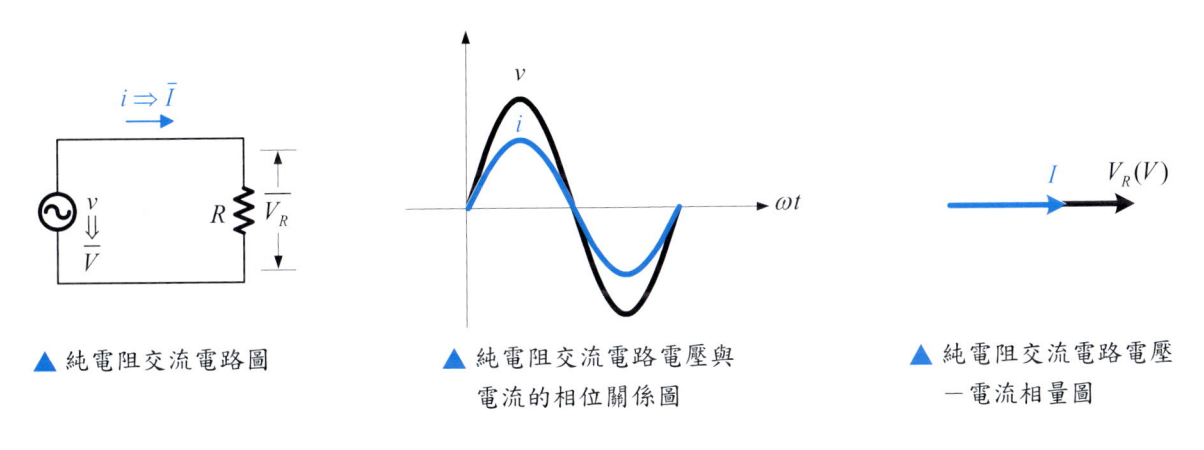

▲ 純電阻交流電路圖

▲ 純電阻交流電路電壓與電流的相位關係圖

▲ 純電阻交流電路電壓－電流相量圖

1. 阻抗的求法：$\overline{Z} = \overline{R} = R\angle 0° = R$，即 $Z = R$。式中 Z 的單位：歐姆（Ω）。

2. 純電阻交流電路之 $\overline{I}$ 與 $\overline{V}$：

   (a) 若已知 $v = V_m \sin(\omega t + \theta_v)$，其 $\overline{V_m} = V_m \angle \theta_v$，$\overline{V} = \dfrac{\overline{V_m}}{\sqrt{2}} = \dfrac{V_m}{\sqrt{2}} \angle \theta_v$

   則 $\overline{I} = \dfrac{\overline{V}}{\overline{Z}} = \dfrac{\overline{V}}{R}$（即 $I = \dfrac{V}{R}$）

   且 $\overline{V_R} = \overline{V}$（即 $V_R = V = IR$）

   (b) 若已知 $i = I_m \sin(\omega t + \theta_i)$，其 $\overline{I_m} = I_m \angle \theta_i$，$\overline{I} = \dfrac{\overline{I_m}}{\sqrt{2}} = \dfrac{I_m}{\sqrt{2}} \angle \theta_i$

   則 $\overline{V} = \overline{I} \cdot \overline{Z} = \overline{I} \cdot R$（即 $V = IR$）

   且 $\overline{V_R} = \overline{V}$（即 $V_R = V = IR$）

3. 相位角（電路電壓 V 與電流 I 之夾角）：$\theta = 0°$，即純電阻交流電路之電壓 V 與電流 I 同相。

範例 1

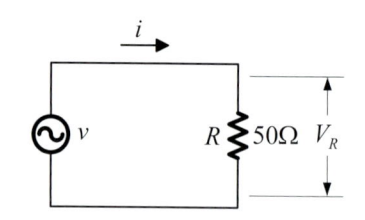

有一 $v = 100\sqrt{2}\sin(314t + 60°)$ 伏特之正弦電壓加於 50Ω 純電阻器兩端，如下圖所示，試求 $\overline{Z}$、Z、$\overline{V_R}$、V_R、$\overline{I}$、I、i、θ、f。

解 $\overline{Z} = \overline{R} = R\angle 0° = 50\angle 0°\,(\Omega)$

$Z = R = 50\,(\Omega)$

$\because v = 100\sqrt{2}\sin(314t + 60°)$ (伏特)

$\therefore \overline{V_m} = 100\sqrt{2}\angle 60°$ (伏特)，$V_m = 100\sqrt{2}$ (伏特)

$\therefore \overline{V} = \dfrac{\overline{V_m}}{\sqrt{2}} = \dfrac{100\sqrt{2}\angle 60°}{\sqrt{2}} = 100\angle 60°$ (伏特)，$V = 100$ (伏特)

$\overline{V_R} = \overline{V} = 100\angle 60°$ (伏特)，$V_R = 100$ (伏特)

$\overline{I} = \dfrac{\overline{V}}{\overline{Z}} = \dfrac{\overline{V}}{\overline{R}} = \dfrac{100\angle 60°}{50} = 2\angle 60°$ (安培)，$I = 2$ (安培)

$\overline{I_m} = \sqrt{2}\cdot\overline{I} = \sqrt{2}\times(2\angle 60°) = 2\sqrt{2}\angle 60°$ (安培)

$\therefore i = I_m\sin(\omega t + \theta_i) = 2\sqrt{2}\sin(314t + 60°)$ (安培)

相位差 $\theta = 60° - 60° = 0°$（同相）

即純電阻交流電路之電壓 $\overline{V}$ 與電流 $\overline{I}$ 同相

$f = \dfrac{\omega}{2\pi} = \dfrac{314}{2\pi} = 50\,(\text{Hz})$

二 純電容交流電路

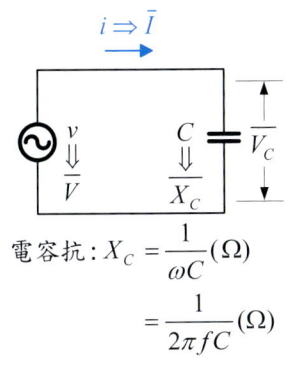

▲ 純電容交流電路圖

電容抗：$X_C = \dfrac{1}{\omega C}(\Omega)$
$= \dfrac{1}{2\pi fC}(\Omega)$

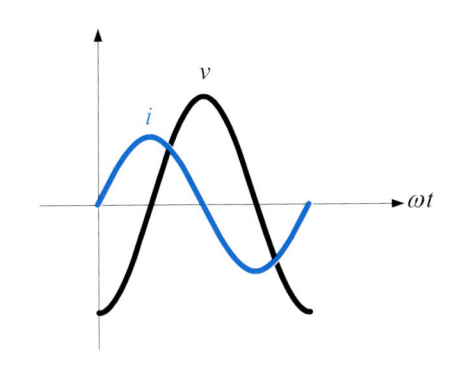

▲ 純電容交流電路電壓與電流的相位關係圖

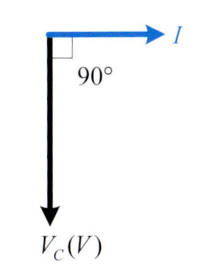

▲ 純電容交流電路電壓－電流的相量圖

1. 阻抗的求法：$\overline{Z} = \overline{X_C} = -jX_C = X_C\angle -90°$，即 $Z = X_C = \dfrac{1}{\omega C} = \dfrac{1}{2\pi fC}$。

2. 純電容交流電路之 $\overline{I}$ 與 $\overline{V}$：

   (a) 若已知 $v = V_m\sin(\omega t + \theta_v)$，其 $\overline{V_m} = V_m\angle\theta_v$，$\overline{V} = \dfrac{V_m}{\sqrt{2}} = \dfrac{V_m}{\sqrt{2}}\angle\theta_v$

   則 $\overline{I} = \dfrac{\overline{V}}{\overline{Z}} = \dfrac{\overline{V}}{\overline{X_C}} = \dfrac{\overline{V}}{X_C\angle -90°} = \dfrac{\overline{V}}{X_C}\angle 90°$（即 $I = \dfrac{V}{X_C}$）

   且 $\overline{V_C} = \overline{V}$（即 $V_C = IX_C = V$）

   (b) 若已知 $i = I_m\sin(\omega t + \theta_i)$，其 $\overline{I_m} = I_m\angle\theta_i$，$\overline{I} = \dfrac{I_m}{\sqrt{2}} = \dfrac{I_m}{\sqrt{2}}\angle\theta_i$

   則 $\overline{V} = \overline{I}\cdot\overline{Z} = \overline{I}\cdot\overline{X_C} = \overline{I}\cdot X_C\angle -90°$（即 $V = IX_C$）

   且 $\overline{V_C} = \overline{V} = \overline{I}\cdot\overline{X_C}$（即 $V_C = IX_C = V$）

3. 相位角：$\theta = \theta_i - \theta_v = 90°$（以電壓 V 為基準），即純電容交流電路之電流 I 超前（越前）電壓 V 90°；〔或 $\theta = \theta_v - \theta_i = -90°$（以電流 $\overline{I}$ 為基準），則純電容交流電路之電壓 $\overline{V}$ 滯後（落後）電流 $\overline{I}$ 90°。〕

範例 2

有 $400\mu F$ 之電容器加於 $i = 3\sqrt{2}\sin(100t + 45°)$ 安培之正弦電流，如下圖所示，試求 $\overline{V_C}$、V_C、v、θ、$\overline{Z}$、Z、X_C、f。

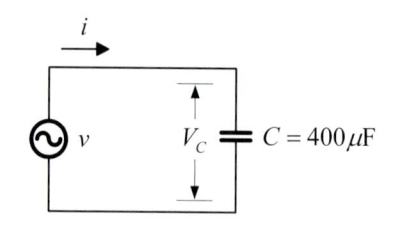

解 $i = 3\sqrt{2}\sin(100t + 45°)$（安培）

$\overline{I_m} = 3\sqrt{2}\angle 45°$（安培），$\overline{I} = 3\angle 45°$（安培）

$X_C = \dfrac{1}{\omega C} = \dfrac{1}{100 \times 400 \times 10^{-6}} = 25\,(\Omega)$

$\overline{Z} = \overline{X_C} = -jX_C = X_C \angle -90° = -j25\,(\Omega) = 25\angle -90°\,(\Omega)$

$\overline{V_C} = \overline{V} = \overline{I} \cdot \overline{Z} = (3\angle 45°) \cdot (25\angle -90°) = 75\angle -45°$（伏特）

$V_C = V = 75$（伏特）

$\overline{V_m} = \sqrt{2} \cdot \overline{V} = 75\sqrt{2}\angle -45°$（伏特）

$\therefore v = V_m \sin(\omega t + \theta_v) = 75\sqrt{2}\sin(100t - 45°)$（伏特）

$\theta = \theta_i - \theta_v = 45° - (-45°) = 90°$（以 V 為基準）

$\therefore$ 純電容交流電路之電流 I 超前電壓 V 90°

〔或 $\theta = \theta_v - \theta_i = (-45°) - 45° = -90°$（以 $\overline{I}$ 為基準），則純電容交流電路之電壓 $\overline{V}$ 落後電流 $\overline{I}$ 90°〕

$f = \dfrac{\omega}{2\pi} = \dfrac{100}{2 \times 3.14} = 15.9\,(Hz)$

三 純電感交流電路

電感抗：$X_L = \omega L\,(\Omega)$
$\qquad\quad = 2\pi f L\,(\Omega)$

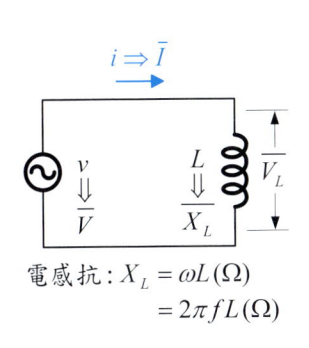

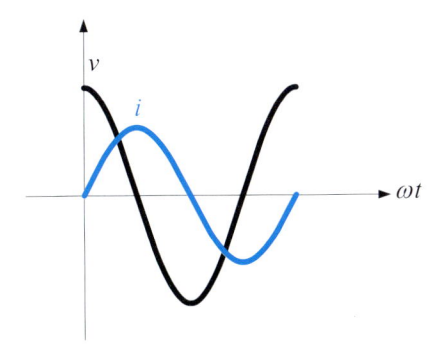

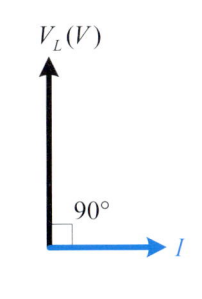

▲ 純電感交流電路圖　　▲ 純電感交流電路電壓與電流的相位關係圖　　▲ 純電感交流電路電壓─電流的相量圖

1. 阻抗的求法：$\overline{Z} = \overline{X_L} = jX_L = X_L \angle 90°$，即 $Z = X_L = \omega L = 2\pi f L$。

2. 純電感交流電路之 $\overline{I}$ 與 $\overline{V}$：

    (a) 若已知 $v = V_m \sin(\omega t + \theta_v)$，其 $\overline{V_m} = V_m \angle \theta_v$，$\overline{V} = \dfrac{\overline{V_m}}{\sqrt{2}} = \dfrac{V_m}{\sqrt{2}} \angle \theta_v$

    則 $\overline{I} = \dfrac{\overline{V}}{\overline{Z}} = \dfrac{\overline{V}}{\overline{X_L}} = \dfrac{\overline{V}}{X_L \angle 90°} = \dfrac{\overline{V}}{X_L} \angle -90°$（即 $I = \dfrac{V}{X_L}$）

    且 $\overline{V_L} = \overline{V}$（即 $V_L = IX_L = V$）

    (b) 若已知 $i = I_m \sin(\omega t + \theta_i)$，其 $\overline{I_m} = I_m \angle \theta_i$，$\overline{I} = \dfrac{\overline{I_m}}{\sqrt{2}} = \dfrac{I_m}{\sqrt{2}} \angle \theta_i$

    則 $\overline{V} = \overline{I} \cdot \overline{Z} = \overline{I} \cdot \overline{X_L} = \overline{I} \cdot X_L \angle 90°$（即 $V = IX_L$）

    且 $\overline{V_L} = \overline{V} = \overline{I} \cdot \overline{X_L}$（即 $V_L = IX_L = V$）

3. 相位角：$\theta = \theta_v - \theta_i = 90°$（以電流 $\overline{I}$ 為基準），即純電感交流電路之電壓 V 超前（越前）電流 I 90°；〔或 $\theta = \theta_i - \theta_v = -90°$（以電壓 $\overline{V}$ 為基準），則純電感交流電路之電流 $\overline{I}$ 滯後（落後）電壓 $\overline{V}$ 90°。〕

範例 3

有一 $v = 120\sqrt{2}\sin(1000t + 30°)$ 伏特之正弦電壓加於 0.04 亨利之純電感器兩端，如下圖所示，試求 $\overline{Z}$、Z、$\overline{X_L}$、X_L、$\overline{I}$、I、i、θ、f。

解 $X_L = \omega L = 1000 \times 0.04 = 40\,(\Omega)$

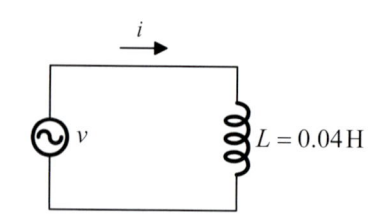

$\overline{Z} = \overline{X_L} = jX_L = X_L \angle 90° = j40\,(\Omega) = 40\angle 90°\,(\Omega)$

$Z = X_L = 40\,(\Omega)$

$\because v = 120\sqrt{2}\sin(1000t + 30°)$ (伏特)

$\overline{V_m} = 120\sqrt{2}\angle 30°$ (伏特)，$\overline{V} = \dfrac{\overline{V_m}}{\sqrt{2}} = 120\angle 30°$ (伏特)

$\overline{I} = \dfrac{\overline{V}}{\overline{Z}} = \dfrac{120\angle 30°}{40\angle 90°} = 3\angle -60°$ (安培)，$I = 3$ (安培)

$\overline{I_m} = \sqrt{2} \cdot \overline{I} = 3\sqrt{2}\angle -60°$ (安培)

$i = I_m \sin(\omega t + \theta_i) = 3\sqrt{2}\sin(1000t - 60°)$ (安培)

$\theta = \theta_v - \theta_i = 30° - (-60°) = 90°$（以 $\overline{I}$ 為基準）

$\therefore$ 純電感交流電路電壓 $\overline{V}$ 超前電流 $\overline{I}$ 90°

〔或 $\theta = \theta_i - \theta_v = (-60°) - 30° = -90°$（以 $\overline{V}$ 為基準），則電路電流 $\overline{I}$ 落後電壓 $\overline{V}$ 90°〕

$f = \dfrac{\omega}{2\pi} = \dfrac{1000}{2 \times 3.14} = 159.2\,(\text{Hz})$

9-2　電阻電容（RC）串聯電路

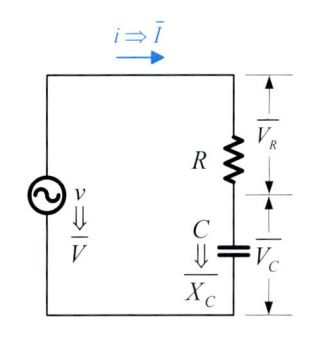

▲ RC串聯交流電路圖 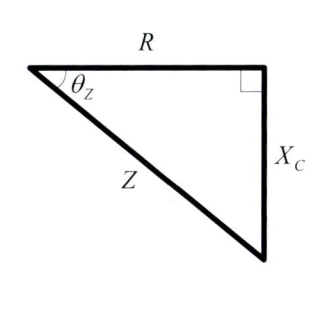　　▲ RC串聯交流電路之阻抗三角形圖 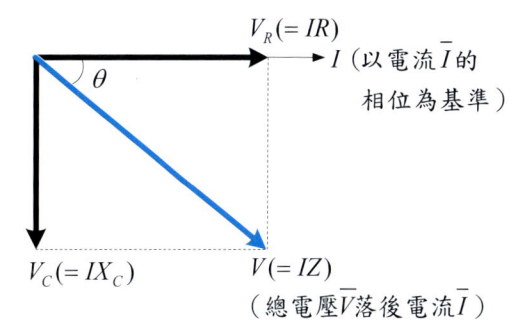　　▲ RC串聯交流電路之V-I相量圖

一　阻抗的求法

1. 容抗：$\overline{X_C} = X_C\angle-90° = -jX_C = -j\dfrac{1}{\omega C} = -j\dfrac{1}{2\pi fC}$

   （即 $X_C = \dfrac{1}{\omega C} = \dfrac{1}{2\pi fC}$）

2. 阻抗：$\overline{Z} = \overline{R} + \overline{X_C} = R - jX_C = \sqrt{R^2 + X_C^2}\angle-\tan^{-1}\dfrac{X_C}{R} = Z\angle\theta_Z$

   （即 $Z = \sqrt{R^2 + X_C^2}$，阻抗角：$\theta_Z = -\tan^{-1}\dfrac{X_C}{R}$）

二　RC串聯交流電路的 $\overline{I}$ 與 $\overline{V}$

1. 若 v（或 $\overline{V}$）為已知，則 $\overline{I} = \dfrac{\overline{V}}{\overline{Z}}$（即 $I = \dfrac{V}{Z}$）。$\overline{I} = \overline{I_R} = \overline{I_C}$。

2. 若 i（或 $\overline{I}$）為已知，則 $\overline{V} = \overline{I}\cdot\overline{Z}$（即 $V = IZ$）。

三　電壓的求法

1. $\overline{V_R} = \overline{I}\cdot R$（即 $V_R = IR$）

2. $\overline{V_C} = \overline{I}\cdot\overline{X_C} = \overline{I}\cdot(-jX_C) = \overline{I}\cdot X_C\angle-90°$（即 $V_C = IX_C$）

3. $\overline{V} = \overline{V_R} + \overline{V_C}$（即 $V = \sqrt{V_R^2 + V_C^2}$，∵ $\overline{V_R}$ 與 $\overline{V_C}$ 相差90°）

Basic Electricity
基本電學（下）攻略本

四 相位角

$\theta = \theta_v - \theta_i = \theta_Z = -\tan^{-1}\dfrac{X_C}{R}$ （於串聯電路中，因電流相等，故以電流 $\overline{I}$ 的相位為基準）

RC串聯交流電路是為電容性電路，θ 為負，是表示其總電壓 $\overline{V}$ 落後電流 $\overline{I}$ $\tan^{-1}\dfrac{X_C}{R}$。

（RC串聯交流電路之相位角：$\theta = \theta_v - \theta_i = \theta_Z = -\tan^{-1}\dfrac{X_C}{R} = -\tan^{-1}\dfrac{V_C}{V_R}$）

重點提示 串聯電路之相位角 θ 等於電路的阻抗角 θ_Z。

範例 4

有 $v = 100\sqrt{2}\sin 377t$ 伏特之交流電壓接於 $R = 40\,\Omega$、$X_C = 30\,\Omega$ 之RC串聯電路中，如右圖所示，求 $\overline{I}$、I、i、$\overline{V_R}$、V_R、$\overline{V_C}$、V_C、θ、$\overline{Z}$、Z。

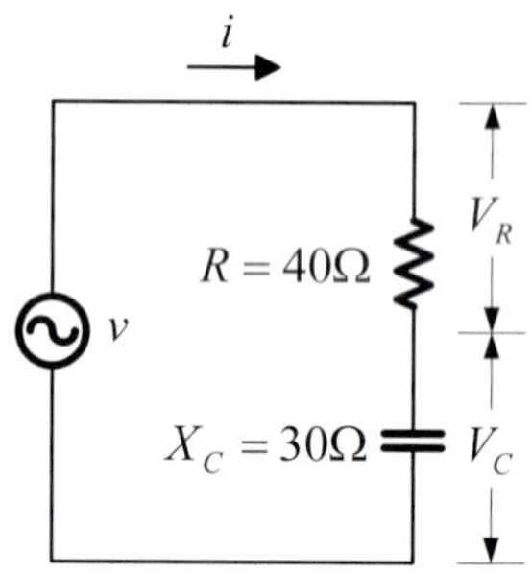

解 $\overline{Z} = R - jX_C = 40 - j30$

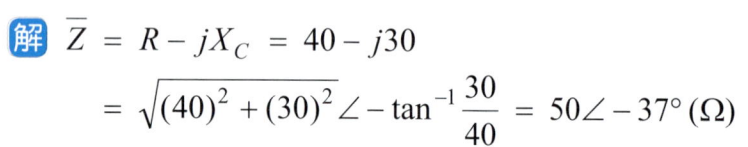

$= \sqrt{(40)^2 + (30)^2}\angle -\tan^{-1}\dfrac{30}{40} = 50\angle -37°\,(\Omega)$

$Z = 50\,(\Omega)$ $\theta_Z = -\tan^{-1}\dfrac{X_C}{R} = -\tan^{-1}\dfrac{30}{40} = -37°$

$\because v = 100\sqrt{2}\sin 377t$ $\therefore \overline{V} = 100\angle 0°$ (伏特)，$V = 100$ (伏特)

$\overline{I} = \dfrac{\overline{V}}{\overline{Z}} = \dfrac{100\angle 0°}{50\angle -37°} = 2\angle 37°$ (安培)，$I = 2$ (安培)

$\overline{I_m} = \sqrt{2}\cdot\overline{I} = 2\sqrt{2}\angle 37°$ (安培)

$i = I_m\sin(\omega t + \theta_i) = 2\sqrt{2}\sin(377t + 37°)$ (安培)

$\overline{V_R} = \overline{I}\cdot R = (2\angle 37°)\cdot(40) = 80\angle 37°$ (伏特)，$V_R = 80$ (伏特)

$\overline{V_C} = \overline{I}\cdot\overline{X_C} = (2\angle 37°)\cdot(30\angle -90°) = 60\angle -53°$ (伏特)，$V_C = 60$ (伏特)

串聯電路相位角：$\theta = \theta_v - \theta_i = \theta_Z = -\tan^{-1}\dfrac{X_C}{R} = -\tan^{-1}\dfrac{30}{40} = -37°$

（$\because$ RC串聯交流電路是為電容性電路，其 $\theta = -37°$ $\therefore$ 總電壓 $\overline{V}$ 落後電流 $\overline{I}$ $37°$）

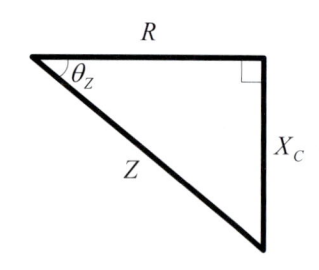

▲ 阻抗三角形 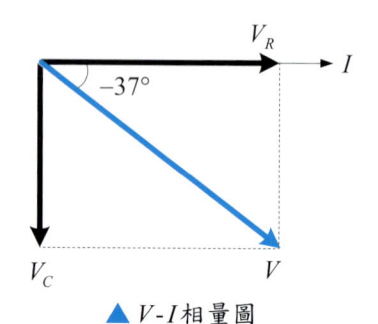　　　　▲ V-I相量圖

9-3 電阻電感（RL）串聯電路

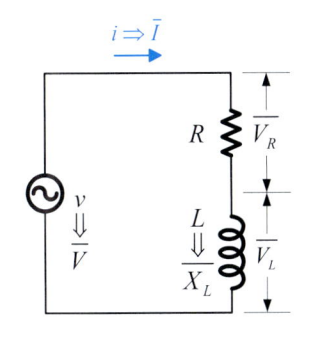

▲ RL串聯交流電路圖

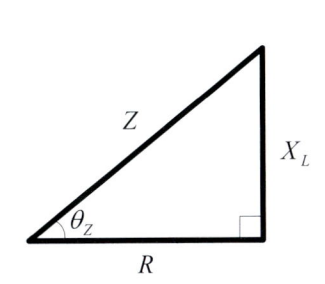

▲ RL串聯交流電路之阻抗三角形圖

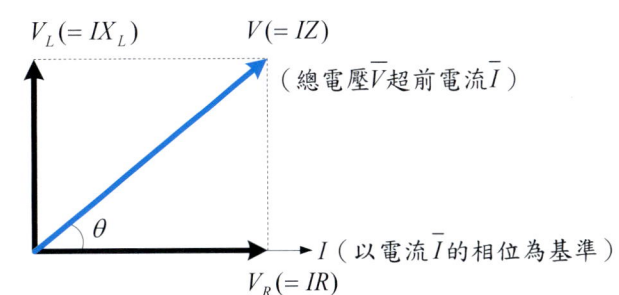

▲ RL串聯交流電路之V-I相量圖

一 阻抗的求法

1. 感抗：$\overline{X_L} = X_L \angle 90° = jX_L = j\omega L = j2\pi fL$

   （即 $X_L = 2\pi fL = \omega L$）

2. 阻抗：$\overline{Z} = \overline{R} + \overline{X_L} = R - jX_L = \sqrt{R^2 + X_L^2} \angle \tan^{-1} \dfrac{X_L}{R} = Z \angle \theta_Z$

   （即 $Z = \sqrt{R^2 + X_L^2}$，阻抗角：$\theta_Z = \tan^{-1} \dfrac{X_L}{R}$）

二 RL串聯交流電路的 $\overline{I}$ 與 $\overline{V}$

1. 若 v（或 $\overline{V}$）為已知，則 $\overline{I} = \dfrac{\overline{V}}{\overline{Z}}$（即 $I = \dfrac{V}{Z}$）。$\overline{I} = \overline{I_R} = \overline{I_L}$。

2. 若 i（或 $\overline{I}$）為已知，則 $\overline{V} = \overline{I} \cdot \overline{Z}$（即 $V = IZ$）。

三 電壓的求法

1. $\overline{V_R} = \overline{I} \cdot R$（即 $V_R = IR$）

2. $\overline{V_L} = \overline{I} \cdot \overline{X_L} = \overline{I} \cdot (jX_L) = \overline{I} \cdot X_L \angle 90°$（即 $V_L = IX_L$）

3. $\overline{V} = \overline{V_R} + \overline{V_L}$（即 $V = \sqrt{V_R^2 + V_L^2}$，$\because \overline{V_R}$ 與 $\overline{V_L}$ 相差 $90°$）

四 相位角

$\theta = \theta_v - \theta_i = \theta_Z = \tan^{-1}\dfrac{X_L}{R}$（於串聯電路中，因電流相等，故以電流 $\overline{I}$ 的相位為基準）

RL 串聯交流電路是為電感性電路，θ 為正，是表示其總電壓 $\overline{V}$ 超前電流 $\overline{I}$ $\tan^{-1}\dfrac{X_L}{R}$。

（RL 串聯交流電路之相位角：$\theta = \theta_v - \theta_i = \theta_Z = \tan^{-1}\dfrac{X_L}{R} = \tan^{-1}\dfrac{V_L}{V_R}$）

重點提示 串聯電路之相位角 θ 等於電路的阻抗角 θ_Z。

範例 5

$i = 3\sin 377t$ 安培之交流電流流經於 $R = 20\,\Omega$、$X_L = 20\,\Omega$ 之 RL 串聯電路中，如右圖所示，求 $\overline{Z}$、Z、$\overline{V}$、V、v、$\overline{V_R}$、V_R、$\overline{V_L}$、V_L、θ。

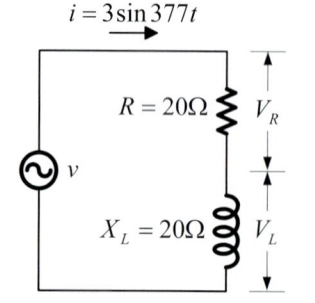

解　$\overline{Z} = R + jX_L = 20 + j20$

$\qquad = \sqrt{20^2 + 20^2} \angle \tan^{-1}\dfrac{20}{20} = 20\sqrt{2}\angle 45°\,(\Omega)$

$Z = 20\sqrt{2}\,(\Omega)\qquad \theta_Z = \tan^{-1}\dfrac{X_L}{R} = \tan^{-1}\dfrac{20}{20} = 45°$

$\because i = 3\sin 377t\,$(安培)$\qquad \therefore \overline{I} = \dfrac{3}{\sqrt{2}}\angle 0°\,$(安培)，$I = \dfrac{3}{\sqrt{2}}\,$(安培)

$\overline{V} = \overline{I}\cdot\overline{Z} = (\dfrac{3}{\sqrt{2}}\angle 0°)\cdot(20\sqrt{2}\angle 45°) = 60\angle 45°\,$(伏特)　　$V = 60\,$(伏特)

$v = V_m \sin(\omega t + \theta_v) = \sqrt{2}V\sin(\omega t + \theta_v) = 60\sqrt{2}\sin(377t + 45°)\,$(伏特)

$\overline{V_R} = \overline{I}\cdot R = (\dfrac{3}{\sqrt{2}}\angle 0°)\cdot(20) = \dfrac{60}{\sqrt{2}}\angle 0° = 30\sqrt{2}\angle 0°\,$(伏特)

$V_L = 30\sqrt{2}\,$(伏特)

$\overline{V_L} = \overline{I}\cdot\overline{X_L} = (\dfrac{3}{\sqrt{2}}\angle 0°)\cdot(20\angle 90°) = \dfrac{60}{\sqrt{2}}\angle 90° = 30\sqrt{2}\angle 90°\,$(伏特)

$V_L = 30\sqrt{2}\,$(伏特)

串聯電路相位角：

$\theta = \theta_v - \theta_i = \theta_Z = \tan^{-1}\dfrac{X_L}{R} = \tan^{-1}\dfrac{20}{20} = 45°$

（$\because RL$ 串聯交流電路是為電感性電路，其 $\theta = 45°$

$\therefore$ 總電壓 $\overline{V}$ 超前電流 $\overline{I}$ $45°$）

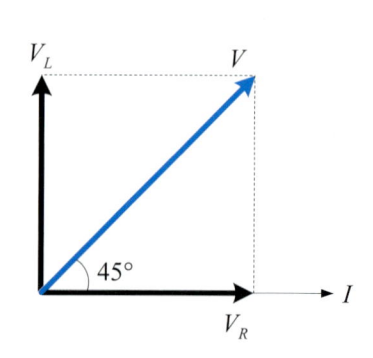

9-4 電阻電感電容（RLC）串聯電路

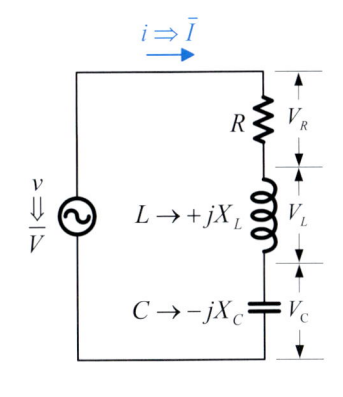

電阻：$\overline{R} = R\angle 0° = R$

感抗：$\overline{X_L} = jX_L = X_L\angle 90°$

（即 $X_L = \omega L = 2\pi fL$）

容抗：$\overline{X_C} = -jX_C = X_C\angle -90°$

（即 $X_C = \dfrac{1}{\omega C} = \dfrac{1}{2\pi fC}$）

一 阻抗的求法

$$\overline{Z} = \overline{R} + \overline{X_L} + \overline{X_C} = R + jX_L + (-jX_C) = R + j(X_L - X_C)$$

$$= \sqrt{R^2 + (X_L - X_C)^2}\angle \tan^{-1}\dfrac{X_L - X_C}{R} = Z\angle \theta_Z$$

（即 $Z = \sqrt{R^2 + (X_L - X_C)^2}$，阻抗角：$\theta_Z = \tan^{-1}\dfrac{X_L - X_C}{R}$）

二 RLC串聯交流電路的 $\overline{I}$ 與 $\overline{V}$

1. 若 v（或 $\overline{V}$）為已知，則 $\overline{I} = \dfrac{\overline{V}}{\overline{Z}}$（即 $I = \dfrac{V}{Z}$）。$\overline{I} = \overline{I_R} = \overline{I_L} = \overline{I_C}$。

2. 若 i（或 $\overline{I}$）為已知，則 $\overline{V} = \overline{I} \cdot \overline{Z}$（即 $V = IZ$）。

三 電壓的求法

1. $\overline{V_R} = \overline{I} \cdot R$（即 $V_R = IR$）

2. $\overline{V_L} = \overline{I} \cdot \overline{X_L} = \overline{I} \cdot (jX_L) = \overline{I} \cdot X_L\angle 90°$（即 $V_L = IX_L$）

3. $\overline{V_C} = \overline{I} \cdot \overline{X_C} = \overline{I} \cdot (-jX_C) = \overline{I} \cdot X_C\angle -90°$（即 $V_C = IX_C$）

4. $\overline{V} = \overline{V_R} + \overline{V_L} + \overline{V_C} = \overline{I} \cdot [R + j(X_L - X_C)] = \overline{I} \cdot \overline{Z}$（即 $V = \sqrt{V_R^2 + (V_L - V_C)^2}$）

    P.S. $\overline{V_R}$ 超前 $\overline{V_C}$ 90°，$\overline{V_R}$ 落後 $\overline{V_L}$ 90°，$\overline{V_L}$ 與 $\overline{V_C}$ 互差180°（即 $\overline{V_L}$ 超前 $\overline{V_C}$ 180°）。

四 串聯電路之相位角

$\theta = \theta_v - \theta_i = \theta_Z = \tan^{-1}\dfrac{X_L - X_C}{R}$（串聯電路之相位角以電路電流 $\bar{I}$ 的相位為基準）

1. 若 $X_L > X_C$ 時，則電路呈電感性電路；$\theta = \theta_Z = \tan^{-1}\dfrac{X_L - X_C}{R}$，$\theta$ 為正，是表示其電路總電壓 $\bar{V}$ 超前電流 $\bar{I}$ $\tan^{-1}\dfrac{X_L - X_C}{R}$。如圖(a)、(b)所示。

2. 若 $X_C > X_L$ 時，則電路呈電容性電路；$\theta = \theta_Z = -\tan^{-1}\dfrac{X_C - X_L}{R}$，$\theta$ 為負，是表示其電路總電壓 $\bar{V}$ 落後電流 $\bar{I}$ $\tan^{-1}\dfrac{X_C - X_L}{R}$。如圖(c)、(d)所示。

重點提示 串聯電路之相位角 θ 等於電路的阻抗角 θ_Z。

$X_L > X_C$（電感性電路）	$X_C > X_L$（電容性電路）
相位角：$\theta = \theta_v - \theta_i = \theta_Z = \tan^{-1}\dfrac{X_L - X_C}{R}$	相位角：$\theta = \theta_v - \theta_i = \theta_Z = -\tan^{-1}\dfrac{X_C - X_L}{R}$
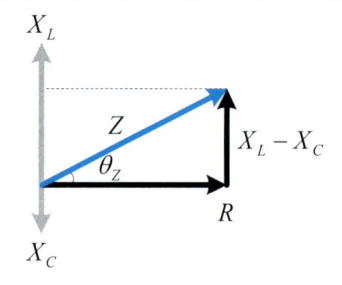 ★ $Z = \sqrt{R^2 + (X_L - X_C)^2}$ (a) RLC 串聯電路之阻抗三角形（$X_L > X_C$）	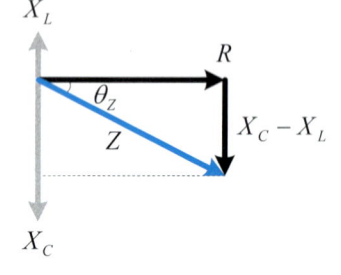 ★ $Z = \sqrt{R^2 + (X_C - X_L)^2}$ (c) RLC 串聯電路之阻抗三角形（$X_C > X_L$）
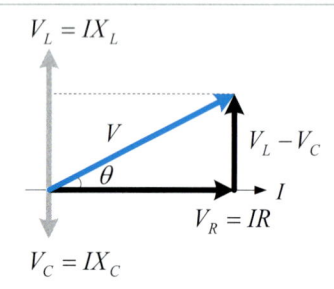 ★ $V = \sqrt{V_R^2 + (V_L - V_C)^2}$ ★ 電路總電壓 V 超前電流 I (b) RLC 串聯電路之相量圖（$X_L > X_C$）	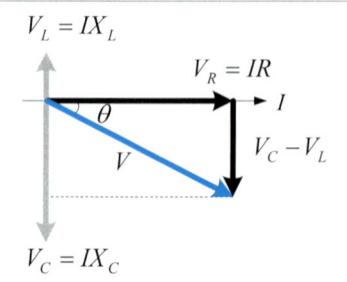 ★ $V = \sqrt{V_R^2 + (V_C - V_L)^2}$ ★ 電路總電壓 V 落後電流 I (d) RLC 串聯電路之相量圖（$X_C > X_L$）

範例 6

如下圖所示，$R = 40\,\Omega$，$X_L = 30\,\Omega$，$X_C = 60\,\Omega$，$\bar{I} = 2\angle 0°$ 安培，$\omega = 1000$ 弳/秒，求 $\bar{Z}$、Z、$\bar{V}$、V、v、$\overline{V_R}$、V_R、$\overline{V_L}$、V_L、$\overline{V_C}$、V_C、θ。

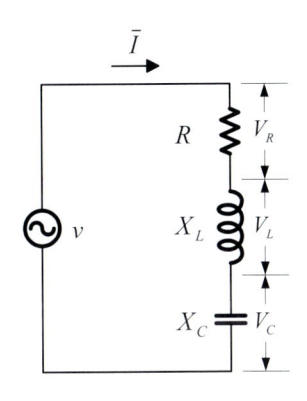

解

$\bar{Z} = R + j(X_L - X_C) = 40 + j(30 - 60) = 40 - j30\,(\Omega)$

$\quad = \sqrt{40^2 + (-30)^2} \angle -\tan^{-1}\dfrac{30}{40} = 50\angle -37°\,(\Omega)$

$Z = \sqrt{R^2 + (X_L - X_C)^2} = \sqrt{40^2 + (30-60)^2} = 50\,(\Omega) \quad \theta_Z = -37°$

$\bar{V} = \bar{I} \cdot \bar{Z} = (2\angle 0°)\cdot(50\angle -37°) = 100\angle -37°$ (伏特)

$V = IZ = 2 \times 50 = 100$ (伏特)

$v = V_m \sin(\omega t + \theta_v) = 100\sqrt{2}\sin(1000t - 37°)$ (伏特)

$\overline{V_R} = \bar{I} \cdot R = (2\angle 0°)\cdot(40) = 80\angle 0°$ (伏特)

$V_R = IR = 2 \times 40 = 80$ (伏特)

$\overline{V_L} = \bar{I} \cdot \overline{X_L} = (2\angle 0°)\cdot(30\angle 90°) = 60\angle 90°$ (伏特)

$V_L = IX_L = 2 \times 30 = 60$ (伏特)

$\overline{V_C} = \bar{I} \cdot \overline{X_C} = (2\angle 0°)\cdot(60\angle -90°) = 120\angle -90°$ (伏特)

$V_C = IX_C = 2 \times 60 = 120$ (伏特)

∵ $X_C > X_L$

∴ 串聯電路相位角：

$\theta = \theta_v - \theta_i = \theta_Z = -\tan^{-1}\dfrac{X_C - X_L}{R}$

$\quad = -\tan^{-1}\dfrac{60 - 30}{40} = -\tan^{-1}\dfrac{30}{40} = -37°$

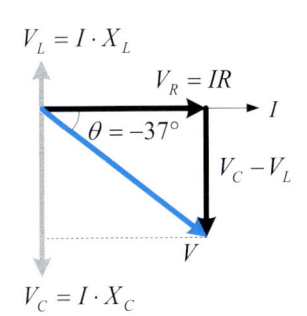

∵ $X_C > X_L$，電路呈電容性電路，其 $\theta = -37°$，知電路總電壓 $\bar{V}$ 落後電流 $\bar{I}$ $37°$

P.S. 串聯電路以電流 $\bar{I}$ 的相位為基準。

9-5 電阻電容（RC）並聯電路

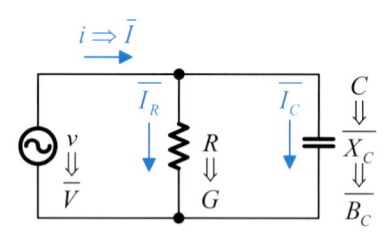

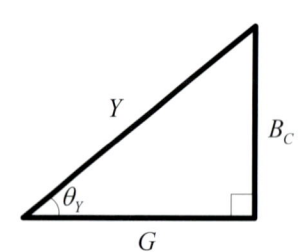

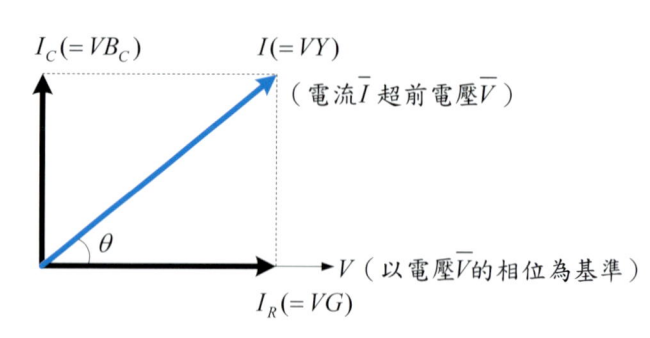

▲ RC並聯交流電路圖

▲ RC並聯交流電路之導納三角形圖

▲ RC並聯交流電路之 V-I 相量圖

一 導納的求法

1. 電導：$\overline{G} = \dfrac{1}{\overline{R}} = \dfrac{1}{R}\angle 0° = \dfrac{1}{R} = G$（即 $G = \dfrac{1}{R}$）

2. 容納：$\overline{B_C} = \dfrac{1}{\overline{X_C}} = \dfrac{1}{-jX_C} = +j\omega C = +j(2\pi f C) = jB_C$

    （即 $B_C = \dfrac{1}{X_C} = 2\pi f C$）

3. 導納：$\overline{Y} = \overline{G} + \overline{B_C} = G + jB_C = \sqrt{G^2 + B_C^2}\angle \tan^{-1}\dfrac{B_C}{G} = Y\angle\theta_Y$

    （即 $Y = \sqrt{G^2 + B_C^2}$，導納角：$\theta_Y = \tan^{-1}\dfrac{B_C}{G}$）

    P.S. G、B_C、Y 之單位為西門子（S）或姆歐（℧）。

4. 等效阻抗：$\overline{Z} = \dfrac{1}{\overline{Y}} = \dfrac{1}{G + jB_C} = \dfrac{1}{\dfrac{1}{R} + j\dfrac{1}{X_C}} \neq R - jX_C$

二 RC並聯交流電路的 $\overline{I}$ 與 $\overline{V}$

1. 若 v（或 $\overline{V}$）為已知，則 $\overline{I} = \overline{V} \cdot \overline{Y}$（即 $I = VY$）。

2. 若 i（或 $\overline{I}$）為已知，則 $\overline{V} = \dfrac{\overline{I}}{\overline{Y}}$（即 $V = \dfrac{I}{Y}$）。$\overline{V} = \overline{V_R} = \overline{V_C}$。

三 電流的求法

1. $\overline{I_R} = \overline{V} \cdot \overline{G} = \overline{V} \cdot G$（即 $I_R = VG$）

2. $\overline{I_C} = \overline{V} \cdot \overline{B_C} = \overline{V} \cdot B_C \angle 90°$（即 $I_C = VB_C$）

3. $\overline{I} = \overline{I_R} + \overline{I_C}$（即 $I = \sqrt{I_R^2 + I_C^2}$，∵ $\overline{I_R}$ 與 $\overline{I_C}$ 相差 $90°$）

四 相位角

$\theta = \theta_i - \theta_v = \theta_Y = \tan^{-1}\dfrac{B_C}{G}$（於並聯電路中，因電壓相等，故以電壓 $\overline{V}$ 的相位為基準）

RC 並聯交流電路是為電容性電路，θ 為正，是表示其總電流 $\overline{I}$ 超前電壓 $\overline{V}$ $\tan^{-1}\dfrac{B_C}{G}$。

（RC 並聯交流電路之相位角：$\theta = \theta_i - \theta_v = \theta_Y = \tan^{-1}\dfrac{B_C}{G} = \tan^{-1}\dfrac{I_C}{I_R}$）

重點提示 並聯電路之相位角 θ 等於電路的導納角 θ_Y。

範例 7

有一 RC 並聯電路，如下圖所示，$R = 50\,\Omega$，$X_C = 50\,\Omega$，$v = 100\sin(157t + 30°)$ 伏特，求 $\overline{Y}$、Y、$\overline{Z}$、Z、$\overline{I}$、I、$\overline{I_R}$、I_R、$\overline{I_C}$、I_C、θ。

解 $G = \dfrac{1}{R} = \dfrac{1}{50} = 0.02$（西門子） $B_C = \dfrac{1}{X_C} = \dfrac{1}{50} = 0.02$（西門子）

$\overline{Y} = G + jB_C = 0.02 + j0.02$

$= \sqrt{0.02^2 + 0.02^2} \angle \tan^{-1}\dfrac{0.02}{0.02} = 0.02\sqrt{2}\angle 45°$（西門子）

$Y = 0.02\sqrt{2}$（西門子） $\theta_Y = 45°$

$$\overline{Z} = \frac{1}{\overline{Y}} = \frac{1}{0.02\sqrt{2}\angle 45°} = 25\sqrt{2}\angle -45° \text{ (歐姆)} \quad Z = 25\sqrt{2} \text{ (歐姆)}$$

$$\because v = 100\sin(157t + 30°) \text{ (伏特)}$$

$$\therefore \overline{V} = \frac{100}{\sqrt{2}}\angle 30° \text{ (伏特)}, V = \frac{100}{\sqrt{2}} \text{ (伏特)}$$

$$\overline{I} = \overline{V} \cdot \overline{Y} = (\frac{100}{\sqrt{2}}\angle 30°) \cdot (0.02\sqrt{2}\angle 45°) = 2\angle 75° \text{ (安培)} \quad I = 2 \text{ (安培)}$$

$$\overline{I_R} = \overline{V} \cdot G = (\frac{100}{\sqrt{2}}\angle 30°) \cdot (0.02) = \frac{2}{\sqrt{2}}\angle 30° = \sqrt{2}\angle 30° = 1.414\angle 30° \text{ (安培)}$$

$$I_R = \sqrt{2} = 1.414 \text{ (安培)}$$

$$\overline{I_C} = \overline{V} \cdot \overline{B_C} = (\frac{100}{\sqrt{2}}\angle 30°) \cdot (0.02\angle 90°) = \frac{2}{\sqrt{2}}\angle 120°$$

$$= \sqrt{2}\angle 120° = 1.414\angle 120° \text{ (安培)}$$

$$I_C = \sqrt{2} = 1.414 \text{ (安培)}$$

並聯電路相位角：

$$\theta = \theta_i - \theta_v = \theta_Y = \tan^{-1}\frac{B_C}{G} = \tan^{-1}\frac{0.02}{0.02} = 45°$$

（$\because$ RC並聯交流電路是為電容性電路，其 $\theta = 45°$

$\therefore$ 總電流 $\overline{I}$ 超前電壓 $\overline{V}$ $45°$）

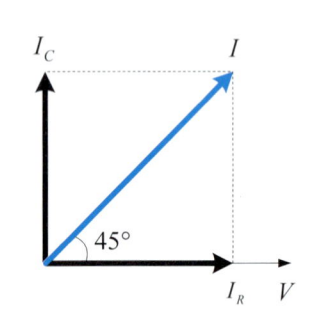

9-6 電阻電感（RL）並聯電路

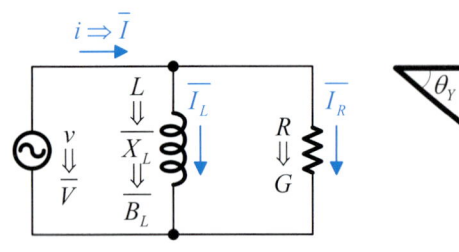

▲ RL並聯交流電路圖

▲ RL並聯交流電路之導納三角形圖

▲ RL並聯交流電路之 V-I 相量圖

（電流 $\overline{I}$ 超前電壓 $\overline{V}$）

一 導納的求法

1. 電導：$\overline{G} = \dfrac{1}{\overline{R}} = \dfrac{1}{R}\angle 0° = \dfrac{1}{R} = G$（即 $G = \dfrac{1}{R}$）

2. 感納：$\overline{B_L} = \dfrac{1}{\overline{X_L}} = \dfrac{1}{jX_L} = -j\dfrac{1}{\omega L} = -j\dfrac{1}{2\pi f L} = -jB_L$

   （即 $B_L = \dfrac{1}{X_L} = \dfrac{1}{2\pi f L}$）

3. 導納：$\overline{Y} = \overline{G} + \overline{B_L} = G - jB_L = \sqrt{G^2 + B_L^2}\angle -\tan^{-1}\dfrac{B_L}{G} = Y\angle\theta_Y$

   （即 $Y = \sqrt{G^2 + B_L^2}$，導納角：$\theta_Y = -\tan^{-1}\dfrac{B_L}{G}$）

   P.S. G、B_L、Y 之單位為西門子（S）或姆歐（℧）。

4. 等效阻抗：$\overline{Z} = \dfrac{1}{\overline{Y}} = \dfrac{1}{G + jB_L} = \dfrac{1}{\dfrac{1}{R} + j\dfrac{1}{X_L}} \neq R - jX_L$

二 RL 並聯交流電路的 $\overline{I}$ 與 $\overline{V}$

1. 若 v（或 $\overline{V}$）為已知，則 $\overline{I} = \overline{V} \cdot \overline{Y}$（即 $I = VY$）。

2. 若 i（或 $\overline{I}$）為已知，則 $\overline{V} = \dfrac{\overline{I}}{\overline{Y}}$（即 $V = \dfrac{I}{Y}$）。$\overline{V} = \overline{V_R} = \overline{V_L}$。

三 電流的求法

1. $\overline{I_R} = \overline{V} \cdot \overline{G} = \overline{V} \cdot G$（即 $I_R = VG$）

2. $\overline{I_L} = \overline{V} \cdot \overline{B_L} = \overline{V}B_L\angle -90°$（即 $I_L = VB_L$）

3. $\overline{I} = \overline{I_R} + \overline{I_L}$（即 $I = \sqrt{I_R^2 + I_L^2}$，∵ $\overline{I_R}$ 與 $\overline{I_L}$ 相差 $90°$）

四 相位角

$$\theta = \theta_i - \theta_v = \theta_Y = -\tan^{-1}\frac{B_L}{G}$$（於並聯電路中，因電壓相等，故以電壓 $\overline{V}$ 的相位為基準）

RL 並聯交流電路是為電感性電路，θ 為負，是表示其總電流 $\overline{I}$ 落後電壓 $\overline{V}$ $\tan^{-1}\frac{B_L}{G}$。

（RL 並聯交流電路之相位角：$\theta = \theta_i - \theta_v = \theta_Y = -\tan^{-1}\frac{B_L}{G} = -\tan^{-1}\frac{I_L}{I_R}$）

重點提示 並聯電路之相位角 θ 等於電路的導納角 θ_Y。

範例 8

有一 RL 並聯電路，如右圖所示，$i = 5\sqrt{2}\sin(1000t + 30°)$ 安培，$G = 0.03$ 西門子，$B_L = 0.04$ 西門子，求 $\overline{Y}$、Y、$\overline{Z}$、Z、$\overline{V}$、V、$\overline{I_R}$、I_R、$\overline{I_L}$、I_L、θ。

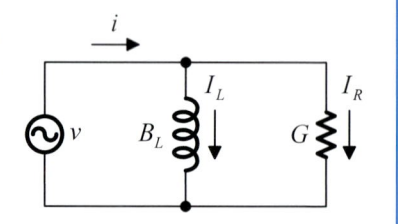

解

$\overline{Y} = G - jB_L = 0.03 - j0.04$
$= \sqrt{(0.03)^2 + (0.04)^2}\angle -\tan^{-1}\frac{0.04}{0.03} = 0.05\angle -53°$ （西門子）

$Y = 0.05$ （西門子） $\theta_Y = -53°$

$\overline{Z} = \dfrac{1}{\overline{Y}} = \dfrac{1}{0.05\angle -53°} = 20\angle 53°$ （歐姆） $Z = 20$ （歐姆）

$\because i = 5\sqrt{2}\sin(1000t + 30°)$ （安培）

$\therefore \overline{I} = \dfrac{5\sqrt{2}}{\sqrt{2}}\angle 30° = 5\angle 30°$ （安培），$I = 5$ （安培）

$\overline{V} = \dfrac{\overline{I}}{\overline{Y}} = \dfrac{5\angle 30°}{0.05\angle -53°} = 100\angle 83°$ （伏特） $V = 100$ （伏特）

$\overline{I_R} = \overline{V} \cdot G = (100\angle 83°)\cdot(0.03) = 3\angle 83°$ （安培） $I_R = 3$ （安培）

$\overline{I_L} = \overline{V} \cdot \overline{B_L} = (100\angle 83°)\cdot(0.04\angle -90°) = 4\angle -7°$ （安培） $I_L = 4$ （安培）

並聯電路相位角：

$\theta = \theta_i - \theta_v = \theta_Y = -\tan^{-1}\dfrac{B_L}{G} = -\tan^{-1}\dfrac{0.04}{0.03} = -53°$

（$\because RL$ 並聯交流電路是為電感性電路，其 $\theta = -53°$

$\therefore$ 總電流 $\overline{I}$ 落後電壓 $\overline{V}$ $53°$）

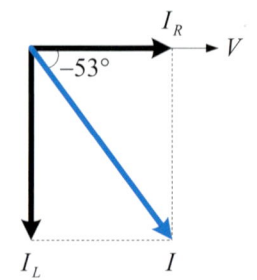

9-7 電阻電感電容（RLC）並聯電路

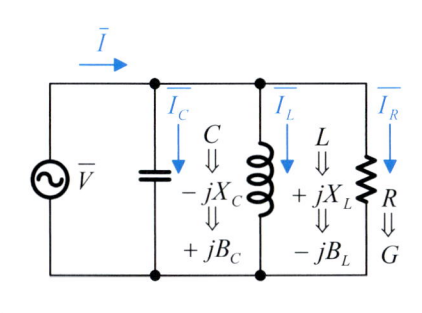

電導：$G = \dfrac{1}{R}$（即 $\overline{G} = G\angle 0° = G$）

感納：$B_L = \dfrac{1}{X_L} = \dfrac{1}{\omega L} = \dfrac{1}{2\pi f L}$

（即 $\overline{B_L} = -jB_L = B_L\angle -90°$）

容納：$B_C = \dfrac{1}{X_C} = \omega C = 2\pi f C$

（即 $\overline{B_C} = jB_C = B_C\angle 90°$）

一 導納的求法

1. 導納：$\overline{Y} = \overline{G} + \overline{B_L} + \overline{B_C} = G + (-jB_L) + jB_C = G + j(B_C - B_L)$

    $= \sqrt{G^2 + (B_C - B_L)^2} \angle \tan^{-1}\dfrac{B_C - B_L}{G} = Y\angle\theta_Y$

    （即 $Y = \sqrt{G^2 + (B_C - B_L)^2}$，導納角：$\theta_Y = \tan^{-1}\dfrac{B_C - B_L}{G}$）

2. 等效阻抗：$\overline{Z} = \dfrac{1}{\overline{Y}} = \dfrac{1}{G + j(B_C - B_L)} = \dfrac{1}{\dfrac{1}{R} + j(\dfrac{1}{X_C} - \dfrac{1}{X_L})} \neq R + j(X_L - X_C)$

二 RLC並聯交流電路的 $\overline{I}$ 與 $\overline{V}$

1. 若 v（或 $\overline{V}$）為已知，則 $\overline{I} = \overline{V} \cdot \overline{Y}$（即 $I = VY$）。

2. 若 i（或 $\overline{I}$）為已知，則 $\overline{V} = \dfrac{\overline{I}}{\overline{Y}}$（即 $V = \dfrac{I}{Y}$）。$\overline{V} = \overline{V_R} = \overline{V_L} = \overline{V_C}$。

三 電壓的求法

1. $\overline{I_R} = \overline{V} \cdot G$（即 $I_R = VG$）

2. $\overline{I_L} = \overline{V} \cdot \overline{B_L} = \overline{V} \cdot (-jB_L) = \overline{V} \cdot B_L\angle -90°$（即 $I_L = VB_L$）

3. $\overline{I_C} = \overline{V} \cdot \overline{B_C} = \overline{V} \cdot (jB_C) = \overline{V} \cdot B_C\angle 90°$（即 $I_C = VB_C$）

4. $\overline{I} = \overline{I_R} + \overline{I_L} + \overline{I_C} = \overline{V} \cdot [G + j(B_C - B_L)] = \overline{V} \cdot \overline{Y}$（即 $I = \sqrt{I_R^2 + (I_C - I_L)^2}$）

重點提示 $\overline{I_R}$ 超前 $\overline{I_L}$ 90°，$\overline{I_R}$ 落後 $\overline{I_C}$ 90°，$\overline{I_L}$ 與 $\overline{I_C}$ 互差180°。

四 並聯電路之相位角

$\theta = \theta_i - \theta_v = \theta_Y = \tan^{-1}\dfrac{B_C - B_L}{G}$（並聯電路之相位角以電路電壓 $\overline{V}$ 的相位為基準）

1. 若 $B_C > B_L$ 時，則電路呈電容性電路；$\theta = \theta_Y = \tan^{-1}\dfrac{B_C - B_L}{G}$，表示電路總電流 $\overline{I}$ 超前電壓 $\overline{V}$ $\tan^{-1}\dfrac{B_C - B_L}{G}$。如圖(a)、(b)所示。

2. 若 $B_L > B_C$ 時，則電路呈電感性電路；$\theta = \theta_Y = -\tan^{-1}\dfrac{B_L - B_C}{G}$，表示電路總電流 $\overline{I}$ 落後電壓 $\overline{V}$ $\tan^{-1}\dfrac{B_L - B_C}{G}$。如圖(c)、(d)所示。

重點提示 並聯電路之相位角 θ 等於電路的導納角 θ_Y。

$B_C > B_L$（電容性電路）	$B_L > B_C$（電感性電路）
相位角：$\theta = \theta_i - \theta_v = \theta_Y = \tan^{-1}\dfrac{B_C - B_L}{G}$	相位角：$\theta = \theta_i - \theta_v = \theta_Y = -\tan^{-1}\dfrac{B_L - B_C}{G}$
★ $Y = \sqrt{G^2 + (B_C - B_L)^2}$	★ $Y = \sqrt{G^2 + (B_L - B_C)^2}$
(a) RLC並聯電路之導納三角形（$B_C > B_L$）	(c) RLC並聯電路之導納三角形（$B_L > B_C$）
★ $I = \sqrt{I_R^2 + (I_C - I_L)^2}$	★ $I = \sqrt{I_R^2 + (I_L - I_C)^2}$
★ 電路總電壓 $\overline{V}$ 落後電流 $\overline{I}$	★ 電路總電壓 $\overline{V}$ 超前電流 $\overline{I}$
(b) RLC並聯電路之相量圖（$B_C > B_L$）	(d) RLC並聯電路之相量圖（$B_L > B_C$）

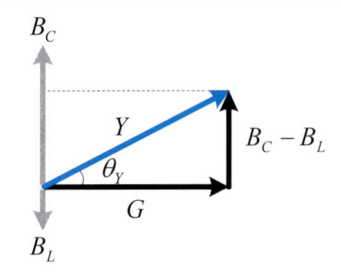

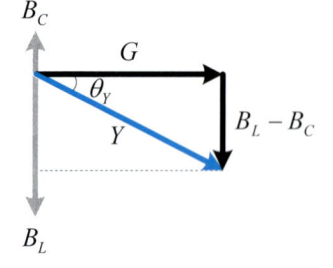

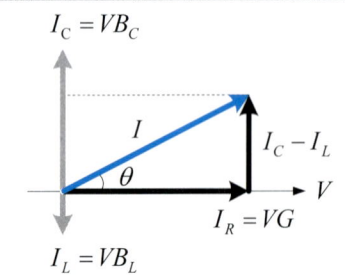

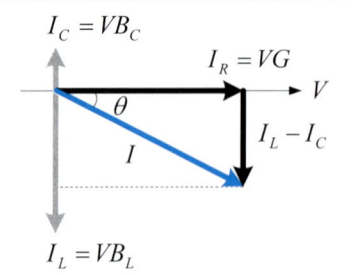

範例 9

如右圖所示，$\overline{V} = 100\angle 0°$ 伏特，$R = 25\,\Omega$，$X_L = 50\,\Omega$，$X_C = 20\,\Omega$，求 $\overline{Y}$、Y、$\overline{Z}$、Z、$\overline{I}$、I、i、$\overline{I_R}$、I_R、$\overline{I_L}$、I_L、$\overline{I_C}$、I_C、θ。

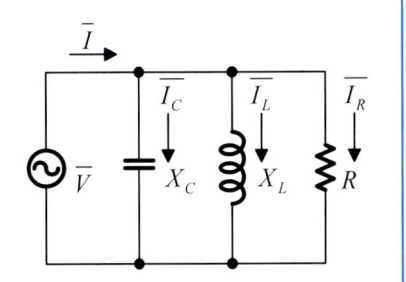

解　$G = \dfrac{1}{R} = \dfrac{1}{25} = 0.04\,(S)$

$B_L = \dfrac{1}{X_L} = \dfrac{1}{50} = 0.02\,(S)$　　$B_C = \dfrac{1}{X_C} = \dfrac{1}{20} = 0.05\,(S)$

$\overline{Y} = G + j(B_C - B_L) = 0.04 + j(0.05 - 0.02) = 0.04 + j0.03$

$\phantom{\overline{Y}} = \sqrt{(0.04)^2 + (0.03)^2}\angle \tan^{-1}\dfrac{0.03}{0.04} = 0.05\angle 37°$（西門子；S）

$Y = \sqrt{G^2 + (B_C - B_L)^2} = \sqrt{(0.04)^2 + (0.03)^2} = 0.05$（西門子；S）

$\theta_Y = 37°$

$\overline{Z} = \dfrac{1}{\overline{Y}} = \dfrac{1}{0.05\angle 37°} = 20\angle -37°$（歐姆）　　$Z = 20$（歐姆）

$\overline{I} = \overline{V} \cdot \overline{Y} = (100\angle 0°) \cdot (0.05\angle 37°) = 5\angle 37°$（安培）

$I = VY = 100 \times 0.05 = 5$（安培）

$i = I_m \sin(\omega t + \theta_i) = 5\sqrt{2}\sin(\omega t + 37°)$（安培）

$\overline{I_R} = \overline{V} \cdot G = (100\angle 0°) \cdot (0.04) = 4\angle 0°$（安培）

$I_R = VG = 100 \times 0.04 = 4$（安培）

$\overline{I_L} = \overline{V} \cdot \overline{B_L} = (100\angle 0°) \cdot (0.02\angle -90°) = 2\angle -90°$（安培）

$I_L = VB_L = 100 \times 0.02 = 2$（安培）

$\overline{I_C} = \overline{V} \cdot \overline{B_C} = (100\angle 0°) \cdot (0.05\angle 90°) = 5\angle 90°$（安培）

$I_C = VB_C = 100 \times 0.05 = 5$（安培）

$\theta = \theta_i - \theta_v = \theta_Y = \tan^{-1}\dfrac{B_C - B_L}{G} = \tan^{-1}\dfrac{0.05 - 0.02}{0.04}$

$ = \tan^{-1}\dfrac{0.03}{0.04} = \tan^{-1}\dfrac{3}{4} = 37°$

$\because B_C > B_L$，電路呈電容性電路，其 $\theta = 37°$，知電路總電流 $\overline{I}$ 超前電壓 $\overline{V}$ $37°$

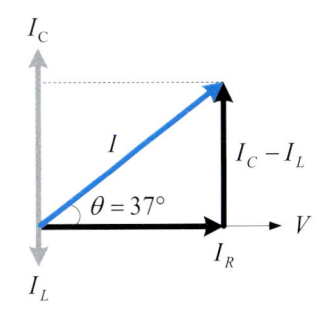

P.S. 並聯電路以電壓 $\overline{V}$ 為基準，$\theta = \theta_i - \theta_v = \theta_Y$。

9-8　串聯與並聯等效電路之互換

一　串聯電路變換成等效並聯電路

1. RC 串聯電路變換成等效 RC 並聯電路：

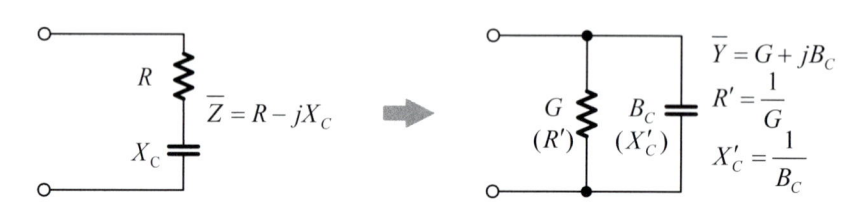

$$\overline{Y} = \frac{1}{\overline{Z}} = \frac{1}{R - jX_C} = \frac{R}{R^2 + X_C^2} + j\frac{X_C}{R^2 + X_C^2} = G + jB_C$$

$$\therefore G = \frac{R}{R^2 + X_C^2} \text{（即 } R' = \frac{1}{G} = \frac{R^2 + X_C^2}{R} \text{）}$$

$$B_C = \frac{X_C}{R^2 + X_C^2} \text{（即 } X'_C = \frac{1}{B_C} = \frac{R^2 + X_C^2}{X_C} \text{）}$$

範例 10

下圖中，若將該 RC 串聯電路改成等值 RC 並聯電路時，其 G、B_C、$\overline{Y}$ 為多少？

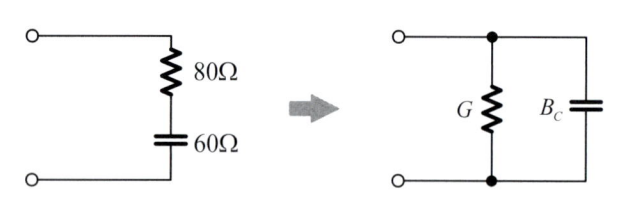

解　$\overline{Y} = \dfrac{1}{80 - j60} = \dfrac{80 + j60}{80^2 + 60^2} = 0.008 + j0.006 \,(S) = G + jB_C$

$G = 0.008\,(S)$

$B_C = 0.006\,(S)$

2. *RL* 串聯電路變換成等效 *RL* 並聯電路：

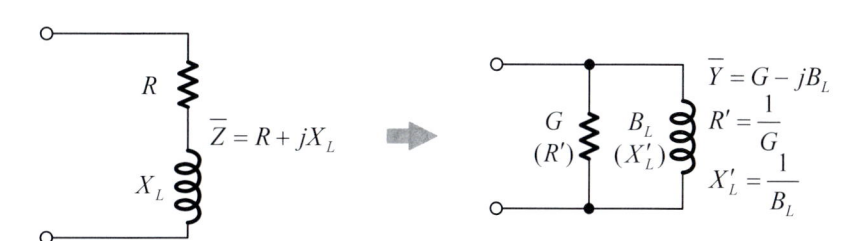

$$\overline{Y} = \frac{1}{\overline{Z}} = \frac{1}{R+jX_L} = \frac{R}{R^2+X_L^2} - j\frac{X_L}{R^2+X_L^2} = G - jB_L$$

$$\therefore G = \frac{R}{R^2+X_L^2} \text{（即 } R' = \frac{1}{G} = \frac{R^2+X_L^2}{R} \text{）}$$

$$B_L = \frac{X_L}{R^2+X_L^2} \text{（即 } X'_L = \frac{1}{B_L} = \frac{R^2+X_L^2}{X_L} \text{）}$$

範例 11

阻抗為 $(6+j8)\Omega$ 之串聯電路，其等值並聯電路之電導為若干？ [保送]

解 ∵ $\overline{Z} = 6 + j8\,(\Omega)$

$$\overline{Y} = \frac{1}{\overline{Z}} = \frac{1}{6+j8} = \frac{6-j8}{6^2+8^2} = \frac{3}{50} - j\frac{4}{50}\,(S) = G - jB_L$$

$$\therefore G = \frac{3}{50} = 0.06\,(S) \qquad B_L = \frac{4}{50} = 0.08\,(S)$$

範例 12

一交流串聯電阻電感電路，已知串聯電阻為2歐姆，串聯電感抗為未知。現將此串聯電路化為等效並聯電阻電感電路，已知並聯電阻為10歐姆，則未知之串聯電感抗值為 _____ 。 [保送]

答 4Ω

解 ∵ $R' = \dfrac{R^2 + X_L^2}{R}$ 且 $R' = 10\,(\Omega)$，$R = 2\,(\Omega)$　　即 $X_L^2 = RR' - R^2$

$$\therefore X_L = \sqrt{RR' - R^2} = \sqrt{2 \times 10 - 2^2} = 4\,(\Omega)$$

9-25

3. RLC 串聯電路變換成等效 RLC 並聯電路：

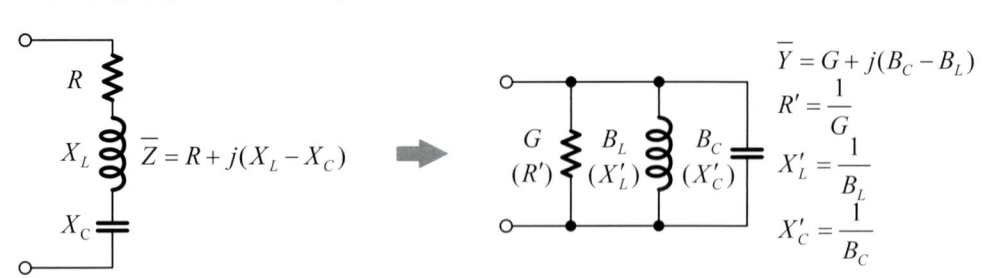

$$\overline{Y} = \frac{1}{\overline{Z}} = \frac{1}{R+j(X_L-X_C)} = \frac{R-j(X_L-X_C)}{R^2+(X_L-X_C)^2} = \frac{R+j(X_C-X_L)}{R^2+(X_L-X_C)^2}$$

$$= \frac{R}{R^2+(X_L-X_C)^2} + j[\frac{X_C}{R^2+(X_L-X_C)^2} - \frac{X_L}{R^2+(X_L-X_C)^2}]$$

$$= G + j(B_C - B_L)$$

$$\therefore G = \frac{R}{R^2+(X_L-X_C)^2} \quad (即 R' = \frac{1}{G} = \frac{R^2+(X_L-X_C)^2}{R})$$

$$B_C = \frac{X_C}{R^2+(X_L-X_C)^2} \quad (即 X'_C = \frac{1}{B_C} = \frac{R^2+(X_L-X_C)^2}{X_C})$$

$$B_L = \frac{X_L}{R^2+(X_L-X_C)^2} \quad (即 X'_L = \frac{1}{B_L} = \frac{R^2+(X_L-X_C)^2}{X_L})$$

範例 13

下圖中，若將該 RLC 串聯電路改為等值 RLC 並聯電路時，其 G、B_L、B_C、$\overline{Y}$ 為多少？

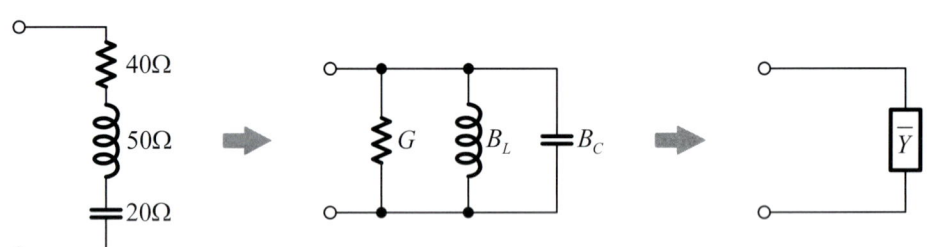

解
$$\overline{Y} = \frac{1}{\overline{Z}} = \frac{1}{R+j(X_L-X_C)} = \frac{1}{40+j30} = \frac{40-j30}{40^2+30^2} = 0.016 - j0.012 \text{ (S)}$$

$$G = \frac{R}{R^2+(X_L-X_C)^2} = \frac{40}{40^2+30^2} = 0.016 \text{ (S)}$$

$$B_L = \frac{X_L}{R^2+(X_L-X_C)^2} = \frac{50}{40^2+30^2} = 0.02 \text{ (S)}$$

$$B_C = \frac{X_C}{R^2+(X_L-X_C)^2} = \frac{20}{40^2+30^2} = 0.008 \text{ (S)}$$

二 並聯電路變換成等效串聯電路

1. RC 並聯電路變換成等效 RC 串聯電路：

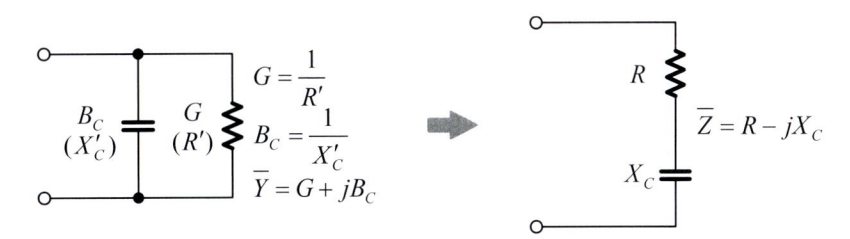

$$\overline{Z} = \frac{1}{\overline{Y}} = \frac{1}{G + jB_C} = \frac{G}{G^2 + B_C^2} - j\frac{B_C}{G^2 + B_C^2} = R - jX_C$$

$$\therefore R = \frac{G}{G^2 + B_C^2} = \frac{R'(X_C')^2}{(R')^2 + (X_C')^2}$$

$$X_C = \frac{B_C}{G^2 + B_C^2} = \frac{(R')^2 X_C'}{(R')^2 + (X_C')^2}$$

範例 14

下圖中，若將其 RC 並聯電路改為等值 RC 串聯電路時，其 R、X_C、$\overline{Z}$ 為多少？

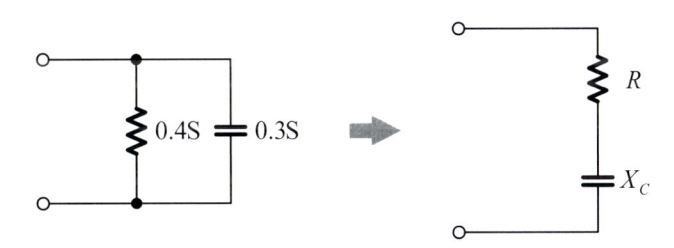

解 $\overline{Y} = G + jB_C = 0.4 + j0.3 \text{ (S)}$

$$\overline{Z} = \frac{1}{\overline{Y}} = \frac{1}{0.4 + j0.3} = \frac{0.4 - j0.3}{(0.4)^2 + (0.3)^2} = 1.6 - j1.2 \text{ (Ω)} = R - jX_C$$

$\therefore R = 1.6 \text{ (Ω)} \quad X_C = 1.2 \text{ (Ω)}$

2. RL 並聯電路變換成等效 RL 串聯電路：

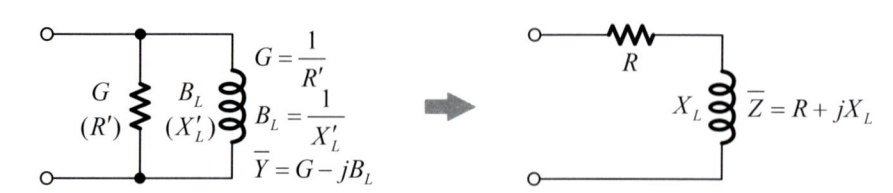

$$\overline{Z} = \frac{1}{\overline{Y}} = \frac{1}{G - jB_L} = \frac{G}{G^2 + B_L^2} + j\frac{B_L}{G^2 + B_L^2} = R + jX_L$$

$$\therefore R = \frac{G}{G^2 + B_L^2} = \frac{R'(X_L')^2}{(R')^2 + (X_L')^2}$$

$$X_L = \frac{B_L}{G^2 + B_L^2} = \frac{(R')^2 X_L'}{(R')^2 + (X_L')^2}$$

範例 15

下圖中，若將其 RL 並聯電路改為等值 RL 串聯電路時，其 R、X_L、$\overline{Z}$ 為多少？

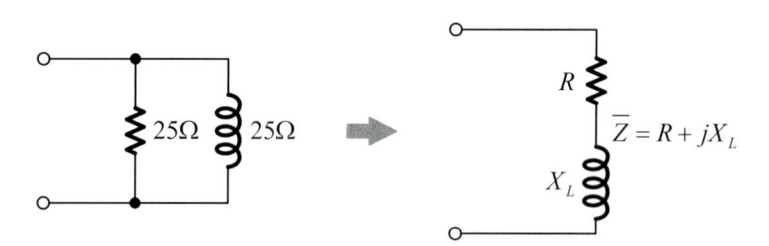

解 $G = \dfrac{1}{25} = 0.04\,(S)$，$B_L = \dfrac{1}{25} = 0.04\,(S)$

$$\overline{Z} = \frac{1}{\overline{Y}} = \frac{1}{G - jB_L} = \frac{1}{0.04 - j0.04} = \frac{0.04 + j0.04}{(0.04)^2 + (0.04)^2} = 12.5 + j12.5\,(\Omega)$$

$$\therefore R = \frac{G}{G^2 + B_L^2} = 12.5\,(\Omega)$$

$$X_L = \frac{B_L}{G^2 + B_L^2} = 12.5\,(\Omega)$$

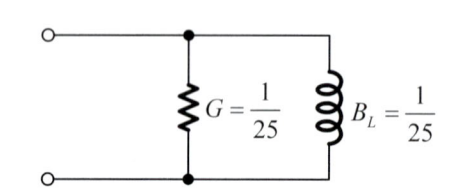

3. RLC並聯電路變換成等效RLC串聯電路：

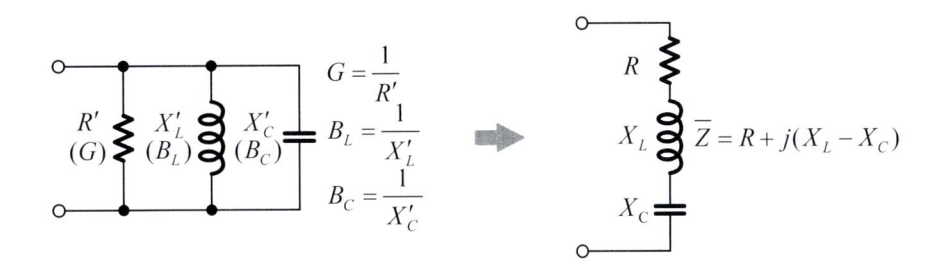

$$\overline{Y} = G + j(B_C - B_L)$$

$$\therefore \overline{Z} = \frac{1}{\overline{Y}} = \frac{1}{G + j(B_C - B_L)} = \frac{G - j(B_C - B_L)}{G^2 + (B_C - B_L)^2}$$

$$= \frac{G}{G^2 + (B_C - B_L)^2} + j[\frac{B_L}{G^2 + (B_C - B_L)^2} - \frac{B_C}{G^2 + (B_C - B_L)^2}]$$

$$= R + j(X_L - X_C)$$

$$\therefore R = \frac{G}{G^2 + (B_C - B_L)^2} \qquad X_L = \frac{B_L}{G^2 + (B_C - B_L)^2} \qquad X_C = \frac{B_C}{G^2 + (B_C - B_L)^2}$$

範例 16

下圖中若將該RLC並聯電路改為等值RLC串聯電路時，其R = _____ Ω，
X_L = _____ Ω，X_C = _____ Ω，$\overline{Z}$ = _____ Ω。

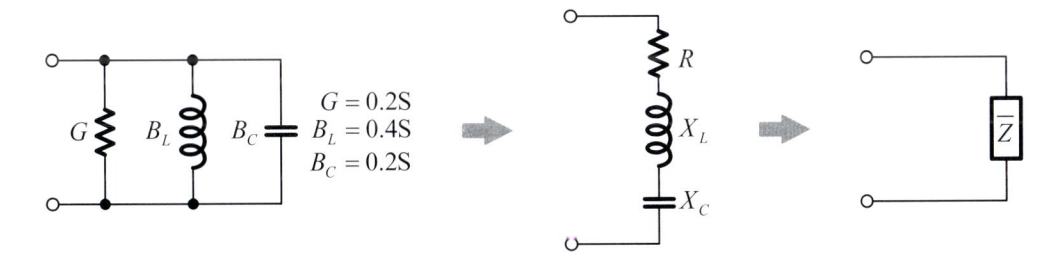

答 2.5、5、2.5、2.5 + j2.5

解 $\because \overline{Y} = G + j(B_C - B_L) = 0.2 + j(0.2 - 0.4) = 0.2 - j0.2$ (S)

$$\overline{Z} = \frac{1}{\overline{Y}} = \frac{1}{0.2 - j0.2} = \frac{0.2 + j0.2}{(0.2)^2 + (0.2)^2} = \frac{0.2 + j0.2}{0.08} = 2.5 + j2.5 \, (\Omega)$$

$$R = \frac{G}{G^2 + (B_C - B_L)^2} = \frac{0.2}{(0.2)^2 + (0.2 - 0.4)^2} = \frac{0.2}{0.08} = 2.5 \, (\Omega)$$

$$X_L = \frac{B_L}{G^2 + (B_C - B_L)^2} = \frac{0.4}{0.08} = 5 \, (\Omega)$$

$$X_C = \frac{B_C}{G^2 + (B_C - B_L)^2} = \frac{0.2}{0.08} = 2.5 \, (\Omega)$$

9-9 電阻電感電容（RLC）串並聯電路

一 阻抗串聯電路

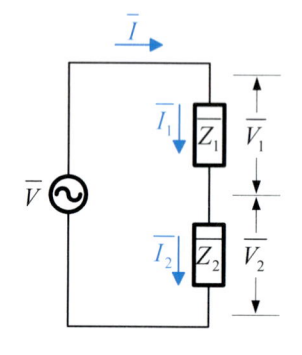

1. 特性：

    (a) $\overline{I} = \overline{I_1} = \overline{I_2}$ (b) $\overline{V} = \overline{V_1} + \overline{V_2}$

    (c) $\overline{Z} = \overline{Z_1} + \overline{Z_2}$

2. 電壓分配法（分壓法）：

    (a) $\overline{V_1} = \dfrac{\overline{Z_1}}{\overline{Z}} \cdot \overline{V} = \dfrac{\overline{Z_1}}{\overline{Z_1}+\overline{Z_2}} \cdot \overline{V}$ (b) $\overline{V_2} = \dfrac{\overline{Z_2}}{\overline{Z}} \cdot \overline{V} = \dfrac{\overline{Z_2}}{\overline{Z_1}+\overline{Z_2}} \cdot \overline{V}$

範例 17

如右圖中所示，設 $\overline{Z} = 5+j10\,(\Omega)$，$V_R = 50$ 伏特，$I = 10$ 安培，試求 V_q 之值。 ［二專］

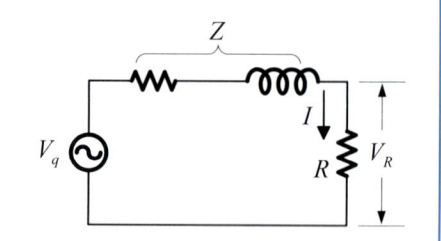

解 $R = \dfrac{V_R}{I} = \dfrac{50}{10} = 5\,(\Omega)$

$\overline{Z_T} = \overline{Z} + R = (5+j10)+5 = 10+j10\,(\Omega)$

$\overline{V_q} = \overline{I} \cdot \overline{Z_T} = 10(10+j10) = 100+j100\,(伏特)$

$\therefore V_q = \sqrt{100^2+100^2} = 100\sqrt{2} = 141.4\,(伏特)$

二 阻抗並聯電路

1. 特性：

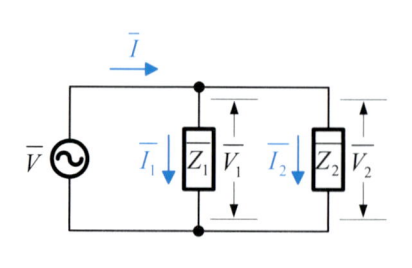

    (a) $\overline{V} = \overline{V_1} = \overline{V_2}$ (b) $\overline{I} = \overline{I_1} + \overline{I_2}$

    (c) $\dfrac{1}{\overline{Z}} = \dfrac{1}{\overline{Z_1}} + \dfrac{1}{\overline{Z_2}}$ (d) $\overline{Z} = \dfrac{\overline{Z_1} \cdot \overline{Z_2}}{\overline{Z_1}+\overline{Z_2}}$

    (e) $\overline{Y} = \overline{Y_1} + \overline{Y_2}$

    P.S. $\overline{Y} = \dfrac{1}{\overline{Z}}$，$\overline{Y_1} = \dfrac{1}{\overline{Z_1}}$，$\overline{Y_2} = \dfrac{1}{\overline{Z_2}}$。

2. 電流分配法（分流法）：

(a) $\overline{I_1} = \dfrac{\overline{Z}}{\overline{Z_1}} \cdot \overline{I} = \dfrac{\overline{Z_2}}{\overline{Z_1} + \overline{Z_2}} \cdot \overline{I} = \dfrac{\overline{Y_1}}{\overline{Y}} \cdot \overline{I} = \dfrac{\overline{Y_1}}{\overline{Y_1} + \overline{Y_2}} \cdot \overline{I}$

(b) $\overline{I_2} = \dfrac{\overline{Z}}{\overline{Z_2}} \cdot \overline{I} = \dfrac{\overline{Z_1}}{\overline{Z_1} + \overline{Z_2}} \cdot \overline{I} = \dfrac{\overline{Y_2}}{\overline{Y}} \cdot \overline{I} = \dfrac{\overline{Y_2}}{\overline{Y_1} + \overline{Y_2}} \cdot \overline{I}$

範例 18

右圖電路中，設 $\overline{V} = 100\angle 0°$ 伏特，則 $\overline{I_1} =$ _____ 安培，$\overline{I_2} =$ _____ 安培。[二專]

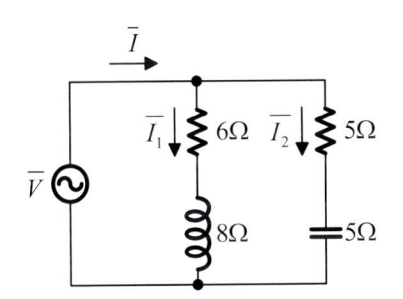

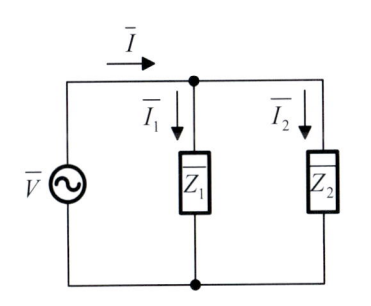

答 $10\angle -53°$，$10\sqrt{2}\angle 45°$

解 $\overline{Z_1} = 6 + j8\ (\Omega)$，$\overline{Z_2} = 5 - j5\ (\Omega)$

(1) $\overline{I_1} = \dfrac{\overline{V}}{\overline{Z_1}} = \dfrac{100\angle 0°}{6 + j8}$

$= \dfrac{100\angle 0°}{10\angle 53°} = 10\angle -53°$ (安培)

(2) $\overline{I_2} = \dfrac{\overline{V}}{\overline{Z_2}} = \dfrac{100\angle 0°}{5 - j5}$

$= \dfrac{100\angle 0°}{5\sqrt{2}\angle -45°} = 10\sqrt{2}\angle 45°$ (安培)

三 阻抗串並聯電路

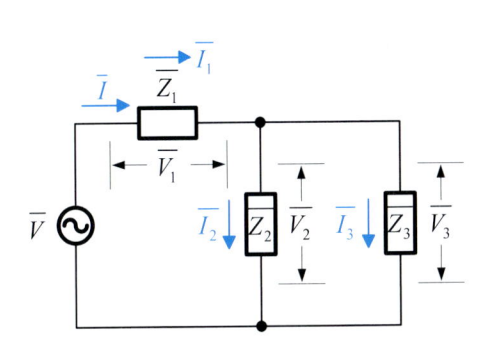

1. $\overline{I} = \overline{I_1} = \overline{I_2} + \overline{I_3}$

2. $\overline{Z} = \overline{Z_1} + \dfrac{\overline{Z_2} \cdot \overline{Z_3}}{\overline{Z_2} + \overline{Z_3}}$

3. $\overline{V} = \overline{V_1} + \overline{V_2} = \overline{V_1} + \overline{V_3}$（$\because \overline{V_2} = \overline{V_3}$）

4. $\overline{V_1} = \overline{I_1} \cdot \overline{Z_1} = \overline{I} \cdot \overline{Z_1}$（$\because \overline{I} = \overline{I_1}$）

5. $\overline{V_2} = \overline{V_3} = \overline{I_2} \cdot \overline{Z_2} = \overline{I_3} \cdot \overline{Z_3}$

範例 19

如下圖所示，$R = 100\,\Omega$，$X_L = 30\,\Omega$，$X_C = 50\,\Omega$，求 a、b 間之等效阻抗如何？

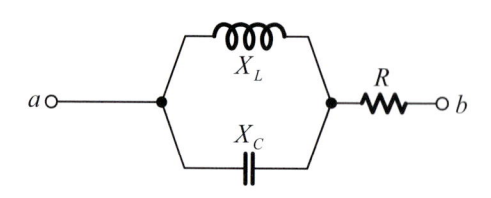

解 $\overline{Z_{ab}} = \dfrac{(j30)\cdot(-j50)}{(+j30)+(-j50)} + 100 = \dfrac{1500}{-j20} + 100 = 100 + j75 = 125\angle 37°\,(\Omega)$

範例 20

如右圖所示之 RLC 串並聯電路，若 $\overline{V} = 10\angle 0°$ 伏特，求電路之總阻抗 $\overline{Z}$ 及總電流 $\overline{I}$ 為多少？

解
$$\begin{aligned}
\overline{Z} &= (2+j2) + \dfrac{(2+j2)(6-j2)}{(2+j2)+(6-j2)} \\
&= (2+j2) + \dfrac{12-j4+j12+4}{8} \\
&= 4+j3\,(\Omega) = 5\angle 37°\,(\Omega)
\end{aligned}$$

$\overline{I} = \dfrac{\overline{V}}{\overline{Z}} = \dfrac{10\angle 0°}{5\angle 37°} = 2\angle -37°\,(A)$

範例 21

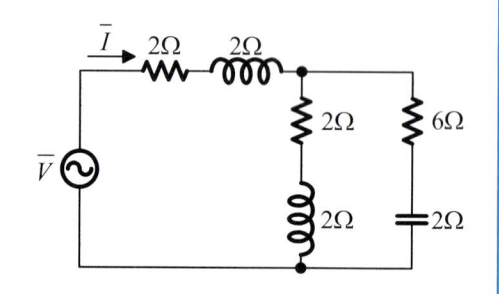

某線圈加直流100伏特電壓時，通過電流為25安培，加交流100伏特電壓時，電流為20安培，則該線圈之感抗值為_____歐姆。　　　　　[教院]

答 3

解 直流時為純電阻 $R = \dfrac{V}{I} = \dfrac{100}{25} = 4\,(\Omega)$

加交流時為電阻與感抗串聯 $Z = \dfrac{V}{I} = \dfrac{100}{20} = 5\,(\Omega)$

$\because Z = \sqrt{R^2 + X_L^2}\quad \therefore X_L = \sqrt{Z^2 - R^2} = \sqrt{5^2 - 4^2} = 3\,(\Omega)$

範例 22

繪圖說明容抗與頻率的關係曲線。 [保送]

解 ∵ $X_C = \dfrac{1}{2\pi fC}$，知容抗 X_C 與頻率 f 成反比

當 $f = 0$ 時，X_C 為無限大

當 f 很大時，X_C 近似於零，如右圖所示。

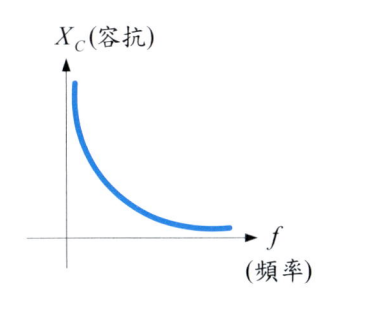

範例 23

導體通以交流電流，其實際電阻又稱有效電阻，該值
(A)略大於直流電阻　　　　　　(B)略小於直流電阻
(C)等於直流電阻　　　　　　　(D)以上皆非　　　　　　[保送]

答 (A)

解 交流電阻較直流電阻多了集膚效應的電阻

∴ 交流有效電阻 > 直流電阻

範例 24

有一電阻-電感串聯電路，電阻為30歐姆，電感為20毫亨利，由100伏特電源供電，電流為2安培，電源頻率為 _____ Hz。 [保甄]

答 318

解 $Z = \dfrac{V}{I} = \dfrac{100}{2} = 50\,(\Omega)$

∵ $Z = \sqrt{R^2 + X_L^2}$ ∴ $X_L = \sqrt{Z^2 - R^2} = \sqrt{50^2 - 30^2} = 40\,(\Omega)$

又 $X_L = 2\pi fL$ ∴ $f = \dfrac{X_L}{2\pi L} = \dfrac{40}{2\pi \times 20 \times 10^{-3}} \approx 318\,(\text{Hz})$

範例 25

求右圖之 $i(t) = ?$ [保甄]

解 $R_T = 3 + 2 + 1 = 6\,(\Omega)$

$$\overline{I} = \frac{\overline{V_S}}{R_T} = \frac{\frac{18}{\sqrt{2}}\angle 0°}{6} = \frac{3}{\sqrt{2}}\angle 0° \text{ (安培)}$$

$$\overline{I_m} = \sqrt{2}\cdot\overline{I} = (\sqrt{2})\cdot(\frac{3}{\sqrt{2}}\angle 0°) = 3\angle 0° \text{ (安培)}$$

$$\therefore i(t) = I_m \sin(\omega t + \theta_i) = 3\sin(2t + 0°) = 3\sin 2t \text{ (安培)}$$

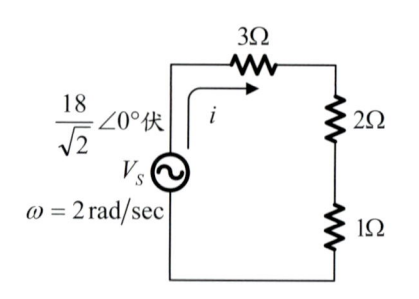

範例 26

6Ω之電阻與8Ω之電抗串聯接於100伏特之正弦電壓，則流過電路之電流有效值為 _____ 安培。 [教院]

答 10

解 $Z = \sqrt{R^2 + X^2} = \sqrt{6^2 + 8^2} = 10\,(\Omega)$

$I = \dfrac{V}{Z} = \dfrac{100}{10} = 10\,(\text{安培})$

範例 27

已知如右圖電路各值，當電流 $I = 5$ 安培時，V_{RL} 電壓降為 _____ 。 [教院]

答 25伏特

解 $V_R = IR = 5\times 3 = 15\,(\text{伏特})$

$V_L = IX_L = 5\times 4 = 20\,(\text{伏特})$

$\overline{V_{RL}} = V_R + jV_L$

$\therefore V_{RL} = \sqrt{V_R^2 + V_L^2} = \sqrt{15^2 + 20^2} = 25\,(\text{伏特})$

或 $V_{RL} = I\sqrt{R^2 + X_L^2} = 5\sqrt{3^2 + 4^2} = 25\,(\text{伏特})$

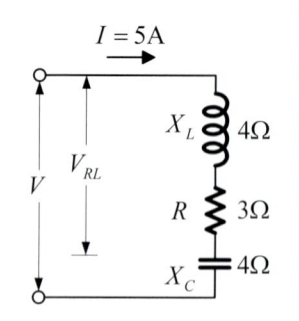

範例 28

如右圖所示，並聯電路中，I_1 及 I_2 各為幾安培？　　[保送]

解 $I_2 = \sqrt{I_R^2 + I_L^2} = \sqrt{10^2 + 10^2} = 10\sqrt{2}$ (安培)

∴ $I_2 = 10\sqrt{2}$ (安培)

$I_1 = \sqrt{I_R^2 + (I_C - I_L)^2} = \sqrt{10^2 + (10-10)^2} = 10$ (安培)

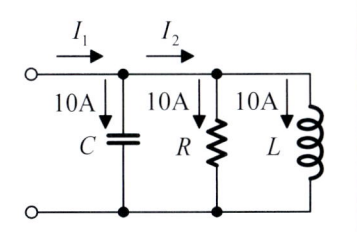

∴ $I_1 = 10$ (安培)

範例 29

正弦波交流電路中，純電感及純電容並聯時，其電流與電壓源之時相關係如何？試分別申述其理。　　[保送]

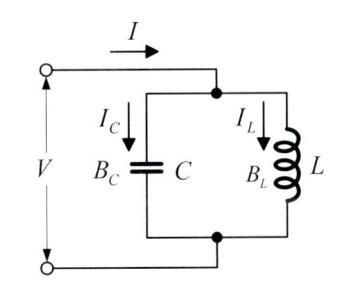

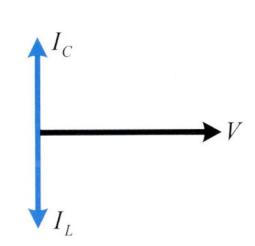

解

並聯電路時以電壓 V 為基準，純電感中之 I_L 滯後電壓 V 90°，純電容中之 I_C 越前電壓 V 90°。故 I_L 與 I_C 相差180°，如相量圖所示。

(1) 當 $B_C > B_L$，是為電容性電路，電流 I 超前電壓 V 90°
（$I_C > I_L$，即 $I = I_C - I_L$）

(2) 當 $B_C < B_L$，是為電感性電路，電壓 V 超前電流 I 90°
（$I_L > I_C$，即 $I = I_L - I_C$）

範例 30

一個6Ω的電阻與7Ω的電容抗及15Ω的電感抗相串聯，則其總阻抗為多少_____歐姆。　　[保送]

答 10

解 $\overline{Z} = R + j(X_L - X_C) = 6 + j(15-7) = 6 + j8\,(\Omega)$

$Z = \sqrt{6^2 + 8^2} = 10\,(\Omega)$

★ 基本交流電路之整理

一 基本元件組成的交流電路

	純電阻電路	純電容電路	純電感電路
電路圖			
波形圖	$i(t)$ 與 $v(t)$ 同相	$i(t)$ 超前 $v(t)$ 90°	$i(t)$ 滯後 $v(t)$ 90°
阻抗	$\overline{Z} = \overline{R}$ $= R\angle 0°$ $= R$ $Z = R$	$\overline{Z} = \overline{X_C}$ $= X_C \angle -90°$ $= -jX_C$ $Z = X_C = \dfrac{1}{\omega C} = \dfrac{1}{2\pi fC}$	$\overline{Z} = \overline{X_L}$ $= X_L \angle 90°$ $= +jX_L$ $Z = X_L = \omega L = 2\pi fL$
電壓與電流	$\overline{V_R} = \overline{V} = V\angle\theta_v = V\angle 0°$ $\overline{I} = I\angle\theta_i = \dfrac{V\angle 0°}{R\angle 0°}$ $= I\angle 0°$	$\overline{V_C} = \overline{V} = V\angle\theta_v = V\angle 0°$ $\overline{I} = I\angle\theta_i = \dfrac{V\angle 0°}{X_C\angle -90°}$ $= I\angle 90°$	$\overline{V_L} = \overline{V} = V\angle\theta_v = V\angle 0°$ $\overline{I} = I\angle\theta_i = \dfrac{V\angle 0°}{X_L\angle 90°}$ $= I\angle -90°$
相角	$\theta = \theta_i - \theta_v = 0°$ 電流與電壓同相	$\theta = \theta_i - \theta_v = 90°$ 電流超前電壓90°	$\theta = \theta_i - \theta_v = -90°$ 電流滯後電壓90°

二 RC、RL 串聯交流電路

	RC 串聯電路	RL 串聯電路
電路圖		
阻抗	$\overline{Z} = \overline{R} + \overline{X_C} = R\angle 0° + X_C\angle -90°$ $= R - jX_C = \sqrt{R^2 + X_C^2} \angle -\tan^{-1}\dfrac{X_C}{R}$ $= Z\angle \theta_Z$	$\overline{Z} = \overline{R} + \overline{X_L} = R\angle 0° + X_L\angle 90°$ $= R + jX_L = \sqrt{R^2 + X_L^2} \angle \tan^{-1}\dfrac{X_L}{R}$ $= Z\angle \theta_Z$
電壓與電流	$\overline{I} = \overline{I_R} = \overline{I_C} = I\angle \theta_i$ $\overline{V_R} = \overline{I} \cdot \overline{R} = (I\angle \theta_i)\cdot(R\angle 0°)$ $\quad = IR\angle \theta_i = \overline{I} \cdot R$ $\overline{V_C} = \overline{I} \cdot \overline{X_C} = (I\angle \theta_i)\cdot(X_C\angle -90°)$ $\quad = IX_C\angle(\theta_i - 90°) = \overline{I} \cdot X_C\angle -90°$ $\overline{V} = \overline{V_R} + \overline{V_C} = \overline{I} \cdot R + \overline{I} \cdot (-jX_C)$ $\quad = \overline{I} \cdot (R - jX_C) = \overline{I} \cdot \overline{Z} = \overline{I} \cdot Z\angle \theta_Z$	$\overline{I} = \overline{I_R} = \overline{I_L} = I\angle \theta_i$ $\overline{V_R} = \overline{I} \cdot \overline{R} = (I\angle \theta_i)\cdot(R\angle 0°)$ $\quad = IR\angle \theta_i = \overline{I} \cdot R$ $\overline{V_L} = \overline{I} \cdot \overline{X_L} = (I\angle \theta_i)\cdot(X_L\angle 90°)$ $\quad = IX_L\angle(\theta_i + 90°) = \overline{I} \cdot X_L\angle 90°$ $\overline{V} = \overline{V_R} + \overline{V_C} = \overline{I} \cdot R + \overline{I} \cdot (jX_L)$ $\quad = \overline{I} \cdot (R + jX_L) = \overline{I} \cdot \overline{Z} = \overline{I} \cdot Z\angle \theta_Z$
相角（阻抗角）	$\theta = \theta_v - \theta_i = \theta_Z = -\tan^{-1}\dfrac{X_C}{R}$ $\qquad\qquad\qquad = -\tan^{-1}\dfrac{V_C}{V_R}$ θ_Z 為負，表示電壓 $\overline{V}$ 滯後電流 $\overline{I}$ $\tan^{-1}\dfrac{X_C}{R}$	$\theta = \theta_v - \theta_i = \theta_Z = +\tan^{-1}\dfrac{X_L}{R}$ $\qquad\qquad\qquad = +\tan^{-1}\dfrac{V_L}{V_R}$ θ_Z 為正，表示電壓 $\overline{V}$ 超前電流 $\overline{I}$ $\tan^{-1}\dfrac{X_L}{R}$

三 RLC 串聯交流電路

	電感性電路（$X_L > X_C$）	電容性電路（$X_C > X_L$）
電路圖	（電路圖：$\overline{V}$ 電源串聯 R、L、C，電流 $\overline{I}$，壓降 $\overline{V_R}$、$\overline{V_L}$、$\overline{V_C}$）	
阻抗圖	$\overline{X_L} = jX_L$，$\overline{X_C} = -jX_C$，$\overline{R} = R$，$\overline{X} = j(X_L - X_C)$，$\overline{Z} = R + j(X_L - X_C)$	$\overline{X_L} = jX_L$，$\overline{X_C} = -jX_C$，$\overline{R} = R$，$\overline{X} = -j(X_C - X_L)$，$\overline{Z} = R - j(X_C - X_L)$
相量圖	（以電流相位為基準 ∴ $\theta = \theta_Z$ 為正）	（以電流相位為基準 ∴ $\theta = \theta_Z$ 為負）

阻抗

$$\overline{Z} = \overline{R} + \overline{X_L} + \overline{X_C} = R + jX_L - jX_C = R + j(X_L - X_C) = Z\angle\theta_Z$$

$$Z = \sqrt{R^2 + (X_L - X_C)^2}$$

電壓

$$\overline{V} = \overline{V_R} + \overline{V_L} + \overline{V_C} = \overline{I}\cdot\overline{R} + \overline{I}\cdot\overline{X_L} + \overline{I}\cdot\overline{X_C} = \overline{I}\cdot[(R + j(X_L - X_C)] = \overline{I}\cdot\overline{Z} = \overline{I}\cdot Z\angle\theta_Z$$

$$V = \sqrt{V_R^2 + (V_L - V_C)^2} = IZ$$

相角（阻抗角）

串聯電路相角：$\theta = \theta_v - \theta_i = \theta_Z = \tan^{-1}\dfrac{X_L - X_C}{R} = \tan^{-1}\dfrac{V_L - V_C}{V_R}$（以電流相位為基準）

(1) 若 $X_L > X_C$ 時，$\theta_Z = +\tan^{-1}\dfrac{X_L - X_C}{R} > 0°$，$\theta_Z$ 為正，表示電路呈電感性電路，即電源電壓相位超前電流相位。

(2) 若 $X_C > X_L$ 時，$\theta_Z = -\tan^{-1}\dfrac{X_C - X_L}{R} < 0°$，$\theta_Z$ 為負，表示電路呈電容性電路，即電源電壓相位滯後電流相位。

四 RC、RL 並聯交流電路

	RC 並聯電路	RL 並聯電路
電路圖	(電路圖：$\bar{V}$ 電源並聯 R 與 C，電流 $\bar{I}$、$\bar{I_R}$、$\bar{I_C}$)	(電路圖：$\bar{V}$ 電源並聯 R 與 L，電流 $\bar{I}$、$\bar{I_R}$、$\bar{I_L}$)
導納	$\bar{Y} = \bar{G} + \bar{B_C} = G\angle 0° + B_C \angle 90°$ $= G + jB_C = \sqrt{G^2 + B_C^2} \angle \tan^{-1}\dfrac{B_C}{G}$ $= Y\angle \theta_Y$	$\bar{Y} = \bar{G} + \bar{B_L} = G\angle 0° + B_L \angle -90°$ $= G - jB_L = \sqrt{G^2 + B_L^2} \angle -\tan^{-1}\dfrac{B_L}{G}$ $= Y\angle \theta_Y$
電壓與電流	$\bar{V} = \bar{V_R} = \bar{V_C} = V\angle \theta_v$ $\bar{I_R} = \bar{V} \cdot \bar{G} = (V\angle \theta_v) \cdot (G\angle 0°)$ $\quad = VG\angle \theta_v = \bar{V} \cdot G$ $\bar{I_C} = \bar{V} \cdot \bar{B_C} = (V\angle \theta_v) \cdot (B_C \angle 90°)$ $\quad = VB_C\angle(\theta_v + 90°) = \bar{V} \cdot B_C\angle 90°$ $\bar{I} = \bar{I_R} + \bar{I_C} = \bar{V} \cdot G + \bar{V} \cdot (jB_C)$ $\quad = \bar{V} \cdot (G + jB_C) = \bar{V} \cdot \bar{Y} = \bar{V} \cdot Y\angle \theta_Y$	$\bar{V} = \bar{V_R} = \bar{V_L} = V\angle \theta_v$ $\bar{I_R} = \bar{V} \cdot \bar{G} = (V\angle \theta_v) \cdot (G\angle 0°)$ $\quad = VG\angle \theta_v = \bar{V} \cdot G$ $\bar{I_L} = \bar{V} \cdot \bar{B_L} = (V\angle \theta_v) \cdot (B_L \angle -90°)$ $\quad = VB_L\angle(\theta_v - 90°) = \bar{V} \cdot B_L\angle -90°$ $\bar{I} = \bar{I_R} + \bar{I_L} = \bar{V} \cdot G + \bar{V} \cdot (-jB_L)$ $\quad = \bar{V} \cdot (G - jB_L) = \bar{V} \cdot \bar{Y} = \bar{V} \cdot Y\angle \theta_Y$
相角（導納角）	$\theta = \theta_i - \theta_v = \theta_Y = +\tan^{-1}\dfrac{B_C}{G}$ $\qquad\qquad\quad = +\tan^{-1}\dfrac{I_C}{I_R}$ θ_Y 為正，表示電流 $\bar{I}$ 超前電壓 $\bar{V}$ $\tan^{-1}\dfrac{B_C}{G}$	$\theta = \theta_i - \theta_v = \theta_Y = -\tan^{-1}\dfrac{B_L}{G}$ $\qquad\qquad\quad = -\tan^{-1}\dfrac{I_L}{I_R}$ θ_Y 為負，表示電流 $\bar{I}$ 滯後電壓 $\bar{V}$ $\tan^{-1}\dfrac{B_L}{G}$

五 RLC並聯交流電路

	電容性電路（$B_C > B_L$）	電感性電路（$B_L > B_C$）
電路圖	（電路圖：電源$\overline{V}$並聯R、L、C，總電流$\overline{I}$，各支路電流$\overline{I_R}$、$\overline{I_L}$、$\overline{I_C}$）	
導納圖	$\overline{B_C}=jB_C$、$\overline{B_L}=-jB_L$、$\overline{G}=G$、$\overline{B}=j(B_C-B_L)$、$\overline{Y}=G+j(B_C-B_L)$	$\overline{B_C}=jB_C$、$\overline{B_L}=-jB_L$、$\overline{G}=G$、$\overline{B}=-j(B_L-B_C)$、$\overline{Y}=G-j(B_L-B_C)$
相量圖	I_C、I_L、I_R、I_C-I_L、I（以電壓相位為基準 ∴ $\theta=\theta_Y$ 為正）	I_C、I_L、I_R、I_L-I_C、I（以電壓相位為基準 ∴ $\theta=\theta_Y$ 為負）
導納	$\overline{Y}=\overline{G}+\overline{B_L}+\overline{B_C}=G-jB_L+jB_C=G+j(B_C-B_L)=Y\angle\theta_Y$ $Y=\sqrt{G^2+(B_C-B_L)^2}$	
電流	$\overline{I}=\overline{I_R}+\overline{I_L}+\overline{I_C}=\overline{V}\cdot\overline{G}+\overline{V}\cdot\overline{B_L}+\overline{V}\cdot\overline{B_C}=\overline{V}\cdot[(G+j(B_C-B_L)]=\overline{V}\cdot\overline{Y}=\overline{V}\cdot Y\angle\theta_Y$ $I=\sqrt{I_R^2+(I_C-I_L)^2}=VY$	
相角（導納角）	並聯電路相角：$\theta=\theta_i-\theta_v=\theta_Y=+\tan^{-1}\dfrac{B_C-B_L}{G}=\tan^{-1}\dfrac{I_C-I_L}{I_R}$（以電壓相位為基準） (1) 若$B_C>B_L$時，$\theta_Y=+\tan^{-1}\dfrac{B_C-B_L}{G}>0°$，$\theta_Y$為正，表示電路呈電容性電路，即電流相位超前電源電壓相位。 (2) 若$B_L>B_C$時，$\theta_Y=-\tan^{-1}\dfrac{B_L-B_C}{G}<0°$，$\theta_Y$為負，表示電路呈電感性電路，即電流相位滯後電源電壓相位。	

歷屆試題

9-1 純電阻、純電感及純電容的交流電路

( ) 1. 如圖(1)所示電路，若 $v(t) = 121.2\cos(1000t)$ V，$i(t) = 12.12\sin(1000t)$ A，則下列何者正確？
   (A) Z 為電阻，其值為 10Ω
   (B) Z 為電容，其值為 $100\mu F$
   (C) Z 為電感，其值為 $10mH$
   (D) Z 為電容，其值為 $10\mu F$ [109統測]

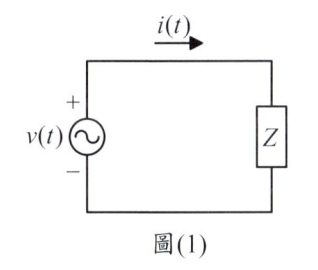

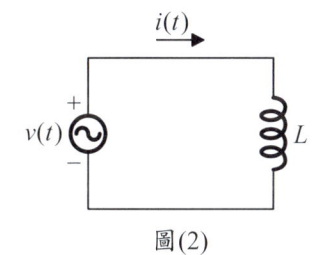

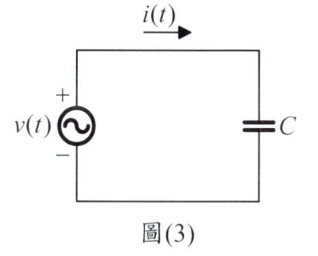

圖(1)　　圖(2)　　圖(3)

( ) 2. 如圖(2)所示電路，$v(t) = 100\sqrt{2}\sin(1000t + 30°)$ V，$L = 10$ mH，則 $i(t)$ 之相量式為何？
   (A) $10\angle 0°$ A　(B) $10\angle 30°$ A　(C) $10\angle -30°$ A　(D) $10\angle -60°$ A   [統測]

( ) 3. 如圖(3)所示之純電容交流電路，已知 $v(t) = 100\sqrt{2}\sin(500t + 30°)$ V，$C = 200\mu F$，則 $i(t)$ 為何？
   (A) $100\sqrt{2}\sin(500t + 30°)$ A
   (B) $100\sqrt{2}\sin(500t + 120°)$ A
   (C) $10\sqrt{2}\sin(500t + 30°)$ A
   (D) $10\sqrt{2}\sin(500t + 120°)$ A   [統測]

( ) 4. 有一負載的端電壓為 $100\sin(377t + 10°)$ V，流經此負載的電流為 $5\sin(377t + 10°)$ A，求此負載的阻抗為多少？
   (A) $20\angle 0°\Omega$　(B) $20\angle 10°\Omega$　(C) $20\sqrt{2}\angle 0°\Omega$　(D) $20\sqrt{2}\angle 10°\Omega$ [統測]

( ) 5. 有一交流電源 $v(t) = 10\sin(10t)$ V，接於 0.02F 的電容器兩端，求流經此電容器的電流 $i(t) = ?$
   (A) $2\sin(10t)$ A
   (B) $2\sqrt{2}\sin(10t)$ A
   (C) $2\sin(10t - 90°)$ A
   (D) $2\sin(10t + 90°)$ A   [統測]

( ) 6. 在純電容交流電路中，電壓與電流的相位關係為何？
   (A) 電壓滯後電流90度
   (B) 電壓超前電流90度
   (C) 電壓滯後電流45度
   (D) 電壓超前電流45度   [統測]

( ) 7. 對於頻率為無窮大的正弦交流訊號而言，下列何者敘述正確？
   (A) 電感阻抗值為無窮大，電容阻抗為零
   (B) 電感阻抗為零，電容阻抗為無窮大
   (C) 兩者阻抗均為無窮大
   (D) 兩者阻抗均為零   [保甄]

9-41

(　　) 8. 如圖(4)所示，若阻抗為純電容性，其電壓 $v(t)$ 和電流 $i(t)$ 相位關係為
(A)電壓超前電流90°
(B)電流超前電壓90°
(C)電壓與電流同相
(D)以上皆非 [四技二專]

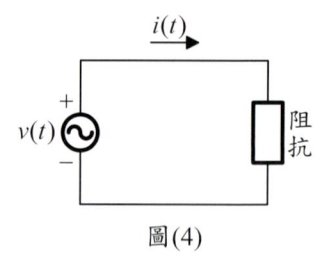

(　　) 9. 50Hz、10伏特之交流電源連接至一理想電感器，若測得電流為0.5安培，求此電感器之電感量？
(A)45.5mH　(B)50.0mH　(C)62.5mH　(D)63.7mH [保甄]

(　　)10. 同上題，若電源頻率降為10Hz，則電路上之電流變為
(A)1.0安培　(B)2.5安培　(C)5.0安培　(D)10.0安培 [保甄]

(　　)11. 若跨於某電路元件上之電壓為 $v(t)=800\sin(628t+30°)$ 伏特，流過此元件之電流為 $i(t)=5\sin(628t+30°)$ 安培，則此元件性質應屬
(A)電阻性　(B)電感性　(C)電容性　(D)無法確定 [保甄]

(　　)12. 有一線圈電感量為0.1亨利，接於100伏特、50Hz之電源，此線圈之感抗為
(A)3.14歐姆　(B)6.28歐姆　(C)15.7歐姆　(D)31.4歐姆 [四技二專]

(　　)13. 如圖(5)所示，$v(t)$為正弦電壓，C為理想電容，則電容器兩端之電壓與電流的相位關係為
(A)電壓超前電流45°
(B)電壓超前電流90°
(C)電壓與電流同相
(D)電壓滯後電流90° [四技二專]

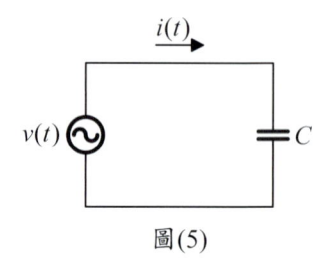

9-2　電阻電容（RC）串聯電路

(　　)14. 有一個電壓源 $v_s(t)=100\sqrt{2}\cos(2500t-30°)$ V 接 $R=40\,\Omega$，$C=100\,\mu F$ 之 RC 串聯交流電路，則下列敘述何者正確？
(A)電路總阻抗 $\bar{Z}=40+j40\,\Omega$
(B)電路總阻抗大小 $Z=80\,\Omega$
(C)電阻 R 兩端電壓 $v_R(t)=100\cos(2500t-30°)$ V
(D)電容 C 兩端電壓 $v_C(t)=100\cos(2500t-75°)$ V [107統測]

(　　)15. 某 RC 串聯電路的輸入電壓為 $4\sin(377t)$V，若流經電阻的電流為 $\sqrt{2}\sin(377t+45°)$A，則電阻約為多少歐姆？
(A)4　(B)3　(C)$2\sqrt{2}$　(D)2 [104統測]

(　　)16. 將一個300Ω電阻與 $\dfrac{25}{2\pi}\mu F$ 電容串聯接至 $100\angle 0°$ V、100Hz之電源，則電路阻抗值為何？　(A)300Ω　(B)400Ω　(C)500Ω　(D)600Ω [統測]

9-42

( )17. 如圖(6)所示之電路，$\overline{V_S} = 100\angle 0°$ V，則電容端電壓 $\overline{V_C}$ 為何？
(A)$50\angle 45°$ V (B)$50\angle -45°$ V (C)$70.7\angle 45°$ V (D)$70.7\angle -45°$ V [統測]

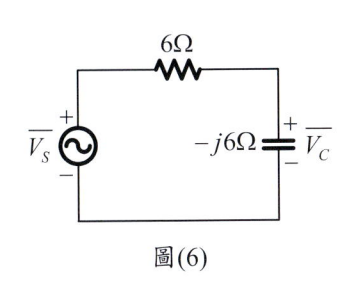

圖(6)

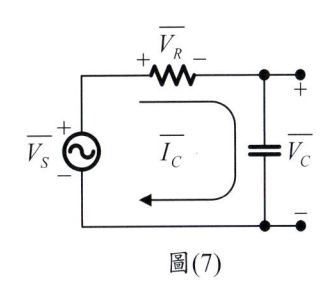

圖(7)

( )18. 如圖(7)所示之電路，下列敘述何者正確？
(A)$\overline{V_S}$ 超前 $\overline{I_C}$ (B)$\overline{V_S}$ 超前 $\overline{V_R}$ (C)$\overline{V_S}$ 超前 $\overline{V_C}$ (D)$\overline{V_C}$ 超前 $\overline{V_R}$ [統測]

( )19. 如圖(8)中，電流源 $i(t) = \sin 377t$ A，$R = 1\Omega$，$C = \dfrac{1}{377}$ F，假設此電路已達穩態，則電流源兩端之電壓 $v(t)$ 為下列之那一項？
(A)$\sqrt{2}\sin(377t - 45°)$ V
(B)$\sqrt{2}\sin(377t + 45°)$ V
(C)$\sin(377t - 45°)$ V
(D)$\dfrac{1}{\sqrt{2}}\sin(377t - 45°)$ V [四技二專]

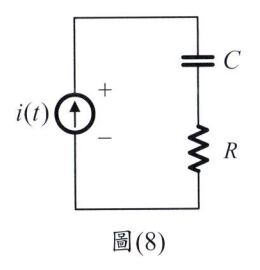

圖(8)

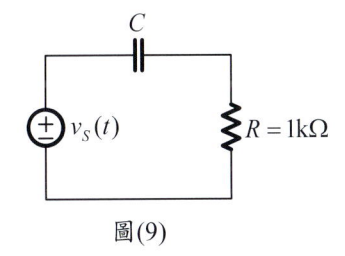

圖(9)

( )20. 考慮圖(9)的弦波穩態電路中，已知 $v_S(t)$ 為振幅10伏特、頻率1kHz的弦波，而且電阻器的電壓相位領先電壓源 $v_S(t)$ 達30°，則電容器的電壓相位相較於電阻器的電壓相位 (A)落後90° (B)落後60° (C)同相 (D)領先30° [保甄]

( )21. 承上題，電容器上電壓的振幅約為
(A)1.34伏特 (B)3.33伏特 (C)5伏特 (D)8.66伏特 [保甄]

( )22. 承上題，電容器的電抗絕對值約為
(A)500Ω (B)577Ω (C)707Ω (D)866Ω [保甄]

9-3 電阻電感（RL）串聯電路

( )23. 如圖(10)所示之交流穩態電路，電阻 R_1 為40Ω，電感抗 X_L 為30Ω，若 a、b 兩端電壓的有效值為200V，則流經電感抗的電流有效值為何？
(A)2A (B)3A (C)4A (D)5A [110統測]

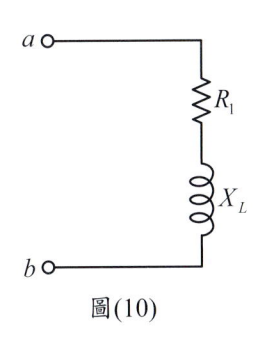

圖(10)

( )24. 將交流電壓源 $200\sin(100t)$ V 連接至 RL 串聯電路，若流經電阻的電流有效值為10A，而且電阻 R 與電感 L 上的電壓有效值相同，則電感 L 值為何？
(A)15.9mH　(B)100mH　(C)200mH　(D)314mH　　[106統測]

( )25. 有一 RL 串聯交流電路，$R=10\Omega$、$L=10$ mH，電源電壓 $v(t)=150\sin(1000t+30°)$ V，請問下列敘述何者正確？
(A)電源電流 $\overline{I}=7.5\angle 15°$ A
(B)電阻器兩端電壓 $v_R(t)=75\sqrt{2}\sin(1000t-15°)$ V
(C)電源電流 $\overline{I}$ 超前電源電壓 $\overline{V}$ 之相位角45°
(D)總阻抗 $\overline{Z}=10\sqrt{2}\angle -45°\ \Omega$　　[102統測]

( )26. 將電壓100V與頻率159Hz的交流電源連至 RL 交流串聯電路中，若電阻上電流的大小為4A且兩端壓降的大小為60V，則電感值 L 最接近下列何者？
(A)80mH　(B)60mH　(C)40mH　(D)20mH　　[統測]

( )27. 如圖(11)所示電路，若 R 與 X_L 大小之比為 $1:\sqrt{3}$，則 $\overline{E_S}$ 對 $\overline{I}$ 之相位為何？
(A) $\overline{E_S}$ 超前30°
(B) $\overline{E_S}$ 落後30°
(C) $\overline{E_S}$ 超前60°
(D) $\overline{E_S}$ 落後60°　　[統測]

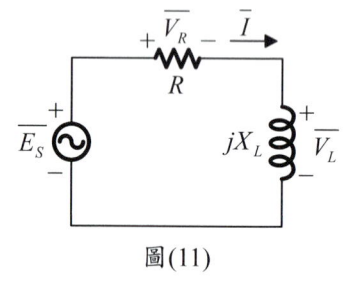

圖(11)

( )28. RL 串聯電路，當電源頻率為 f 時，此串聯電路的總阻抗為 $10+j20\Omega$，若電源頻率變為 $2f$ 時，則此串聯電路的總阻抗變為多少？
(A)$10+j20\Omega$　(B)$10+j40\Omega$　(C)$20+j20\Omega$　(D)$20+j40\Omega$　　[統測]

( )29. 有一線圈，等效電路如圖(12)所示，ab 兩端跨接40V直流電壓，得電路電流10A，如果 ab 兩端改接入 $40\sqrt{2}\sin(1000t)$ V交流電壓，得電路電流的有效值為8A，求此線圈等效電路的 R 及 L 值？
(A)$R=4\Omega$，$L=5$ mH　　(B)$R=4\Omega$，$L=3$ mH
(C)$R=5\Omega$，$L=4$ mH　　(D)$R=5\Omega$，$L=3$ mH　　[統測]

圖(12)

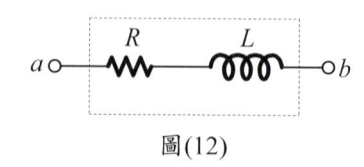

( )30. 一交流電路由一單頻率正弦波電源、一電阻器及一電感器串聯而成，電源頻率為60Hz、電壓均方根值為100V，電阻器電壓均方根值60V、電阻值12Ω，則下列有關電感的敘述，何者正確？
(A)電抗值為16Ω　　　　　　(B)電感量約267mH
(C)電流均方根值為4A　　　　(D)端電壓均方根值為40V　　[統測]

( )31. 有一個 RL 串聯交流電路，電阻值為 10Ω，電感值為 0.02653H，若電源電壓為 $v(t) = 200\sin(377t)$ V時，則電源電流之相量應為何？
(A)14.1∠45°A (B)10∠45°A (C)14.1∠−45°A (D)10∠−45°A [統測]

( )32. 圖(13)所示電路中，若電源電壓為 120∠10°伏特，當穩態時電流 I 有效值為多少？
(A)3安培 (B)5安培
(C)12安培 (D)24安培 [保甄]

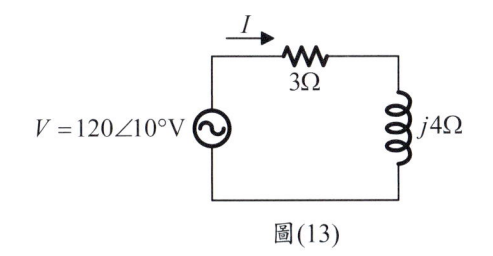

( )33. 同上題，電流 I 的角度為多少？
(A)−26.9° (B)−43.1° (C)46.9° (D)63.1° [保甄]

( )34. 100伏特、159Hz之交流電源連接至 RL 串聯電路，若測得電流為 5 安培，跨於電阻之電壓為60伏特，求電感值 L =
(A)2mH (B)4mH (C)8mH (D)16mH [保甄]

9-4　電阻電感電容（RLC）串聯電路

( )35. 有一 RLC 串聯電路，接於電壓為 $v(t) = 120\sqrt{2}\cos(377t - 15°)$ V 之電源，經量測得知電流為 $i(t) = 6\sqrt{2}\cos(377t + 30°)$ A，則電阻兩端的電壓峰值為何？
(A)$120\sqrt{2}$ V (B)120V (C)$100\sqrt{2}$ V (D)100V [110統測]

( )36. 有一 RLC 串聯交流電路，若 $R = 20\ \Omega$、$L = 10\ \text{mH}$、$C = 100\ \mu\text{F}$，電源電壓 $v(t) = 20\sin(1000t + 30°)$ V，則下列敘述何者正確？
(A)電源電流相位落後電源電壓相位45°
(B)電阻器兩端電壓 $v_R(t) = 20\sin(1000t + 30°)$ V
(C)總阻抗 $\overline{Z} = 20\sqrt{2}\angle 45°\ \Omega$
(D)電源電流 $i(t) = 1.0\sin(1000t - 15°)$ A [105統測]

( )37. 如圖(14)所示之交流穩態電路，則電容電壓 V_C 為何？（$\sin 36.9° = 0.6$ 及 $\sin 53.1° = 0.8$）
(A)100∠−36.9° V (B)100∠−53.1° V
(C)140∠53.1° V (D)140∠−53.1° V [103統測]

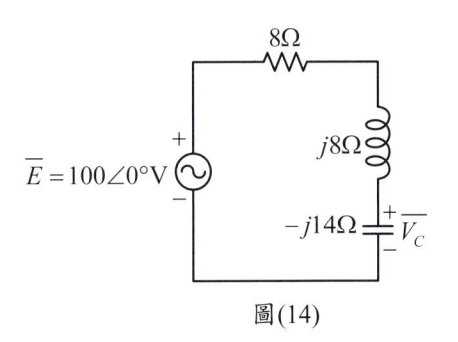

( )38. 已知一個RLC串聯電路，其電源電壓為 $v(t)=200\sqrt{2}\sin(100t)$ V，假設 $R=20\Omega$、$L=150$ mH及$C=500\,\mu$F，則該電路總串聯阻抗為何？
(A)$20-j5\Omega$ (B)$20-j15\Omega$ (C)$20+j15\Omega$ (D)$20+j5\Omega$ [103統測]

( )39. 如圖(15)所示之RLC串聯交流電路，已知電源角速度 $\omega=400$ 弳度／秒（rad/s），則 V_L 值為何？
(A)100V
(B)50V
(C)20V
(D)10V [統測]

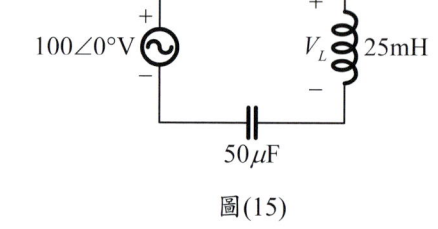

圖(15)

( )40. 如圖(16)所示之交流RLC串聯電路，於穩態分析時，下列敘述何者正確？
(A)若$X_L=X_C$則$\overline{V}$滯後$\overline{I}$ 90°
(B)若$X_L<X_C$則呈電感性電路
(C)若$X_L>X_C$則$\overline{V}$領先$\overline{I}$
(D)$\overline{V_L}$領先$\overline{V_C}$ 90° [統測]

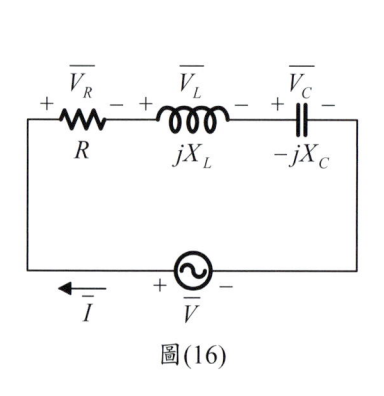

圖(16) 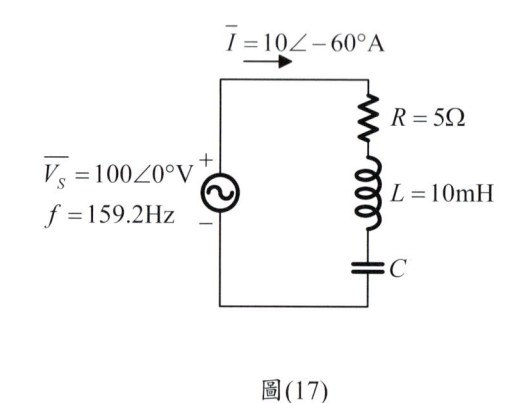　　　　圖(17)

( )41. 如圖(17)所示之電路，則電容C之值為何？
(A)618μF (B)746μF (C)920μF (D)1066μF [統測]

( )42. 交流RLC串聯電路中，電阻為10Ω，電感抗為10Ω及電容抗為20Ω，則此電路之總阻抗大小為何？
(A)$20\sqrt{2}\,\Omega$ (B)20Ω (C)$10\sqrt{2}\,\Omega$ (D)10Ω [統測]

( )43. 在RLC串聯電路中，已知$R=8\,\Omega$、$X_L=8\,\Omega$、$X_C=2\,\Omega$，求此電路總阻抗為多少？ (A)18Ω (B)16Ω (C)10Ω (D)8Ω [統測]

( )44. 有一個RLC串聯的交流電路，電阻值為10Ω，電容值為0.001F，電感值為0.001H。已知電路電流之峰值為10A，則下列何者可能為電源之電壓波形？
(A)$141\sin(1000t)$V
(B)$100\sin(1000t)$V
(C)$85\sin(160t)$V
(D)$60\sin(160t)$V [統測]

( )45. 串聯RLC電路在任何頻率下之總阻抗Z可以表示為
(A)$R+j(X_L-X_C)$
(B)$R+j(X_L+X_C)$
(C)$R-j(X_L-X_C)$
(D)$R-j(X_L+X_C)$ [保甄]

(　　)46. RLC 串聯電路，若 X_C（電容抗）$> X_L$（電感抗）時，電路呈何種特性？
(A)電阻性　(B)電容性　(C)電感性　(D)以上皆非　　　　　　　　　[四技二專]

9-5　電阻電容（RC）並聯電路

(　　)47. 有一電阻 R 並聯一電容 C 之交流電路，當加入電源電壓
$v(t) = 150\sin(1000t - 10°)$ V 時，產生的電源電流為
$i(t) = 15\sqrt{2}\sin(1000t + 35°)$ A，試求電阻 R 及電容 C 為多少？
(A)$R = 100\,\Omega$，$C = 100\,\mu F$　　　(B)$R = 100\,\Omega$，$C = 10\,\mu F$
(C)$R = 10\,\Omega$，$C = 100\,\mu F$　　　(D)$R = 10\,\Omega$，$C = 10\,\mu F$　[102統測]

(　　)48. 有一電阻 $R = 50\,\Omega$ 與一電容抗 $X_C = 50\,\Omega$ 之電容器組成的 RC 並聯交流電路。若外加電源電壓為 $v(t) = 100\sin(100t + 30°)$ V，則流經電容器電流的有效值為何？　(A)1A　(B)$\sqrt{2}$ A　(C)2A　(D)$2\sqrt{2}$ A　　　　　　　[統測]

(　　)49. 如圖(18)所示之 RC 交流電路，已知 $\overline{V_S} = 120\angle -15°$ V，$\overline{I} = 5\angle 45°$ A，則電容抗 X_C 之值為何？
(A)57.6Ω　(B)47.6Ω　(C)37.6Ω　(D)27.6Ω　　　　　　　　　　[統測]

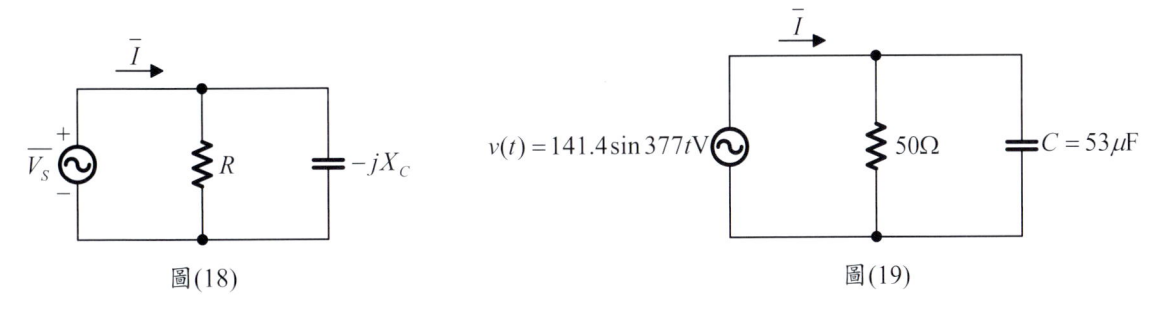

圖(18)

圖(19)

(　　)50. 如圖(19)所示之電路，求電容抗 $\overline{X_C} = $？
(A)$-j20\,\Omega$　(B)$-j30\,\Omega$　(C)$-j40\,\Omega$　(D)$-j50\,\Omega$　　　　　　[統測]

9-6　電阻電感（RL）並聯電路

(　　)51. 某 RL 並聯電路的電阻 $R = 3\,\Omega$，電感抗 $X_L = 3\,\Omega$。若總消耗電流為 $8\sin(377t)$ A，則流經電阻的電流為何？
(A)$4\sqrt{2}\sin(377t + 45°)$ A　　　(B)$4\sqrt{2}\sin(377t - 45°)$ A
(C)$4\sin(377t + 45°)$ A　　　　　(D)$4\sin(377t - 45°)$ A　　　[104統測]

(　　)52. 如圖(20)所示之交流穩態電路，電流 $\overline{I_S}$ 為何？
(A)$40\angle 0°$ A
(B)$40\angle 45°$ A
(C)$20\sqrt{2}\angle 45°$ A
(D)$20\sqrt{2}\angle -45°$ A　　　　　　　[103統測]

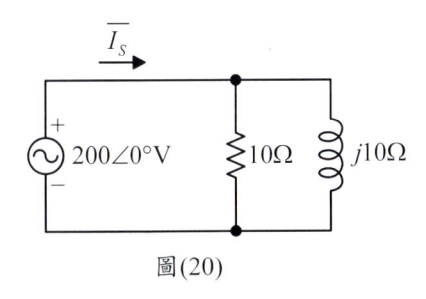

圖(20)

( )53. 一交流電源供給 RL 並聯負載,則電源供給之電流與電壓的相位關係為何?
(A)電流超前電壓　(B)電流落後電壓
(C)電流與電壓同相　(D)無法判斷超前或落後　[統測]

( )54. 如圖(21)所示之 RL 並聯電路,則 $\overline{I_R}$ 為多少?
(A)$5\angle 0°$ A　(B)$6\angle 0°$ A　(C)$7\angle 0°$ A　(D)$8\angle 0°$ A　[統測]

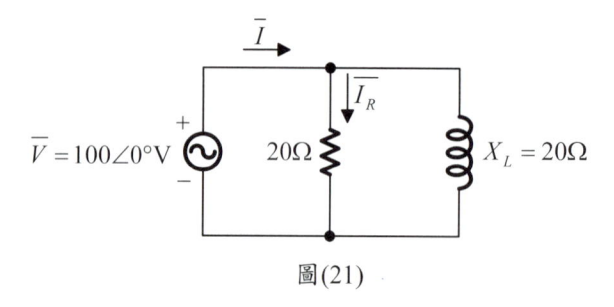

圖(21)

9-7　電阻電感電容（RLC）並聯電路

( )55. 如圖(22)所示之交流穩態電路,已知各支路電流有效值為 $I_S = 30$ A、$I_R = 24$ A、$I_C = 6$ A,則電感電流有效值 I_L 為何?
(A)0A　(B)18A　(C)24A　(D)30A　[110統測]

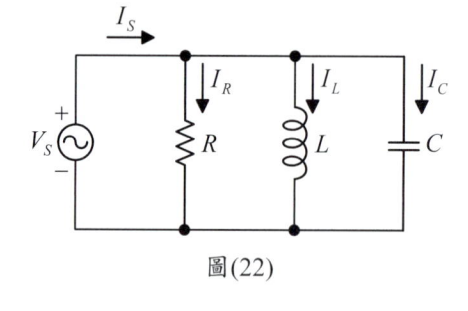

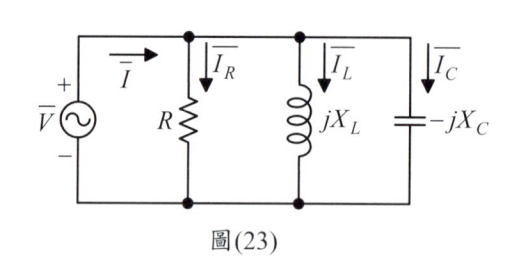

圖(22)　　　圖(23)

( )56. 如圖(23)所示 RLC 並聯交流電路,已知 $\overline{V} = 100\angle 30°$ V,$R = 20\,\Omega$、$X_L = 10\,\Omega$、$X_C = 20\,\Omega$,則下列敘述何者正確?
(A)$\overline{I_R}$ 相角超前 $\overline{I_L}$ 相角30°
(B)$\overline{I_C}$ 相角超前 $\overline{I_L}$ 相角90°
(C)$\overline{I} = 5\sqrt{2}\angle -15°$ A
(D)$\overline{I_R} = 5\angle 0°$ A　[107統測]

( )57. 有一交流電源供給 RLC 並聯電路,若 $R = 10\,\Omega$,$X_L = 5\,\Omega$,$X_C = 10\,\Omega$,則電源電流與電源電壓的相位關係為何?
(A)電流相位落後電壓相位
(B)電流相位超前電壓相位
(C)電流與電壓同相位
(D)無法判斷　[106統測]

( )58. 有一 RLC 並聯交流電路,若 $R = 10\,\Omega$、$L = 10$ mH、總導納 $\overline{Y} = (\sqrt{2}/10)\angle 45°$ S,電源電壓 $v(t) = 10\sin(1000t + 30°)$ V,則下列敘述何者正確?
(A)流經電感器的電流 $i_L(t) = 1.0\sin(100t - 60°)$ A
(B)電容 $C = 2.0\,\mu$F
(C)此電路為電容性電路
(D)電源電流 $i(t) = 50\sqrt{2}\sin(1000t - 15°)$ A　[105統測]

9-48

(   )59. 如圖(24)所示之交流電路，已知 $\overline{V_S} = 10\angle -10°$ V、$\overline{I} = 2\angle -55°$ A、X_L 與 X_C 的比為 $1:3$，則 $\overline{I_C}$ 為何？
(A)$2.12\angle 90°$A (B)$2.12\angle 80°$A (C)$0.71\angle 80°$A (D)$0.71\angle 90°$A [統測]

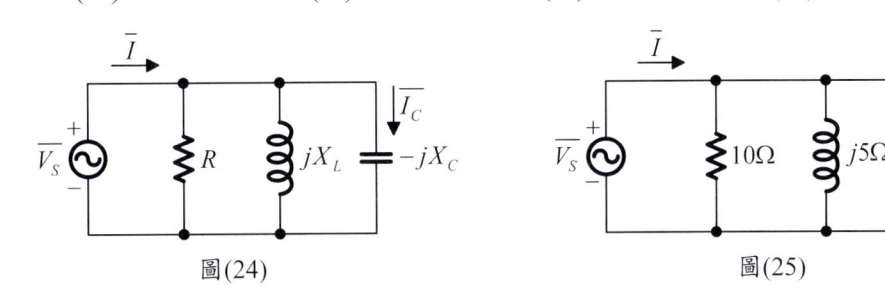

圖(24)　　　圖(25)

(   )60. 如圖(25)所示之電路，若電壓 $\overline{V_S} = 200\angle 0°$ V，則電流 $\overline{I}$ 為何？
(A)$80\angle 0°$A (B)$40\sqrt{2}\angle 45°$A (C)$40\angle 45°$A (D)$20\sqrt{2}\angle -45°$A [統測]

(   )61. RLC 並聯電路中，若電阻 $R = 2\,\Omega$，電感抗 $X_L = 10\,\Omega$，交流電源 $v(t) = 10\sin(100t)$ V，且已知電路為電容性以及電路導納之相角為 $60°$，試問電容抗 X_C 之值可能為何？
(A)1.04Ω (B)1.54Ω (C)1.73Ω (D)2.14Ω [統測]

(   )62. 一交流電源供給 RLC 並聯電路，下列敘述何者錯誤？
(A)電阻上的電流相位與並聯電壓同相位
(B)電感上的電流相位落後並聯電壓相位
(C)電容上的電流相位落後並聯電壓相位
(D)如果電路為電感性，則總電流相位將落後並聯電壓相位 [統測]

(   )63. 如圖(26)所示 RLC 並聯電路，已知電源電壓 $v(t) = 100\sqrt{2}\sin(1000t + 10°)$ V，求此電路的總導納為多少？
(A)$5 - j2$ S (B)$5 + j2$ S (C)$\dfrac{1}{5} - j\dfrac{1}{4}$ S (D)$\dfrac{1}{5} + j\dfrac{1}{4}$ S [統測]

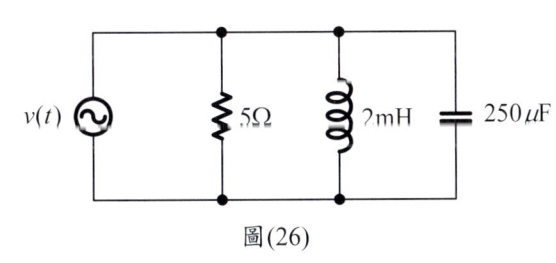

圖(26)

(   )64. 在一包含單交流電源及 RLC 之交流電路中，某元件的電壓函數 $v(t)$ 及電流函數 $i(t)$ 分別為 $v(t) = \sin(t)$ V 及 $i(t) = \cos(t)$ A，則此元件可能為
(A)電阻 (B)電感 (C)電容 (D)電源 [統測]

(   )65. 如圖(27)所示之並聯電路，電源電流均方根值 $I = ?$
(A)10A (B)$10\sqrt{2}$A (C)20A (D)40A [統測]

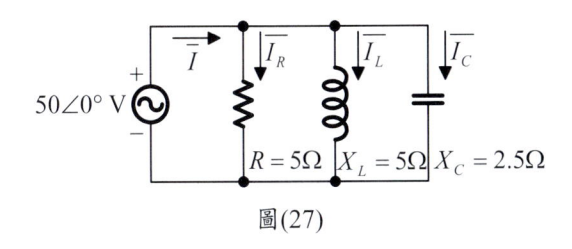

圖(27)

9-8 串聯與並聯等效電路之互換

( )66. 由電阻 $R_P = 10\,\Omega$ 及電抗 $X_P = 10\,\Omega$ 並聯組成之 RC 電路，將其轉換成電阻 R_S 與電抗 X_S 串聯之等效電路，則其值分別為何？
(A) $R_S = 20\,\Omega$，$X_S = 20\,\Omega$
(B) $R_S = 10\,\Omega$，$X_S = 10\,\Omega$
(C) $R_S = 5\,\Omega$，$X_S = 5\,\Omega$
(D) $R_S = 0.1\,\Omega$，$X_S = 0.1\,\Omega$ [106統測]

( )67. 圖(28)為 RC 串聯電路，圖(29)為其並聯等效電路，試求圖(29)中 R 及 X_C 各是多少？
(A)10Ω，20Ω (B)20Ω，10Ω (C)25Ω，50Ω (D)50Ω，25Ω [四技二專]

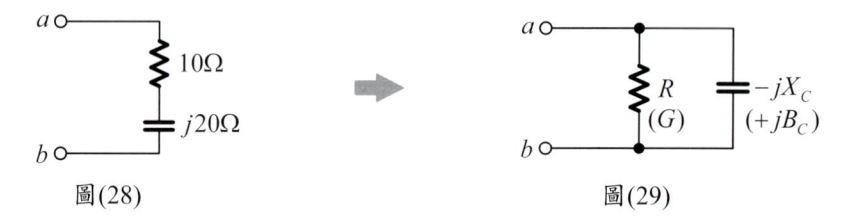

圖(28)

圖(29)

9-9 電阻電感電容（RLC）串並聯電路

( )68. 如圖(30)所示電路，若 $\overline{V} = 100\angle 0°\text{ V}$，則下列敘述何者正確？
(A) $\overline{I} = 10\angle 0°\text{ A}$
(B) $\overline{Z} = 10\angle 45°\,\Omega$
(C)電路呈電感性
(D) $\overline{I}$ 的相位超前 $\overline{V}$ [109統測]

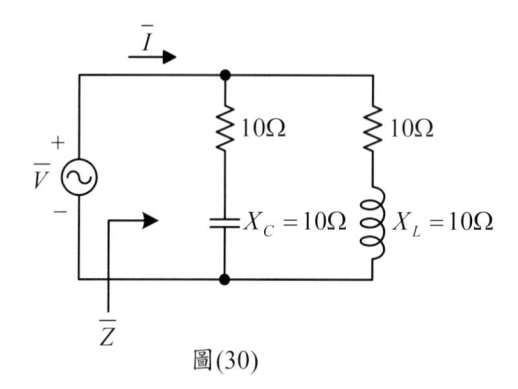

圖(30)

( )69. 如圖(31)所示之電路，若 $v(t) = 20\sqrt{2}\sin(5t)\text{ V}$，則電路總電流 $i(t)$ 為何？
(A) $2\sin(5t + 45°)\text{ A}$
(B) $2\sin(5t - 45°)\text{ A}$
(C) $2\sqrt{2}\sin(5t - 45°)\text{ A}$
(D) $2\sqrt{2}\sin(5t + 45°)\text{ A}$ [108統測]

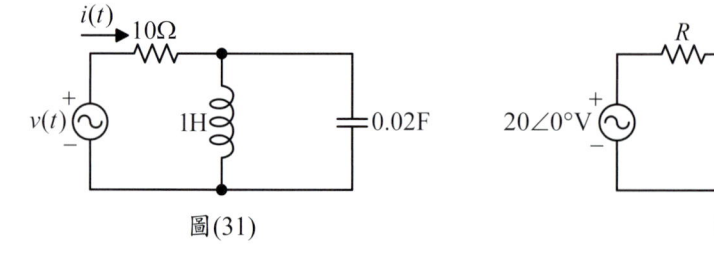

圖(31)

圖(32)

( )70. 如圖(32)所示之電路，若 R、X_L、X_{C1}、X_{C2} 之阻抗值皆為2Ω，則電路中電感抗 X_L 兩端之電壓大小為何？ (A)5V (B)15V (C)20V (D)30V [108統測]

( )71. 如圖(33)所示之交流弦波電路，負載 1、負載 2 及負載 3 皆為 RLC 組合之被動電路，若 $\overline{V}=100\sqrt{2}\angle 45°$ V、$\overline{I}=200\sqrt{2}\angle 45°$ A、$\overline{I_1}=100$ A、$\overline{I_2}=100\angle 90°$ A，則下列敘述何者正確？
(A)負載 1 為純電感性負載 (B)負載 2 為純電容性負載
(C)負載 3 為純電阻性負載 (D)負載 1 為純電阻性負載 [107統測]

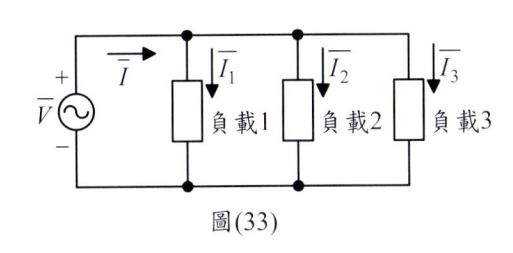

圖(33) 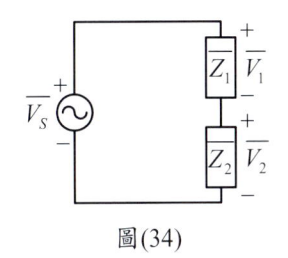　　圖(34)

( )72. 如圖(34)所示之串聯電路，若阻抗 $\overline{Z_1}=5\angle 53.1°$ Ω，$\overline{Z_2}=6+j8$ Ω，當加上 $\overline{V_S}=150\angle 0°$ V 之電壓時，則 $\overline{V_2}$ 為何？（$\sin 53.1°=0.8$，$\cos 53.1°=0.6$）
(A)$100\angle 0°$ V (B)$100\angle 53.1°$ V
(C)$50\angle 0°$ V (D)$50\angle 53.1°$ V [106統測]

( )73. 如圖(35)所示之 RLC 串並聯交流電路，試問下列敘述何者正確？
(A)流經電感器的電流 $\overline{I_L}=2\angle -90°$ A
(B)a、b 兩端電壓 $\overline{V_{ab}}=7.2\angle 53.1°$ V
(C)電源電流 $\overline{I}=2.4\angle -36.9°$ A
(D)總阻抗 $\overline{Z}=5\angle 36.9°$ Ω [105統測]

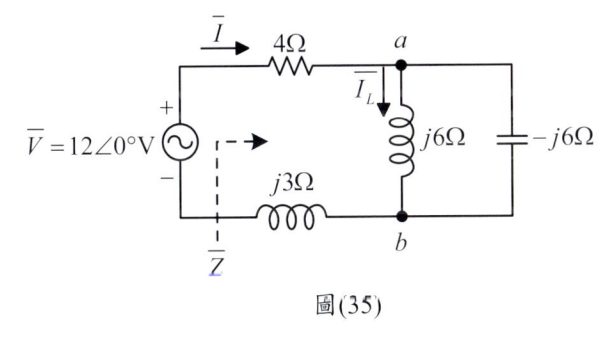

圖(35) 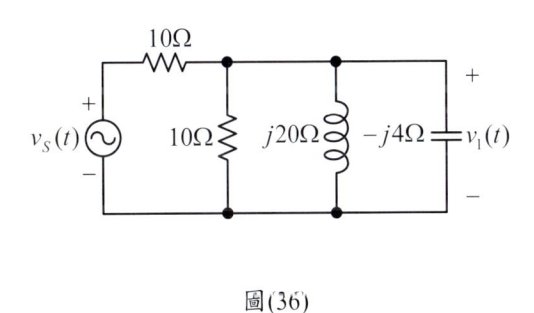　　圖(36)

( )74. 如圖(36)所示之電路，若 $v_S(t)=100\sqrt{2}\sin(377t)$ V，則 $v_1(t)$ 為何？
(A)$25\sin(377t-30°)$ V (B)$25\sin(377t-45°)$ V
(C)$50\sin(377t-30°)$ V (D)$50\sin(377t-45°)$ V [104統測]

( )75. 如圖(37)所示之 RLC 串並聯交流電路，請問下列敘述何者正確？
(A)總阻抗 $\overline{Z}=10\angle 36.9°$ Ω
(B)電源電流 $\overline{I}=10\angle -36.9°$ A
(C)ab 兩端電壓 $\overline{V_{ab}}=60\angle 53.1°$ V
(D)流經電容器的電流 $\overline{I_C}=20\angle 36.9°$ A [102統測]

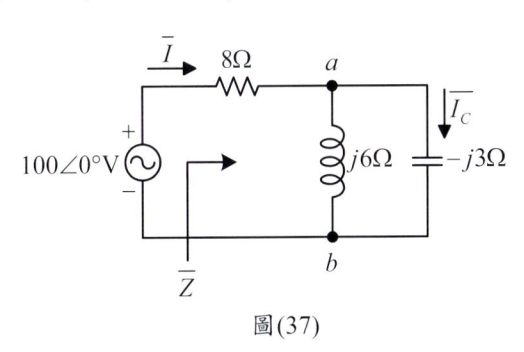

圖(37)

( )76. 如圖(38)所示之交流電路，已知 $v_s(t) = 100\sin 1000t$ V，則 $i(t)$ 為何？
(A)$10\sin(1000t - 45°)$A　　(B)$10\sin(1000t - 37°)$A
(C)$7\sin(1000t - 30°)$A　　(D)$7\sin(1000t + 30°)$A　　[統測]

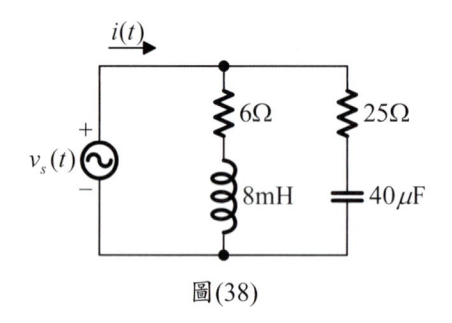

圖(38)

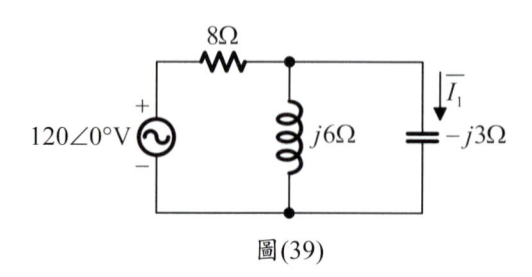

圖(39)

( )77. 在圖(39)所示之交流電路中，電流 $\overline{I_1}$ 為何？（$\sin 36.9° = 0.6$）
(A)$24\angle 36.9°$A　(B)$12\angle 36.9°$A　(C)$24\angle -36.9°$A　(D)$12\angle -36.9°$A　[統測]

( )78. 如圖(40)所示之電路，假設 $R = 16\,\Omega$，$X_L = 12\,\Omega$，$X_C = 6\,\Omega$，$\overline{E} = 240\angle 0°$ V，則 $\overline{I}$ 為何？
(A)$7.2 + j9.6$A　　(B)$9.6 + j7.2$A
(C)$18.4 + j23.6$A　　(D)$23.6 + j18.4$A　　[統測]

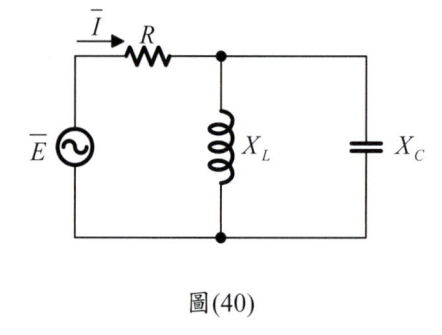

圖(40)

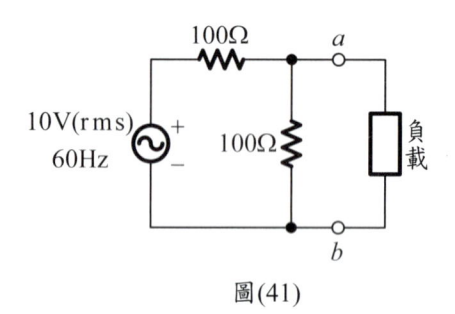

圖(41)

( )79. 圖(41)電路中，若負載為短路，求由 a 端流至 b 端的直流電流值？
(A)0.1安培　(B)0.2安培　(C)0.3安培　(D)0安培　　[保甄]

( )80. 在圖(42)的電路中，輸入電壓 $v_i = 0.3\sin\omega t$ 伏特，假設 ω 很大，使得電容的電抗幾可忽略，則輸出電壓 V_o 約等於
(A)$15 + 0.1\sin\omega t$ 伏特　　(B)$15 + 0.3\sin\omega t$ 伏特
(C)$5 + 0.3\sin\omega t$ 伏特　　(D)$5 + 0.1\sin\omega t$ 伏特　　[四技二專]

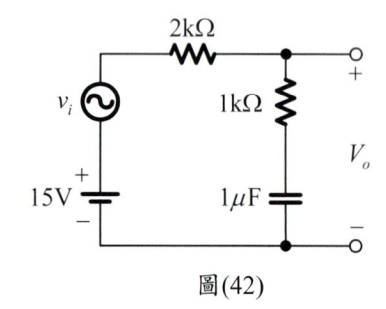

圖(42)

最近統測試題

( )81. 如圖(43)所示 RC 串聯交流電路，若電源電壓 $v_s(t)=200\sqrt{2}\sin(500t)$ V、電流 $i_s(t)=10\sin(500t+45°)$ A，則電阻 R 及電容 C 為何？
(A) $R=20\,\Omega$，$C=100\,\mu F$
(B) $R=20\sqrt{2}\,\Omega$，$C=100\sqrt{2}\,\mu F$
(C) $R=10\sqrt{2}\,\Omega$，$C=50\sqrt{2}\,\mu F$
(D) $R=10\,\Omega$，$C=50\,\mu F$ [9-2][111統測]

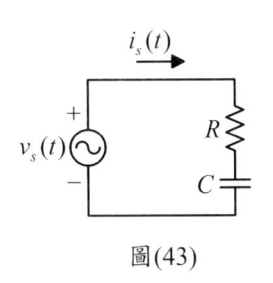

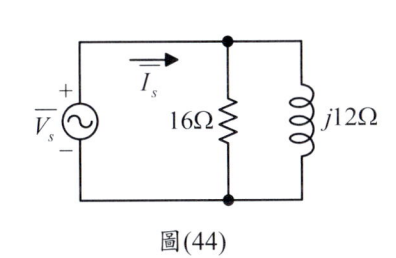

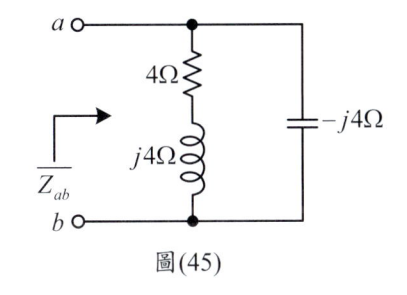

圖(43)　　圖(44)　　圖(45)

( )82. 如圖(44)所示 RL 並聯交流電路，若電源電壓 $\overline{V_s}=240\angle 0°$ V，則電流 $\overline{I_s}$ 為何？
(A) $(15-j20)$A
(B) $(20-j15)$A
(C) $(15+j20)$A
(D) $(20+j15)$A [9-6][111統測]

( )83. 如圖(45)所示交流電路，其 a、b 兩端阻抗 $\overline{Z_{ab}}$ 為何？
(A) 4Ω (B) $(4+j4)\Omega$ (C) $(4-j4)\Omega$ (D) $(4-j8)\Omega$ [9-9][111統測]

( )84. 如圖(46)所示之交流穩態電路，若 $v(t)=10\sqrt{2}\cos(2t)$ V，則流經 12Ω 電阻之電流有效值為何？ (A)0.5A (B)2A (C)4A (D)6A [9-9][112統測]

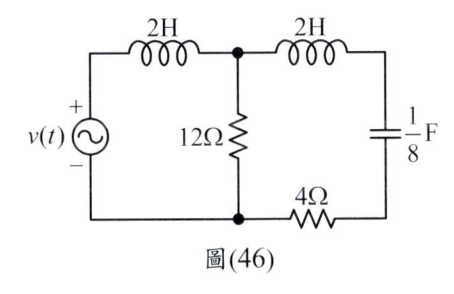

圖(46)

( )85. 有一 RL 串聯電路，$R=6\,\Omega$，$L=6$ mH，接於電壓源 $v(t)=120\sin(1000t+60°)$ V，則此電路之電流 $i(t)$ 為何？
(A) $10\sqrt{2}\sin(1000t+15°)$A
(B) $10\sin(1000t+15°)$A
(C) $10\sqrt{2}\sin(1000t+60°)$A
(D) $10\sin(1000t-45°)$A [9-3][112統測]

Basic Electricity
基本電學（下）攻略本

---答案與詳解---

答

1.C	2.D	3.D	4.A	5.D	6.A	7.A	8.B	9.D	10.B
11.A	12.D	13.D	14.D	15.D	16.C	17.D	18.C	19.A	20.A
21.C	22.B	23.C	24.B	25.B	26.D	27.C	28.B	29.B	30.A
31.D	32.D	33.B	34.D	35.B	36.B	37.D	38.A	39.C	40.C
41.B	42.C	43.C	44.B	45.A	46.B	47.C	48.B	49.D	50.D
51.A	52.D	53.B	54.A	55.C	56.C	57.A	58.C	59.C	60.D
61.A	62.C	63.C	64.C	65.B	66.C	67.D	68.A	69.B	70.C
71.C	72.A	73.A	74.D	75.D	76.B	77.A	78.B	79.D	80.A
81.A	82.A	83.C	84.A	85.A					

解

1. $v(t) = 121.2\cos(1000t) = 121.2\sin(1000t + 90°)$ (V)

   $\theta_i = 0°$，$\theta_v = 90°$ ⇒ 電路呈電感性

   $Z = X_L = \dfrac{121.2/\sqrt{2}}{12.12/\sqrt{2}} = 10$ (Ω)

   $L = \dfrac{X_L}{\omega} = \dfrac{10}{1000} = 10$ (mH)

2. $X_L = \omega L = 1000 \times 10 \times 10^{-3} = 10$ (Ω)

   $\overline{X_L} = 10\angle 90°$ (Ω)

   $\overline{V} = \dfrac{\overline{V_m}}{\sqrt{2}} = 100\angle 30°$ (V)

   $\overline{I} = \dfrac{\overline{V}}{\overline{X_L}} = \dfrac{100\angle 30°}{10\angle 90°} = 10\angle(30° - 90°) = 10\angle -60°$ (A)

3. $\overline{X_C} = -j\dfrac{1}{\omega C} = -j\dfrac{1}{500 \times 200 \times 10^{-6}} = -j10$ (Ω) $= 10\angle -90°$ (Ω)

   $\overline{I_m} = \dfrac{\overline{V_m}}{\overline{X_C}} = \dfrac{100\sqrt{2}\angle 30°}{10\angle -90°} = 10\sqrt{2}\angle[30° - (-90°)] = 10\sqrt{2}\angle 120°$ (A)

   ∴ $i(t) = 10\sqrt{2}\sin(500t + 120°)$ (A)

4. 由題意知：$\overline{V} = \dfrac{100}{\sqrt{2}}\angle 10°$ (V)，$\overline{I} = \dfrac{5}{\sqrt{2}}\angle 10°$ (A)

   ∴ $\overline{Z} = \dfrac{\overline{V}}{\overline{I}} = \dfrac{\dfrac{100}{\sqrt{2}}\angle 10°}{\dfrac{5}{\sqrt{2}}\angle 10°} = 20\angle 0°$ (Ω)

答案與詳解

5. $X_C = \dfrac{1}{\omega C} = \dfrac{1}{10 \times 0.02} = 5\,(\Omega)$

   $\therefore \overline{X_C} = X_C \angle -90° = 5\angle -90°\,(\Omega)$

   $\overline{V} = \dfrac{10}{\sqrt{2}} \angle 0°\,(V)$

   $\therefore \overline{I} = \dfrac{\overline{V}}{\overline{X_C}} = \dfrac{\dfrac{10}{\sqrt{2}}\angle 0°}{5\angle -90°} = \dfrac{2}{\sqrt{2}}\angle 90°\,(A) \Rightarrow \overline{I_m} = \sqrt{2}\,\overline{I} = 2\angle 90°\,(A)$

   $\therefore i(t) = 2\sin(10t + 90°)\,(A)$

6. 純電容交流電路電壓落後電流90°，或電流越前電壓90°。

7. $X_L = 2\pi f L$，$X_L \propto f \Rightarrow f = \infty$，$X_L = \infty$

   $X_C = \dfrac{1}{2\pi f C}$，$X_C \propto \dfrac{1}{f} \Rightarrow f = \infty$，$X_C = 0$

8. 於純電容交流電路中，其電流超前電壓90°。

9. $X_L = \dfrac{V}{I} = \dfrac{10}{0.5} = 20\,(\Omega)$

   $\because X_L = \omega L = 2\pi f L$

   $\therefore L = \dfrac{X_L}{2\pi f} = \dfrac{20}{2 \times 3.1416 \times 50} = \dfrac{20}{314} = 63.7\,(mH)$

10. $\because X_L \propto f \quad \therefore \dfrac{X_{L2}}{X_{L1}} = \dfrac{f_2}{f_1} \Rightarrow \dfrac{X_{L2}}{20} = \dfrac{10}{50}$

    得 $X_{L2} = 20 \times \dfrac{1}{5} = 4\,(\Omega)$

    $\because I \propto \dfrac{1}{X_L} \quad \therefore \dfrac{I_2}{I_1} = \dfrac{X_{L1}}{X_{L2}} \Rightarrow \dfrac{I_2}{0.5} = \dfrac{20}{4}$

    得 $I_2 = 0.5 \times 5 = 2.5\,(安培)$

11. 因 $v(t)$ 和 $i(t)$ 的相角相同，故屬於電阻性電路。

12. $X_L = 2\pi f L = 2 \times 3.14 \times 50 \times 0.1 = 31.4\,(\Omega)$

13. 於純電容交流電路，其電壓落後電流90°。

14. (A) $\omega = 2500\,(rad/s)$

    $X_C = \dfrac{1}{\omega C} = \dfrac{1}{2500 \times 10\mu} = 40\,(\Omega)$

    $\overline{Z} = R - jX_C = 40 - j40\,(\Omega)$

(B) $\overline{Z} = 40 - j40 = 40\sqrt{2}\angle -45°\,(\Omega)$
$= 40\sqrt{2} \approx 56.57\,(\Omega)$

(C) $v_s(t) = 100\sqrt{2}\cos(2500t - 30°) = 100\sqrt{2}\sin(2500t + 60°)\,(V)$
$\overline{V_S} = 100\angle 60°\,(V)$
$\overline{I} = \dfrac{\overline{V_S}}{\overline{Z}} = \dfrac{100\angle 60°}{40\sqrt{2}\angle -45°} = \dfrac{5\sqrt{2}}{4}\angle 105°\,(A)$
$\overline{V_R} = \overline{I} \times R = \dfrac{5\sqrt{2}}{4}\angle 105° \times 40\angle 0° = 50\sqrt{2}\angle 105°\,(V)$
$v_R(t) = 100\sin(2500t + 105°) = 100\cos(2500t + 15°)\,(V)$

(D) $\overline{V_C} = \overline{I} \times \overline{X_C} = \dfrac{5\sqrt{2}}{4}\angle 105° \times 40\angle -90° = 50\sqrt{2}\angle 15°\,(V)$
$v_C(t) = 100\sin(2500t + 15°) = 100\cos(2500t - 75°)\,(V)$

15. $\overline{V} = \dfrac{4}{\sqrt{2}}\angle 0°\,(V)$ $\overline{I} = \overline{I_R} = 1\angle 45°\,(A)$

$\overline{Z} = \dfrac{\overline{V}}{\overline{I}} = \dfrac{\dfrac{4}{\sqrt{2}}\angle 0°}{1\angle 45°} = \dfrac{4}{\sqrt{2}}\angle -45° = \dfrac{4}{\sqrt{2}}[\cos(-45°) + j\sin(-45°)]$

$= \dfrac{4}{\sqrt{2}}(\dfrac{1}{\sqrt{2}} - j\dfrac{1}{\sqrt{2}}) = 2 - j2\,(\Omega) = R - jX_C$

$\Rightarrow R = 2\,(\Omega)$

16. $\overline{X_C} = -j\dfrac{1}{2\pi fC} = -j\dfrac{1}{2\pi \times 100 \times \dfrac{25}{2\pi} \times 10^{-6}} = -j400\,(\Omega)$ $X_C = 400\,(\Omega)$

$Z = \sqrt{R^2 + X_C^2} = \sqrt{300^2 + 400^2} = 500\,(\Omega)$

17. $\overline{I} = \dfrac{\overline{V_S}}{\overline{Z}} = \dfrac{100\angle 0°}{6 - j6} = \dfrac{100\angle 0°}{6\sqrt{2}\angle -45°} = \dfrac{25}{3}\sqrt{2}\angle 45°\,(A)$

$\overline{V_C} = \overline{I} \cdot \overline{X_C} = (\dfrac{25}{3}\sqrt{2}\angle 45°) \cdot (6\angle -90°) = 50\sqrt{2}\angle -45°\,(V) = 70.7\angle -45°\,(V)$

18. RC串聯交流電路中，$\overline{V_S}$落後$\overline{I}\,(= \overline{I_R} = \overline{I_C})$，$\overline{V_S}$落後$\overline{V_R}$，$\overline{V_S}$超前$\overline{V_C}$，$\overline{V_R}$超前$\overline{V_C}$ 90°。

答案與詳解

19. $X_C = \dfrac{1}{\omega C} = \dfrac{1}{377 \times \dfrac{1}{377}} = 1\,(\Omega)$

$\overline{Z} = R - jX_C = 1 - j = \sqrt{2}\angle-45°\,(\Omega)$

$i(t) = \sin 377t\,(A) \Rightarrow \overline{I_m} = 1\angle 0°\,(A) \Rightarrow \overline{I} = \dfrac{1}{\sqrt{2}}\angle 0°\,(A)$

$\overline{V} = \overline{I}\cdot\overline{Z} = (\dfrac{1}{\sqrt{2}}\angle 0°)\cdot(\sqrt{2}\angle-45°) = 1\angle-45°\,(V)$

$\overline{V_m} = \sqrt{2}\,\overline{V} = \sqrt{2}\angle-45°\,(V)$

$\therefore v(t) = \sqrt{2}\sin(377t - 45°)\,(V)$

20. R 與 C 串聯時具有相同電流，故電容器電壓相位落後電阻器相位 90°。

21. $\because \tan\theta = \tan 30° = \dfrac{X_C}{R} = \dfrac{1}{\sqrt{3}} \Rightarrow R = \sqrt{3}X_C$

$V_{cm} = V_{sm}\dfrac{X_C}{\sqrt{R^2+X_C^2}} = 10 \times \dfrac{X_C}{\sqrt{(\sqrt{3}X_C)^2 + X_C^2}} = 5\,(伏特)$

22. $X_C = \dfrac{R}{\sqrt{3}} = \dfrac{1\times 10^3}{\sqrt{3}} \cong 577\,(\Omega)$

23. $V_{ab} = 200\,(V)$

$\overline{Z} = R + jX_L = 40 + j30 = 50\angle 37°\,(\Omega)$

$I_L = I = \dfrac{V_{ab}}{Z} = \dfrac{200}{50} = 4\,(A)$

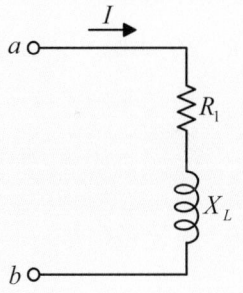

24. $\overline{V} = \dfrac{200}{\sqrt{2}}\angle 0°\,(V)$，$\omega = 100\,(rad/s)$

$\because V = \sqrt{V_R^2 + V_L^2} = \dfrac{200}{\sqrt{2}}\,(V)$ 且 $V_R = V_L$ $\therefore V_R = V_L = 100\,(V)$

$L = \dfrac{X_L}{\omega} = \dfrac{\dfrac{V_L}{I_L}}{\omega} = \dfrac{\dfrac{V_L}{I_R}}{\omega} = \dfrac{\dfrac{100}{10}}{100} = 100\,(mH)$

25. $v(t) = 150\sin(1000t + 30°)\,(V)$

$\overline{V_m} = 150\angle 30°\,(V) \Rightarrow \overline{V} = \dfrac{150}{\sqrt{2}}\angle 30°\,(V)$

$L = 10\,(mH) \Rightarrow X_L = \omega L = 1000 \times 10 \times 10^{-3} = 10\,(\Omega)$

$\overline{Z} = R + jX_L = 10 + j10 = 10\sqrt{2}\angle 45°\,(\Omega)$

答案與詳解

$$\overline{I} = \frac{\overline{V}}{\overline{Z}} = \frac{\frac{150}{\sqrt{2}}\angle 30°}{10\sqrt{2}\angle 45°} = 7.5\angle -15°\,(A)$$

$$\overline{V_R} = \overline{I}\cdot R = (7.5\angle -15°)\cdot(10) = 75\angle -15°\,(V)$$

$$v_R(t) = 75\sqrt{2}\sin(1000t - 15°)\,(V)$$

電源電流 $\overline{I} = 7.5\angle -15°\,(A)$　　電源電壓 $\overline{V} = \frac{150}{\sqrt{2}}\angle 30°\,(V)$

∴ 電源電壓 $\overline{V}$ 超前電源電流 $\overline{I}$ 之相位角 45°，
即電源電流 $\overline{I}$ 落後電源電壓 $\overline{V}$ 之相位角 45°。

26. $V_L = \sqrt{V^2 - V_R^2} = \sqrt{100^2 - 60^2} = 80\,(V)$

$$X_L = \frac{V_L}{I} = \frac{80}{4} = 20\,(\Omega)$$

$$L = \frac{X_L}{2\pi f} = \frac{20}{2\times 3.14\times 159} \approx 0.020\,(H) = 20\,(mH)$$

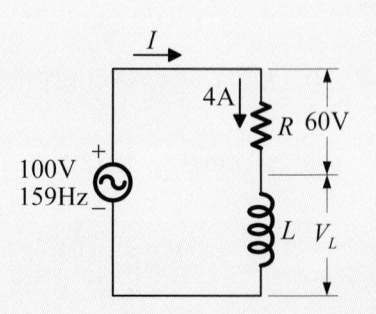

27. RL 串聯交流電路，其電壓超前電流 θ

$$\theta = \tan^{-1}\frac{X_L}{R} = \tan^{-1}\frac{\sqrt{3}}{1} = 60°$$

28. RL 串聯：$\overline{Z} = R + jX_L = 10 + j20\,(\Omega)$

若頻率由 $f \to 2f$，則 R 不變，而 X_L 由 20Ω → 40Ω

∴ $\overline{Z} = 10 + j40\,(\Omega)$

29. 直流電阻 $R = \frac{40}{10} = 4\,(\Omega)$　　$\overline{V_{ab}} = 40\angle 0° \Rightarrow V_{ab} = 40\,(V)$

交流阻抗 $Z = \frac{40}{8} = 5\,(\Omega)$，$Z = \sqrt{R^2 + X_L^2} \Rightarrow 5 = \sqrt{4^2 + X_L^2} \Rightarrow X_L = 3\,(\Omega)$

$X_L = \omega L \Rightarrow 3 = 1000L$　　∴ $L = 0.003\,(H) = 3\,(mH)$

30. ∵ $V = \sqrt{V_R^2 + V_L^2}$　　∴ $V_L = \sqrt{V^2 - V_R^2} = \sqrt{100^2 - 60^2} = 80\,(V)$ .... (D)

∵ $V_R = IR$　　∴ $I = \frac{V_R}{R} = \frac{60}{12} = 5\,(A)$ .... (C)

∵ $V_L = IX_L$　　∴ $X_L = \frac{V_L}{I} = \frac{80}{5} = 16\,(\Omega)$ .... (A)

∵ $X_L = \omega L$　　∴ $L = \frac{X_L}{\omega} = \frac{X_L}{2\pi f} = \frac{16}{2\times 3.14\times 60} = 42.4\,(mH)$ .... (B)

答案與詳解

31. $L = 0.02653\,(\text{H})$

    $X_L = \omega L = 377 \times 0.02653 = 10\,(\Omega)$

    $\overline{Z} = R + jX_L = 10 + j10 = 10\sqrt{2}\angle 45°\,(\Omega)$

    $v(t) = 200\sin(377t)$ (伏特) $\Rightarrow \overline{V_m} = 200\angle 0°$ (伏特)

    $\overline{V} = \dfrac{200}{\sqrt{2}}\angle 0°$ (伏特)

    $\therefore \overline{I} = \dfrac{\overline{V}}{\overline{Z}} = \dfrac{\frac{200}{\sqrt{2}}\angle 0°}{10\sqrt{2}\angle 45°} = 10\angle -45°$ (安培)

32. $Z = \sqrt{R^2 + X_L^2} = \sqrt{3^2 + 4^2} = 5\,(\Omega)$

    $I = \dfrac{V}{Z} = \dfrac{120}{5} = 24$ (安培)

33. $\overline{Z} = R + jX_L = 3 + j4 = 5\angle 53.1°\,(\Omega)$

    $\overline{V} = 120\angle 10°$ (伏特)

    $\therefore \overline{I} = \dfrac{\overline{V}}{\overline{Z}} = \dfrac{120\angle 10°}{5\angle 53.1°} = 24\angle(10° - 53.1°) = 24\angle -43.1°$ (安培)

34. $\because V = \sqrt{V_R^2 + V_L^2} \quad \therefore V_L = \sqrt{V^2 - V_R^2} = \sqrt{100^2 - 60^2} = 80$ (伏特)

    $X_L = \dfrac{V_L}{I} = \dfrac{80}{5} = 16\,(\Omega)$

    $\because X_L = 2\pi f L \quad \therefore L = \dfrac{X_L}{2\pi f} = \dfrac{16}{2 \times 3.1416 \times 159} = 16\,(\text{mH})$

35. $v(t) = 120\sqrt{2}\cos(377t - 15°) = 120\sqrt{2}\sin(377t + 75°)$ (V)

    $i(t) = 6\sqrt{2}\cos(377t + 30°) = 6\sqrt{2}\sin(377t + 120°)$ (A)

    $\overline{V} = 120\angle 75°$ (V)，$\overline{I} = 6\angle 120°$ (A)

    $\overline{Z} = \dfrac{\overline{V}}{\overline{I}} = \dfrac{120\angle 75°}{6\angle 120°} = 20\angle -45° = \dfrac{20}{\sqrt{2}} - j\dfrac{20}{\sqrt{2}}\,(\Omega)$

    $\Rightarrow \overline{R} = \dfrac{20}{\sqrt{2}}\angle 0°\,(\Omega)$

    $\overline{V_R} = \overline{I} \times \overline{R} = 6\angle 120° \times \dfrac{20}{\sqrt{2}}\angle 0° = \dfrac{120}{\sqrt{2}}\angle 120°$ (V)

    $V_{R\max} = \dfrac{120}{\sqrt{2}} \times \sqrt{2} = 120$ (V)

36.

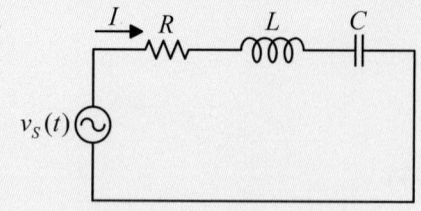

$\overline{V} = \dfrac{20}{\sqrt{2}} \angle 30° \text{ (V)}$ ， $\theta_v = 30°$

$X_L = \omega L = 1000 \times 10\text{m} = 10 \, (\Omega)$

$X_C = \dfrac{1}{\omega C} = \dfrac{1}{1000 \times 100\mu} = 10 \, (\Omega)$

(A) $\overline{Z} = R + j(X_L - X_C) = 20 + j(10-10) = 20\angle 0° \, (\Omega)$

$\overline{I} = \dfrac{\overline{V}}{\overline{Z}} = \dfrac{\dfrac{20}{\sqrt{2}}\angle 30°}{20\angle 0°} = \dfrac{1}{\sqrt{2}}\angle 30° \text{ (A)}$ ， $\theta_i = 30°$

⇒ 電源電流與電源電壓同相位

(B) $\overline{V_R} = \overline{I} \times R = \dfrac{1}{\sqrt{2}}\angle 30° \times 20 = \dfrac{20}{\sqrt{2}}\angle 30° \text{ (V)}$

$v_R(t) = 20\sin(1000t + 30°) \text{ (V)}$

(C) $\overline{Z} = 20\angle 0° \, (\Omega)$

(D) $\overline{I} = \dfrac{1}{\sqrt{2}}\angle 30° \text{ (A)}$ ， $i(t) = 1.0\sin(1000t + 30°) \text{ (A)}$

37. $\overline{Z} = R + j(X_L - X_C) = 8 + j(8-14) = 8 - j6 = 10\angle -36.9° \, (\Omega)$

$\overline{I} = \dfrac{\overline{E}}{\overline{Z}} = \dfrac{100\angle 0°}{10\angle -36.9°} = 10\angle 36.9° \text{ (A)}$

$\overline{V_C} = \overline{I} \cdot \overline{X_C} = (10\angle 36.9°)\cdot(14\angle -90°) = 140\angle -53.1° \text{ (V)}$

38. $\omega = 100 \text{ (rad/s)}$

$X_L = \omega L = 100 \times 150\text{m} = 15 \, (\Omega)$

$X_C = \dfrac{1}{\omega C} = \dfrac{1}{100 \times 500\mu} = 20 \, (\Omega)$

$\overline{Z} = R + j(X_L - X_C) = 20 + j(15-20) = 20 - j5 \, (\Omega)$

39. $X_L = \omega L = 400 \times 25 \times 10^{-3} = 10 \, (\Omega)$

$X_C = \dfrac{1}{\omega C} = \dfrac{1}{400 \times 50 \times 10^{-6}} = 50 \, (\Omega)$

$\overline{Z} = R + j(X_L - X_C) = 30 + j(10-50) = 30 - j40 \, (\Omega) = 50\angle -53° \, (\Omega)$

$Z = 50 \, (\Omega)$

$I = \dfrac{V}{Z} = \dfrac{100}{50} = 2 \text{ (A)} \qquad V_L = IX_L = 2 \times 10 = 20 \text{ (V)}$

答案與詳解

40. (A) 若 $X_L = X_C$ 則 $\overline{V}$ 與 $\overline{I}$ 同相（為諧振電路）。

　　(B) 若 $X_L < X_C$ 則呈電容性電路，$\overline{I}$ 領先 $\overline{V}$。

　　(C) 若 $X_L > X_C$ 則呈電感性電路，$\overline{V}$ 領先 $\overline{I}$。

　　(D) $\overline{V_L}$ 領先 $\overline{V_C}$ 180°。

41. $\overline{Z} = \dfrac{\overline{V_S}}{\overline{I}} = \dfrac{100\angle 0°}{10\angle -60°} = 10\angle 60°\,(\Omega) = 10\cos 60° + j10\sin 60°\,(\Omega) = 5 + j8.66\,(\Omega)$

　　$L = 10\text{mH} \Rightarrow X_L = 2\pi fL = 2 \times 3.14 \times 159.2 \times (10 \times 10^{-3}) \doteq 10\,(\Omega)$

　　$\overline{Z} = R + j(X_L - X_C) \Rightarrow 5 + j8.66 = 5 + j(10 - X_C)$

　　$\therefore X_C = 10 - 8.66 = 1.34\,(\Omega)$

　　$\because X_C = \dfrac{1}{2\pi fC} \quad \therefore C = \dfrac{1}{2\pi f X_C} = \dfrac{1}{2 \times 3.14 \times 159.2 \times 1.34} = 746\,(\mu\text{F})$

42. $\overline{Z} = R + j(X_L - X_C) = 10 + j(10 - 20) = 10 - j10\,(\Omega)$

　　$Z = \sqrt{10^2 + 10^2} = 10\sqrt{2}\,(\Omega)$

43. $\overline{Z} = R + jX_L + (-jX_C)$

　　$\overline{Z} = 8 + j8 - j2 = 10\angle 37°\,(\Omega)$，$Z = 10\,(\Omega)$

44. 依題意：$\omega = 1000\,(\text{rad/s})$ 時

　　則 $X_L = \omega L = 1000 \times 0.001 = 1\,(\Omega) \quad X_C = \dfrac{1}{\omega C} = \dfrac{1}{1000 \times 0.001} = 1\,(\Omega)$

　　$\overline{Z} = R + j(X_L - X_C) = 10 + j(1 - 1) = 10\,(\Omega)$

　　$V_m = I_m Z = 10 \times 10 = 100\,(\text{伏特})$

　　$v = V_m \sin(\omega t) = 100\sin(1000t)\,(\text{伏特})$

45. $\overline{Z} = R + j(X_L - X_C) = \sqrt{R^2 + (X_L - X_C)^2}\angle \tan^{-1}\dfrac{X_L - X_C}{R}$

　　$Z = \sqrt{R^2 + (X_L - X_C)^2}$

46. $X_C > X_L$，電路呈電容性。

47. $v(t) = 150\sin(1000t - 10°)\,(\text{V}) \Rightarrow \overline{V} = \dfrac{150}{\sqrt{2}}\angle -10°\,(\text{V})$

　　$i(t) = 15\sqrt{2}\sin(1000t + 35°)\,(\text{A}) \Rightarrow \overline{I} = 15\angle 35°\,(\text{A})$

　　$\overline{Y} = \dfrac{\overline{I}}{\overline{V}} = \dfrac{15\angle 35°}{\dfrac{150}{\sqrt{2}}\angle -10°} = 0.1\sqrt{2}\angle 45°\,(\text{S}) = 0.1 + j0.1\,(\text{S}) = G + jB_C$

9-61

$G = 0.1\,(\text{S}) \Rightarrow R = \dfrac{1}{0.1} = 10\,(\Omega)$

$B_C = 0.1\,(\text{S}) \Rightarrow B_C = \omega C$

即 $C = \dfrac{B_C}{\omega} = \dfrac{0.1}{1000} = 100\,(\mu\text{F})$

48. $Y = G + jB_C$

$G = \dfrac{1}{R} = \dfrac{1}{50} = 0.02\,(\text{S}) \qquad B_C = \dfrac{1}{X_C} = \dfrac{1}{50} = 0.02\,(\text{S})$

$\overline{V} = \dfrac{100}{\sqrt{2}}\angle 30° = 50\sqrt{2}\angle 30°\,(\text{V}) \qquad I_C = VB_C = 50\sqrt{2}\times 0.02 = \sqrt{2}\,(\text{A})$

49. $\overline{Y} = \dfrac{\overline{I}}{\overline{V_S}} = \dfrac{5\angle 45°}{120\angle -15°} = \dfrac{1}{24}\angle 60°\,(\text{S})$

$= \dfrac{1}{24}(\cos 60° + j\sin 60°) = \dfrac{1}{24}(0.5 + j0.87) = \dfrac{0.5}{24} + j\dfrac{0.87}{24}\,(\text{S})$

即 $G = \dfrac{0.5}{24}\,(\text{S}) \Rightarrow R = \dfrac{1}{G} = 48\,(\Omega)$

$B_C = \dfrac{0.87}{24}\,(\text{S}) \Rightarrow X_C = \dfrac{1}{B_C} = 27.6\,(\Omega)$

50. $\overline{X_C} = -j\dfrac{1}{\omega C} = -j\dfrac{1}{377\times 53\times 10^{-6}} \doteqdot -j50\,(\Omega)$

51. $\overline{I} = \dfrac{8}{\sqrt{2}}\angle 0°\,(\text{A})$

$\overline{I_R} = \overline{I}\times\dfrac{jX_L}{R+jX_L} = \dfrac{8}{\sqrt{2}}\angle 0°\times\dfrac{j3}{3+j3} = \dfrac{8}{\sqrt{2}}\angle 0°\times\dfrac{1}{\sqrt{2}}\angle 45° = 4\angle 45°\,(\text{A})$

$\Rightarrow I_R(t) = 4\sqrt{2}\sin(377t + 45°)\,(\text{A})$

52. $\overline{I_R} = \dfrac{200\angle 0°}{10\angle 0°} = 20\angle 0°\,(\text{A})$

$\overline{I_L} = \dfrac{200\angle 0°}{10\angle 90°} = 20\angle -90°\,(\text{A})$

$\overline{I_S} = \overline{I_R} + \overline{I_L} = 20\angle 0° + 20\angle -90° = 20\sqrt{2}\angle -45°\,(\text{A})$

53. RL 並聯交流電路，其電源供給之電流落後電壓 $\tan^{-1}\dfrac{B_L}{G}$。

54. $\overline{I_R} = \dfrac{\overline{V}}{R} = \dfrac{100\angle 0°}{20} = 5\angle 0°\,(\text{A})$

答案與詳解

55. RLC 並聯 V-I 圖（以 V 為基準）

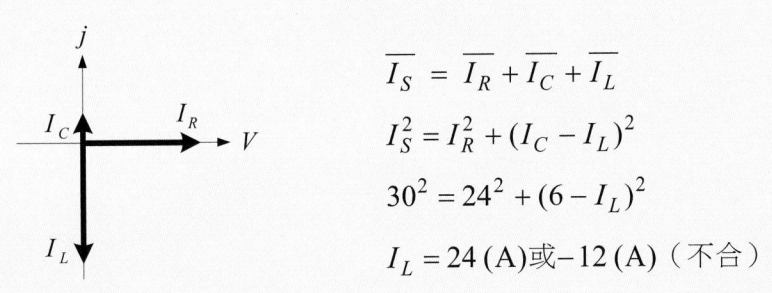

$$\overline{I_S} = \overline{I_R} + \overline{I_C} + \overline{I_L}$$

$$I_S^2 = I_R^2 + (I_C - I_L)^2$$

$$30^2 = 24^2 + (6 - I_L)^2$$

$$I_L = 24 \text{ (A)} \text{ 或 } -12 \text{ (A)}（不合）$$

56. $\overline{I_R} = \dfrac{\overline{V}}{R} = \dfrac{100\angle 30°}{20\angle 0°} = 5\angle 30°\text{ (A)}$

$\overline{I_L} = \dfrac{\overline{V}}{\overline{X_L}} = \dfrac{100\angle 30°}{10\angle 90°} = 10\angle -60°\text{ (A)}$

$\overline{I_C} = \dfrac{\overline{V}}{\overline{X_C}} = \dfrac{100\angle 30°}{20\angle -90°} = 5\angle 120°\text{ (A)}$

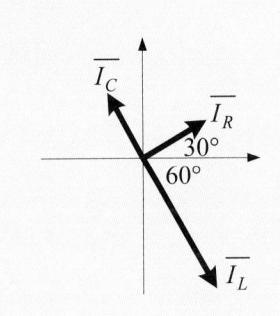

(A) $\overline{I_R}$ 相角超前 $\overline{I_L}$ 90°。

(B) $\overline{I_C}$ 相角超前 $\overline{I_L}$ 180°。

(C) $\overline{Y} = G + j(B_C - B_L) = \dfrac{1}{20} + j(\dfrac{1}{20} - \dfrac{1}{10}) = \dfrac{1}{20} - j\dfrac{1}{20} = \dfrac{\sqrt{2}}{20}\angle -45°\text{ (S)}$

$\overline{I} = \overline{V} \times \overline{Y} = 100\angle 30° \times \dfrac{\sqrt{2}}{20}\angle -45° = 5\sqrt{2}\angle -15°\text{ (A)}$

(D) $\overline{I_R} = 5\angle 30°\text{ (A)}$

57. $B_L = \dfrac{1}{X_L} = 0.2\text{ (S)} \qquad B_C = \dfrac{1}{X_C} = 0.1\text{ (S)}$

$\because B_L > B_C \qquad \therefore$ 電路為電感性電路，電源電流落後電源電壓

58.

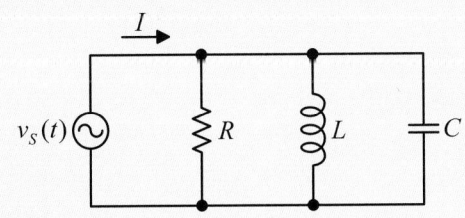

(A) $\overline{V} = \dfrac{10}{\sqrt{2}}\angle 30°\text{ (V)}$，$\overline{I_L} = \dfrac{\overline{V}}{\overline{X_L}} = \dfrac{\dfrac{10}{\sqrt{2}}\angle 30°}{10\angle 90°} = \dfrac{1}{\sqrt{2}}\angle -60°\text{ (A)}$

$X_L = \omega L = 1000 \times 10\text{mH} = 10\text{ (}\Omega\text{)}$

$\Rightarrow i_L(t) = 1.0\sin(1000t - 60°)\text{ (A)}$

答案與詳解

(B) $\overline{Y} = \dfrac{\sqrt{2}}{10}\angle 45° = \dfrac{1}{10} + j\dfrac{1}{10}\text{(S)} = G + j(B_C - B_L)$，$\dfrac{1}{10} = B_C - \dfrac{1}{10}$

$\Rightarrow B_C = \omega C = 1000 \times C = \dfrac{2}{10}$，$C = \dfrac{2}{10000} = 200\,(\mu\text{F})$

(C) $\because \theta_Y = 45° \Rightarrow$ 電容性電路

(D) $\overline{I} = \overline{V} \times \overline{Y} = \dfrac{10}{\sqrt{2}}\angle 30° \times \dfrac{\sqrt{2}}{10}\angle 45° = 1\angle 75°\,\text{(A)}$

$\Rightarrow i(t) = \sqrt{2}\sin(1000t + 75°)\,\text{(A)}$

59. $\overline{I} = \overline{V_S} \cdot \overline{Y} \Rightarrow \overline{Y} = \dfrac{\overline{I}}{\overline{V_S}}$

$\therefore \overline{Y} = \dfrac{2\angle -55°}{10\angle -10°} = 0.2\angle -45°\,\text{(S)} = \dfrac{0.2}{\sqrt{2}} - j\dfrac{0.2}{\sqrt{2}}\,\text{(S)}$

即 $G = \dfrac{0.2}{\sqrt{2}}\,\text{(S)}$

$\overline{B} = j(B_C - B_L) = -j\dfrac{0.2}{\sqrt{2}}\,\text{(S)}$，即 $B_L > B_C$

由題意：$X_L : X_C = 1 : 3 \Rightarrow B_L : B_C = 3 : 1$

$\therefore \overline{B_L} = -j\dfrac{0.3}{\sqrt{2}} = \dfrac{0.3}{\sqrt{2}}\angle -90°\,\text{(S)}$，$\overline{B_C} = j\dfrac{0.1}{\sqrt{2}} = \dfrac{0.1}{\sqrt{2}}\angle 90°\,\text{(S)}$

即 $\overline{I_C} = \overline{V_S} \cdot \overline{B_C} = (10\angle -10°) \cdot (\dfrac{0.1}{\sqrt{2}}\angle 90°) = \dfrac{1}{\sqrt{2}}\angle(-10° + 90°) = 0.71\angle 80°\,\text{(A)}$

60. $\overline{Y} = G + j(B_C - B_L) = \dfrac{1}{10} + j(\dfrac{1}{10} - \dfrac{1}{5}) = 0.1 + j(0.1 - 0.2) = 0.1 - j0.1\,\text{(S)}$

$= 0.1\sqrt{2}\angle -45°\,\text{(S)}$

$\overline{I} = \overline{V_S} \cdot \overline{Y} = (200\angle 0°) \cdot (0.1\sqrt{2}\angle -45°) = 20\sqrt{2}\angle -45°\,\text{(A)}$

61. $G = \dfrac{1}{R} = \dfrac{1}{2} = 0.5$　　$B_L = \dfrac{1}{X_L} = \dfrac{1}{10} = 0.1$

$\theta_Y = \tan^{-1}\dfrac{B_C - B_L}{G}$

$\tan\theta_Y = \dfrac{B_C - B_L}{G} \Rightarrow \tan 60° = \dfrac{B_C - 0.1}{0.5} \Rightarrow 1.732 = \dfrac{B_C - 0.1}{0.5} \Rightarrow B_C = 0.966\,\text{(S)}$

$\therefore X_C = \dfrac{1}{B_C} \fallingdotseq 1.04\,(\Omega)$

62. 於 RLC 並聯交流電路中，其電容上的電流相位超前並聯電壓相位。

CH9 基本交流電路

答案與詳解

63. $R = 5\,(\Omega) \Rightarrow G = \dfrac{1}{R} = \dfrac{1}{5}\,(S)$

    $X_L = \omega L = 1000 \times 2m = 2\,(\Omega) \Rightarrow B_L = \dfrac{1}{X_L} = \dfrac{1}{2}\,(S)$

    $X_C = \dfrac{1}{\omega C} = \dfrac{1}{1000 \times 250 \times 10^{-6}} = 4\,(\Omega) \Rightarrow B_C = \dfrac{1}{4}\,(S)$

    $\overline{Y} = G + j(B_C - B_L) = \dfrac{1}{5} + j(\dfrac{1}{4} - \dfrac{1}{2}) = \dfrac{1}{5} - j\dfrac{1}{4}\,(S)$

64. $v(t) = \sin(t)\,V \quad i(t) = \cos(t)\,A = \sin(t + 90°)\,(A)$

    即 $i(t)$ 超前 $v(t)$ 90°，是為電容交流電路

65. $\overline{I_R} = \dfrac{\overline{V}}{R} = \dfrac{50\angle 0°}{5} = 10\angle 0°\,(A) = 10\,(A)$

    $\overline{I_L} = \dfrac{\overline{V}}{\overline{X_L}} = \dfrac{50\angle 0°}{5\angle 90°} = 10\angle -90°\,(A) = -j10\,(A)$

    $\overline{I_C} = \dfrac{\overline{V}}{\overline{X_C}} = \dfrac{50\angle 0°}{2.5\angle -90°} = 20\angle 90°\,(A) = +j20\,(A)$

    $\overline{I} = \overline{I_R} + \overline{I_L} + \overline{I_C} = 10 - j10 + j20 = 10 + j10\,(A) = 10\sqrt{2}\angle 45°\,(A)$

    $\therefore I = \sqrt{10^2 + 10^2} = 10\sqrt{2}\,(A)$

66.

    $\overline{Z} = \dfrac{1}{\overline{Y}} = \dfrac{1}{G + jB_C} = \dfrac{G}{G^2 + B_C^2} - j\dfrac{B_C}{G^2 + B_C^2} = R_S - jX_S$

    $G = \dfrac{1}{R_P} = 0.1\,(S)\,,\, B_C = \dfrac{1}{X_P} = 0.1\,(S)$

    $R_S = \dfrac{G}{G^2 + B_C^2} = \dfrac{0.1}{(0.1)^2 + (0.1)^2} = 5\,(\Omega)$

    $X_S = \dfrac{B_C}{G^2 + B_C^2} = \dfrac{0.1}{(0.1)^2 + (0.1)^2} = 5\,(\Omega)$

67. $\overline{Y} = \dfrac{1}{\overline{Z}} = \dfrac{1}{10 - j20} = \dfrac{10 + j20}{10^2 + 20^2} = \dfrac{10 + j20}{500} = \dfrac{1}{50} + j\dfrac{2}{50}\,(S) = G + jB_C$

    $\therefore R = \dfrac{1}{G} = \dfrac{1}{\frac{1}{50}} = 50\,(\Omega)\,,\, X_C = \dfrac{1}{B_C} = \dfrac{1}{\frac{2}{50}} = 25\,(\Omega)$

68. $\overline{Z_1} = 10 - j10\ (\Omega)$　　$\overline{Z_2} = 10 + j10\ (\Omega)$

$\overline{Z} = \overline{Z_1} // \overline{Z_2} = \dfrac{(10-j10)(10+j10)}{(10-j10)+(10+j10)} = 10\angle 0°\ (\Omega)$　（電阻性電路）

$\overline{I} = \dfrac{\overline{V}}{\overline{Z}} = \dfrac{100\angle 0°}{10\angle 0°} = 10\angle 0°\ (A)$

$\theta_i = 0°$，$\theta_v = 0° \Rightarrow \overline{I}$ 與 $\overline{V}$ 同相位

69. $X_L = \omega L = 5 \times 1 = 5\ (\Omega)$　　$X_C = \dfrac{1}{\omega C} = \dfrac{1}{5 \times 0.02} = 10\ (\Omega)$

$\overline{Z} = 10 + \dfrac{j5 \cdot (-j10)}{j5 - j10} = 10 + j10 = 10\sqrt{2}\angle 45°\ (\Omega)$

$\overline{I} = \dfrac{\overline{V}}{\overline{Z}} = \dfrac{20\angle 0°}{10\sqrt{2}\angle 45°} = \sqrt{2}\angle -45°\ (A)$

$i(t) = 2\sin(5t - 45°)\ (A)$

70. 原圖求移除 X_L 元件的戴維寧等效電路

$\overline{E_{th}} = 20 \times \dfrac{-j2}{2-j2} = \dfrac{-j20}{1-j1}\ (V)$

$\overline{Z_{th}} = \dfrac{2 \times (-j2)}{2-j2} - j2 = \dfrac{-j2}{1-j1} - j2\ (\Omega)$

$\overline{V_L} = \overline{E_{th}} \times \dfrac{jX_L}{\overline{Z_{th}} + jX_L} = \dfrac{-j20}{1-j1} \times \dfrac{j2}{\dfrac{-j2}{1-j1} - j2 + j2} = j20 = 20\angle 90°\ (V)$

71. $\theta_v = 45°$、$\theta_{i1} = 0°$、$\theta_{i2} = 90°$

$\overline{I_3} = \overline{I} - \overline{I_1} - \overline{I_2} = 200\sqrt{2}\angle 45° - 100 - 100\angle 90°$

$= 200 + j200 - 100 - j100 = 100 + j100 = 100\sqrt{2}\angle 45°\ (A)$

$\Rightarrow \theta_{i3} = 45°$

(A) $\theta_v - \theta_{i1} = 45° - 0° = 45° \Rightarrow$ 電感性負載

(B) $\theta_v - \theta_{i2} = 45° - 90° = -45° \Rightarrow$ 電容性負載

(C) $\theta_v - \theta_{i3} = 45° - 45° = 0° \Rightarrow$ 純電阻性負載

(D) 負載 1 為電感性負載

答案與詳解

72. $\overline{Z_1} = 5\angle 53.1° = 3 + j4\,(\Omega)$

   $\overline{Z_2} = 6 + j8 = 10\angle 53.1°\,(\Omega)$

   $\overline{Z} = \overline{Z_1} + \overline{Z_2} = (3+j4) + (6+j8) = 9 + j12 = 15\angle 53.1°\,(\Omega)$

   $\overline{I} = \dfrac{\overline{V_S}}{\overline{Z}} = \dfrac{150\angle 0°}{15\angle 53.1°} = 10\angle -53.1°\,(A)$

   $\overline{V_2} = \overline{I} \times \overline{Z_2} = 10\angle -53.1° \times 10\angle 53.1° = 100\angle 0°\,(V)$

73. (A) ∵ 由 a、b 點往右看的等效阻抗為 ∞（無窮大）

   ∴ $\overline{Z} = 4\Omega + \infty + j3 = \infty$，$\overline{I} = 0\,(A)$

   $\Rightarrow \overline{V_{ab}} = \overline{V} = 12\angle 0°\,(V)$

   $\overline{I_L} = \dfrac{\overline{V}}{\overline{X_L}} = \dfrac{12\angle 0°}{6\angle 90°} = 2\angle -90°\,(A)$

   (B) $\overline{V_{ab}} = \overline{V} = 12\angle 0°\,(V)$

   (C) $\overline{I} = 0\,(A)$

   (D) $\overline{Z} = \infty$

74. 原圖化為：

   $\dfrac{1}{\overline{Z}} = \overline{Y} = G + j(B_C - B_L) = \dfrac{1}{10} + j(\dfrac{1}{4} - \dfrac{1}{20})$

   $= 0.1 + j0.2\,(S)$

   $\overline{Z} = \dfrac{1}{\overline{Y}} = \dfrac{1}{0.1 + j0.2} = 2 - j4\,(\Omega)$

   $\overline{V_Z} = \overline{V_S} \times \dfrac{\overline{Z}}{10 + \overline{Z}} = 100\angle 0° \times \dfrac{2 - j4}{10 + 2 - j4} = 25\sqrt{2}\angle -45°\,(V)$

   $\Rightarrow v_1(t) = v_Z(t) = 50\sin(377t - 45°)\,(V)$

75. $Z = 8 + \dfrac{(j6)(-j3)}{(j6)+(-j3)} = 8 + \dfrac{j^2 18}{j3} = 8 - j6\,(\Omega) = 10\angle -36.9°\,(\Omega)$

   $\overline{I} = \dfrac{\overline{V}}{\overline{Z}} = \dfrac{100\angle 0°}{10\angle -36.9°} = 10\angle 36.9°\,(A)$

   $\overline{V_{ab}} = \overline{I} \cdot (-j6) = (10\angle 36.9°) \cdot (6\angle -90°) = 60\angle -53.1°\,(V)$

   $\overline{I_C} = \dfrac{\overline{V_{ab}}}{-j3\Omega} = \dfrac{60\angle -53.1°}{3\angle -90°} = 20\angle 36.9°\,(A)$

答案與詳解

76. $X_L = \omega L = 1000 \times 8 \times 10^{-3} = 8\,(\Omega)$

$X_C = \dfrac{1}{\omega C} = \dfrac{1}{1000 \times 40 \times 10^{-6}} = 25\,(\Omega)$

$\overline{Z_1} = 6 + j8 = 10\angle 53°\,(\Omega)$

$\overline{Z_2} = 25 - j25 = 25\sqrt{2}\angle -45°\,(\Omega)$

$\overline{I_{1m}} = \dfrac{\overline{V_m}}{\overline{Z_1}} = \dfrac{100\angle 0°}{10\angle 53°} = 10\angle -53°\,(A) = 6 - j8\,(A)$

$\overline{I_{2m}} = \dfrac{\overline{V_m}}{\overline{Z_2}} = \dfrac{100\angle 0°}{25\sqrt{2}\angle -45°} = 2\sqrt{2}\angle 45°\,(A) = 2 + j2\,(A)$

$\therefore \overline{I_m} = \overline{I_{1m}} + \overline{I_{2m}} = (6 - j8) + (2 + j2) = 8 - j6 = 10\angle -37°\,(A)$

即 $i(t) = 10\sin(1000t - 37°)\,(A)$

77.

$\overline{X} = \dfrac{j6 \cdot (-j3)}{j6 + (-j3)} = \dfrac{18}{j3} = -j6\,(\Omega)$

$\therefore \overline{I} = \dfrac{120\angle 0°}{8 - j6} = \dfrac{120\angle 0°}{10\angle -36.9°} = 12\angle 36.9°\,(A)$

$\overline{I_1} = \dfrac{j6}{j6 + (-j3)} \cdot (12\angle 36.9°) = \dfrac{j6}{j3} \cdot (12\angle 36.9°) = 24\angle 36.9°\,(A)$

78. $B_L = \dfrac{1}{X_L} = \dfrac{1}{12}\,(S)$，$B_C = \dfrac{1}{X_C} = \dfrac{1}{6}\,(S)$

$\overline{B} = jB_C - jB_L = j\dfrac{1}{6} - j\dfrac{1}{12} = j\dfrac{1}{12}\,(S)$

$\overline{X} = \dfrac{1}{\overline{B}} = \dfrac{1}{j\dfrac{1}{12}} = -j12\,(\Omega)$

$\overline{Z} = \overline{R} + \overline{X} = 16 - j12\,(\Omega)$

$\overline{I} = \dfrac{\overline{E}}{\overline{Z}} = \dfrac{240\angle 0°}{16 - j12} = \dfrac{240(16 + j12)}{16^2 + 12^2} = \dfrac{3840 + j2880}{400} = 9.6 + j7.2\,(A)$

79. 電源為交流正弦波，正負半波對稱互相抵消，故直流電流（平均值）$= 0\,(A)$。

答案與詳解

80. ω 很大時，電容於交流電路可視為短路，而於直流電路而言，則視為開路。

$$\therefore V_o(t) = V_{dc} + V_i(t) \times \frac{R_2}{R_1 + R_2} = 15 + (0.3\sin\omega t)(\frac{1k}{2k + 1k}) = 15 + 0.1\sin\omega t \text{ (伏特)}$$

81. $\overline{V_s} = 200\angle 0°\text{ (V)}$、$\overline{I_s} = \frac{10}{\sqrt{2}}\angle 45°\text{ (A)}$、$\omega = 500\text{ (rad/s)}$

$$\overline{Z} = R - jX_C = \frac{\overline{V_s}}{\overline{I_s}} = \frac{200\angle 0°}{\frac{10}{\sqrt{2}}\angle 45°} = 20\sqrt{2}\angle -45° = 20 - j20\text{ (}\Omega\text{)}$$

$\therefore R = 20\text{ (}\Omega\text{)}$，$X_C = 20\text{ (}\Omega\text{)}$

$\because X_C = \frac{1}{\omega C}$ $\therefore C = \frac{1}{X_C \omega} = \frac{1}{20 \times 500} = 100\text{ (}\mu\text{F)}$

82. $\overline{I_R} = \frac{\overline{V_s}}{R} = \frac{240\angle 0°}{16\angle 0°} = 15\angle 0°\text{ (A)}$

$\overline{I_L} = \frac{\overline{V_s}}{X_L} = \frac{240\angle 0°}{12\angle 90°} = 20\angle -90°\text{ (A)}$

$\overline{I_s} = \overline{I_R} + \overline{I_L} = 15\angle 0° + 20\angle -90° = 25\angle -53° = 15 - j20\text{ (A)}$

83. $\frac{1}{\overline{Z_{ab}}} = \frac{1}{4 + j4} + \frac{1}{(-j4)} = \frac{4 - j4}{(4 + j4)(4 - j4)} + j\frac{1}{4} = \frac{4 + j4}{32}\text{ (S)}$

$\overline{Z_{ab}} = \frac{32}{4 + j4} = \frac{32 \times (4 - j4)}{(4 + j4)(4 - j4)} = 4 - j4\text{ (}\Omega\text{)}$

84. $v(t) = 10\sqrt{2}\cos(2t) = 10\sqrt{2}\sin(2t + 90°)\text{ (V)}$，$\overline{V} = 10\angle 90°\text{ (V)}$，$\omega = 2\text{ (rad/s)}$

$L = 2\text{ (H)}$，$X_L = \omega L = 2 \times 2 = 4\text{ (}\Omega\text{)}$

$C = \frac{1}{8}\text{ (F)}$，$X_C = \frac{1}{\omega C} = 4\text{ (}\Omega\text{)}$

$$\overline{Z} = j4 + \frac{12 \times (4 + j4 - j4)}{12 + (4 + j4 - j4)} = 3 + j4 = 5\angle 53°\text{ (}\Omega\text{)}$$

$\overline{I} = \frac{\overline{V}}{\overline{Z}} = \frac{10\angle 90°}{5\angle 53°} = 2\angle 37°\text{ (A)}$

$\overline{I_{12\Omega}} = 2\angle 37° \times \frac{4}{12 + 4} = 0.5\angle 37°\text{ (A)}$

85. $\overline{V} = \frac{120}{\sqrt{2}}\angle 60°\text{ (V)}$，$\omega = 1000\text{ (rad/s)}$ $X_L = \omega L = 1000 \times 6\text{m} = 6\text{ (}\Omega\text{)}$

$\overline{I} = \frac{\overline{V}}{\overline{Z}} = \frac{\frac{120}{\sqrt{2}}\angle 60°}{6 + j6} = \frac{\frac{120}{\sqrt{2}}\angle 60°}{6\sqrt{2}\angle 45°} = 10\angle 15°\text{ (A)}$ $i(t) = 10\sqrt{2}\sin(1000t + 15°)\text{ (A)}$

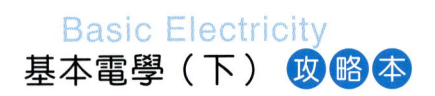

Note

CH 10 交流電功率

本章目錄

10-1　瞬間功率 3

10-2　平均功率 5

10-3　虛功率 11

10-4　視在功率 17

10-5　功率因數 19

本章重點在於功率因數角、平均功率、虛功率、視在功率、功率因數等原理及公式

統測命題重點

1. 功率因數角：$\theta_p = \theta_v - \theta_i$（$\theta_v$：電壓的初始相位；$\theta_i$：電流的初始相位）

2. 平均功率：一個週期內之瞬間功率的平均值，為電路中所實際消耗的功率，也稱為有效功率、實功率或有功功率。

   $P = VI\cos\theta_p$ 〔W, 瓦特〕 $\begin{cases} 串聯電路：P = I^2R \\ 並聯電路：P = V^2G \end{cases}$

3. 虛功率：能量只在電源與電抗元件（電容器、電感器）中來回轉換，沒有實際能量消耗的功率，也稱為電抗功率、無效功率或無功功率。

   $Q = VI\sin\theta_p$ 〔VAR, 乏爾〕 $\begin{cases} 串聯電路：Q = I^2X = I^2(X_L - X_C) \\ 並聯電路：Q = V^2(-B) = V^2(B_L - B_C) \end{cases}$

4. 視在功率：電壓有效值與電流有效值的乘積。

   $S = VI = \sqrt{P^2 + Q^2}$ 〔VA, 伏安〕 $\begin{cases} 串聯電路：S = I^2Z \\ 並聯電路：S = V^2Y \end{cases}$

5. 功率因數：平均功率 P 與視在功率 S 的比值。

   $PF = \dfrac{P}{S} = \dfrac{VI\cos\theta_p}{VI} = \cos\theta_p$（串聯電路：$PF = \dfrac{R}{Z}$；並聯電路：$PF = \dfrac{G}{Y}$）

   (1) 當電路為電容性電路時，其 PF 為超前功率因數。

   (2) 當電路為電感性電路時，其 PF 為滯後功率因數。

※6. 複數功率：$\overline{S} = \overline{V} \cdot \overline{I}^*$

   $\overline{S} = P + jQ$（電感性電路）　　　　　　$\overline{S} = P - jQ$（電容性電路）

10-1　瞬間功率

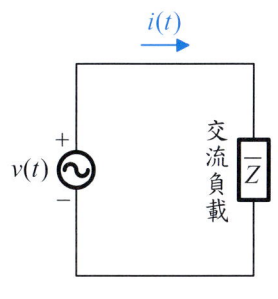

一　瞬間功率 $p(t)$

▲ 基本交流電路圖

若 $v(t) = V_m \sin(\omega t + \theta_v) = \sqrt{2}V \sin(\omega t + \theta_v)$ 〔V, 伏特〕

　$i(t) = I_m \sin(\omega t + \theta_i) = \sqrt{2}I \sin(\omega t + \theta_i)$ 〔A, 安培〕

則瞬間功率：$p(t) = v(t) \cdot i(t)$

$$p(t) = v(t) \cdot i(t) = V_m \sin(\omega t + \theta_v) \cdot I_m \sin(\omega t + \theta_i)$$
$$= \sqrt{2}V \sin(\omega t + \theta_v) \cdot \sqrt{2}I \sin(\omega t + \theta_i)$$
$$= 2VI \sin(\omega t + \theta_v) \cdot \sin(\omega t + \theta_i)$$

應用三角函數公式：$2\sin A \sin B = \cos(A-B) - \cos(A+B)$

（式中 $A = \omega t + \theta_v$，$B = \omega t + \theta_i$）

得 $p(t) = VI\{\cos[(\omega t + \theta_v) - (\omega t + \theta_i)] - \cos[(\omega t + \theta_v) + (\omega t + \theta_i)]\}$
$$= VI[\cos(\theta_v - \theta_i) - \cos(2\omega t + \theta_v + \theta_i)]$$
$$= VI \cos\theta_p - VI \cos(2\omega t + \theta_v + \theta_i)$$

上式中：θ_v：電壓之初相角　　　　θ_i：電流之初相角

　　　　θ_p：為交流功率之相位角，亦稱為功率因數角（於電路學中，是以電流 $\bar{I}$ 為基準），即 $\theta_p = \theta_v - \theta_i$

　　　　V：電壓之有效值　　　　I：電流之有效值

Basic Electricity
基本電學（下）攻略本

在電路學中討論交流電功率時，習慣以電路電流 $\bar{I}$ 的相位為基準，其功率因數角 θ_p 為交流電路中電壓 $\bar{V}$ 對電流 $\bar{I}$ 的相位角，即 $\theta_p = \theta_v - \theta_i$。

其 $2\omega t + \theta_v + \theta_i = 2\omega t + (\theta_v - \theta_i) + \theta_i + \theta_i = 2\omega t + \theta_p + 2\theta_i$

$\therefore p(t) = VI\cos\theta_p - VI\cos(2\omega t + \theta_v + \theta_i) = VI\cos\theta_p - VI\cos(2\omega t + \theta_p + 2\theta_i)$

若設定 $\theta_i = 0°$，則

$p(t) = VI\cos\theta_p - VI\cos(2\omega t + \theta_p)$（如下圖所示）

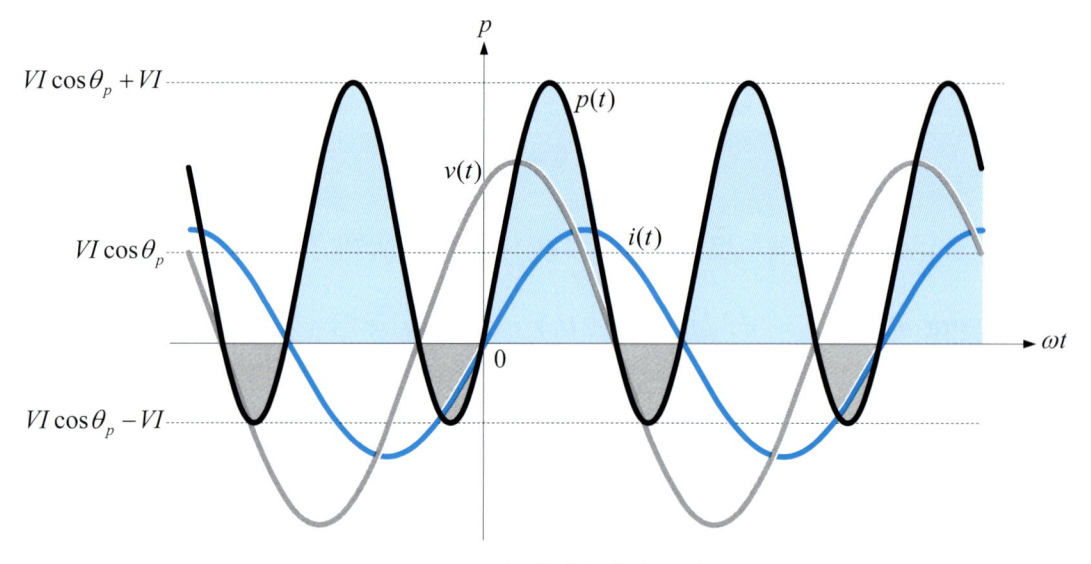

▲ 瞬間功率的波形

由上圖中可看出於交流電路中，其瞬間功率頻率為電流（或電壓）頻率的兩倍。而瞬間功率的最大值與最小值為：

1. 最大瞬間功率 $P_{\max} = VI\cos\theta_p + VI$ 〔W, 瓦特〕
   〔當 $\cos(2\omega t + \theta_v + \theta_i) = -1$ 時〕

2. 最小瞬間功率 $P_{\min} = VI\cos\theta_p - VI$ 〔W, 瓦特〕
   〔當 $\cos(2\omega t + \theta_v + \theta_i) = 1$ 時〕

重點提示 瞬間功率 $p(t)$ 介於 $VI\cos\theta_p + VI$ 與 $VI\cos\theta_p - VI$ 之間。

P.S. 功率因數角的定義有兩種：
1. 以電路電流為基準，$\theta_p = \theta_v - \theta_i = \theta_Z$（阻抗角），常用於電路學。（本書採用此種定義）
2. 以電路電壓為基準，$\theta_p = \theta_i - \theta_v = \theta_Y$（導納角），常用於電力系統。

10-2 平均功率

一 平均功率 P（又稱為有效功率、實功率、有功功率）

1. 定義：於一個交流週期中，其瞬間功率之平均值。

2. 數學式：$P = VI\cos\theta_p$ 〔W, 瓦特〕

    $= I^2 R$（串聯電路適用 ∵ 串聯電路電流相同）

    $= V^2 G$（並聯電路適用 ∵ 並聯電路電壓相同）

    即：電路中有電阻 R 才有平均功率 P，且平均功率 P 恆為正值。

二 純電阻交流電路

在純電阻交流電路中，其電壓（$\overline{V}$）與電流（$\overline{I}$）的相位相同；即功率因數角：$\theta_p = \theta_v - \theta_i = 0°$。

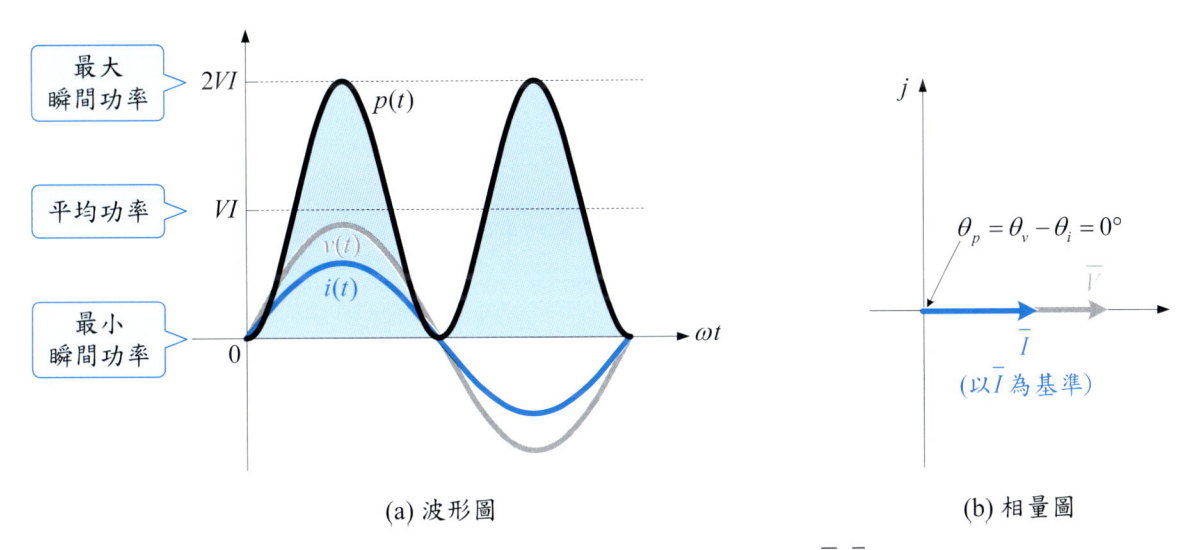

(a) 波形圖　　(b) 相量圖

▲ 純電阻交流電路中電壓、電流與功率的波形及 $\overline{V}$-$\overline{I}$ 相量圖

1. 瞬間功率：

    $p(t) = VI\cos\theta_p - VI\cos(2\omega t + \theta_v + \theta_i) = VI\cos\theta_p - VI\cos(2\omega t + \theta_p + 2\theta_i)$

    $= VI - VI\cos(2\omega t + 2\theta_i)$　（∵ $\theta_v = \theta_i$ ∴ $\theta_p = 0°$）

    (1) 若 θ_i、θ_v 為 $0°$，則 $p(t) = VI - VI\cos 2\omega t = VI(1 - \cos 2\omega t)$（如上圖所示）。

    (2) 在純電阻交流電路中，其瞬間功率波形呈正弦波變化，且皆為正值；而瞬間功率的頻率為電壓或電流頻率的兩倍。

(3) 最大瞬間功率：$P_{\max} = VI\cos\theta_p + VI = 2VI$　　（∵ $\theta_p = 0°$）

(4) 最小瞬間功率：$P_{\min} = VI\cos\theta_p - VI = 0$　　（∵ $\theta_p = 0°$）

2. 平均功率：$P = VI = I^2R = V^2G$

純電阻交流電路的平均功率與直流電路中的功率公式相同。

三　純電感交流電路

在純電感交流電路中，其電壓（$\overline{V}$）超前電流（$\overline{I}$）90°；即功率因數角：$\theta_p = \theta_v - \theta_i = 90°$。

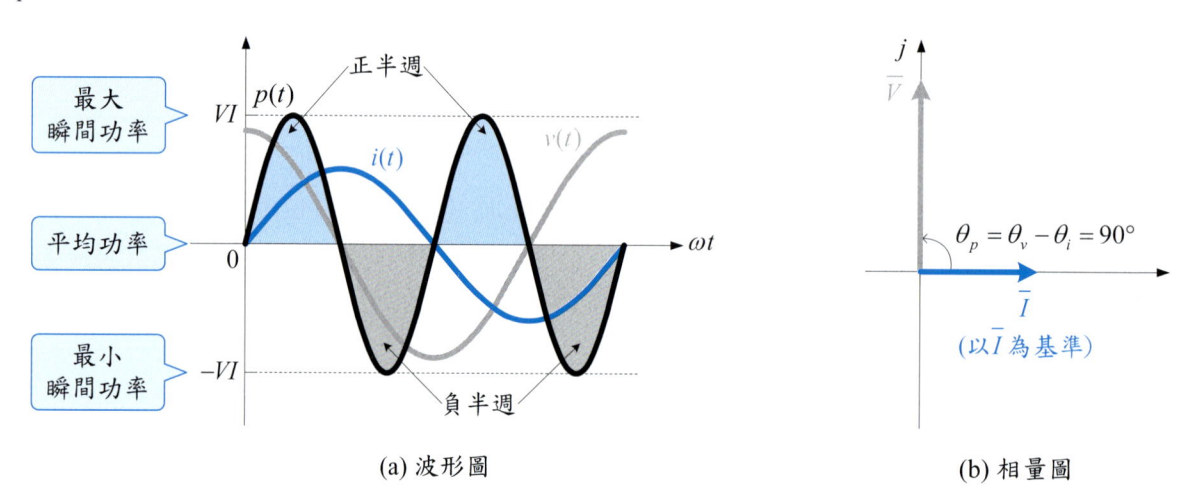

(a) 波形圖　　(b) 相量圖

▲純電感交流電路中電壓、電流與功率的波形及 $\overline{V}$-$\overline{I}$ 相量圖

1. 瞬間功率：

$$p(t) = VI\cos\theta_p - VI\cos(2\omega t + \theta_v + \theta_i)$$
$$= -VI\cos(2\omega t + \theta_v + \theta_i) \quad （∵ \theta_p = 90°）$$

(1) 若 $\theta_i = 0°$、$\theta_v = 90°$，則 $p(t) = VI\sin 2\omega t$（如上圖所示）。

(2) 純電感交流電路的瞬間功率波形呈正弦波變化，正半週與負半週相等，且相差180°，其功率頻率為電壓或電流頻率的兩倍。

(3) 最大瞬間功率：$P_{\max} = VI\cos\theta_p + VI = VI$　　（∵ $\theta_p = 90°$）

(4) 最小瞬間功率：$P_{\min} = VI\cos\theta_p - VI = -VI$　　（∵ $\theta_p = 90°$）

2. 平均功率：$P = VI\cos\theta_p = 0$　　（∵ $\theta_p = 90°$）

於純電感交流電路中，在一個功率週期內，電感器儲存與釋放的能量相等，且其電路無電阻，故沒有消耗任何功率，則平均功率為零，即 $P = 0$。

四 純電容交流電路

在純電容交流電路中,其電壓($\bar{V}$)落後電流($\bar{I}$)90°;即功率因數角:$\theta_p = \theta_v - \theta_i = -90°$。

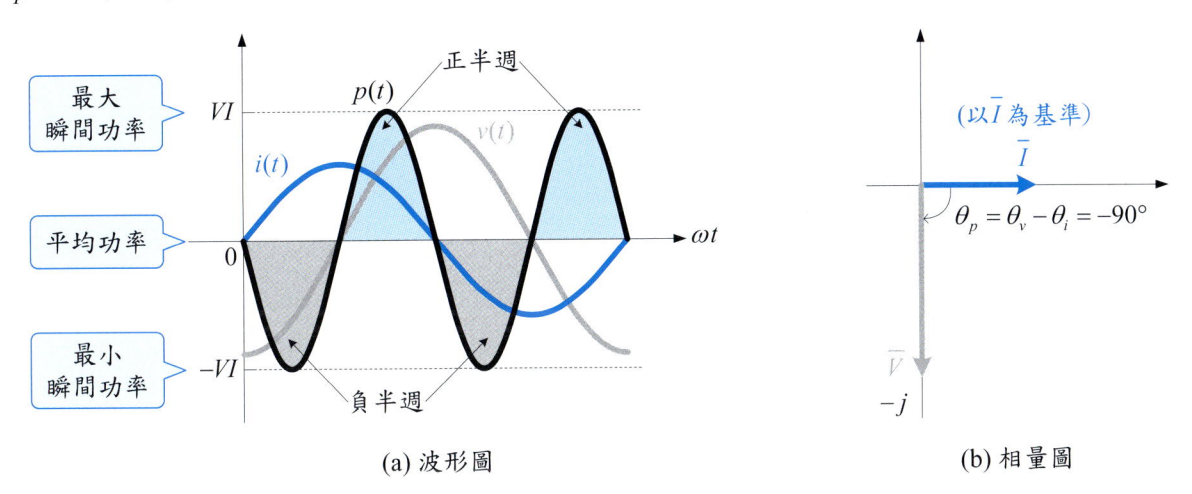

(a) 波形圖　　　　　(b) 相量圖

▲ 純電容交流電路中電壓、電流與功率的波形及 $\bar{V}$-$\bar{I}$ 相量圖

1. 瞬間功率:

   $$p(t) = VI\cos\theta_p - VI\cos(2\omega t + \theta_v + \theta_i)$$
   $$= -VI\cos(2\omega t + \theta_v + \theta_i) \quad (\because \theta_p = -90°)$$

   (1) 若 $\theta_i = 0°$、$\theta_v = -90°$,則 $p(t) = -VI\sin 2\omega t$(如上圖所示)。

   (2) 純電容交流電路之瞬間功率波形和純電感交流電路之瞬間功率波形皆呈正弦波變化,其正負半週相等,且功率波形之頻率為電壓或電流頻率的兩倍。

   (3) 最大瞬間功率:$P_{\max} = VI\cos\theta_p + VI = VI \quad (\because \theta_p = -90°)$

   (4) 最小瞬間功率:$P_{\min} = VI\cos\theta_p - VI = -VI \quad (\because \theta_p = -90°)$

2. 平均功率:$P = VI\cos\theta_p = 0 \quad (\because \theta_p = -90°)$

   於純電容交流電路中,在一個功率週期內,電容器儲存與釋放的能量相等,且其電路無電阻,故沒有消耗任何功率,則平均功率為零,即 $P = 0$。

基本電學（下）攻略本

五 電感性交流電路〔含RL串聯、RL並聯、RLC串聯（$X_L > X_C$）及RLC並聯（$B_L > B_C$）〕

在電感性交流電路中，電壓（$\bar{V}$）超前電流（$\bar{I}$）的相位，其功率因數角為正，即 $\theta_p = \theta_v - \theta_i > 0°$（$0° < \theta_p < 90°$）。

(a) 波形圖　　　　(b) 相量圖

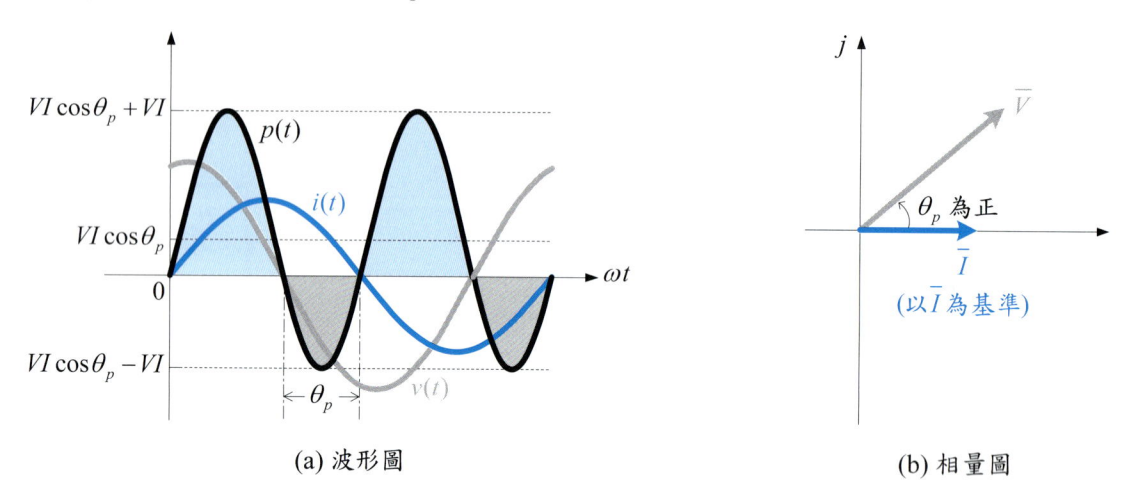

▲ 電感性交流電路中電壓、電流與功率的波形及 $\bar{V}$-$\bar{I}$ 相量圖

1. 瞬間功率：

    $p(t) = VI\cos\theta_p - VI\cos(2\omega t + \theta_v + \theta_i)$
    $ = VI\cos\theta_p - VI\cos(2\omega t + \theta_p + 2\theta_i)$

    (1) 若 $\theta_i = 0°$，則 $p(t) = VI\cos\theta_p - VI\cos(2\omega t + \theta_p)$
    $ = VI[\cos\theta_p - \cos(2\omega t + \theta_p)]$（如上圖所示）

    (2) 在電感性交流電路中，瞬間功率的波形呈正弦波變化，但正負半週並不相等；而瞬間功率的頻率亦為電壓或電流頻率的兩倍。

    (3) 最大瞬間功率：$P_{max} = VI\cos\theta_p + VI$　　（當 $\cos(2\omega t + \theta_p) = -1$ 時）

    (4) 最小瞬間功率：$P_{min} = VI\cos\theta_p - VI$　　（當 $\cos(2\omega t + \theta_p) = 1$ 時）

2. 平均功率：$P = VI\cos\theta_p$　　（式中 $0° < \theta_p < 90°$）

    在交流電路中必須存在有電阻 R，才會產生損耗的平均功率 P。平均功率 P 在串聯時與並聯時其公式如下：

    串聯電路：$P = VI\cos\theta_p = I^2R$　〔W，瓦特〕

    並聯電路：$P = VI\cos\theta_p = V^2G$　〔W，瓦特〕

10-8

六 電容性交流電路〔含RC串聯、RC並聯、RLC串聯（$X_C > X_L$）及RLC並聯（$B_C > B_L$）〕

在電容性交流電路中，電壓（$\overline{V}$）落後電流（$\overline{I}$）的相位，其功率因數角為負，即 $\theta_p = \theta_v - \theta_i < 0°$（$-90° < \theta_p < 0°$）。

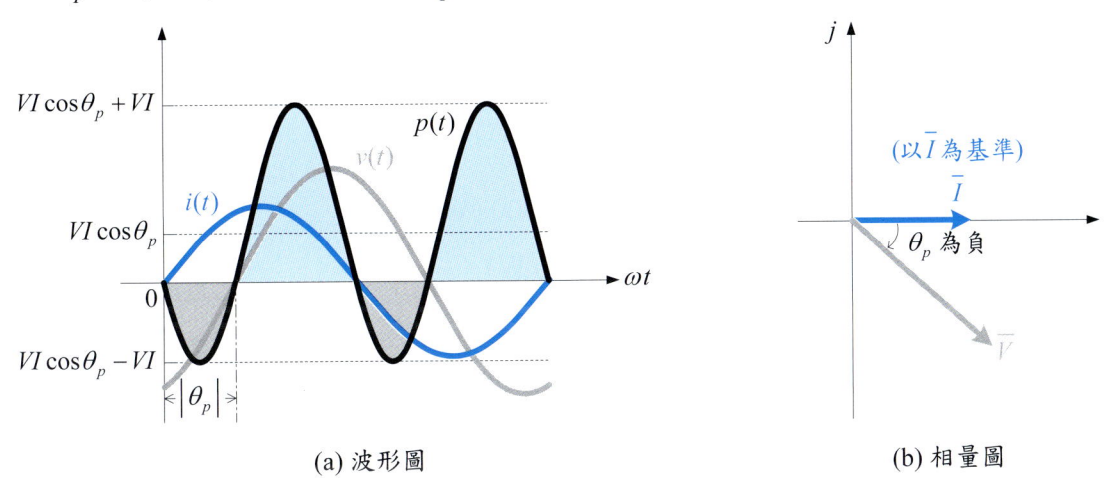

(a) 波形圖　　(b) 相量圖

▲ 電容性交流電路中電壓、電流與功率的波形及 $\overline{V}$-$\overline{I}$ 相量圖

1. 瞬間功率：

   $p(t) = VI\cos\theta_p - VI\cos(2\omega t + \theta_v + \theta_i)$
   $\quad\quad = VI\cos\theta_p - VI\cos(2\omega + \theta_p + 2\theta_i)$

   (1) 若 $\theta_i = 0°$，則 $p(t) = VI\cos\theta_p - VI\cos(2\omega t + \theta_p)$
   $\quad\quad\quad\quad\quad\quad\quad\quad = VI[\cos\theta_p - \cos(2\omega t + \theta_p)]$（如上圖所示）

   (2) 在電容性交流電路中，瞬間功率的波形呈正弦波變化，但正負半週並不相等；而瞬間功率的頻率亦為電壓或電流頻率的兩倍。

   (3) 最大瞬間功率：$P_{\max} = VI\cos\theta_p + VI$　　（當 $\cos(2\omega t + \theta_p) = -1$ 時）

   (4) 最小瞬間功率：$P_{\min} = VI\cos\theta_p - VI$　　（當 $\cos(2\omega t + \theta_p) = 1$ 時）

2. 平均功率：$P = VI\cos\theta_p$　　（式中　$-90° < \theta_p < 0°$）

   在交流電路中必須存在有電阻 R，才會產生損耗的平均功率 P。平均功率 P 在串聯時與並聯時其公式如下：

   串聯電路：$P = VI\cos\theta_p = I^2R$　〔W，瓦特〕

   並聯電路：$P = VI\cos\theta_p = V^2G$　〔W，瓦特〕

範例 1

有一純電阻交流電路，其電壓 $v(t) = 100\sqrt{2}\sin 377t$ V，$R = 20\,\Omega$，試求 $P = $ _____ W，$P_{\max} = $ _____ W，$P_{\min} = $ _____ W。

答 500，1000，0

解 (1) $V = 100\,(\text{V})$　　$I = \dfrac{V}{R} = \dfrac{100}{20} = 5\,(\text{A})$

$P = VI\cos\theta_p = VI = 100 \times 5 = 500\,(\text{W})$

(2) $P_{\max} = 2VI = 2 \times 100 \times 5 = 1000\,(\text{W})$

(3) $P_{\min} = 0\,(\text{W})$

範例 2

有一純電容交流電路，其電流 $i(t) = 10\sqrt{2}\sin 100t$ A，$C = 200\,\mu\text{F}$，試求 $P = $ _____ W，$P_{\max} = $ _____ W，$P_{\min} = $ _____ W。

答 0，5000，-5000

解 (1) $I = 10\,(\text{A})$　　$V = IX_C = 10 \times \dfrac{1}{100 \times (200 \times 10^{-6})} = 500\,(\text{V})$

$P = VI\cos\theta_p = VI\cos(-90°) = 0\,(\text{W})$

(2) $P_{\max} = VI = 500 \times 10 = 5000\,(\text{W})$

(3) $P_{\min} = -VI = -500 \times 10 = -5000\,(\text{W})$

範例 3

有一純電感交流電路，正弦波交流電壓 $v(t) = 50\sqrt{2}\sin 377t$ V，電感的感抗 $X_L = 5\,\Omega$，試求瞬間功率的頻率 f_p、最大值 $P_{\max}$、最小值 $P_{\min}$ 與平均功率 P 為多少？

解 (1) $f_p = 2f = 2 \times \dfrac{\omega}{2\pi} = 2 \times \dfrac{377}{2 \times 3.14} = 120\,(\text{Hz})$

(2) $V = \dfrac{V_m}{\sqrt{2}} = \dfrac{50\sqrt{2}}{\sqrt{2}} = 50\,(\text{V})$　　$I = \dfrac{V}{X_L} = \dfrac{50}{5} = 10\,(\text{A})$

$P_{\max} = VI\cos\theta_p + VI = VI = 50 \times 10 = 500\,(\text{W})$

(3) $P_{\min} = VI\cos\theta_p - VI = -VI = -50 \times 10 = -500\,(\text{W})$

(4) $P = VI\cos\theta_p = 0\,(\text{W})$（$\because \theta_p = 90°$）

10-3 虛功率

一 虛功率 Q（又稱為電抗功率、無效功率、無功功率）

1. 定義：是電容器或電感器與電路電源能量轉換的情況，其電容器或電感器所吸收或釋放的功率，而不消耗功率；於正半週時將電壓源供給的電能儲存；在負半週時，再將儲存的能量釋放至電路，送回到電源。

2. 數學式：

$$Q = VI\sin\theta_p \quad [\text{VAR, 乏爾（乏）}] \quad （式中 \theta_p = \theta_v - \theta_i）$$
$$= Q_L - Q_C \quad （式中 Q_L：電感器電抗功率；Q_C：電容器電抗功率）$$
$$= I^2(X_L - X_C) = I^2 X \quad （串聯電路適用 \because 串聯電路之電流相等）$$
$$= V^2(B_L - B_C) = V^2(-B) \quad （並聯電路適用 \because 並聯電路之電壓相等）$$

即：電路中有電抗（電感 L、電容 C）才有電抗功率 Q。

3. 依虛功率公式：$Q = VI\sin\theta_p$ 計算出來的 Q 值之正與負，僅表示其屬性為 "電感性電抗功率" 或 "電容性電抗功率" 而已，不是真正數值的正與負。

二 純電阻交流電路

於純電阻交流電路中，其電壓（$\overline{V}$）與電流（$\overline{I}$）同相位；即功率因數角：$\theta_p = \theta_v - \theta_i = 0°$。

$$Q = VI\sin\theta_p = 0 \quad [\text{乏, VAR}]$$

即：於純電阻交流電路中，沒有電抗（電感 L、電容 C），所以沒有電抗功率。即 $Q = 0$，$P = VI$。

三 純電感交流電路

於純電感交流電路中，其電壓（$\overline{V}$）超前電流（$\overline{I}$）90°；即功率因數角：$\theta_p = \theta_v - \theta_i = 90°$。

$$Q = VI\sin\theta_p = VI\sin 90° = VI \quad （正值是表示為電感性電抗功率）$$

即：於純電感交流電路中，只有電抗（電感 L）沒有電阻，所以只有虛功率 Q，是為電感器電抗功率 Q_L：$Q_L = VI$；沒有平均功率 P：$P = 0$。

四 純電容交流電路

於純電容交流電路中,其電壓($\bar{V}$)落後電流($\bar{I}$)90°;即功率因數角:$\theta_p = \theta_v - \theta_i = -90°$。

$$Q = VI\sin\theta_p = VI\sin(-90°) = -VI \quad \text{(負值是表示為電容性電抗功率)}$$

即:於純電容交流電路中,只有電抗(電容C)沒有電阻,所以只有虛功率Q,是為電容器電抗功率Q_C:$Q_C = VI$;沒有平均功率P:$P = 0$。

五 RL串聯交流電路

於RL串聯交流電路中,其功率因數角:$\theta_p = \theta_v - \theta_i$為正,所以虛功率$Q = VI\sin\theta_p$亦為正,正值是表示為電感性電抗功率,即$Q_{電感性} = Q_L = I^2 X_L$。且$P = I^2 R$。

六 RC串聯交流電路

於RC串聯交流電路中,其功率因數角:$\theta_p = \theta_v - \theta_i$為負,所以虛功率$Q = VI\sin\theta_p$亦為負,負值是表示為電容性電抗功率,即$Q_{電容性} = Q_C = I^2 X_C$。且$P = I^2 R$。

七 RLC串聯交流電路

1. 若$X_L > X_C$,是為電感性電路,其功率因數角:$\theta_p = \theta_v - \theta_i$為正,虛功率$Q = VI\sin\theta_p$亦為正,其電抗功率:$Q_L (= I^2 X_L) > Q_C (= I^2 X_C)$,則電路總電抗功率$Q = Q_L - Q_C > 0$為正,正值是表示總虛功率為電感性電抗功率,即$Q_{電感性} = Q_L - Q_C$。且$P = I^2 R$。

2. 若$X_C > X_L$,是為電容性電路,其功率因數角:$\theta_p = \theta_v - \theta_i$為負,虛功率$Q = VI\sin\theta_p$亦為負,其電抗功率:$Q_C (= I^2 X_C) > Q_L (= I^2 X_L)$,則電路總電抗功率$Q = Q_L - Q_C < 0$為負,負值是表示總虛功率為電容性電抗功率,即$Q_{電容性} = Q_C - Q_L$。且$P = I^2 R$。

八 RL並聯交流電路

於 RL 並聯交流電路中,其功率因數角:$\theta_p = \theta_v - \theta_i$ 為正,所以虛功率 $Q = VI\sin\theta_p$ 亦為正,正值是表示為電感性電抗功率,即 $Q_{電感性} = Q_L = V^2 B_L$。且 $P = V^2 G$。

九 RC並聯交流電路

於 RC 並聯交流電路中,其功率因數角:$\theta_p = \theta_v - \theta_i$ 為負,所以虛功率 $Q = VI\sin\theta_p$ 亦為負,負號是表示為電容性電抗功率,即 $Q_{電容性} = Q_C = V^2 B_C$。且 $P = V^2 G$。

十 RLC並聯交流電路

1. 若 $B_L > B_C$,是為電感性電路,其功率因數角:$\theta_p = \theta_v - \theta_i$ 為正,虛功率 $Q = VI\sin\theta_p$ 亦為正,其電抗功率:$Q_L (=V^2 B_L) > Q_C (=V^2 B_C)$,則電路總電抗功率 $Q = Q_L - Q_C > 0$ 為正,正值是表示總虛功率為電感性電抗功率,即 $Q_{電感性} = Q_L - Q_C$。且 $P = V^2 G$。

2. 若 $B_C > B_L$,是為電容性電路,其功率因數角:$\theta_p = \theta_v - \theta_i$ 為負,虛功率 $Q = VI\sin\theta_p$ 亦為負,其電抗功率:$Q_C (=V^2 B_C) > Q_L (=V^2 B_L)$,則電路總電抗功率 $Q = Q_L - Q_C < 0$ 為負,負值是表示總虛功率為電容性電抗功率,即 $Q_{電容性} = Q_C - Q_L$。且 $P = V^2 G$。

> **重點提示** Q為正時,是為電感性電抗功率。Q為負時,是為電容性電抗功率。

十一 虛功率討論

於 RLC 串聯、並聯或串並聯交流電路中,其總虛功率 Q 之值是將 "電感器電抗功率" 減 "電容器電抗功率",即 $Q = Q_L - Q_C$:

1. 若 $Q_L > Q_C$ 時,則總虛功率 Q 為電感性電抗功率,即 $Q_{電感性} = Q_L - Q_C$。
2. 若 $Q_C > Q_L$ 時,則總虛功率 Q 為電容性電抗功率,即 $Q_{電容性} = Q_C - Q_L$。

十二 各種交流電路之平均功率與虛功率彙整

各種交流電路的平均功率及虛功率整理如下表所示。

	功率因數角 ($\theta_p = \theta_v - \theta_i$)	平均功率 ($P = VI\cos\theta_p$)	虛功率 ($Q = VI\sin\theta_p$)
純電阻電路	$\theta_p = 0°$ （電流與電壓同相位）	$P = VI\cos 0°$ $= VI$ $= I^2R = \dfrac{V^2}{R} = V^2G$	$Q = VI\sin 0°$ $= 0$
純電容電路	$\theta_p = -90°$ （電壓滯後電流相位90°）	$P = VI\cos(-90°)$ $= 0$	$Q = VI\sin(-90°)$ $= -VI$（負值） 虛功率 Q 的大小等於電容器電抗功率 Q_C，且 $Q_C = VI = I^2X_C = \dfrac{V^2}{X_C}$ $= V^2B_C$
純電感電路	$\theta_p = 90°$ （電壓超前電流相位90°）	$P = VI\cos 90°$ $= 0$	$Q = VI\sin 90°$ $= VI$（正值） 虛功率 Q 的大小等於電感器電抗功率 Q_L，且 $Q_L = VI = I^2X_L = \dfrac{V^2}{X_L}$ $= V^2B_L$
RC串聯電路	$\theta_p = \theta_Z$ $= -\tan^{-1}\dfrac{X_C}{R}$ 為負 （電壓滯後電流$\tan^{-1}\dfrac{X_C}{R}$）	$P = VI\cos\theta_p$ $= I^2R$	$Q = VI\sin\theta_p$（負值） 虛功率 Q 為電容性電抗功率，大小等於 Q_C，且 $Q_C = I^2X_C$ $= VI\sin|\theta_p|$
RL串聯電路	$\theta_p = \theta_Z$ $= +\tan^{-1}\dfrac{X_L}{R}$ 為正 （電壓超前電流$\tan^{-1}\dfrac{X_L}{R}$）	$P = VI\cos\theta_p$ $= I^2R$	$Q = VI\sin\theta_p$（正值） 虛功率 Q 為電感性電抗功率，大小等於 Q_L，且 $Q_L = I^2X_L$ $= VI\sin\theta_p$

接下頁…

CH 10 交流電功率

	功率因數角 ($\theta_p = \theta_v - \theta_i$)	平均功率 ($P = VI\cos\theta_p$)	虛功率 ($Q = VI\sin\theta_p$)
RLC 串聯 電路	若 $X_C > X_L$，則 θ_p 為負 $\theta_p = \theta_Z$ $= +\tan^{-1}\dfrac{X_L - X_C}{R}$ $= -\tan^{-1}\dfrac{X_C - X_L}{R}$	$P = VI\cos\theta_p$ $= I^2 R$	$Q = VI\sin\theta_p$（負值） 虛功率 Q 為電容性電抗功率，大小等於 $Q_C - Q_L$，且 $Q_{電容性} = Q_C - Q_L$ $= I^2(X_C - X_L)$
	若 $X_L > X_C$，則 θ_p 為正 $\theta_p = \theta_Z$ $= +\tan^{-1}\dfrac{X_L - X_C}{R}$	$P = VI\cos\theta_p$ $= I^2 R$	$Q = VI\sin\theta_p$（正值） 虛功率 Q 為電感性電抗功率，大小等於 $Q_L - Q_C$，且 $Q_{電感性} = Q_L - Q_C$ $= I^2(X_L - X_C)$
RC 並聯 電路	$\theta_p = -\theta_Y$ $= -\tan^{-1}\dfrac{B_C}{G}$ 為負 （電壓滯後電流 $\tan^{-1}\dfrac{B_C}{G}$）	$P = VI\cos\theta_p$ $= \dfrac{V^2}{R} = V^2 G$	$Q = VI\sin\theta_p$（負值） 虛功率 Q 為電容性電抗功率，大小等於 Q_C，且 $Q_C = \dfrac{V^2}{X_C} = V^2 B_C$
RL 並聯 電路	$\theta_p = -\theta_Y$ $= +\tan^{-1}\dfrac{B_L}{G}$ 為正 （電壓超前電流 $\tan^{-1}\dfrac{B_L}{G}$）	$P = VI\cos\theta_p$ $= \dfrac{V^2}{R} = V^2 G$	$Q = VI\sin\theta_p$（正值） 虛功率 Q 為電感性電抗功率，大小等於 Q_L，且 $Q_L = \dfrac{V^2}{X_L} = V^2 B_L$
RLC 並聯 電路	若 $B_C > B_L$，則 θ_p 為負 $\theta_p = -\theta_Y$ $= -\tan^{-1}\dfrac{B_C - B_L}{G}$	$P = VI\cos\theta_p$ $= \dfrac{V^2}{R} = V^2 G$	$Q = VI\sin\theta_p$（負值） 虛功率 Q 為電容性電抗功率，大小等於 $Q_C - Q_L$，且 $Q_{電容性} = Q_C - Q_L$ $= V^2(B_C - B_L)$
	若 $B_L > B_C$，則 θ_p 為正 $\theta_p = -\theta_Y$ $= -\tan^{-1}\dfrac{B_C - B_L}{G}$ $= +\tan^{-1}\dfrac{B_L - B_C}{G}$	$P = VI\cos\theta_p$ $= \dfrac{V^2}{R} = V^2 G$	$Q = VI\sin\theta_p$（正值） 虛功率 Q 為電感性電抗功率，大小等於 $Q_L - Q_C$，且 $Q_{電感性} = Q_L - Q_C$ $= V^2(B_L - B_C)$

P.S. Q 為正值時，表示為電感性電抗功率；Q 為負值時，表示為電容性電抗功率。

θ_p：功率因數角，θ_Z：電路阻抗角，θ_Y：電路導納角。（註：$\theta_P = \theta_Z = -\theta_Y$）

基本電學（下）攻略本

範例 4

一交流電路的電壓及電流分別為 $\bar{V} = 20\angle 0°$ V、$\bar{I} = 5\angle 60°$ A，試求電路的平均功率 P 與虛功率 Q 為多少？

解 $\theta_p = \theta_v - \theta_i = 0° - 60° = -60°$

$P = VI\cos\theta_p = 20 \times 5 \times \cos(-60°) = 50$ (W)

$Q = VI\sin\theta_p = 20 \times 5 \times \sin(-60°) = -50\sqrt{3}$ (VAR)

（負值表示為電容性電抗功率）

∴ 虛功率 Q 為 $50\sqrt{3}$ VAR 電容性電抗功率

範例 5

有一 RLC 並聯交流電路，其 $\bar{I} = 5\angle 0°$ A，$R = 8\,\Omega$，$X_L = 4\,\Omega$，$X_C = 8\,\Omega$，試求電路的平均功率 P 與虛功率 Q 為多少？

解 $\bar{Y} = G + j(B_C - B_L) = \dfrac{1}{8} + j(\dfrac{1}{8} - \dfrac{1}{4}) = \dfrac{1}{8} - j\dfrac{1}{8}$

$= \sqrt{(\dfrac{1}{8})^2 + (-\dfrac{1}{8})^2} \angle -\tan^{-1}\dfrac{\frac{1}{8}}{\frac{1}{8}} = \dfrac{\sqrt{2}}{8}\angle -45°$ (S)

$\bar{V} = \dfrac{\bar{I}}{\bar{Y}} = \dfrac{5\angle 0°}{\dfrac{\sqrt{2}}{8}\angle -45°} = 20\sqrt{2}\angle 45°$ (V)

功率因數角：$\theta_p = \theta_v - \theta_i = 45° - 0° = 45°$

$P = VI\cos\theta_p = 20\sqrt{2} \times 5 \times \cos 45° = 100$ (W)

$Q = VI\sin\theta_p = 20\sqrt{2} \times 5 \times \sin 45° = 100$ (VAR)

（正值表示為電感性電抗功率）

∴ 虛功率 Q 為 100 VAR 電感性電抗功率

另解 $P = V^2 G = (20\sqrt{2})^2 \times \dfrac{1}{8} = 100$ (W)

$Q = V^2(B_L - B_C) = (20\sqrt{2})^2 \times (\dfrac{1}{4} - \dfrac{1}{8}) = 100$ (VAR)（電感性）

∴ 虛功率 Q 為 100 VAR 電感性電抗功率

10-4 視在功率

一 視在功率 S（又稱為伏安功率）

1. 定義：於交流電路中，其電壓有效值（V）與電流有效值（I）的乘積。不是實際電路所消耗的功率。可用來表示電力電機設備之容量。

2. 數學式：

$$S = VI = \sqrt{P^2 + Q^2} \quad \text{〔VA，伏安〕}$$

$$= I^2 Z \quad \text{（串聯電路適用 ∵ 串聯電路之電流相等）}$$

$$= V^2 Y \quad \text{（並聯電路適用 ∵ 並聯電路之電壓相等）}$$

※ 二 複數功率（本書以電路電流 $\bar{I}$ 之相位為基準）

$$\bar{S} = \bar{V} \cdot \bar{I}^* \quad \text{（式中 } \bar{I}^* \text{ 為 } \bar{I} \text{ 之共軛複數）}$$

$$\bar{S} = P + j(Q_L - Q_C) = P \pm jQ$$

（$+jQ$ 表電感性電抗功率，$-jQ$ 表電容性電抗功率）

$$\bar{S} = I^2[R + j(X_L - X_C)] \quad \text{（串聯電路適用）}$$

$$\bar{S} = V^2[G + j(B_L - B_C)] \quad \text{（並聯電路適用）}$$

P.S. 若於電力系統，其功率因數角以電路電壓 $\bar{V}$ 為基準時，則

$$\bar{S} = \bar{V}^* \cdot \bar{I} = P + j(Q_C - Q_L) = P \pm jQ \quad (+jQ \text{ 表電容性，} -jQ \text{ 表電感性})$$

三 功率三角形

1. 定義：由視在功率（S）、平均功率（P）及電抗功率（Q）之關係所繪出之三角形。

2. 數學式：

$$S = VI = \sqrt{P^2 + Q^2} \quad \text{〔VA，伏安〕}$$

$$P = S\cos\theta_p = \sqrt{S^2 - Q^2} \quad \text{〔W，瓦特〕}$$

$$Q = S\sin\theta_p = \sqrt{S^2 - P^2} \quad \text{〔VAR，乏爾〕}$$

※3. 功率三角形圖：（$\theta_p = \theta_v - \theta_i$）

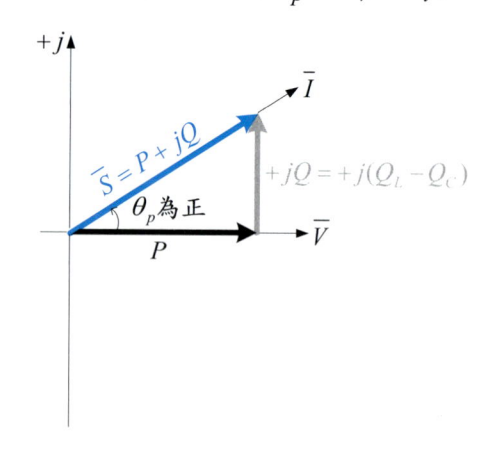

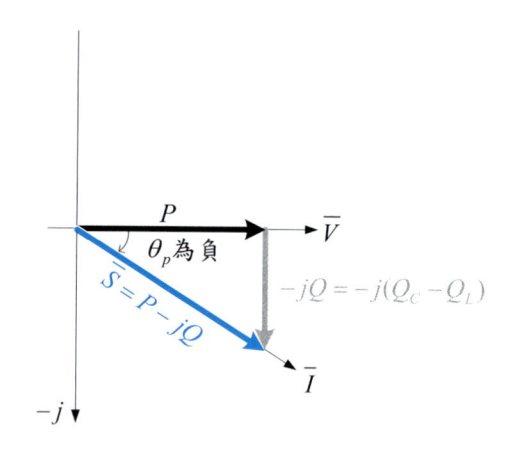

(a) 電感性電路之功率三角形圖（$Q_L > Q_C$）　　(b) 電容性電路之功率三角形圖（$Q_C > Q_L$）

(1) 若$Q_L > Q_C$，即$\overline{S} = P + jQ$。

圖(a)為電感性電路之功率三角形圖，於串聯電路時為$X_L > X_C$，並聯電路時為$B_L > B_C$；即$Q_L > Q_C$，$\overline{S} = P + jQ$。即電路呈電感性電路。

(2) 若$Q_C > Q_L$，即$\overline{S} = P - jQ$。

圖(b)為電容性電路之功率三角形圖，於串聯電路時為$X_C > X_L$，並聯電路時為$B_C > B_L$；即$Q_C > Q_L$，$\overline{S} = P - jQ$。即電路呈電容性電路。

範例 6

有一RL串聯交流電路，其電壓$v(t) = 100\sqrt{2}\sin 100t$ V，$R = 30\,\Omega$，$X_L = 40\,\Omega$，試求$S = $ _____ VA，$\overline{S} = $ _____ VA。

答 200，$120 + j160$

解 $V = 100$ (V)

$Z = \sqrt{R^2 + X_L^2} = \sqrt{30^2 + 40^2} = 50\,(\Omega)$

$I = \dfrac{V}{Z} = \dfrac{100}{50} = 2$ (A)

$S = VI = 100 \times 2 = 200$ (VA)

$\overline{S} = P + jQ_L = I^2 R + jI^2 X_L$
$= 2^2 \times 30 + j(2^2 \times 40) = 120 + j160$ (VA)

10-18

範例 7

有一 RL 並聯交流電路，其電流 $i(t) = 10\sqrt{2}\sin 100t$ A，$R = 50\,\Omega$，$X_L = 50\,\Omega$，試求 $S = $ _____ VA，$\overline{S} = $ _____ VA。

答 $2500\sqrt{2}$，$2500 + j2500$

解 $I = 10$ (A)　　$G = \dfrac{1}{R} = \dfrac{1}{50}$ (S)　　$B_L = \dfrac{1}{X_L} = \dfrac{1}{50}$ (S)

$Y = \sqrt{G^2 + B_L^2} = \sqrt{(\dfrac{1}{50})^2 + (\dfrac{1}{50})^2} = \dfrac{\sqrt{2}}{50}$ (S)

$V = \dfrac{I}{Y} = \dfrac{10}{\dfrac{\sqrt{2}}{50}} = \dfrac{500}{\sqrt{2}} = 250\sqrt{2}$ (V)

$S = VI = 250\sqrt{2} \times 10 = 2500\sqrt{2}$ (VA)

$\overline{S} = P + jQ_L = V^2 G + jV^2 B_L = \dfrac{(250\sqrt{2})^2}{50} + j\dfrac{(250\sqrt{2})^2}{50} = 2500 + j2500$ (VA)

10-5　功率因數

一　功率因數的定義

1. 於交流電路中，其平均功率 P 與視在功率 S 之比值是為功率因數（**Power Factor**）。由交流電路中，其功率因數角（$\theta_p = \theta_v - \theta_i$）的餘弦（即：$\cos\theta_p$）也可得到電路之功率因數。以 $P.F.$ 表示之；無單位。

   重點提示
   功率因數恆為正值（當 $0 \le \theta \le 90°$，其 $\cos(-\theta) = \cos\theta$）。

2. 數學式：

   $P.F. = \cos\theta_p = \dfrac{P}{S}$　（式中 θ_p：功率因數角）

   　　　$= \dfrac{R}{Z} = \dfrac{V_R}{V}$　（串聯電路適用）

   　　　$= \dfrac{G}{Y} = \dfrac{I_R}{I}$　（並聯電路適用）

10-19

二 基本交流電路之功率因數（P.F.）

一般電力系統是以電路電壓（V）為基準來定義功率因數的"超前"或"滯後"；所以電路為電感性電路時，其電路電流（I）落後電路電壓（V），則功率因數（$P.F.$）為落後功率因數。若電路為電容性電路時，其電路電流（I）超前電路電壓（V），則功率因數（$P.F.$）為超前功率因數。

交流電路	功率因數	說明
純電阻電路	$P.F. = \cos 0° = 1$	功率因數為最大
純電容電路	$P.F. = \cos(-90°) = 0$	功率因數為最小
純電感電路	$P.F. = \cos 90° = 0$	功率因數為最小
RC 串聯電路	$P.F. = \cos\theta_p = \dfrac{P}{S}$ $= \dfrac{R}{Z} = \dfrac{R}{\sqrt{R^2 + X_C^2}}$	屬於電容性電路，其 $P.F.$ 為超前功率因數
RL 串聯電路	$P.F. = \cos\theta_p = \dfrac{P}{S}$ $= \dfrac{R}{Z} = \dfrac{R}{\sqrt{R^2 + X_L^2}}$	屬於電感性電路，其 $P.F.$ 為滯後功率因數
RLC 串聯電路	$P.F. = \cos\theta_p = \dfrac{P}{S} = \dfrac{R}{Z}$ $= \dfrac{R}{\sqrt{R^2 + (X_L - X_C)^2}}$	(1) 若 $X_C > X_L$ 或 $Q_C > Q_L$，屬於電容性電路，其 $P.F.$ 為超前功率因數 (2) 若 $X_L > X_C$ 或 $Q_L > Q_C$，屬於電感性電路，其 $P.F.$ 為滯後功率因數
RC 並聯電路	$P.F. = \cos\theta_p = \dfrac{P}{S}$ $= \dfrac{G}{Y} = \dfrac{G}{\sqrt{G^2 + B_C^2}}$ $= \dfrac{X_C}{\sqrt{R^2 + X_C^2}}$	屬於電容性電路，其 $P.F.$ 為超前功率因數
RL 並聯電路	$P.F. = \cos\theta_p = \dfrac{P}{S}$ $= \dfrac{G}{Y} = \dfrac{G}{\sqrt{G^2 + B_L^2}}$ $= \dfrac{X_L}{\sqrt{R^2 + X_L^2}}$	屬於電感性電路，其 $P.F.$ 為滯後功率因數

接下頁...

交流電路	功率因數	說明
RLC 並聯電路	$P.F. = \cos\theta_p = \dfrac{P}{S} = \dfrac{G}{Y}$ $= \dfrac{G}{\sqrt{G^2+(B_C-B_L)^2}}$	(1) 若 $B_C > B_L$ 或 $Q_C > Q_L$，屬於電容性電路，其 $P.F.$ 為超前功率因數 (2) 若 $B_L > B_C$ 或 $Q_L > Q_C$，屬於電感性電路，其 $P.F.$ 為滯後功率因數

P.S. θ_p：功率因數角，θ_Z：電路阻抗角，θ_Y：電路導納角。（註：$\theta_P = \theta_Z = -\theta_Y$）

三 平均功率

$$P = VI\cos\theta_p = VI(P.F.) = S(P.F.)$$

四 虛功率

$$Q = VI\sin\theta_p = VI\sqrt{1-(\cos\theta_p)^2} = VI\sqrt{1-(P.F.)^2} = S\sqrt{1-(P.F.)^2}$$

五 改善功率因數

1. 若有一電路其平均功率為 P，相位角為 θ_1，為求功率因數之改善而並聯一電容 C 後之相位角為 θ_2，則其電容器之容量 Q_C 為：

$$Q_C = P(\tan\theta_1 - \tan\theta_2) = P\left(\dfrac{\sin\theta_1}{\cos\theta_1} - \dfrac{\sin\theta_2}{\cos\theta_2}\right)$$

$$= P\left(\dfrac{\sqrt{1-\cos^2\theta_1}}{\cos\theta_1} - \dfrac{\sqrt{1-\cos^2\theta_2}}{\cos\theta_2}\right) \quad \text{〔VAR, 乏〕}$$

$$C = \dfrac{Q_C}{2\pi f V^2} = \dfrac{Q_C}{\omega V^2} \quad \text{〔F, 法拉〕}$$

（$\because Q_C = V^2 B_C = V^2(2\pi f C) = V^2 \omega C$）

2. 若有一交流電路，其串聯時之 $P.F. = \cos\theta_S$，功率為 P_S；並聯時之 $P.F. = \cos\theta_P$，功率為 P_P，則：

$$\theta_S + \theta_P = 90° \quad \cos^2\theta_S + \cos^2\theta_P = 1 \quad P_S = P_P\cos^2\theta_S$$

基本電學（下）攻略本

六 本單元常用之數據

功率相位角：θ_p	0°	30°	37°	45°	53°	60°
$\cos\theta_p$ 功率因數（$P.F.$）	1	$\dfrac{\sqrt{3}}{2}$ (0.866)	$\dfrac{4}{5}$ (0.8)	$\dfrac{\sqrt{2}}{2}$ (0.707)	$\dfrac{3}{5}$ (0.6)	$\dfrac{1}{2}$ (0.5)
$\sin\theta_p\ (=\sqrt{1-\cos^2\theta_p})$	0	$\dfrac{1}{2}$ (0.5)	$\dfrac{3}{5}$ (0.6)	$\dfrac{\sqrt{2}}{2}$ (0.707)	$\dfrac{4}{5}$ (0.8)	$\dfrac{\sqrt{3}}{2}$ (0.866)
$\tan\theta_p\ (=\dfrac{\sin\theta_p}{\cos\theta_p})$	0	$\dfrac{1}{\sqrt{3}}$ (0.577)	$\dfrac{3}{5}$ (0.75)	1	$\dfrac{3}{5}$ (1.33)	$\sqrt{3}$ (1.732)

七 基本交流電路之功率特性

交流電路	平均功率 ($P=VI\cos\theta_p$)	虛功率 ($Q=VI\sin\theta_p$)	功率因數 ($P.F.=\cos\theta_p$)	功率因數角 ($\theta_p=\theta_v-\theta_i$)
純電阻	$P = VI\cos 0°$ $= VI$ $= I^2R = V^2G$	$Q = VI\sin 0°$ $= 0$	$P.F. = \cos 0°$ $= 1$	$\theta_p = 0°$
純電容	$P = VI\cos(-90°)$ $= 0$	$Q = VI\sin(-90°)$ $= -VI$（負值） $Q_C = VI = I^2X_C$ $= V^2B_C$ $Q = -Q_C$	$P.F. = \cos(-90°)$ $= 0$	$\theta_p = -90°$
純電感	$P = VI\cos 90°$ $= 0$	$Q = VI\sin 90°$ $= VI$（正值） $Q_L = VI = I^2X_L$ $= V^2B_L$ $Q = Q_L$	$P.F. = \cos 90°$ $= 0$	$\theta_p = 90°$

接下頁…

CH 10 交流電功率

交流電路	平均功率 ($P = VI\cos\theta_p$)	虛功率 ($Q = VI\sin\theta_p$)	功率因數 ($P.F. = \cos\theta_p$)	功率因數角 ($\theta_p = \theta_v - \theta_i$)
RC 串聯	$P = VI\cos\theta_p$ $= I^2R$	$Q = VI\sin\theta_p$（負值） $Q_C = I^2X_C$ $Q = -Q_C = -I^2X_C$	$P.F. = \cos\theta_p = \dfrac{P}{S}$ $= \dfrac{R}{Z} = \dfrac{V_R}{V}$ （超前功率因數）	$\theta_p = \theta_Z$ $= -\tan^{-1}\dfrac{X_C}{R}$ 式中 θ_Z：電路阻抗角
RL 串聯	$P = VI\cos\theta_p$ $= I^2R$	$Q = VI\sin\theta_p$（正值） $Q_L = I^2X_L$ $Q = Q_L = I^2X_L$	$P.F. = \cos\theta_p = \dfrac{P}{S}$ $= \dfrac{R}{Z} = \dfrac{V_R}{V}$ （滯後功率因數）	$\theta_p = \theta_Z$ $= +\tan^{-1}\dfrac{X_L}{R}$
RLC 串聯	$P = VI\cos\theta_p$ $= I^2R$	$Q = VI\sin\theta_p$ $= Q_L - Q_C$ $= I^2(X_L - X_C)$ (1) 若 $X_C > X_L$，則為電容性虛功率 (2) 若 $X_L > X_C$，則為電感性虛功率	$P.F. = \cos\theta_p$ $= \dfrac{P}{S} = \dfrac{R}{Z}$ (1) 若 $X_C > X_L$，則為超前功率因數 (2) 若 $X_L > X_C$，則為滯後功率因數	$\theta_p = \theta_Z$ $= \tan^{-1}\dfrac{X_L - X_C}{R}$
RC 並聯	$P = VI\cos\theta_p$ $= V^2G$ $= \dfrac{V^2}{R}$	$Q = VI\sin\theta_p$（負值） $Q_C = V^2B_C$ $= \dfrac{V^2}{X_C}$ $Q = -Q_C = -V^2B_C$	$P.F. = \cos\theta_p = \dfrac{P}{S}$ $= \dfrac{G}{Y} = \dfrac{I_R}{I}$ （超前功率因數）	$\theta_p = -\theta_Y$ $= -\tan^{-1}\dfrac{B_C}{G}$ $= -\tan^{-1}\dfrac{R}{X_C}$ 式中 θ_Y：電路導納角
RL 並聯	$P = VI\cos\theta_p$ $= V^2G$ $= \dfrac{V^2}{R}$	$Q = VI\sin\theta_p$（正值） $Q_L = V^2B_L$ $= \dfrac{V^2}{X_L}$ $Q = Q_L = V^2B_L$	$P.F. = \cos\theta_p = \dfrac{P}{S}$ $= \dfrac{G}{Y} = \dfrac{I_R}{I}$ （滯後功率因數）	$\theta_p = -\theta_Y$ $= +\tan^{-1}\dfrac{B_L}{G}$ $= +\tan^{-1}\dfrac{R}{X_L}$
RLC 並聯	$P = VI\cos\theta_p$ $= V^2G$	$Q = VI\sin\theta_p$ $= Q_L - Q_C$ $= V^2(B_L - B_C)$ (1) 若 $B_C > B_L$，則為電容性虛功率 (2) 若 $B_L > B_C$，則為電感性虛功率	$P.F. = \cos\theta_p$ $= \dfrac{P}{S} = \dfrac{G}{Y}$ (1) 若 $B_C > B_L$，則為超前功率因數 (2) 若 $B_L > B_C$，則為滯後功率因數	$\theta_p = -\theta_Y$ $= \tan^{-1}\dfrac{B_L - B_C}{R}$

P.S. Q 為正值時，表示為電感性電抗功率；Q 為負值時，表示為電容性電抗功率。

範例 8

有一 RLC 串聯交流電路，若 $\overline{I} = 2\angle 0°$ A，$R = 40\,\Omega$，$X_L = 30\,\Omega$，$X_C = 60\,\Omega$，試求：

(1) 總阻抗 $\overline{Z}$、Z (2) 總電壓 $\overline{V}$、V

(3) 電阻器電壓 $\overline{V_R}$、V_R (4) 電感器電壓 $\overline{V_L}$、V_L

(5) 電容器電壓 $\overline{V_C}$、V_C (6) 平均功率 P

(7) 虛功率 Q (8) 視在功率 $\overline{S}$、S

(9) 功率因數 $P.F.$ 為多少？

解

(1) $\overline{Z} = R + j(X_L - X_C) = 40 + j(30-60) = 40 - j30$

$= \sqrt{40^2 + (-30)^2} \angle \tan^{-1}\dfrac{-30}{40} = 50\angle -37°\,(\Omega)$

$Z = 50\,(\Omega)$ $\theta_Z = -37°$

(2) $\overline{V} = \overline{I} \cdot \overline{Z} = (2\angle 0°)\cdot(50\angle -37°) = 100\angle -37°\,(V)$ $V = 100\,(V)$

(3) $\overline{V_R} = \overline{I} \cdot R = (2\angle 0°)\cdot(40) = 80\angle 0°\,(V)$ $V_R = 80\,(V)$

(4) $\overline{V_L} = \overline{I} \cdot \overline{X_L} = (2\angle 0°)\cdot(30\angle 90°) = 60\angle 90°\,(V)$ $V_L = 60\,(V)$

(5) $\overline{V_C} = \overline{I} \cdot \overline{X_C} = (2\angle 0°)\cdot(60\angle -90°) = 120\angle -90°\,(V)$ $V_C = 120\,(V)$

(6) **解法一** $\theta_p = \theta_v - \theta_i = (-37°) - 0° = -37°$ 或 $\theta_p = \theta_Z = -37°$

$P = VI\cos\theta_p = 100\times 2\times \cos(-37°) = 160\,(W)$

解法二 $P = I^2 R = 2^2 \times 40 = 160\,(W)$

（或 $P = \dfrac{V_R^2}{R} = \dfrac{80^2}{40} = 160\,(W)$）

(7) **解法一** $Q = VI\sin\theta_p = 100\times 2\times \sin(-37°) = -120\,(VAR)$

（負值表示為電容性電抗功率）

$\therefore$ 虛功率 Q 為 120 VAR 電容性電抗功率

解法二 $Q = Q_L - Q_C = I^2 X_L - I^2 X_C = 2^2\times 30 - 2^2\times 60 = -120\,(VAR)$

（或 $Q = Q_L - Q_C = \dfrac{V_L^2}{X_L} - \dfrac{V_C^2}{X_C} = \dfrac{60^2}{30} - \dfrac{120^2}{60} = -120\,(VAR)$）

(8) ∵ $X_C > X_L$ 為電容性電路，其虛功率為 $-jQ$：

解法一 $\overline{S} = P + jQ = 160 - j120$ (VA)

解法二 $\overline{S} = \overline{V} \cdot \overline{I}^* = (100\angle-37°) \cdot (2\angle 0°)^* = 200\angle-37°$ (VA)

$S = VI = I^2 Z = \sqrt{P^2 + Q^2} = 200$ (VA)

(9) $P.F. = \cos\theta_p = \dfrac{R}{Z} = \dfrac{V_R}{V} = \dfrac{P}{S} = \cos(-37°) = \dfrac{40}{50} = \dfrac{80}{100} = \dfrac{160}{200} = 0.8$

∵ $X_C > X_L$，電路呈電容性　　∴ $P.F.$ 為超前功率因數

電路的各相量圖如下：

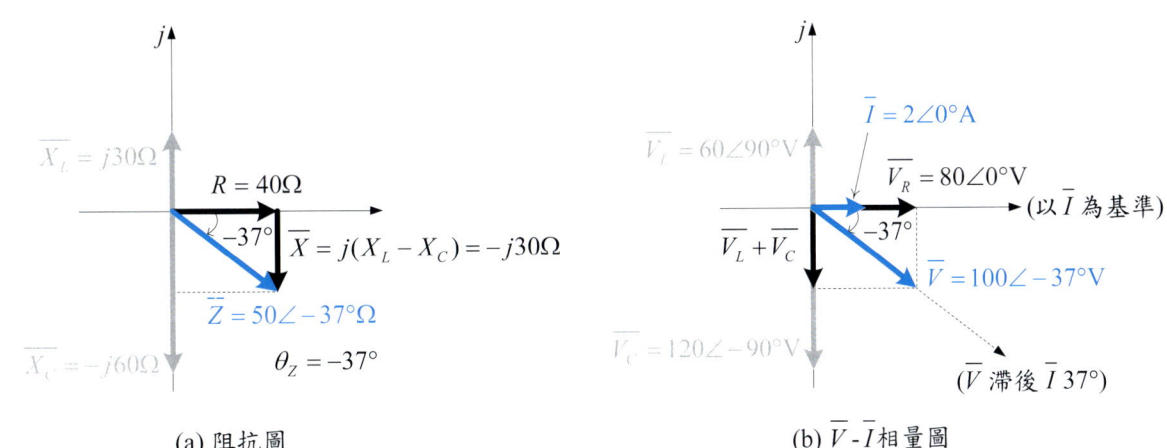

(a) 阻抗圖

(b) $\overline{V}$-$\overline{I}$ 相量圖

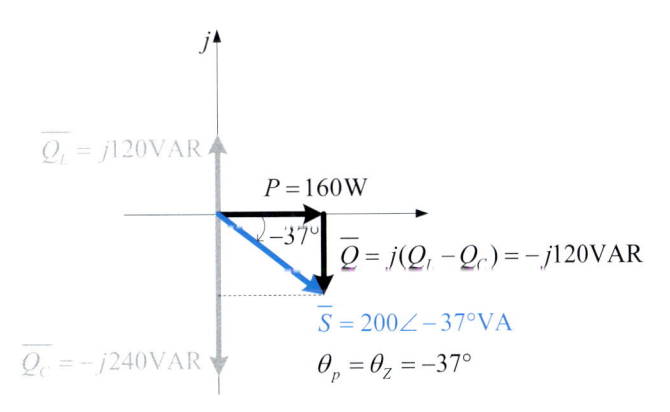

(c) 功率相量圖

範例 9

有一 RLC 並聯交流電路，若 $\overline{I} = 5\angle 0°$ A，$R = 25\,\Omega$，$X_L = 50\,\Omega$，$X_C = 20\,\Omega$，試求：

(1) 總導納 $\overline{Y}$、Y
(2) 總電壓 $\overline{V}$、V
(3) 電阻器電流 $\overline{I_R}$、I_R
(4) 電感器電流 $\overline{I_L}$、I_L
(5) 電容器電流 $\overline{I_C}$、I_C
(6) 平均功率 P
(7) 虛功率 Q
(8) 視在功率 $\overline{S}$、S
(9) 功率因數 $P.F.$ 為多少？

解 電導：$G = \dfrac{1}{R} = \dfrac{1}{25} = 0.04$ (S)

電感納：$B_L = \dfrac{1}{X_L} = \dfrac{1}{50} = 0.02$ (S)

電容納：$B_C = \dfrac{1}{X_C} = \dfrac{1}{20} = 0.05$ (S)

(1) $\overline{Y} = G + j(B_C - B_L) = 0.04 + j(0.05 - 0.02) = 0.04 + j0.03$

$= \sqrt{(0.04)^2 + (0.03)^2} \angle \tan^{-1}\dfrac{0.03}{0.04} = 0.05\angle 37°$ (S)

$Y = 0.05$ (S)　　$\theta_Y = 37°$

(2) $\overline{V} = \dfrac{\overline{I}}{\overline{Y}} = \dfrac{5\angle 0°}{0.05\angle 37°} = 100\angle -37°$ (V)　　$V = 100$ (V)

(3) $\overline{I_R} = \overline{V} \cdot G = (100\angle -37°) \cdot (0.04) = 4\angle -37°$ (A)　　$I_R = 4$ (A)

(4) $\overline{I_L} = \overline{V} \cdot \overline{B_L} = (100\angle -37°) \cdot (0.02\angle -90°) = 2\angle -127°$ (A)　　$I_L = 2$ (A)

(5) $\overline{I_C} = \overline{V} \cdot \overline{B_C} = (100\angle -37°) \cdot (0.05\angle 90°) = 5\angle 53°$ (A)　　$I_C = 5$ (A)

(6) **解法一**　$\theta_p = \theta_v - \theta_i = (-37°) - 0° = -37°$（或 $\theta_p = -\theta_Y = -37°$）

$P = VI\cos\theta_p = 100 \times 5 \times \cos(-37°) = 400$ (W)

解法二　$P = V^2 G = 100^2 \times 0.04 = 400$ (W)

（或 $P = \dfrac{I_R^2}{G} = \dfrac{4^2}{0.04} = 400$ (W)）

(7) **解法一**　$Q = VI\sin\theta_p = 100 \times 5 \times \sin(-37°) = -300$ (VAR)

（負值表示為電容性電抗功率）

∴ 虛功率 Q 為 300VAR 電容性電抗功率

解法二　$Q = Q_L - Q_C = V^2 B_L - V^2 B_C$
$= 100^2 \times 0.02 - 100^2 \times 0.05 = -300 \text{ (VAR)}$

（或 $Q = Q_L - Q_C = \dfrac{I_L^2}{B_L} - \dfrac{I_C^2}{B_C} = \dfrac{2^2}{0.02} - \dfrac{5^2}{0.05} = -300 \text{ (VAR)}$）

(8) ∵ $B_C > B_L$ 為電容性電路，其虛功率為 $-jQ$：

解法一　$\overline{S} = P + jQ = 400 - j300 \text{ (VA)}$

解法二　$\overline{S} = \overline{V} \cdot \overline{I}^* = (100\angle -37°) \cdot (5\angle 0°)^* = 500\angle -37° \text{ (VA)}$

$S = VI = V^2 Y = \sqrt{P^2 + Q^2} = 500 \text{ (VA)}$

(9) $P.F. = \cos\theta_p = \dfrac{G}{Y} = \dfrac{I_R}{I} = \dfrac{P}{S} = \cos 37° = \dfrac{0.04}{0.05} = \dfrac{4}{5} = \dfrac{400}{500} = 0.8$

∵ $B_C > B_L$，電路呈電容性　∴ $P.F.$ 為超前功率因數

電路的各相量圖如下：

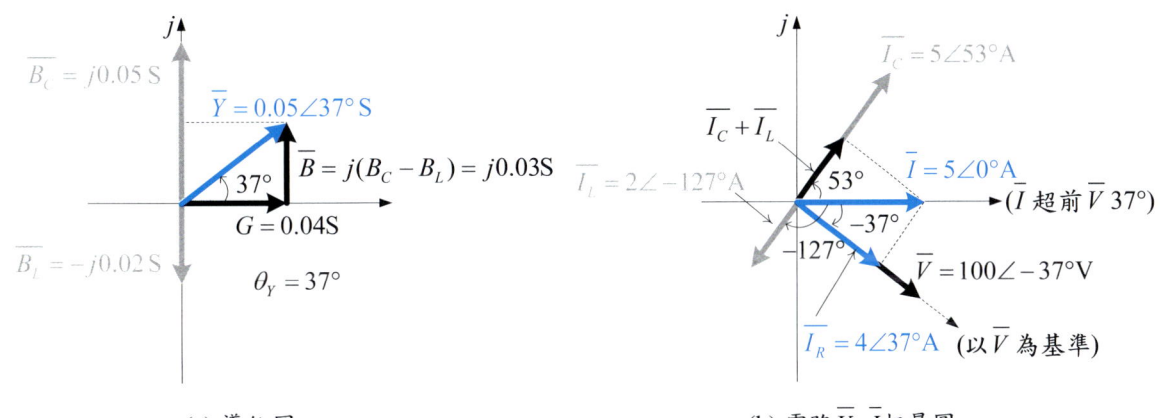

(a) 導納圖

(b) 電路 $\overline{V}$-$\overline{I}$ 相量圖

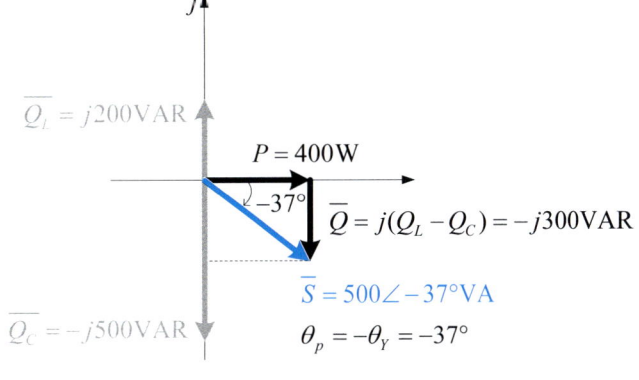

(c) 功率相量圖

範例 10

如右圖所示之 RLC 串聯電路，若 $v(t) = 100\sqrt{2}\sin 2000t$ V，$R = 3\,\Omega$，$L = 3\,\text{mH}$，$C = 250\,\mu\text{F}$，試求：

(1) 總阻抗 $\overline{Z}$、Z
(2) 總電流 $\overline{I}$、I
(3) 電阻器電流 $\overline{I_R}$、I_R
(4) 電感器電壓 $\overline{V_L}$、V_L
(5) 電容器電壓 $\overline{V_C}$、V_C
(6) 最大瞬間功率 $P_{\max}$
(7) 最小瞬間功率 $P_{\min}$
(8) 平均功率 P
(9) 虛功率 Q
(10) 視在功率 $\overline{S}$、S
(11) 功率因數 P.F. 為多少？

解 $\overline{V} = \dfrac{V_m}{\sqrt{2}}\angle\theta_v = \dfrac{100\sqrt{2}}{\sqrt{2}}\angle 0° = 100\angle 0°\,(\text{V})\qquad V = 100\,(\text{V})$

電感抗：$X_L = \omega L = 2000\times(3\times 10^{-3}) = 6\,(\Omega)$

電容抗：$X_C = \dfrac{1}{\omega C} = \dfrac{1}{2000\times(250\times 10^{-6})} = 2\,(\Omega)$

(1) $\overline{Z} = R + j(X_L - X_C) = 3 + j(6-2) = 3 + j4$
$\quad = \sqrt{3^2+4^2}\angle\tan^{-1}\dfrac{4}{3} = 5\angle 53°\,(\Omega)$
$\quad Z = 5\,(\Omega)\qquad \theta_Z = 53°$

(2) $\overline{I} = \dfrac{\overline{V}}{\overline{Z}} = \dfrac{100\angle 0°}{5\angle 53°} = 20\angle -53°\,(\text{A})\qquad I = 20\,(\text{A})$

(3) $\overline{V_R} = \overline{I}\cdot R = (20\angle -53°)\cdot(3) = 60\angle -53°\,(\text{V})\qquad V_R = 60\,(\text{V})$

(4) $\overline{V_L} = \overline{I}\cdot\overline{X_L} = (20\angle -53°)\cdot(6\angle 90°) = 120\angle 37°\,(\text{V})\qquad V_L = 120\,(\text{V})$

(5) $\overline{V_C} = \overline{I}\cdot\overline{X_C} = (20\angle -53°)\cdot(2\angle -90°) = 40\angle -143°\,(\text{V})\qquad V_C = 40\,(\text{V})$

(6) $\theta_p = \theta_v - \theta_i = 0° - (-53°) = 53°$（或 $\theta_p = \theta_Z = 53°$）
∵ $X_L > X_C$ 是為電感性電路
$P_{\max} = VI\cos\theta_p + VI = 100\times 20\times\cos 53° + 100\times 20 = 3200\,(\text{W})$

(7) $P_{\min} = VI\cos\theta_p - VI = 100\times 20\times\cos 53° - 100\times 20 = -800\,(\text{W})$

(8) 解法一　$P = VI\cos\theta_p = 100\times 20\times\cos 53° = 1200\,(\text{W})$

解法二　$P = I^2 R = 20^2\times 3 = 1200\,(\text{W})$（或 $P = \dfrac{V_R^2}{R} = \dfrac{60^2}{3} = 1200\,(\text{W})$）

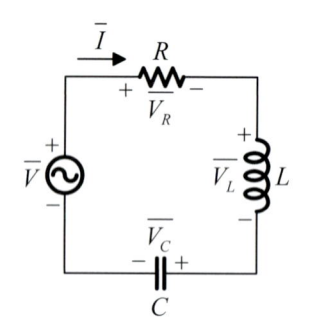

(9) 解法一 $Q = VI\sin\theta_p = 100 \times 20 \times \sin 53° = 1600\,(\text{VAR})$

（正值表示為電感性電抗功率）

∴ 虛功率 Q 為 1600 VAR 電感性電抗功率

解法二 $Q = Q_L - Q_C = I^2 X_L - I^2 X_C = 20^2 \times 6 - 20^2 \times 2 = 1600\,(\text{VAR})$

（或 $Q = Q_L - Q_C = \dfrac{V_L^2}{X_L} - \dfrac{V_C^2}{X_C} = \dfrac{120^2}{6} - \dfrac{40^2}{2} = 1600\,(\text{VAR})$）

(10) ∵ $X_L > X_C$ 為電感性電路，其虛功率為 $+jQ$：

解法一 $\overline{S} = P + jQ = 1200 + j1600\,(\text{VA})$

解法二 $\overline{S} = \overline{V} \cdot \overline{I}^* = (100\angle 0°) \cdot (20\angle -53°)^* = 2000\angle 53°\,(\text{VA})$

$S = VI = I^2 Z = \sqrt{P^2 + Q^2} = 2000\,(\text{VA})$

(11) $P.F. = \cos\theta_p = \dfrac{R}{Z} = \dfrac{V_R}{V} = \dfrac{P}{S} = \cos 53° = \dfrac{3}{5} = \dfrac{60}{100} = \dfrac{1200}{2000} = 0.6$

∵ $X_L > X_C$，電路呈電感性電路 ∴ $P.F.$ 為滯後功率因數

範例 11

如右圖所示之 RLC 並聯電路，若 $v(t) = 10\sqrt{2}\sin 1000t$ V，
$R = 5\,\Omega$，$L = 20$ mH，$C = 200\,\mu\text{F}$，試求：

(1) 總導納 $\overline{Y}$、Y
(2) 總電流 $\overline{I}$、I
(3) 電阻器電壓 $\overline{V_R}$、V_R
(4) 電感器電流 $\overline{I_L}$、I_L
(5) 電容器電流 $\overline{I_C}$、I_C
(6) 最大瞬間功率 $P_{\max}$
(7) 最小瞬間功率 $P_{\min}$
(8) 平均功率 P
(9) 虛功率 Q
(10) 視在功率 $\overline{S}$、S
(11) 功率因數 $P.F.$ 為多少？

解 $\overline{V} = \dfrac{V_m}{\sqrt{2}}\angle\theta_v = \dfrac{10\sqrt{2}}{\sqrt{2}}\angle 0° = 10\angle 0°\,(\text{V})$

電導：$G = \dfrac{1}{R} = \dfrac{1}{5} = 0.2\,(\text{S})$

電感納：$B_L = \dfrac{1}{X_L} = \dfrac{1}{\omega L} = \dfrac{1}{1000 \times 20 \times 10^{-3}} = 0.050\,(\text{S})$

電容納：$B_C = \dfrac{1}{X_C} = \omega C = 1000 \times 200 \times 10^{-6} = 0.2\,(\text{S})$

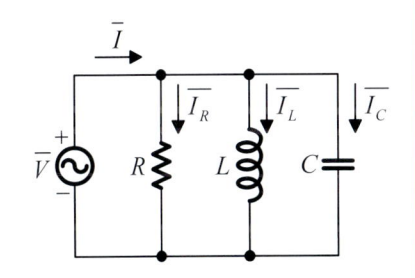

(1) $\overline{Y} = G + j(B_C - B_L) = 0.2 + j(0.2 - 0.05) = 0.2 + j0.15$
$= \sqrt{(0.2)^2 + (0.15)^2} \angle \tan^{-1}\dfrac{0.15}{0.2} = 0.25\angle 37°\,(S)$

$Y = 0.25\,(S) \qquad \theta_Y = 37°$

(2) $\overline{I} = \overline{V} \cdot \overline{Y} = (10\angle 0°)\cdot(0.25\angle 37°) = 2.5\angle 37°\,(A) \qquad I = 2.5\,(A)$

(3) $\overline{I_R} = \overline{V} \cdot G = (10\angle 0°)\cdot(0.2) = 2\angle 0°\,(A) \qquad I_R = 2\,(A)$

(4) $\overline{I_L} = \overline{V} \cdot \overline{B_L} = (10\angle 0°)\cdot(0.05\angle -90°) = 0.5\angle -90°\,(A) \qquad I_L = 0.5\,(A)$

(5) $\overline{I_C} = \overline{V} \cdot \overline{B_C} = (10\angle 0°)\cdot(0.2\angle 90°) = 2\angle 90°\,(A) \qquad I_C = 2\,(A)$

(6) $\theta_p = \theta_v - \theta_i = 0° - 37° = -37°$（或 $\theta_p = -\theta_Y = -37°$）

∵ $B_C > B_L$ 是為電容性電路

$P_{\max} = VI\cos\theta_p + VI = 10 \times 2.5 \times \cos(-37°) + 10 \times 2.5 = 45\,(W)$

(7) $P_{\min} = VI\cos\theta_p - VI = 10 \times 2.5 \times \cos(-37°) - 10 \times 2.5 = -5\,(W)$

(8) 解法一 $P = VI\cos\theta_p = 10 \times 2.5 \times \cos(-37°) = 20\,(W)$

解法二 $P = V^2 G = 10^2 \times 0.2 = 20\,(W)$（或 $P = \dfrac{I_R^2}{G} = \dfrac{2^2}{0.2} = 20\,(W)$）

(9) 解法一 $Q = VI\sin\theta_p = 100 \times 2.5 \times \sin(-37°) = -15\,(VAR)$

（負值表示為電容性電抗功率）

∴ 虛功率 Q 為 15VAR 電容性電抗功率

解法二 $Q = Q_L - Q_C = V^2 B_L - V^2 B_C$
$= 10^2 \times 0.05 - 10^2 \times 0.2 = -15\,(VAR)$

（或 $Q = Q_L - Q_C = \dfrac{I_L^2}{B_L} - \dfrac{I_C^2}{B_C} = \dfrac{0.5^2}{0.05} - \dfrac{2^2}{0.2} = -15\,(VAR)$）

(10) ∵ $B_C > B_L$ 為電容性電路，其虛功率為 $-jQ$：

解法一 $\overline{S} = P + jQ = 20 - j15\,(VA)$

解法二 $\overline{S} = \overline{V} \cdot \overline{I}^* = (10\angle 0°)\cdot(2.5\angle 37°)^* = 25\angle -37°\,(VA)$

$S = VI = V^2 Y = \sqrt{P^2 + Q^2} = 25\,(VA)$

(11) $P.F. = \cos\theta_p = \dfrac{G}{Y} = \dfrac{I_R}{I} = \dfrac{P}{S} = \cos(-37°) = \dfrac{0.2}{0.25} = \dfrac{2}{2.5} = \dfrac{20}{25} = 0.8$

∵ $B_C > B_L$，電路呈電容性電路 ∴ $P.F.$ 為超前功率因數

範例 12

如右圖之交流電路，其消耗功率為 _____ W。[教院]

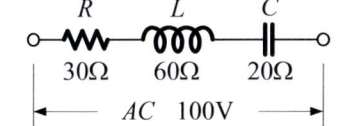

答 120

解 $\bar{Z} = 30 + j(60-20) = 30 + j40\,(\Omega)$ $\therefore Z = \sqrt{30^2 + 40^2} = 50\,(\Omega)$

$I = \dfrac{V}{Z} = \dfrac{100}{50} = 2\,(安培)$ $P = I^2 R = 2^2 \times 30 = 120\,(W)$

範例 13

如右圖中，功率因數為若干？ [保送]

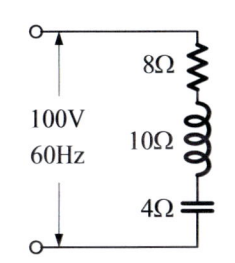

解 $\bar{Z} = R + j(X_L - X_C)$
$= 8 + j(10-4) = 8 + j6\,(\Omega)$
$= \sqrt{8^2+6^2} \angle \tan^{-1}\dfrac{6}{8} = 10\angle 37°\,(\Omega)$

$P.F. = \dfrac{R}{Z} = \dfrac{8}{10} = 0.8\,滯後$（$\because X_L > X_C$ 是為電感性電路）

範例 14

右圖所示並聯電路中
(1) 功率因數為 _____ 。
(2) 平均功率為 _____ 瓦特。
(3) 無效功率為 _____ 乏。
(4) I 為 _____ 安培。 [二專]

答 (1) 0.707　(2) 2000　(3) 2000（電感性電抗功率）　(4) 28.28

解 $\bar{Y} = G + j(B_C - B_L) = 0.2 + j(0.2-0.4) = 0.2 - j0.2 = 0.2\sqrt{2}\angle -45°\,(S)$

(1) $P.F. = \dfrac{G}{Y} = \dfrac{0.2}{0.2\sqrt{2}} = 0.707$（$\because B_L > B_C$ 為電感性電路，即 $P.F.$ 為滯後）

(2) $P = V^2 G = (100)^2(0.2) = 2000\,(瓦特)$

(3) $Q = V^2(B_L - B_C) = (100)^2(0.4-0.2) = 2000\,(乏)$
（$\because B_L > B_C$，$\therefore$ 為電感性電抗功率）
$\therefore$ 虛功率 Q 為 2000 乏電感性電抗功率

(4) $I = VY = 100(0.2\sqrt{2}) = 20\sqrt{2} = 28.28\,(安培)$

基本電學（下）攻略本

範例 15

設 $R = 8\,(\Omega)$，$X_L = 20\,(\Omega)$，$X_C = 14\,(\Omega)$，如右圖。串聯接於100伏特交流電源上，則

此串聯電路的阻抗為 _____ 歐姆。

電路的電流為 _____ 安培。

電路的功率為 _____ 瓦特。　　　　[高專夜]

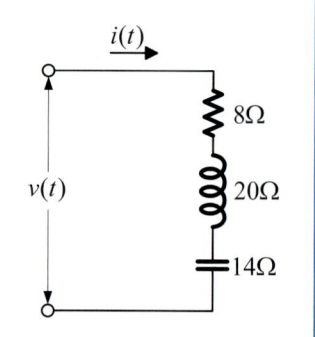

答 10，10，800

解 $\overline{Z} = R + j(X_L - X_C) = 8 + j(20 - 14) = 8 + j6\,\Omega = 10\angle 37°\,(\Omega)$

$Z = \sqrt{8^2 + 6^2} = 10\,(\Omega)$　　$I = \dfrac{V}{Z} = \dfrac{100}{10} = 10\,(安培)$

$P = I^2 R = 10^2 \times 8 = 800\,(W)$

範例 16

設平均功率為400瓦特，虛功率為300乏之串聯電路，接於100伏特之交流電源，則：

(1) 電路之伏安功率為 _____ 伏安。

(2) 電路之功率因數為 _____ 。

(3) 電路之電流為 _____ 安培。

(4) 電路之等效電阻為 _____ 歐姆。

(5) 電路之最大功率為 _____ 瓦特。　　　　[二專]

答 (1) 500　　(2) 0.8　　(3) 5　　(4) 16　　(5) 900

解 (1) $S = \sqrt{P^2 + Q^2} = \sqrt{400^2 + 300^2} = 500\,(VA)$

(2) $P.F. = \dfrac{P}{S} = \dfrac{400}{500} = 0.8$

(3) $S = VI$　　$\therefore I = \dfrac{S}{V} = \dfrac{500}{100} = 5\,(安培)$

(4) $P = I^2 R$　　$\therefore R = \dfrac{P}{I^2} = \dfrac{400}{5^2} = 16\,(\Omega)$

(5) $P_{max} = S + P = 500 + 400 = 900\,(W)$

10-32

範例 17

如右圖所示，R、L 並聯電路中，電路之電壓為100伏特，頻率 $f = \dfrac{100}{2\pi}$ 赫（Hz），若 $R = 10\,\Omega$，$L = 0.1\,\text{H}$，則：

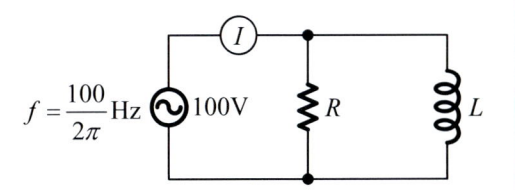

(1) 電路之總阻抗為 _____ 歐姆。　　(2) 電流計 I 之讀數為 _____ 安培。

(3) 電路之總功率為 _____ 瓦特。　　(4) 電路之虛功率為 _____ 乏。

(5) 電路之功率因數為 _____。

[二專]

答 (1) $5\sqrt{2}$　　(2) $10\sqrt{2}$　　(3) 1000　　(4) 1000　　(5) 0.707

解 $X_L = \omega L = 2\pi f L = 2\pi \times \dfrac{100}{2\pi} \times 0.1 = 10\,(\Omega)$

$G = \dfrac{1}{R} = \dfrac{1}{10} = 0.1\,(\text{西門子})\qquad B_L = \dfrac{1}{X_L} = 0.1\,(\text{西門子})$

$\overline{Y} = G - jB_L = 0.1 - j0.1 = 0.1\sqrt{2}\angle -45°\,(\text{西門子})$

$\overline{Z} = \dfrac{1}{\overline{Y}} = \dfrac{1}{0.1\sqrt{2}\angle -45°} = \dfrac{10}{\sqrt{2}}\angle 45° = 5\sqrt{2}\angle 45°\,(\text{歐姆})$

(1) $Z = 5\sqrt{2}\,(\Omega)$

(2) $\overline{I} = \dfrac{\overline{V}}{\overline{Z}} = \dfrac{100\angle 0°}{5\sqrt{2}\angle 45°} = 10\sqrt{2}\angle -45°\,(\text{安培}) \Rightarrow I = 10\sqrt{2}\,(\text{安培})$

(3) $P = V^2 G = (100)^2(0.1) = 1000\,(\text{W})$

(4) $Q = V^2 B_L = (100)^2(0.1) = 1000\,(\text{VAR})$（電感性電抗功率）

(5) 功率因數：$P.F. = \dfrac{G}{Y} = \dfrac{0.1}{0.1\sqrt{2}} = 0.707$（滯後功率因數）

範例 18

一串聯電路中，若電壓及電流各為 $(100 + j0)$ 伏特及 $(3 - j4)$ 安培，則此電路之有效功率為 _____ 瓦特。

[二專]

答 300

解 $\overline{S} = \overline{V} \cdot \overline{I}^* = (100 + j0)(3 + j4) = 300 + j400\,(\text{VA})$

∴ $P = 300\,(\text{W})$，$Q = 400\,(\text{VAR})$ 電感性電抗功率

Basic Electricity
基本電學（下）攻略本

範例 19

設一電路之電壓及電流各為 100∠60°伏特及 10∠30°安培，則此電路之有效（平均）功率為 _____ 瓦特。　　[二專]

答 866

解 $\theta_p = \theta_v - \theta_i = 60° - 30° = 30°$（∵ 電流落後電壓　∴ 為電感性電路）

$P = VI\cos\theta_p = 100 \times 10\cos 30° = 866\,(\text{W})$

$Q = VI\sin\theta_p = 100 \times 10\sin 30° = 500\,(\text{VAR})$（正值為電感性電抗功率）

$S = VI = 100 \times 10 = 1000\,(\text{VA})$

$P.F. = \cos\theta_p = \cos 30° = 0.866$（落後功率因數）（∵ I 落後 V）

$\overline{S} = \overline{V} \cdot \overline{I}^* = (100\angle 60°)(10\angle -30°) = 1000\angle 30° = 866 + j500\,(\text{VA})$

或 $\overline{S} = P + jQ = 866 + j500\,(\text{VA})$

（∵ 電路為電感性電路　∴ 虛功率 Q 為電感性電抗功率是 $+j$）

範例 20

視在功率之單位為 _____。　　[二專]

答 伏安；VA

範例 21

有關 RC 串聯電路之功率因數公式，下列敘述有哪些是錯誤？

(1) $\dfrac{R}{\sqrt{R^2 + X_C^2}}$　(2) $\dfrac{X_C}{\sqrt{R^2 + X_C^2}}$　(3) $\dfrac{1}{\sqrt{R^2\omega^2 C^2 + 1}}$　(4) $\dfrac{R\omega C}{\sqrt{R^2\omega^2 C^2 + 1}}$

答 (2)和(3)

解 RC 串聯電路之功率因數 $P.F.$，其公式說明如下：

$P.F. = \cos\theta_p = \dfrac{P}{S} = \dfrac{V_R}{V} = \dfrac{R}{Z} = \dfrac{R}{\sqrt{R^2 + X_C^2}}$

$= \dfrac{R}{\sqrt{R^2 + (\dfrac{1}{\omega C})}} = \dfrac{R}{\sqrt{\dfrac{R^2\omega^2 C^2 + 1}{(\omega C)^2}}} = \dfrac{R\omega C}{\sqrt{R^2\omega^2 C^2 + 1}}$

10-34

範例 22

有關 RC 並聯電路之功率因數公式,下列敘述有哪些是錯誤?

(1) $\dfrac{R}{\sqrt{R^2+X_C^2}}$ (2) $\dfrac{X_C}{\sqrt{R^2+X_C^2}}$ (3) $\dfrac{1}{\sqrt{R^2\omega^2 C^2+1}}$ (4) $\dfrac{R\omega C}{\sqrt{R^2\omega^2 C^2+1}}$

答 (1)和(4)

解 RC 並聯電路之功率因數 $P.F.$,其公式說明如下:

$$P.F. = \cos\theta_p = \dfrac{P}{S} = \dfrac{I_R}{I} = \dfrac{G}{Y} = \dfrac{G}{\sqrt{G^2+B_C^2}}$$

$$= \dfrac{\dfrac{1}{R}}{\sqrt{(\dfrac{1}{R})^2+(\dfrac{1}{X_C})^2}} = \dfrac{\dfrac{1}{R}}{\sqrt{\dfrac{X_C^2+R^2}{R^2 X_C^2}}} = \dfrac{X_C}{\sqrt{R^2+X_C^2}}$$

$$= \dfrac{\dfrac{1}{\omega C}}{\sqrt{R^2+(\dfrac{1}{\omega C})^2}} = \dfrac{\dfrac{1}{\omega C}}{\sqrt{\dfrac{R^2\omega^2 C^2+1}{(\omega C)^2}}} = \dfrac{1}{\sqrt{R^2\omega^2 C^2+1}}$$

範例 23

如下圖所示,電阻 $R=15\,\Omega$,容抗 $X_C=20\,\Omega$,電路接於電源100伏特,60Hz之交流電壓,試求電路之功率因數 $P.F.$ 為多少?

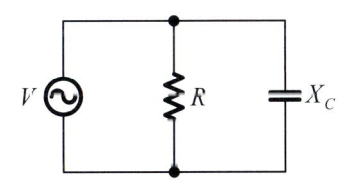

答 0.8

解 RC 並聯電路之功率因數

$$P.F. = \cos\theta_p = \dfrac{G}{Y} = \dfrac{G}{\sqrt{G^2+B_C^2}} = \dfrac{X_C}{\sqrt{R^2+X_C^2}}$$

$$= \dfrac{20}{\sqrt{15^2+20^2}} = \dfrac{20}{25} = \dfrac{4}{5} = 0.8$$

Basic Electricity 基本電學（下）攻略本

> **範例 24**
>
> 一電路主電壓及電流分別為 $v = \sqrt{2} \cdot 100\sin(\omega t + 60°)$ 伏特，$i = \sqrt{2} \cdot 10\sin(\omega t + 30°)$ 安培，則此電路之最大功率為若干？ [保送]
>
> **解** $V_m = \sqrt{2} \cdot 100$ (伏特) $\Rightarrow V = \dfrac{1}{\sqrt{2}} V_m = 100$ (伏特)
>
> $I_m = \sqrt{2} \cdot 10$ (安培) $\Rightarrow I = \dfrac{1}{\sqrt{2}} I_m = 10$ (安培)
>
> $\theta_p = \theta_v - \theta_i = 60° - 30° = 30°$
>
> $P = VI\cos\theta_p = 100 \times 10 \times \cos 30° = 866\,(W)$
>
> $S = VI = 100 \times 10 = 1000\,(VA)$
>
> $P_{\max} = S + P = 1000 + 866 = 1866\,(W)$

> **範例 25**
>
> $S = P + jQ$ 式中 S 若為仟伏安功率，則 Q 的單位為 ＿＿＿＿＿＿＿。 [保送]
>
> **答** 仟乏爾；kVAR

> **範例 26**
>
> 交流之 RL 串聯電路中，其功率因數為超前或落後？其電流與電壓之時相角度差為何？ [保送]
>
> **解** 判定功率因數之超前或落後是以電壓為基準；
>
> 若電流超前電壓，電路為電容性電路，其功率因數為超前功率因數；
>
> 若電流落後電壓，電路為電感性電路，其功率因數為落後功率因數。
>
> 於交流 RL 串聯電路中，其電路為電感性電路，即電流落後電路電壓，則功率因數為落後功率因數。

> **範例 27**
>
> 乏爾（VAR）為 ＿＿＿＿＿＿ 的單位，乃 Volt-Amp Reactive 的縮寫。 [保送]
>
> **答** 虛功率（電抗功率，無效功率，無功功率）

範例 28

試求右圖中之阻抗 Z、感抗 X_L、電感 L、功率 P 及功率因數 $P.F.$。

[保送]

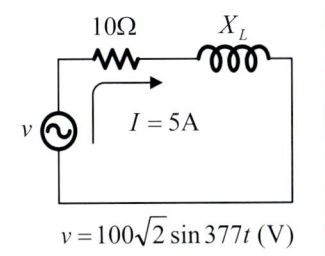

解 $V_m = 100\sqrt{2}$(伏特) $\Rightarrow V = \dfrac{1}{\sqrt{2}} V_m = 100$(伏特)

(1) $Z = \dfrac{V}{I} = \dfrac{100}{5} = 20\,(\Omega)$

(2) $X_L = \sqrt{Z^2 - R^2} = \sqrt{20^2 - 10^2} = 17.3\,(\Omega)$

(3) $\omega = 377$，$X_L = \omega L \Rightarrow L = \dfrac{X_L}{\omega} = \dfrac{17.3}{377} = 46\,(\text{mH})$

(4) $P = I^2 R = 5^2 \times 10 = 250\,(\text{W})$

(5) $P.F. = \dfrac{R}{Z} = \dfrac{10}{20} = 0.5$（滯後功率因數，∵ 電路為電感性）

範例 29

如右圖所示之半波整流電路，電源電壓函數 $v(t) = 110\sqrt{2} \sin 377t$ 伏特，純電阻負載 $R = 1\,\text{k}\Omega$，假設二極體為理想特性，則負載消耗的平均功率為 _____ 瓦特及 $P_{DC} =$ _____ 瓦特。

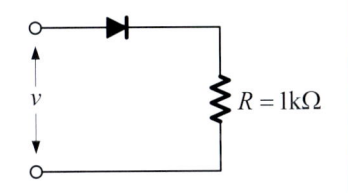

答 6.05，2.45

解 交流電壓經半波整流後，其波形如右圖：

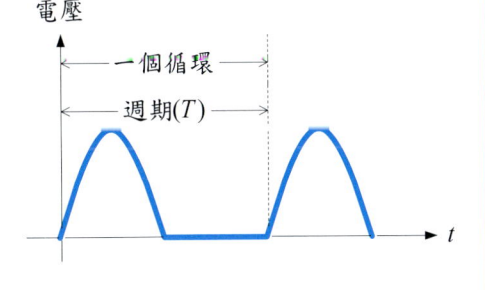

有效值．$V = \dfrac{V_m}{2} = \dfrac{110\sqrt{2}}{2} = 55\sqrt{2}$(伏特)

平均值：$V_{av} = \dfrac{V_m}{\pi} = \dfrac{110\sqrt{2}}{3.14} = 49.5$(伏特)

負載消耗的平均功率：$P = \dfrac{V^2}{R} = \dfrac{(55\sqrt{2})^2}{1000} = 6.05$(瓦特)

負載消耗的直流平均功率：$P_{DC} = \dfrac{V_{DC}^2}{R} = \dfrac{V_{av}^2}{R} = \dfrac{(49.5)^2}{1000} = 2.45$(瓦特)

範例 30

右圖之電路，電流源為 $i = 4\sqrt{2} \sin 2t$ A，在到達穩態後其阻抗為 _____ 歐姆，總平均功率為 _____ 瓦，無效功率為 _____ 乏。 [教院]

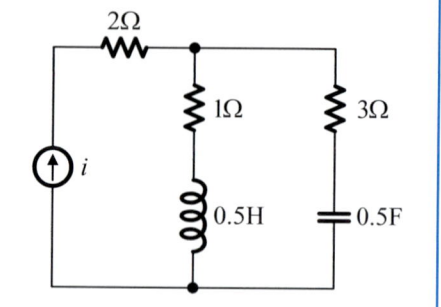

答 $3 + j\dfrac{1}{2}$，48，8

解 $i = 4\sqrt{2} \sin 2t \Rightarrow \omega = 2$ (rad/s)；$\overline{I} = 4$ (A)

$\therefore X_L = \omega L = 2 \times 0.5 = 1\,(\Omega)$

$X_C = \dfrac{1}{\omega C} = \dfrac{1}{2 \times 0.5} = 1\,(\Omega)$

(1) $\overline{Z_T} = 2 + \dfrac{(1+j) \cdot (3-j)}{(1+j) + (3-j)} = 2 + 1 + j\dfrac{1}{2} = 3 + j\dfrac{1}{2}\,(\Omega)$

$= R_T + jX_{TL}$（電感性電路）

利用分流法求圖中之 I_L、I_C：

$\overline{I_L} = 4 \times \dfrac{3-j}{(1+j)+(3-j)}$

$= 4 \times \dfrac{3-j}{4} = 3 - j$ (安培)

$I_L = \sqrt{3^2 + 1^2} = \sqrt{10}$ (安培)

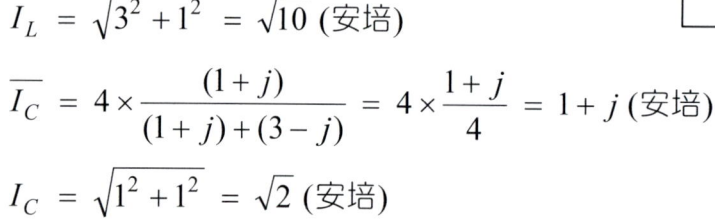

$\overline{I_C} = 4 \times \dfrac{(1+j)}{(1+j)+(3-j)} = 4 \times \dfrac{1+j}{4} = 1 + j$ (安培)

$I_C = \sqrt{1^2 + 1^2} = \sqrt{2}$ (安培)

(2) $P_T = I_T^2 R_T = 4^2 \times 3 = 48$ (W, 瓦)

或 $P_T = I^2 R + I_L^2 R_L + I_C^2 R_C$

$= 4^2 \times 2 + (\sqrt{10})^2 \times 1 + (\sqrt{2})^2 \times 3 = 48$ (W, 瓦)

(3) $Q_T = I_T^2 X_{TL} = (4)^2 \times \left(\dfrac{1}{2}\right) = 8$ (VAR, 乏)（正值表示為電感性電抗功率）

$\therefore$ 總虛功率 Q_T 為 8 (VAR, 乏) 電感性電抗功率

或 $Q_T = Q_L - Q_C = I_L^2 X_L - I_C^2 \times X_C$

$= (\sqrt{10})^2 \cdot 1 - (\sqrt{2})^2 \cdot 1 = 8$ (VAR, 乏)

範例 31

_____ 性負荷的增加,會帶來改善功率因數的電容器容量增加。 [教院]

答 電感

解 電感性負載愈增加,功率因數愈滯後,改善功率因數的電容量須愈大。

範例 32

在聯合國永續發展目標(SDGs)中,「SDG7可負擔的潔淨能源」及「SDG13氣候行動」都與能源的使用效率密切相關。電力系統中電容器之用途乃在提高電路之_____,可避免多餘的能量損耗,將有助於SDGs目標之實現。

答 功率因數

解 一般電力系統為電感性,加入電容器可使電壓與電流的相角減小,提高功率因數。

範例 33

一負載功率3仟瓦,接於100伏特、60赫電源,功率因數0.8滯後,今欲提高功率因數至1.0,求所並聯的電容器之電容量。 [教院]

解 功率因數提高為1時,其所並聯之電容量Q_C須與原來的虛功率相等。

即 $Q_C = Q$。

$$Q_C = P(\tan\theta_1 - \tan\theta_2) = P(\frac{\sqrt{1-\cos^2\theta_1}}{\cos\theta_1} - \frac{\sqrt{1-\cos^2\theta_2}}{\cos\theta_2})$$

$$= (3\times10^3)(\frac{0.6}{0.8} - \frac{0}{1}) = 2250 \text{ (VAR)}$$

$$C = \frac{Q_C}{2\pi f V^2} = \frac{2250}{2\times 3.14 \times 60 \times (100)^2} = 597 \text{ }(\mu F)$$

基本電學（下）攻略本

範例 34

某200伏特功因為0.8落後之單相負載，電流為100安時，若發電機與負載間連接導線之總電阻為0.1歐姆。

(1) 試求連接導線之功率損失。

(2) 試求線路效率。

(3) 若欲改善功因並提高為1而並聯電容器；則該電容器之電流為幾安培。

(4) 該電容器電流與電壓之時相關係如何？

(5) 求改善後之線路電流。　　　　　　　　　　　　　　　　　　[二專]

解 (1) $P = I^2R = 100^2 \times 0.1 = 1000$ (瓦特)

(2) 負載功率 $P_l = VI\cos\theta_p = 200 \times 100 \times 0.8 = 16000$ (瓦特)

電源功率 $P_S = P_l + 1000 = 16000 + 1000 = 17000$ (瓦特)

效率 $\eta = \dfrac{P_l}{P_S} \times 100\% = \dfrac{16000}{17000} \times 100\% = 94.11\%$

(3) 未改善前，$Q_L = VI\sin\theta_p = 200 \times 100 \times (\sqrt{1-(0.8)^2}) = 12000$ (乏)

欲提高功率因數為1，則並聯之 Q_C 須等於 Q_L，即 $Q = 0$ (乏)

$Q_C = VI_C \Rightarrow I_C = \dfrac{Q_C}{V} = \dfrac{12000}{200} = 60$ (安培)

($Q_C = Q_L = 12000$ (乏))

(4) 電容器中電流越前電壓90°。

(5) 改善功率因數為1後，其總電流之虛數部分為0，總電流為原來的實數部分之電流。$I = 100 \times \cos\theta_p = 100 \times 0.8 = 80$ (安培)

範例 6

如右圖電阻及電感之並聯電路加100V交流電壓時，各電路之電流 i_1、i_2 及 I 為多少？　　[保送]

解 $i_1 = \dfrac{V}{r_1} = \dfrac{100}{25} = 4$ (安培)

$\overline{i_2} = \dfrac{V}{r_2 + jX} = \dfrac{100}{3+j4} = \dfrac{100}{5\angle 53°} = 20\angle -53°$ (安培) $= 12 - j16$ (安培)

$i_2 = 20$ (安培)

$\overline{I} = \overline{i_1} + \overline{i_2} = 4 + (12 - j16) = 16 - j16 = 16\sqrt{2}\angle -45°$ (安培)

$I = 16\sqrt{2}$ (安培)

★交流電路之總整理

一 純電阻、純電感及純電容電路之負載

純電阻電路	純電感電路	純電容電路
$\overline{R} = R\angle 0°$ $\overline{Z} = \overline{R} = R\angle 0°$ $G = \dfrac{1}{R}$ $\overline{G} = \dfrac{1}{\overline{R}} = G\angle 0°$ $\overline{Y} = \dfrac{1}{\overline{Z}} = \overline{G} = G\angle 0°$	$X_L = 2\pi f L = \omega L$ $\overline{X_L} = jX_L = X_L\angle 90°$ $\overline{Z} = \overline{X_L} = jX_L = X_L\angle 90°$ $B_L = \dfrac{1}{X_L}$ $\overline{B_L} = -jB_L = B_L\angle -90°$ $\overline{Y} = \dfrac{1}{\overline{Z}} = \overline{B_L} = -jB_L$ $\quad = B_L\angle -90°$	$X_C = \dfrac{1}{2\pi fC} = \dfrac{1}{\omega C}$ $\overline{X_C} = -jX_C = X_C\angle -90°$ $\overline{Z} = \overline{X_C} = -jX_C = X_C\angle -90°$ $B_C = \dfrac{1}{X_C}$ $\overline{B_C} = jB_C = B_C\angle 90°$ $\overline{Y} = \dfrac{1}{\overline{Z}} = \overline{B_C} = +jB_C$ $\quad = B_C\angle 90°$
電路電壓（V）與電路電流（I）同相 相位角：$\theta = 0°$	電路電壓（V）超前電路電流（I）90° 相位角：$\theta = 90°$	電路電壓（V）落後電路電流（I）90° 相位角：$\theta = -90°$

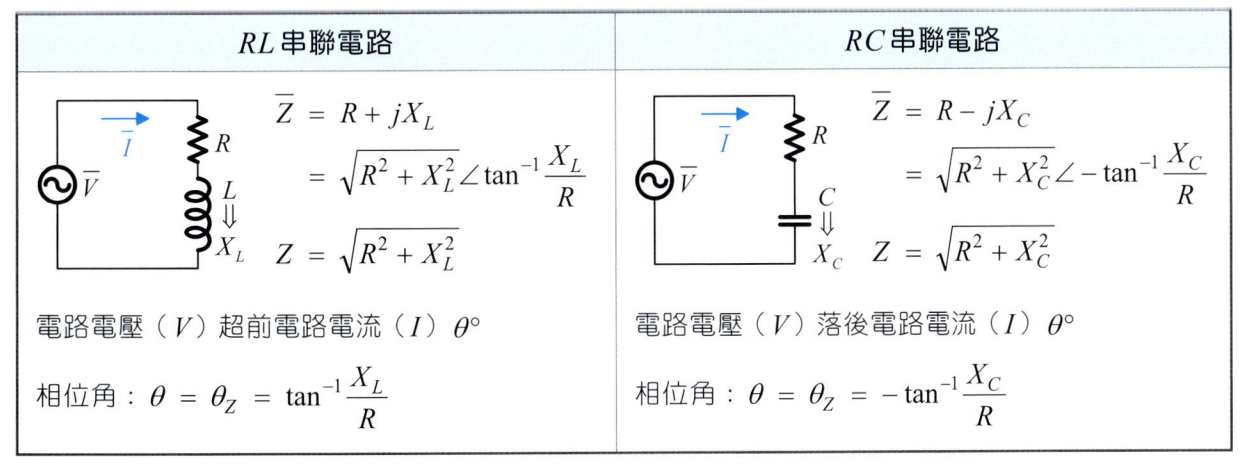

二 串聯電路之阻抗

RL 串聯電路	RC 串聯電路
$\overline{Z} = R + jX_L$ $\quad = \sqrt{R^2 + X_L^2}\angle \tan^{-1}\dfrac{X_L}{R}$ $Z = \sqrt{R^2 + X_L^2}$	$\overline{Z} = R - jX_C$ $\quad = \sqrt{R^2 + X_C^2}\angle -\tan^{-1}\dfrac{X_C}{R}$ $Z = \sqrt{R^2 + X_C^2}$
電路電壓（V）超前電路電流（I）$\theta°$ 相位角：$\theta = \theta_Z = \tan^{-1}\dfrac{X_L}{R}$	電路電壓（V）落後電路電流（I）$\theta°$ 相位角：$\theta = \theta_Z = -\tan^{-1}\dfrac{X_C}{R}$

接下頁…

RLC串聯電路
$\overline{Z} = R + jX = R + j(X_L - X_C)$ $= \sqrt{R^2 + (X_L - X_C)^2} \angle \tan^{-1}\dfrac{X_L - X_C}{R}$ $Z = \sqrt{R^2 + (X_L - X_C)^2}$

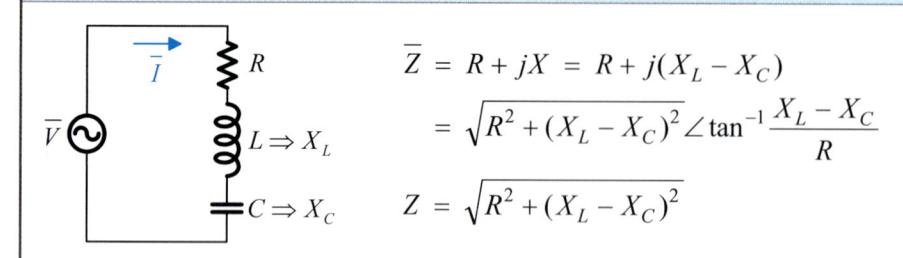

(1) 若 $X_L > X_C$，則電路為電感性電路，即電路電壓（V）超前電路電流（I）。

（相位角：$\theta = \theta_Z = \tan^{-1}\dfrac{X_L - X_C}{R}$）

(2) 若 $X_C > X_L$，則電路為電容性電路，即電路電壓（V）落後電路電流（I）。

（相位角：$\theta = \theta_Z = -\tan^{-1}\dfrac{X_C - X_L}{R}$）

三 並聯電路之導納

RL 並聯電路	RC 並聯電路
$\overline{Y} = G - jB_L$ $= \sqrt{G^2 + B_L^2} \angle -\tan^{-1}\dfrac{B_L}{G}$ $Y = \sqrt{G^2 + B_L^2}$	$\overline{Y} = G + jB_C$ $= \sqrt{G^2 + B_C^2} \angle \tan^{-1}\dfrac{B_C}{G}$ $Y = \sqrt{G^2 + B_C^2}$
電路電流（I）落後電路電壓（V） 相位角：$\theta = \theta_Y = -\tan^{-1}\dfrac{B_L}{G}$	電路電流（I）超前電路電壓（V） 相位角：$\theta = \theta_Y = \tan^{-1}\dfrac{B_C}{G}$

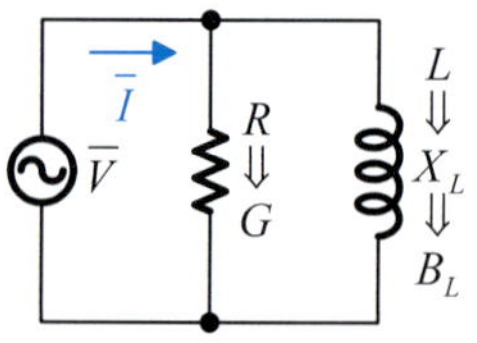

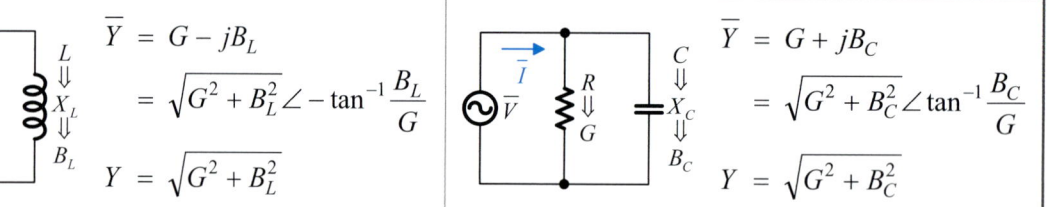

RLC並聯電路
$\overline{Y} = G + j(B_C - B_L)$ $= \sqrt{G^2 + (B_C - B_L)^2} \angle \tan^{-1}\dfrac{B_C - B_L}{G}$ $Y = \sqrt{G^2 + (B_C - B_L)^2}$

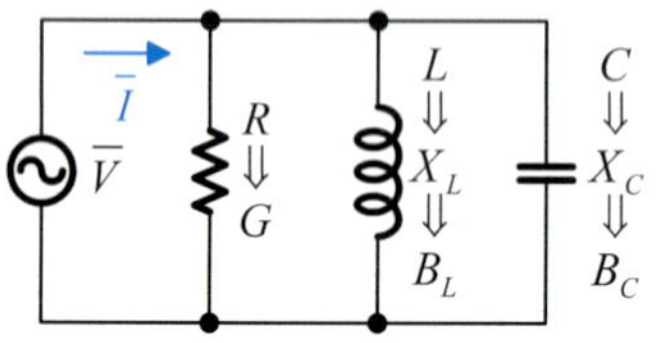

(1) 若 $B_L > B_C$，則電路為電感性電路，即電路電流（I）落後電路電壓（V）。

（相位角：$\theta = \theta_Y = -\tan^{-1}\dfrac{B_L - B_C}{G}$）

(2) 若 $B_C > B_L$，則電路為電容性電路，即電路電流（I）超前電路電壓（V）。

（相位角：$\theta = \theta_Y = \tan^{-1}\dfrac{B_C - B_L}{G}$）

四 單位

L：電感（亨利；H）　　　　　　C：電容（法拉；F）

R：電阻（歐姆；Ω）　　　　　　X_L：感抗（歐姆；Ω）

X_C：容抗（歐姆；Ω）　　　　　Z：阻抗（歐姆；Ω）

G：電導（西門子；S）　　　　　B_L：感納（西門子；S）

B_C：容納（西門子；S）　　　　Y：導納（西門子；S）

五 交流電路之負載及總電壓與總電流之關係

交流電路之負載		總電壓（V）與總電流（I）之關係
電阻性電路	純電阻（R）	總電壓（V）與總電流（I）同相
	RLC串聯，若$X_L = X_C$	V與I同相；為串聯諧振，其$\theta = 0°$
	RLC並聯，若$B_L = B_C$	I與V同相；為並聯諧振，其$\theta = 0°$
電感性電路	純電感（L）	總電壓（V）超前總電流（I）90°
	RL串聯	V超前I（$\theta = \theta_Z = \tan^{-1}\dfrac{X_L}{R}$）
	RLC串聯，若$X_L > X_C$	V超前I（$\theta = \theta_Z = \tan^{-1}\dfrac{X_L - X_C}{R}$）
	RL並聯	I落後V（$\theta = \theta_Y = -\tan^{-1}\dfrac{B_L}{G}$）
	RLC並聯，若$B_L > B_C$	I落後V（$\theta = \theta_Y = -\tan^{-1}\dfrac{B_L - B_C}{G}$）
電容性電路	純電容（C）	總電壓（V）落後總電流（I）90°
	RC串聯	V落後I（$\theta = \theta_Z = -\tan^{-1}\dfrac{X_C}{R}$）
	RLC串聯，若$X_C > X_L$	V落後I（$\theta = \theta_Z = -\tan^{-1}\dfrac{X_C - X_L}{R}$）
	RC並聯	I超前V（$\theta = \theta_Y = \tan^{-1}\dfrac{B_C}{G}$）
	RLC並聯，若$B_C > B_L$	I超前V（$\theta = \theta_Y = \tan^{-1}\dfrac{B_C - B_L}{G}$）

六 交流功率

1. θ_p：功率因數角；$\theta_p = \theta_v - \theta_i$（以電路電流 $\bar{I}$ 的相位為基準）。

    $\theta_p = \theta_Z = -\theta_Y$

    式中 θ_Z：電路阻抗之相位角，即串聯電路之相位角。（以電路電流為基準）
    　　 θ_Y：電路導納之相位角，即並聯電路之相位角。（以電路電壓為基準）

2. P：平均功率（有功功率；有效功率；實功率）；電路中有電阻 R 就有平均功率 P；且平均功率 P 恆為正值。

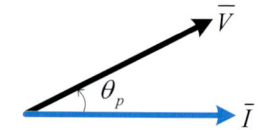

    $P = I^2 R$　　（串聯電路適用）

    　$= V^2 G$　　（並聯電路適用）

    　$= VI \cos\theta_p$　（單位：瓦，W）

3. Q：電抗功率（無功功率；無效功率；虛功率）；電路有電抗就有 Q。

    (1) Q_C：電容器電抗功率　$Q_C = I^2 X_C$　（串聯電路適用）

    　　　　　　　　　　　　　$= V^2 B_C$　（並聯電路適用）

    (2) Q_L：電感器電抗功率　$Q_L = I^2 X_L$　（串聯電路適用）

    　　　　　　　　　　　　　$= V^2 B_L$　（並聯電路適用）

    (3) $Q_X = Q_L - Q_C = VI \sin\theta_p$（單位：乏，VAR）

    (4) 當串聯電路 $X_L > X_C$ 或並聯電路 $B_L > B_C$ 時：其電路為電感性電路，即 $Q_L > Q_C$，則 Q 為正值，是電感性電抗功率。

    (5) 當串聯電路 $X_C > X_L$ 或並聯電路 $B_C > B_L$ 時：其電路為電容性電路，即 $Q_C > Q_L$，則 Q 為負值，是電容性電抗功率。

4. S：視在功率；視暫功率

    $S = VI = \sqrt{P^2 + Q^2}$（單位：VA，伏安）

5. 功率因數：

$$P.F. = \cos\theta_p = \frac{P}{S} = \frac{R}{Z}（串聯電路適用）= \frac{G}{Y}（並聯電路適用）$$

一般電力系統是以電路電壓為基準來定義功率因數（$P.F.$）的 "超前" 或 "滯後"，所以電路為電感性電路時，電路電流落後電路電壓，其$P.F.$為落後功率因數；若為電容性電路，電路電流超前電路電壓，其$P.F.$是為超前功率因數。

P.S. 功率因數$P.F. = \cos\theta_p$恆為正值。

※6. $\overline{S}$：複數功率，$\overline{S} = \overline{V} \cdot \overline{I}^*$（式中$\overline{I}^*$為$\overline{I}$之共軛複數）

$$\overline{S} = P + j(Q_L - Q_C) = P \pm jQ$$

若$Q_L > Q_C$為電感性電路，則$\overline{S} = P + jQ$；

若$Q_C > Q_L$為電容性電路，則$\overline{S} = P - jQ$。

7. **瞬時功率之波形其頻率為電流或電壓頻率之2倍。**

瞬時功率之波形若其電路內含有RLC其正值波與負值波形面積不等。若電路為純電阻，則負值波形為零，只有正值波形。若電路為純電感或純電容，則正值波形與負值波形相等，其功率頻率為電源頻率的2倍。

P.S. 1. 平均功率：$P = VI\cos\theta_p = VI(P.F.) = S(P.F.)$

2. 虛功率：$Q = VI\sin\theta_p = VI\sqrt{1-(\cos\theta_p)^2} = VI\sqrt{1-(P.F.)^2} = S\sqrt{1-(P.F.)^2}$

範例 36

有一電路$\overline{Z} = 3 + j4\ \Omega$，$P = 600\ W$，$Q = 800\ VAR$，則複數功率$\overline{S} = $ _____。

答 $600 + j800\ (VAR)$

解 由$\overline{Z} = 3 + j4\ \Omega$知此電路為電感性電路，其虛功率為$+jQ$

∴ $\overline{S} = P + jQ = 600 + j800\ (VAR)$

Basic Electricity
基本電學（下）攻略本

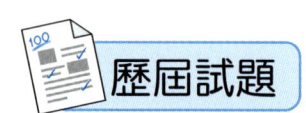

歷屆試題

10-1 瞬間功率

( )1. 有一 RC 串聯電路，已知其電阻 $R = 24\,\Omega$ 以及電容抗 $X_C = 18\,\Omega$。若將此電路接於 $v(t) = 120\cos(377t + 30°)$ V 之電源，則電源所供應之最大瞬間功率為何？
(A)480W (B)432W (C)384W (D)192W [110統測]

( )2. 一個交流電壓源 $v(t) = 110\sqrt{2}\cos(120\pi t + 30°)$ V，提供電流 $i(t) = 10\cos(120\pi t - 30°)$ A，則下列敘述何者正確？
(A)瞬間功率的最大值 $P_{max} = 825$ W
(B)瞬間功率的最大值 $P_{max} = 1100\sqrt{2}$ W
(C)瞬間功率的頻率 $f_p = 60$ Hz
(D)瞬間功率的頻率 $f_p = 120$ Hz [107統測]

( )3. 有一交流電路，當加入電源電壓 $v(t) = 150\sin(377t + 35°)$ V 時，產生的電源電流為 $i(t) = 10\sin(377t - 25°)$ A，試求該電源在此電路供給之最大瞬間功率 P_{max} 及最小瞬間功率 P_{min} 為多少？
(A)$P_{max} = 2250$ W，$P_{min} = -750$ W
(B)$P_{max} = 1500$ W，$P_{min} = -500$ W
(C)$P_{max} = 1125$ W，$P_{min} = -375$ W
(D)$P_{max} = 750$ W，$P_{min} = -250$ W [102統測]

10-2 平均功率

( )4. 將交流電壓電源 $v(t) = 100\sqrt{2}\sin(200t - 30°)$ V 與 $50\,\mu F$ 電容器串聯，下列敘述何者錯誤？
(A)瞬間功率的最大值為 100W (B)瞬間功率的角頻率為 200 rad/s
(C)平均功率為 0W (D)電壓相位落後電流相位 90° [109統測]

( )5. 如圖(1)所示之電路，若 $\overline{V_S} = 200\angle 0°$ V，則 9Ω 電阻消耗的平均功率為何？
(A)1600W (B)1000W (C)800W (D)600W [統測]

圖(1)

圖(2)

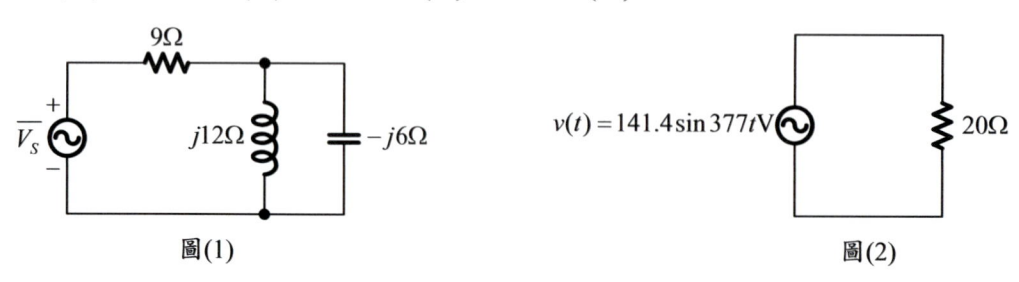

( )6. 如圖(2)所示之純電阻交流電路，電路之平均消耗功率為何？
(A)0W (B)200W (C)500W (D)1000W [統測]

( )7. 如圖(3)所示之交流 RC 並聯電路，電源供給之平均功率為何？
(A)300W (B)400W (C)500W (D)600W [統測]

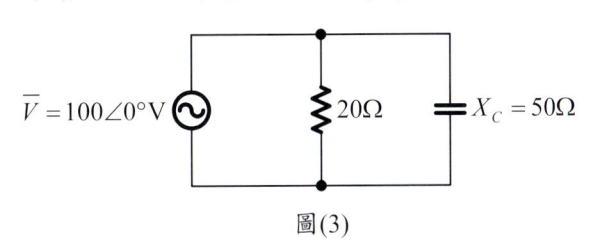

圖(3)：$\overline{V}=100\angle 0°V$，$20\Omega$ 並聯 $X_C=50\Omega$

( )8. 有一交流電源 $v(t)=100\sqrt{2}\sin(377t+10°)$ V，接於20Ω的電阻兩端，求此電阻消耗的平均功率為多少？
(A)2000W (B)1000W (C)707W (D)500W [統測]

( )9. 有一交流電路，已知電壓 $v(t)=100\sqrt{2}\sin(377t+30°)$ V 和電流 $i(t)=10\sqrt{2}\sin(377t-30°)$ A，求電路的平均功率？
(A)500W (B)866W (C)1000W (D)2000W [統測]

( )10. 有一個單相交流負載，負載端電壓為 $v(t)=5\sin(377t+5°)$ V，負載端電流為 $i(t)=4\sin(377t-55°)$ A，則負載之平均功率應為若干W？
(A)5 (B)10 (C)20 (D)40 [統測]

( )11. 交流電路中，平均功率是指一個交流週期中瞬間功率的平均值，若將100伏特、60Hz之正弦交流電壓加於50Ω的純電阻兩端，則下列敘述何者有誤？
(A)瞬間功率之頻率為60Hz (B)瞬間功率最大值為400W
(C)瞬間功率最小值為0 (D)平均功率為200W [四技]

( )12. 某阻抗之電壓及電流皆為正弦波，電壓 $\overline{V}=141.4\angle-30°$ 伏特，電流 $\overline{I}=\sqrt{2}\angle 30°$ 安培，則其平均功率為
(A)30W (B)50W (C)100W (D)$141.4\sqrt{2}$ W [保送]

( )13. 有一負載由一電容及一電阻並聯而成，其兩端加上110伏特、60赫芝之單相電源。假設電源之輸出阻抗不計，若此負載吸入10安培電流，且消耗550瓦特的功率，則負載電流超前電壓的相角為
(A)30° (B)45° (C)60° (D)90° [保送]

( )14. 同上題，負載電阻值為
(A)5.5歐姆 (B)11歐姆 (C)22歐姆 (D)55歐姆 [保送]

( )15. 圖(4)中，電路之總阻抗及消耗功率分別為
(A)3Ω，800瓦特
(B)5Ω，1200瓦特
(C)7Ω，1600瓦特
(D)11Ω，$\frac{1}{3}\times 10^4$ 瓦特 [保甄]

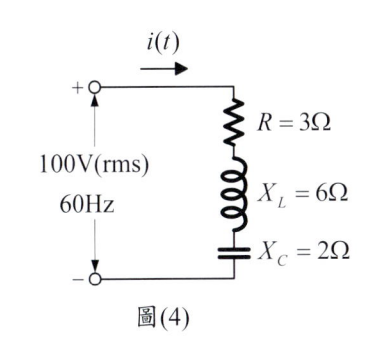

圖(4)：100V(rms), 60Hz, $R=3\Omega$, $X_L=6\Omega$, $X_C=2\Omega$

10-47

( )16. 在純電容電路中,其瞬間功率之波形為
(A)原頻率正弦波
(B)雙倍頻率正弦波
(C)原頻率餘弦波
(D)雙倍頻率方波 [保甄]

10-3 虛功率

( )17. 有一交流電源 $v(t) = 100\sqrt{2}\sin(377t - 10°)$ V 供應某負載,若負載電流 $i(t) = 100\sqrt{2}\sin(377t + 50°)$ A,則此負載的平均功率 P 及虛功率 Q 分別為何?
(A) $P = 1000$ W, $Q = 500$ VAR(電感性)
(B) $P = 1000$ W, $Q = 866$ VAR(電感性)
(C) $P = 500$ W, $Q = 500$ VAR(電容性)
(D) $P = 500$ W, $Q = 866$ VAR(電容性) [108統測]

( )18. 如圖(5)所示之 RLC 負載電路,若 $v(t) = 100\sqrt{2}\sin(377t)$ V,負載 $R = 6\,\Omega$, $X_L = 8\,\Omega$, $X_C = 5\,\Omega$,則負載的平均功率 P 與虛功率 Q 分別為何?
(A) $P = 600$ W, $Q = 1200$ VAR(電容性)
(B) $P = 866$ W, $Q = 1600$ VAR(電容性)
(C) $P = 600$ W, $Q = 600$ VAR(電感性)
(D) $P = 866$ W, $Q = 866$ VAR(電感性) [108統測]

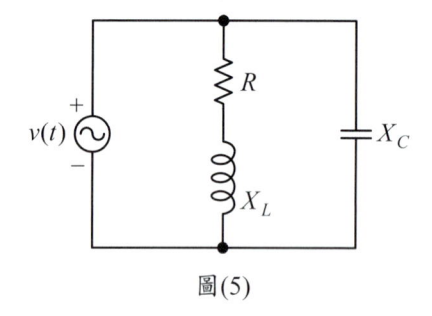

圖(5)

( )19. 有一單相交流電路,若電源電壓 $v(t) = 120\sin(314t + 30°)$ V,電源電流 $i(t) = 2\sin(314t - 15°)$ A,則下列對此電路的敘述,何者正確?
(A)最小瞬間功率 $P_{\min} = -120$ W
(B)平均功率 $P = 120$ W
(C)虛功率 $Q = 60$ VAR
(D)瞬間功率的頻率 $f_p = 100$ Hz [105統測]

( )20. 單相負載的電壓降 $v_L(t) = 200\sqrt{2}\sin(377t)$ V,負載電流 $i_L(t) = 10\sin(377t - 30°)$ A,此負載之平均功率 P_L 及虛功率 Q_L 分別為何?
(A) $P_L = 1000\sqrt{2}\cos 30°$ W, $Q_L = 1000\sqrt{2}\sin 30°$ VAR
(B) $P_L = 1000\cos 60°$ W, $Q_L = 1000\sin 60°$ VAR
(C) $P_L = 1000\sqrt{2}\cos 60°$ W, $Q_L = 1000\sqrt{2}\sin 60°$ VAR
(D) $P_L = 2000\sqrt{2}\cos 30°$ W, $Q_L = 2000\sqrt{2}\sin 30°$ VAR [103統測]

( )21. 如圖(6)所示之電路，若 $v(t) = 100\sin(377t + 15°)$ V，$i(t) = 5\sin(377t - 45°)$ A，則電感器所消耗的虛功率為何？
(A)125VAR　(B)217VAR　(C)354VAR　(D)433VAR　　[統測]

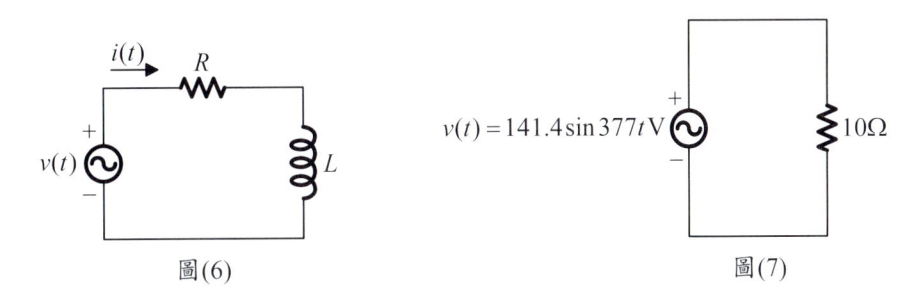

圖(6)

圖(7)

( )22. 如圖(7)所示電路，則電阻消耗多少虛功率？
(A)1000VAR　(B)500VAR　(C)0VAR　(D)−100VAR　　[統測]

( )23. 接續上題，求電源供給之平均功率為多少？
(A)0W　(B)200W　(C)500W　(D)1000W　　[統測]

( )24. 有一交流電路的電壓 $v(t) = 100\sqrt{2}\sin(377t + 20°)$ V、電流 $i(t) = 10\sqrt{2}\sin(377t - 10°)$ A，求此電路的無效功率為多少？
(A)500VAR　(B)866VAR　(C)1000VAR　(D)2000VAR　　[統測]

( )25. 一電阻器與一電容器並聯之後接到一單頻率正弦波電源，電源頻率之角速度為100 rad/sec、電壓均方根值100V、供給電流均方根值20A，電阻器之電流均方根值 $10\sqrt{3}$ A，則下列有關電容器的敘述，何者正確？
(A)電抗值為10Ω
(B)無效功率絕對值為2000VAR
(C)電容量為0.1F
(D)電流均方根值為 $(20 - 10\sqrt{3})$ A　　[統測]

10-4　視在功率

( )26. 如圖(8)所示之交流穩態電路，若 $v(t) = 240\sqrt{2}\cos(377t)$ V、$i_A(t) = 10\sqrt{2}\cos(377t - 45°)$ A、$i_B(t) = 20\cos(377t + 90°)$ A，則電源所供應之視在功率為何？
(A)4800VA　(B)$2400(1+\sqrt{2})$VA　(C)$2400\sqrt{2}$ VA　(D)2400VA　　[110統測]

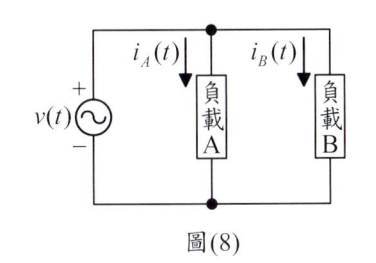

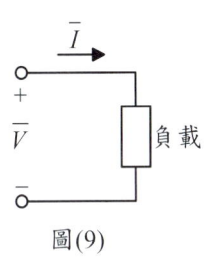

圖(8)

圖(9)

( )27. 如圖(9)所示，負載兩端的電壓 $\overline{V} = 5 + j2$ V，流經此負載的電流 $\overline{I} = 3 + j4$ V，則此電路消耗之複數功率 $\overline{S}$ 為何？
(A)$7 - j14$VA　(B)$23 + j26$VA　(C)$7 + j26$VA　(D)$23 - j14$VA　　[106統測]

( )28. 某負載電壓為 $110\sqrt{2}\sin(314t+60°)$ V，電流為 $5\sqrt{2}\sin(314t+30°)$ A，則該負載的視在功率約為多少VA？
(A)1100　(B)952.63　(C)777.82　(D)550　　　　　　　　　　　[104統測]

( )29. 某RL並聯電路的電阻 $R=4\Omega$，輸入電壓 $\overline{V_S}=40\angle 0°$ V，若總視在功率大小為500VA，則電感抗約為多少歐姆？
(A)2.66　(B)5.33　(C)10.66　(D)16　　　　　　　　　　　　　[104統測]

( )30. 已知RLC串聯交流電路的R、L、C電壓分別為 $V_R=80$ V、$V_L=60$ V、$V_C=120$ V，且流過R的電流為 $10\angle 0°$ A，則此電路的視在功率為何？
(A)2600VA　(B)1400VA　(C)1000VA　(D)800VA　　　　　　　　[統測]

( )31. 如圖(10)所示之交流RLC並聯電路，若電源為 $\overline{V}=600\angle 0°$ V 且 $R=300\Omega$、$X_L=720\Omega$、$X_C=360\Omega$，求電源的視在功率為何？
(A)2000VA　(B)1500VA　(C)1300VA　(D)1250VA　　　　　　　　[統測]

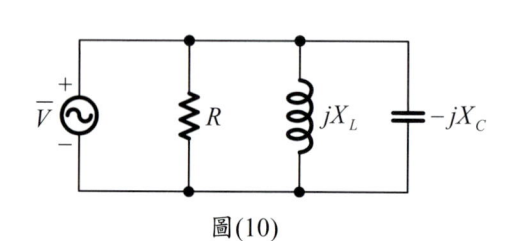

圖(10) 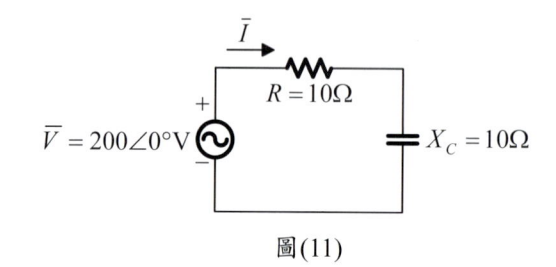　　　　圖(11)

( )32. 如圖(11)所示之交流電路，下列有關RC組合部分的敘述，何者正確？
(A)電流均方根值 $I=10$ A　　(B)平均功率 $P=1000$ W
(C)視在功率 $S=2000$ VA　　(D)無效功率Q絕對值2000VAR　　[統測]

10-5　功率因數

( )33. 有一RC並聯電路接於正弦波電壓源，在電壓峰值固定及電路正常操作情形下，若將電源頻率由小變大，則下列敘述何者正確？
(A)RC並聯電路功率因數變低　　(B)電源電流變小
(C)通過電容器的電流變小　　　(D)通過電阻器的電流變小　　[110統測]

( )34. 如圖(12)所示RLC並聯電路，電源電壓 $v(t)=100\sqrt{2}\sin(1000t)$ V，若 I_1 的電流大小為10A，I_C 的電流大小為8A，則電路的功率因數為何？
(A)0.5　(B)0.707　(C)0.886　(D)1　　　　　　　　　　　　　[109統測]

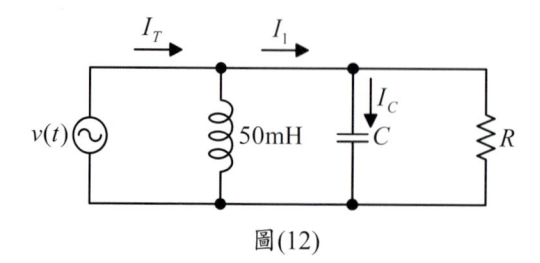

圖(12)

CH10 交流電功率

( )35. 如圖(13)所示之電路,已知電路之功率因數為0.6,$X_L = 6\Omega$,則電路之R為何? (A)8Ω (B)12Ω (C)15Ω (D)18Ω [108統測]

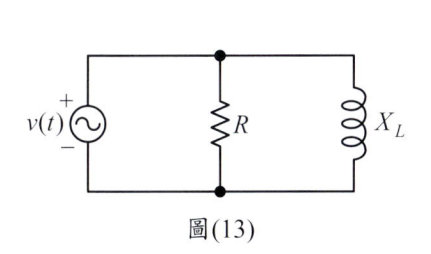

圖(13)

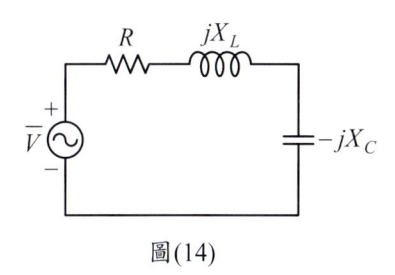

圖(14)

( )36. 如圖(14)所示,弦波電壓源$\overline{V}$之有效值為200V,$R = 40\Omega$、$X_L = 60\Omega$、$X_C = 30\Omega$,則下列敘述何者正確?
(A)電路的功率因數$PF = 0.8$
(B)電源供給的平均功率$P = 1000$ W
(C)電源供給的虛功率$Q = 1000$ VAR
(D)電源提供的視在功率$S = 1000$ VA [107統測]

( )37. 有一單相交流電路,加入電源電壓$v(t) = 200\sin(377t)$ V,產生電流$i(t) = 5\cos(377t - 30°)$ A,試求該電路的功率因數(PF)為何?
(A)0.5超前 (B)0.5落後 (C)0.866超前 (D)0.866落後 [105統測]

( )38. 如圖(15)所示之交流電路,若電壓$\overline{V} = 100\angle 0°$ V,電流$\overline{I} = 10\angle 30°$ A,則此電路的功率因數為何?
(A)0.5,超前
(B)0.5,落後
(C)0.866,超前
(D)0.866,落後 [103統測]

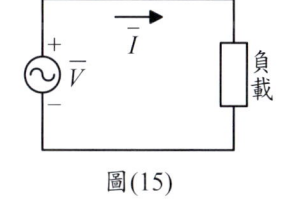

圖(15)

( )39. 有一單相交流電路,電源電壓為$v(t) = 200\sin(300t + 30°)$ V,負載消耗的平均功率為4kW,功率因數為0.8滯後,若要將電路的功率因數提高至1.0,則需並聯多少電容量的電容器?
(A)500μF (B)250μF (C)133μF (D)66.6μF [102統測]

( )40. 如圖(16)所示之RC交流電路,已知$\overline{V_S} = 40\angle 0°$ V,則電路功率因數為何?
(A)0.87 (B)0.80 (C)0.71 (D)0.50 [統測]

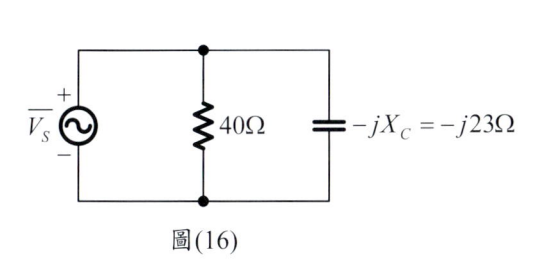

圖(16)

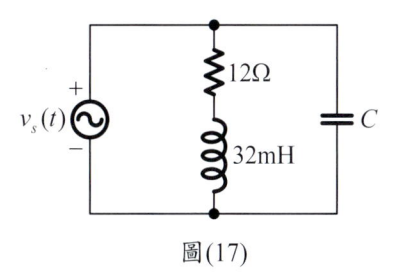

圖(17)

( )41. 如圖(17)所示之交流電路,已知$v_s(t) = 100\sin 500t$ V,電路的功率因數為0.8落後,則電容C之值為何? (A)65μF (B)50μF (C)35μF (D)20μF [統測]

10-51

( )42. RC串聯負載之交流電路,於穩態條件下,下列敘述何者正確?
(A)負載之電流相角滯後電壓相角　(B)負載功率因數小於1且為滯後
(C)負載功率因數小於1且為領前　(D)負載的視在功率等於實功率　[統測]

( )43. 某電感性負載消耗之平均功率為600W,虛功率為800VAR,則此負載之功率因數為何?　(A)0.8滯後　(B)0.6滯後　(C)0.8領前　(D)0.6領前　[統測]

( )44. 如圖(18)所示之電路,假設$R = 16\,\Omega$,$X_L = 12\,\Omega$,$X_C = 6\,\Omega$,$\overline{E} = 240\angle 0°$ V,則電路之功率因數為何?　(A)0.5　(B)0.6　(C)0.7　(D)0.8　[統測]

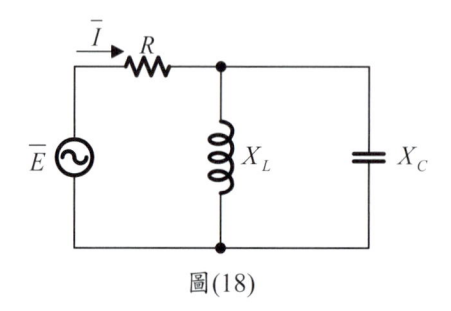

圖(18)

( )45. 交流RLC並聯電路中,流經R、L、C之電流分別為$I_R = 3\,A$、$I_L = 6\,A$、$I_C = 2\,A$,電源電壓為$220\angle 0°$ V,則此電路之功率因數為何?
(A)0.8落後　(B)0.8超前　(C)0.6落後　(D)0.6超前　[統測]

( )46. 如圖(19)所示之交流RL串聯電路,則電路之功率因數為何?
(A)0.6　(B)0.7　(C)0.8　(D)0.9　[統測]

圖(19)

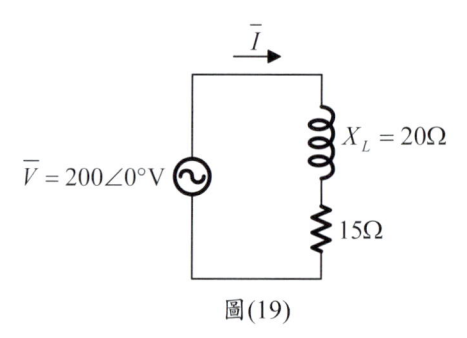

( )47. 某工廠平均每小時耗電24kW,功率因數為0.6滯後,欲將功率因數提高至0.8滯後,求應加入並聯電容器的無效功率為多少?
(A)5kVAR　(B)14kVAR　(C)19kVAR　(D)24kVAR　[統測]

( )48. 下列有關功率因數($P.F.$)的敘述,何者正確?
(A)$-1 < P.F. < 0$　　　　　(B)純電阻之$P.F. = 1$
(C)純電容之$P.F. = 1$　　　(D)純電感之$P.F. = 1$　[統測]

( )49. 某交流電路的電壓函數$v(t)$及電流函數$i(t)$可分別表為$v(t) = 200\sqrt{2}\sin(377t)$ V、$i(t) = 10\sqrt{2}\sin(377t - 37°)$ A,則下列有關此電路之有效功率(P)、無效功率(Q)、視在功率(S)及功率因數($P.F.$)的敘述,何者正確?
(A)$P = 3200$ W　　　　　(B)Q絕對值$= 1200$ VAR
(C)$S = 4000$ VA　　　　　(D)$P.F. = 0.6$　[統測]

( )50. 如圖(20)所示之交流電路，R的電流均方根值 $I_R = 9$ A 且 L 的均方根值 $I_L = 12$ A，下列有關 RL 組合部分的敘述，何者錯誤？
(A)電流均方根值 $I = 15$ A
(B)功率因數 $P.F. = 0.6$
(C)視在功率 $S = 540$ VA
(D)無效功率 Q 絕對值 $= 324$ VAR　　[統測]

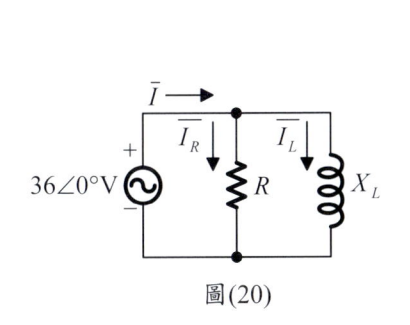

圖(20)

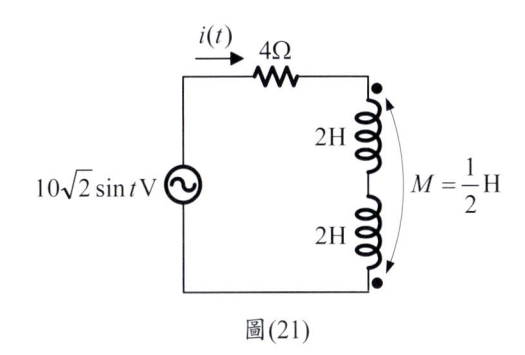

圖(21)

( )51. 串聯電路如圖(21)所示，下列有關 RL 組合部分的敘述，何者正確？
(A)電流均方根值 $I = 2$ A
(B)視在功率 $S = 10$ VA
(C)平均功率 $P = 10$ W
(D)功率因數 $P.F. = 0.5$　　[統測]

( )52. 串聯電路如圖(22)所示，下列有關 RC 組合部分的敘述，何者正確？
(A)功率因數 $P.F. = 0.6$
(B)視在功率 $S = 100$ VA
(C)無效功率 Q 絕對值 $= 50$ VAR
(D)平均功率 $P = 100$ W　　[統測]

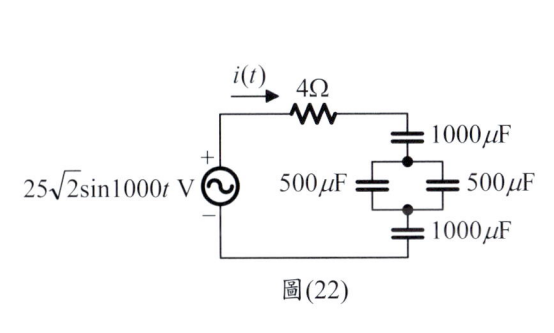

圖(22)

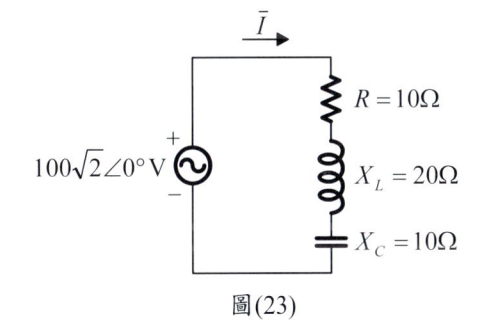

圖(23)

( )53. 如圖(23)所示之串聯電路，下列有關 RLC 組合部分的敘述，何者正確？
(A)電流均方根值 $I = 5$ A
(B)平均功率 $P = 1000$ W
(C)功率因數 $P.F. = 0.5$
(D)視在功率 $S = 1000$ VA　　[統測]

( )54. 有一家庭自110V之單相交流電源，取用880W之實功率，已知其功率因數為0.8落後，則電源電流應為若干A？　(A)10　(B)11　(C)20　(D)22　　[統測]

( )55. 如圖(24)所示電路，其功率因數為多少？
(A)0.532　(B)0.600　(C)0.707　(D)0.868　　[保送]

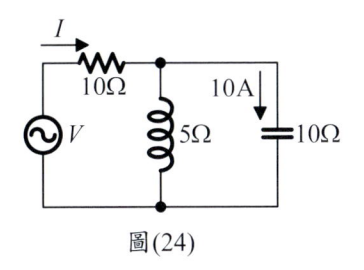

圖(24)

10-53

( )56. 一交流電壓 $v(t)=100\sqrt{2}\sin(120\pi t)$ 伏特，加於一 RLC 串聯電路，若此 RLC 串聯電路的 $R=3$ 歐姆、$X_L=3$ 歐姆、$X_C=7$ 歐姆，則此電路的虛功率為多少仟乏（kVAR）？　(A)3.2仟乏　(B)2.4仟乏　(C)1.6仟乏　(D)1.0仟乏　[保甄]

( )57. 同上題電路，此電路的功率因數為
(A)0.8落後　(B)0.8超前　(C)0.6落後　(D)0.6超前　[保甄]

( )58. 有一負載阻抗為 $6+j8$ 歐姆，其功率因數應為
(A)0.6　(B)0.8　(C)0.9　(D)1.0　[保甄]

( )59. 功率因數（P.F.）單位為
(A)伏安（VA）　　　　　　(B)乏（VAR）
(C)瓦特（watt）　　　　　(D)沒有單位　[四技二專]

( )60. 對 RLC 串聯電路而言，若阻抗 $X_L>X_C$，則下列敘述何者正確？
(A)該電路為電容性電路　　(B)電流超前電壓
(C)功率因數滯後　　　　　(D)以上皆非　[四技二專]

( )61. 圖(25)電路中，為了使電源側 ab 端看出之阻抗功因為1，則電容器 C 值為何？
(A)1F　(B)$\dfrac{1}{25}$F　(C)$\dfrac{2}{25}$F　(D)2F　[保甄]

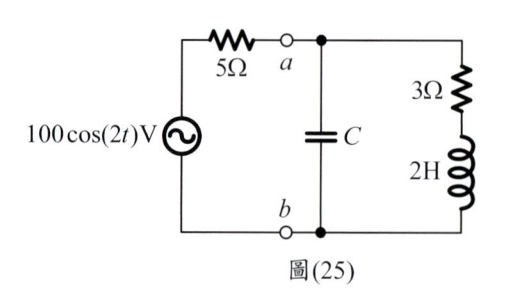

圖(25)

( )62. 額定輸出1000kW，功因0.8越前，效率為92%之三相同步電動機，其在額定狀況下自電源取入之無效功率（kVAR）為
(A)815　(B)860　(C)950　(D)1000　[保送]

( )63. 兩負載並聯接於2300伏特之電力線上。其中 A 負載之平均功率 $P=100\,\text{kW}$，功率因數 $\cos\theta=0.8$ 落後；B 負載之視在功率 $S=100\,\text{kVA}$，功率因數 $\cos\theta=0.6$ 超前。試問電路之總功率因數為　(A)0.99　(B)0.7　(C)0.1　(D)0.9　[保甄]

( )64. 阻抗為50歐姆、功率因數為0.8之負載，若連接200伏特之交流電壓時，其有效功率為　(A)640瓦特　(B)800瓦特　(C)480瓦特　(D)1000瓦特　[保甄]

( )65. RC 兩元件串聯時，其功率因數為0.6，若將此二元件改成並聯時，則其功率因數為　(A)0.8　(B)0.6　(C)0.707　(D)1　[保甄]

最近統測試題

( )66. 某單相負載端電壓 $v_L(t) = 400\sin(377t)$ V，負載電流 $i_L(t) = 40\sin(377t - 60°)$ A，則下列敘述何者正確？
(A)負載的視在功率為16kVA
(B)負載的實功率（平均功率）為8kW
(C)負載的虛功率為$8\sqrt{3}$kVAR（電感性）
(D)負載的最大瞬間功率為12kW
[10-4][111統測]

( )67. 有一RLC串聯電路，接於 $v(t) = 100\sqrt{2}\sin(377t)$ V 之交流電源，已知電阻 $R = 6\,\Omega$、電感抗 $X_L = 20\,\Omega$、電容抗 $X_C = 12\,\Omega$，則此串聯電路最大瞬間功率為多少瓦特？　(A)1200　(B)1460　(C)1600　(D)1850
[10-1][112統測]

( )68. 如圖(26)所示電路，若流經8Ω電阻之電流有效值為10A，則電源供給之平均功率P與虛功率Q分別為何？
(A)$P = 1000$ W、$Q = 2000$ VAR
(B)$P = 2000$ W、$Q = 1000$ VAR
(C)$P = 2000$ W、$Q = 2000$ VAR
(D)$P = 1000$ W、$Q = 1000$ VAR
[10-3][112統測]

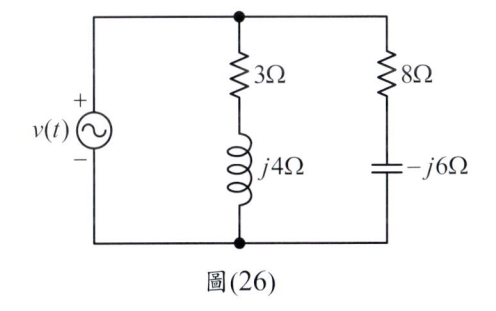

圖(26)

答案與詳解

答
1.B 2.D 3.C 4.B 5.A 6.C 7.C 8.D 9.A 10.A
11.A 12.C 13.C 14.C 15.B 16.B 17.D 18.A 19.D 20.A
21.B 22.C 23.D 24.A 25.A 26.D 27.D 28.D 29.B 30.C
31.C 32.D 33.A 34.B 35.A 36.A 37.A 38.C 39.A 40.D
41.C 42.C 43.B 44.D 45.C 46.A 47.B 48.B 49.B 50.D
51.A 52.D 53.B 54.A 55.C 56.C 57.D 58.A 59.D 60.C
61.C 62.A 63.A 64.A 65.A 66.D 67.C 68.B

解

1. $v(t) = 120\cos(377t + 30°) = 120\sin(377t + 120°)$ (V)

   $\overline{V} = \dfrac{120}{\sqrt{2}} \angle 120°$ (V)

   $\overline{Z} = R - jX_C = 24 - j18 = 30\angle -37°$ (Ω)

   $\overline{I} = \dfrac{\overline{V}}{\overline{Z}} = \dfrac{\frac{120}{\sqrt{2}}\angle 120°}{30\angle -37°} = \dfrac{4}{\sqrt{2}} \angle 157°$ (A)

   $\theta_p = \theta_v - \theta_i = 120° - 157° = -37° = \theta_Z$

   $P_{\max} = VI\cos\theta_p + VI = \dfrac{120}{\sqrt{2}} \times \dfrac{4}{\sqrt{2}} \times \cos(-37°) + \dfrac{120}{\sqrt{2}} \times \dfrac{4}{\sqrt{2}}$

   $= 240 \times 0.8 + 240 = 432$ (W)

2. $v(t) = 110\sqrt{2}\cos(120\pi t + 30°) = 110\sqrt{2}\sin(120\pi t + 120°)$ (V)

   $i(t) = 10\cos(120\pi t - 30°) = 10\sin(120\pi t + 60°)$ (A)

   $\theta_p = \theta_v - \theta_i = 120° - 60° = 60°$

   $P_{\max} = VI\cos\theta_p + VI = 110 \times \dfrac{10}{\sqrt{2}} \times \cos 60° + 110 \times \dfrac{10}{\sqrt{2}} = 825\sqrt{2}$ (W)

   $\omega = 2\pi f = 120\pi$，$f = 60$ (Hz)

   $f_p = 2f = 2 \times 60 = 120$ (Hz)

3. $V = \dfrac{150}{\sqrt{2}}$ (V)，$I = \dfrac{10}{\sqrt{2}}$ (A)

   $\theta_p = \theta_v - \theta_i = 35° - (-25°) = 60°$

   最大瞬間功率：$P_{\max} = VI\cos\theta_p + VI = \dfrac{150}{\sqrt{2}} \times \dfrac{10}{\sqrt{2}} \cos 60° + \dfrac{150}{\sqrt{2}} \times \dfrac{10}{\sqrt{2}}$

   $= 375 + 750 = 1125$ (W)

   最小瞬間功率：$P_{\min} = VI\cos\theta_p - VI = 375 - 750 = -375$ (W)

答案與詳解

4. $v(t) = 100\sqrt{2}\sin(200t - 30°)$ (V)

   $\overline{V} = \dfrac{100\sqrt{2}}{\sqrt{2}}\angle -30° = 100\angle -30°$ (V) $\omega = 200$ (rad/s)

   $\overline{X_C} = -j\dfrac{1}{\omega C} = -j\dfrac{1}{200\times 50\mu} = -j100 = 100\angle -90°$ (Ω)

   $\overline{I} = \dfrac{\overline{V}}{\overline{X_C}} = \dfrac{100\angle -30°}{100\angle -90°} = 1\angle 60°$ (A)

   $\theta_i = 60°$，$\theta_v = -30°$ $\theta_p = \theta_v - \theta_i = (-30°) - 60° = -90°$

   (A) $P_{\max} = VI\cos\theta_p + VI = 100\times 1\times \cos(-90°) + 100\times 1 = 100$ (W)

   (B) $\omega_p = 2\omega = 2\times 200 = 400$ (rad/s)

   (C) $P = VI\cos\theta_p = 100\times 1\times \cos(-90°) = 0$ (W)

   (D) $\theta_i = 60°$，$\theta_v = -30°$ $\Rightarrow$ 電壓相位落後電流相位90°

5. $\overline{Z} = 9 + \dfrac{(j12)(-j6)}{j12+(-j6)} = 9 + \dfrac{-j^2 72}{j6} = 9 - j12$ (Ω)

   $= \sqrt{9^2 + 12^2}\angle \tan^{-1}\dfrac{12}{9} = 15\angle -53°$ (Ω)

   $\overline{I} = \dfrac{\overline{V_S}}{\overline{Z}} = \dfrac{200\angle 0°}{15\angle -53°} = \dfrac{40}{3}\angle 53°$ (A) $P_{9\Omega} = I^2 R = (\dfrac{40}{3})^2 \times 9 = 1600$ (W)

6. 純電阻交流電路之 $P = \dfrac{V^2}{R} = \dfrac{(\dfrac{141.4}{\sqrt{2}})^2}{20} = 500$ (W)

7. $\overline{V} = 100\angle 0°$ (V) $\Rightarrow V = 100$ (V)

   $P = V^2 G = (100)^2 (\dfrac{1}{20}) = 500$ (W)

   $Q = V^2 B_C = (100)^2 (\dfrac{1}{50}) = 200$ (VAR)（電容性電抗功率）

8. $\overline{V} = 100\angle 0°$ (V) $\Rightarrow V = 100$ (V)

   $P = \dfrac{V^2}{R} = \dfrac{100^2}{20} = 500$ (W)

9. $\theta_p = \theta_v - \theta_i = 30° - (-30°) = 60°$

   $\overline{V} = 100\angle 30° \Rightarrow V = 100$ (V)

   $\overline{I} = 10\angle -30° \Rightarrow I = 10$ (A)

   平均功率 $= VI\cos\theta_p = 100\times 10\times \cos 60° = 500$ (W)

答案與詳解

10. $v(t) = 5\sin(377t + 5°)$ (V) $\Rightarrow V = \dfrac{5}{\sqrt{2}}$ (V)，$\theta_v = 5°$

    $i(t) = 4\sin(377t - 55°)$ (A) $\Rightarrow I = \dfrac{4}{\sqrt{2}}$ (A)，$\theta_i = -55°$

    $\theta_p = \theta_v - \theta_i = 5° - (-55°) = 60°$

    $P = VI\cos\theta_p = (\dfrac{5}{\sqrt{2}})(\dfrac{4}{\sqrt{2}})\cos 60° = 10 \times \dfrac{1}{2} = 5$ (W)

11. (A) $f_P = 2f_V = 2 \times 60 = 120$ (Hz)

    (B) $P_{\max} = VI\cos\theta_p + VI = (100)(\dfrac{100}{50}\cos 0°) + 100 \times \dfrac{100}{50} = 400$ (W)

    (C) $P_{\min} = VI\cos\theta_p - VI = (100)(\dfrac{100}{50}\cos 0°) - 100 \times \dfrac{100}{50} = 0$ (W)

    (D) $P = VI\cos\theta_p = (100)(\dfrac{100}{50}\cos 0°) = 200$ (W)

12. $\theta_p = \theta_v - \theta_i = (-30°) - 30° = -60°$

    $P = VI\cos\theta_p = 141.4 \times \sqrt{2} \times \cos(-60°) = 100$ (W)

13. $P = VI\cos\theta_p \Rightarrow \cos\theta_p = \dfrac{P}{VI} = \dfrac{550}{110 \times 10} = \dfrac{1}{2}$

    ∵ 電路為電容性，∴ $\theta_p = \theta_v - \theta_i = -60°$，即電流超前電壓60°

14. RC 並聯交流電路，其 $P = VI\cos\theta_p = \dfrac{V^2}{R}$

    ∴ $R = \dfrac{V^2}{P} = \dfrac{(110)^2}{550} = 22$ (Ω)

15. $Z = \sqrt{R^2 + (X_L - X_C)^2} = \sqrt{(3)^2 + (6-2)^2} = 5$ (Ω)

    $I = \dfrac{V}{Z} = \dfrac{100}{5} = 20$ (安培)

    $P = I^2 R = (20)^2 \times 3 = 1200$ (瓦)

16. $v = V_m \sin\omega t \quad i = I_m \cos\omega t$

    $p = vi = V_m I_m \sin\omega t \cos\omega t = \dfrac{V_m I_m}{2}\sin 2\omega t = VI\sin 2\omega t$ 即雙倍頻率正弦波

    （∵ $\sin 2\theta = 2\sin\theta\cos\theta$）

| 答案與詳解 |

17. $V = 100$ (V)　　$\theta_v = -10°$

　　$I = 10$ (A)　　$\theta_i = 50°$

　　$\Rightarrow \theta_p = \theta_v - \theta_i = (-10°) - 50° = -60°$（電流超前電壓60°，電容性電路）

　　$P = VI\cos\theta_p = 100 \times 10 \times \cos(-60°) = 500$ (W)

　　$Q = VI\sin\theta_p = 100 \times 10 \times \sin(-60°) = -866$ (VAR)（負值表示為電容性電抗功率）

　　$\therefore Q = 866$ (VAR)（電容性）

18.

　　$\overline{V} = 100\angle 0°$ (V)

　　$\overline{Z_1} = 6 + j8 = 10\angle 53°$ (Ω)　　$\overline{Z_2} = 5\angle -90°$ (Ω)

　　$\overline{I_1} = \dfrac{\overline{V}}{\overline{Z_1}} = \dfrac{100\angle 0°}{10\angle 53°} = 10\angle -53°$ (A)　　$\overline{I_2} = \dfrac{\overline{V}}{\overline{Z_2}} = \dfrac{100\angle 0°}{5\angle -90°} = 20\angle 90°$ (A)

　　$P = I_1^2 \times R = 10^2 \times 6 = 600$ (W)

　　$Q = Q_L - Q_C = I_1^2 X_L - I_2^2 X_C$

　　　$= 10^2 \times 8 - 20^2 \times 5 = -1200$ (VAR)（負值表示為電容性電抗功率）

　　$\therefore Q = 1200$ (VAR)（電容性）

19. $\overline{V} = \dfrac{120}{\sqrt{2}}\angle 30°$ (V)，$\theta_v = 30°$

　　$\overline{I} = \dfrac{2}{\sqrt{2}}\angle -15°$ (A)，$\theta_i = -15°$

　　$\theta_p = \theta_v - \theta_i = 30° - (-15°) = 45°$（電流落後電壓，視為電感性電路）

　　(A) $P_{\min} = VI\cos\theta_p - VI = \dfrac{120}{\sqrt{2}} \times \dfrac{2}{\sqrt{2}} \times \cos 45° - \dfrac{120}{\sqrt{2}} \times \dfrac{2}{\sqrt{2}} \cong -35.147$ (W)

　　(B) $P = VI\cos\theta_p = \dfrac{120}{\sqrt{2}} \times \dfrac{2}{\sqrt{2}} \times \cos 45° \cong 84.853$ (W)

　　(C) $Q = VI\sin\theta_p = \dfrac{120}{\sqrt{2}} \times \dfrac{2}{\sqrt{2}} \times \sin 45° = 84.853$ (VAR)（電感性電抗功率）

　　(D) $\because \omega = 314$ rad/s，$f = \dfrac{314}{2\pi} = 50$ (Hz)

　　　$\therefore f_p = 2f = 2 \times 50 = 100$ (Hz)

20. $\overline{V_L} = 200\angle 0°$ (V),$\overline{I_L} = \dfrac{10}{\sqrt{2}}\angle -30°$ (A)

$\Rightarrow \theta_p = \theta_v - \theta_i = 0° - (-30°) = 30°$

$\Rightarrow P_L = VI\cos\theta_p = 200 \times \dfrac{10}{\sqrt{2}} \times \cos 30° = 1000\sqrt{2}\cos 30°$ (W)

$Q_L = VI\sin\theta_p = 200 \times \dfrac{10}{\sqrt{2}} \times \sin 30° = 1000\sqrt{2}\sin 30°$ (VAR)

正值代表電抗功率為電感性

21. $\theta_p = \theta_v - \theta_i = 15° - (-45°) = 60°$

$Q = VI\sin\theta_p = \dfrac{100}{\sqrt{2}} \times \dfrac{5}{\sqrt{2}} \times \sin 60° = 216.5$ (乏)（正值是表示電感性電抗功率）

∴ 虛功率為217 (乏) 電感性電抗功率

22. 於純電阻交流電路中，其電壓與電流同相，$\theta = 0°$

∴ $Q = VI\sin\theta = VI\sin 0° = 0$ (VAR)

23. 於純電阻交流電路中，其電壓與電流同相，$\theta = 0°$

∴ $P = VI\cos\theta = VI\cos 0° = VI = \dfrac{V^2}{R} = \dfrac{(\dfrac{141.4}{\sqrt{2}})^2}{10} = 1000$ (W)

24. 由題意知：$\overline{V} = 100\angle 20°$ (V),$\overline{I} = 10\angle -10°$ (A)

$\Rightarrow V = 100$ (V),$I = 10$ (A),$\theta_p = \theta_v - \theta_i = 20° - (-10°) = 30°$

$Q = VI\sin\theta_p = 100 \times 10 \times \sin 30° = 500$ (VAR)（正值是表示電感性電抗功率）

∴ 虛功率Q為500VAR電感性電抗功率

25. ∵ $I = \sqrt{I_R^2 + I_C^2}$ ∴ $I_C = \sqrt{I^2 - I_R^2} = \sqrt{20^2 - (10\sqrt{3})^2} = 10$ (A)

∵ $I_C = VB_C$ ∴ $B_C = \dfrac{I_C}{V} = \dfrac{10}{100} = 0.1$ (S)，即$X_C = \dfrac{1}{B_C} = 10$ (Ω)

$B_C = \omega C \Rightarrow C = \dfrac{B_C}{\omega} = \dfrac{0.1}{100} = 10^{-3}$ (F)

$Q = V^2 B_C = (100^2)(0.1) = 1000$ (VAR)（電容性電抗功率）

∴ 無效功率為1000VAR電容性電抗功率

26. $v(t) = 240\sqrt{2}\cos(377t) = 240\sqrt{2}\sin(377 + 90°)$ (V)

$i_A(t) = 10\sqrt{2}\cos(377t - 45°) = 10\sqrt{2}\sin(377t + 45°)$ (A)

$i_B(t) = 20\cos(377t + 90°) = 20\sin(377t + 180°)$ (A)

$\overline{V} = 240\angle 90°$ (V),$\overline{I_A} = 10\angle 45°$ (A),$\overline{I_B} = \dfrac{20}{\sqrt{2}}\angle 180°$ (A)

答案與詳解

設電源電流為 $\overline{I}$

方法1 $\overline{I} = \overline{I_A} + \overline{I_B} = 10\angle 45° + \dfrac{20}{\sqrt{2}}\angle 180°$

$= \dfrac{10}{\sqrt{2}} + j\dfrac{10}{\sqrt{2}} - \dfrac{20}{\sqrt{2}} = -\dfrac{10}{\sqrt{2}} + j\dfrac{10}{\sqrt{2}} = 10\angle 135°$ (A)

$S = VI = 240 \times 10 = 2400$ (VA)

方法2 $P_A = 240 \times 10\cos(90° - 45°) = 1200\sqrt{2}$ (V)

$Q_A = 240 \times 10\sin(90° - 45°) = 1200\sqrt{2}$ (VAR)

$P_B = 240 \times \dfrac{20}{\sqrt{2}}\cos(90° - 180°) = 0$ (W)

$Q_B = 240 \times \dfrac{20}{\sqrt{2}}\sin(90° - 180°) = -2400\sqrt{2}$ (VAR)

$P_T = P_A + P_B = 1200\sqrt{2} + 0 = 1200\sqrt{2}$ (W)

$Q_T = Q_A + Q_B = 1200\sqrt{2} - 2400\sqrt{2} = -1200\sqrt{2}$ (VAR)

$S = \sqrt{P_T^2 + Q_T^2} = \sqrt{(1200\sqrt{2})^2 + (-1200\sqrt{2})^2} = 2400$ (VA)

27. 在以電流 $\overline{I}$ 為基準時：

$\overline{S} = \overline{V} \times \overline{I}^*$ （$\overline{I}^*$ 為 $\overline{I}$ 之共軛複數）

$= (5 + j2)(3 - j4) = 23 - j14$ (VA)

$\Rightarrow P = 23$ (W)

$Q = 14$ (VAR)（電容性電抗功率）

28. $\overline{V} = 110\angle 60°$ (V)　　$\overline{I} = 5\angle 30°$ (A)

$S = VI = 110 \times 5 = 550$ (VA)

29. $P = \dfrac{V_S^2}{R} = \dfrac{40^2}{4} = 400$ (W)

$\Rightarrow Q = \sqrt{S^2 - P^2} = \sqrt{500^2 - 400^2} = 300$ (VAR)

$\because Q = \dfrac{V_S^2}{X_L}$　　$\therefore X_L = \dfrac{V_S^2}{Q} = \dfrac{40^2}{300} \cong 5.33$ (Ω)

另解 $I = \dfrac{S}{V_S} = \dfrac{500}{40} = 12.5$ (A)　　$I_R = \dfrac{40}{4} = 10$ (A)

$\Rightarrow I_L = \sqrt{I^2 - I_R^2} = \sqrt{12.5^2 - 10^2} = 7.5$ (A)

$\therefore X_L = \dfrac{V_S}{I_L} = \dfrac{40}{7.5} \cong 5.33$ (Ω)

30. $\overline{V} = 80 + j60 - j120 = 80 - j60 = 100\angle -37°\,(\text{V}) \Rightarrow V = 100\,(\text{V})$

$\overline{I} = \overline{I_R} = \overline{I_L} = \overline{I_C} = 10\angle 0°\,(\text{A})$（串聯電路電流相等）

$I = 10\,(\text{A})$

$S = VI = 100 \times 10 = 1000\,(\text{VA})$

31. $\overline{I_R} = \dfrac{\overline{V}}{R} = \dfrac{600\angle 0°}{300} = 2\,(\text{A})$

$\overline{I_L} = \dfrac{\overline{V}}{\overline{X_L}} = \dfrac{600\angle 0°}{720\angle 90°} = \dfrac{5}{6}\angle -90°\,(\text{A})$

$\overline{I_C} = \dfrac{\overline{V}}{\overline{X_C}} = \dfrac{600\angle 0°}{360\angle -90°} = \dfrac{5}{3}\angle 90°\,(\text{A})$

$\overline{I} = \overline{I_R} + \overline{I_L} + \overline{I_C} = 2 + \dfrac{5}{6}\angle -90° + \dfrac{5}{3}\angle 90° = 2 - j\dfrac{5}{6} + j\dfrac{10}{6} = 2 + j\dfrac{5}{6}\,(\text{A})$

$I = \sqrt{2^2 + (\dfrac{5}{6})^2} = \dfrac{13}{6}\,(\text{A}) \quad S = VI = 600 \times \dfrac{13}{6} = 1300\,(\text{VA})$

32. $\overline{Z} = R - jX_C = 10 - j10 = 10\sqrt{2}\angle -45°\,(\Omega)$

$\overline{I} = \dfrac{\overline{V}}{\overline{Z}} = \dfrac{200\angle 0°}{10\sqrt{2}\angle -45°} = 10\sqrt{2}\angle 45°\,(\text{A})$

(A) $I = 10\sqrt{2}\,(\text{A})$

(B) $P = I^2R = (10\sqrt{2})^2 \times 10 = 2000\,(\text{W})$

(C) $S = VI = 200 \times 10\sqrt{2} = 2000\sqrt{2}\,(\text{VA})$

(D) $Q = -I^2X_C = -(10\sqrt{2})^2 \times 10 = -2000\,(\text{VAR})$（負值表示電容性電抗功率）

33. $\because \theta_p = -\theta_Y = -\tan^{-1}\dfrac{B_C}{G}$，又 $B_C = \omega C = 2\pi fC\,(\text{S})$

$\therefore B_C \propto f$，$\theta_p \propto B_C$

(A) $f\uparrow \Rightarrow \theta_p\uparrow$，$\Rightarrow \cos\theta_p$ 變小

(B) $f\uparrow \Rightarrow B_C\uparrow$，$\Rightarrow \overline{Y} = G + jB_C$ 變大，$\Rightarrow \overline{I} = \overline{V} \times \overline{Y}$ 變大

(C) $f\uparrow \Rightarrow B_C\uparrow$，$\Rightarrow \overline{I_C} = \overline{V} \times \overline{B_C}$ 變大

(D) $\overline{V}$ 固定，$\Rightarrow \overline{I_R} = \dfrac{\overline{V}}{R}$ 固定不變

答案與詳解

34. $\overline{V} = 100\angle 0° \text{ (V)} \quad \omega = 1000 \text{ (rad/s)}$

$\overline{X_L} = j\omega L = j1000 \times 50\text{mH} = j50 = 50\angle 90° \text{ (}\Omega\text{)}$

$\overline{I_L} = \dfrac{\overline{V}}{\overline{X_L}} = \dfrac{100\angle 0°}{50\angle 90°} = 2\angle -90° \text{ (A)}$

$I_R = \sqrt{I_1^2 - I_C^2} = \sqrt{10^2 - 8^2} = 6 \text{ (A)}$

$\overline{I_T} = \overline{I_R} + \overline{I_L} + \overline{I_C} = 6 + 2\angle -90° + 8\angle 90° = 6\sqrt{2}\angle 45° \text{ (A)}$

$\because \theta_i = 45°, \theta_v = 0° \quad \therefore \theta_p = \theta_v - \theta_i = 0° - 45° = -45°$

$PF = \cos\theta_p = \cos(-45°) = 0.707$

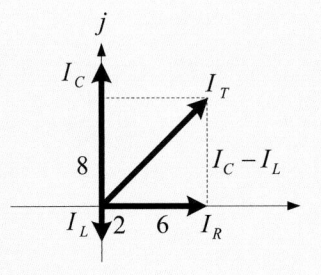

35. $P.F. = \cos\theta_p = 0.6 \Rightarrow \theta_p = 53° \text{（電感性）}$

$\therefore \theta_p = -\theta_Y = \tan^{-1}\dfrac{B_L}{G} = 53°\text{（正值表示電流落後電壓）}$

$\Rightarrow \dfrac{B_L}{G} = \tan 53° = \dfrac{4}{3}$

$\Rightarrow G = B_L \times \dfrac{3}{4} = \dfrac{1}{6} \times \dfrac{3}{4} = \dfrac{1}{8} \text{ (S)}$

$\Rightarrow R = \dfrac{1}{G} = 8 \text{ (}\Omega\text{)}$

36. (A) $\because X_L > X_C, \theta_p$ 為正

$\therefore \theta_p = \theta_Z = \tan^{-1}\dfrac{X_L - X_C}{R} = \tan^{-1}\dfrac{60-30}{40} = 37°$

$P.F. = \cos\theta_p = \cos 37° = 0.8$

(B) $\overline{Z} = R + j(X_L - X_C) = 40 + j(60-30) = 40 + j30 = 50\angle 37° \text{ (}\Omega\text{)}$

$I = \dfrac{V}{Z} = \dfrac{200}{50} = 4 \text{ (A)}$

$P = VI\cos\theta_p = 200 \times 4 \times 0.8 = 640 \text{ (W)}$

(C) $Q = VI\sin\theta_p = 200 \times 4 \times \sin 37° = 480 \text{ (VAR)}$

（正值表示為電感性電抗功率）

(D) $S = VI = 200 \times 4 = 800 \text{ (VA)}$

37. $v(t) = 200\sin(377t) \text{ (V)}, \theta_v = 0°$

$i(t) = 5\cos(377t - 30°) = 5\sin(377t + 60°) \text{ (A)}, \theta_i = 60°$

$\theta_p = \theta_v - \theta_i = 0° - 60° = -60°$

（電流超前電壓60°，視為電容性電路，屬超前功率因數）

$P.F. = \cos\theta_p = \cos(-60°) = 0.5$

答案與詳解

38. $\theta_v = 0°$，$\theta_i = 30° \Rightarrow \theta_p = \theta_v - \theta_i = 0° - 30° = -30°$

$P.F. = \cos\theta_p = \cos(-30°) = 0.866$（超前）

39. 改善功率因數時，並聯電容器，其容量公式：

$$Q_C = P(\tan\theta_1 - \tan\theta_2) = P(\frac{\sin\theta_1}{\cos\theta_1} - \frac{\sin\theta_2}{\cos\theta_2}) = P(\frac{\sqrt{1-\cos^2\theta_1}}{\cos\theta_1} - \frac{\sqrt{1-\cos^2\theta_2}}{\cos\theta_2})$$

$$= 4000(\frac{\sqrt{1-(0.8)^2}}{0.8} - \frac{0}{1}) = 4000 \times \frac{3}{4} = 3000\,(VAR)$$

$v(t) = 200\sin(300t + 30°)\,(V) \Rightarrow V = \frac{200}{\sqrt{2}}\,(V)$

$\because Q_C = B_C V^2 = \omega C V^2$ $\quad \therefore C = \frac{Q_C}{\omega V^2} = \frac{3000}{300 \times (\frac{200}{\sqrt{2}})^2} = 500\,(\mu F)$

40. RC 並聯電路之 $P.F. = \frac{X_C}{\sqrt{R^2 + X_C^2}} = \frac{23}{\sqrt{40^2 + 23^2}} \doteq 0.5$

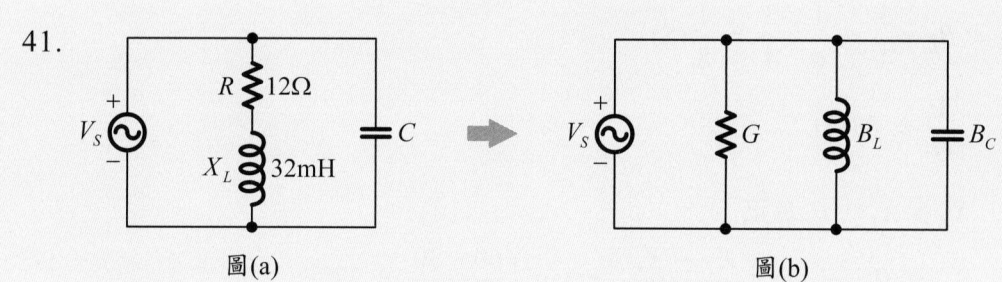

41.

圖(a)   圖(b)

於圖(a)：$X_L = \omega L = 500 \times 32 \times 10^{-3} = 16\,(\Omega)$

於圖(b)：$G = \frac{R}{R^2 + X_L^2} = \frac{12}{12^2 + 16^2} = 0.03\,(S)$

$B_L = \frac{X_L}{R^2 + X_L^2} = \frac{16}{12^2 + 16^2} = 0.04\,(S)$

由圖(b)知 $P.F. = \frac{G}{\sqrt{G^2 + (B_C - B_L)^2}}$ 又 $P.F. = 0.8$（落後功率因數；表示 $B_C < B_L$）

$\therefore 0.8 = \frac{0.03}{\sqrt{0.03^2 + (B_C - 0.04)^2}}$

$\Rightarrow \sqrt{0.03^2 + (B_C - 0.04)^2} = \frac{0.03}{0.8} = 0.0375 \Rightarrow 0.03^2 + (B_C - 0.04)^2 = 0.00140625$

$\Rightarrow (B_C - 0.04)^2 = 0.00050625 \Rightarrow B_C - 0.04 = -0.0225$（$\because B_C < B_L$）

$\Rightarrow B_C = 0.0175\,(S)$

$C = \frac{B_C}{\omega} = \frac{0.0175}{500} = 0.000035\,(F) = 35\,(\mu F)$

答案與詳解

42. RC 串聯交流電路：

   (1) 負載電流相角超前電壓相角

   (2) 負載功率因數小於 1，且為超前

   (3) 負載的視在功率 $S = \sqrt{P^2 + Q^2} \neq P$

43. $P.F. = \cos\theta = \dfrac{P}{S} = \dfrac{P}{\sqrt{P^2 + Q^2}} = \dfrac{600}{\sqrt{600^2 + 800^2}} = 0.6$（滯後）

   （∵ 電感性電路功率因數為滯後）

44. $P.F. = \dfrac{R}{Z} = \dfrac{16}{\sqrt{16^2 + 12^2}} = \dfrac{16}{20} = 0.8$

45. $P.F. = \cos\theta_p = \dfrac{I_R}{I} = \dfrac{I_R}{\sqrt{I_R^2 + (I_C - I_L)^2}} = \dfrac{3}{\sqrt{3^2 + (2-6)^2}} = \dfrac{3}{5} = 0.6$（落後）

   （∵ $I_L > I_C$ 是為電感性電路，∴ $P.F.$ 為落後功率因數）

46. RL 串聯交流電路中

   $P.F. = \cos\theta_p = \dfrac{R}{Z} = \dfrac{15}{\sqrt{15^2 + 20^2}} = \dfrac{15}{25} = 0.6$

47.

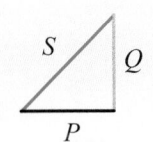

   (1) $\dfrac{24k}{0.6} = 40\text{kVA}$，$40k \times 0.8 = 32\text{kVAR}$，24kW，改善前 $\cos\theta = 0.6$

   ⇒ $\dfrac{24k}{0.8} = 30\text{kVA}$，$30k \times 0.6 = 18\text{kVAR}$，24kW，改善後 $\cos\theta = 0.8$

   (2) 故應加入 $32 - 18 = 14$ (kVAR) 之電容無效功率

48. (A) $0 \leq P.F. \leq 1$

   (B) 純電阻之 $P.F. = \cos 0° = 1$

   (C) 純電容之 $P.F. = \cos(-90°) = 0$

   (D) 純電感之 $P.F. = \cos 90° = 0$

答案與詳解

49. $\because v(t) = 200\sqrt{2}\sin(377t)\,(V) \Rightarrow V = 200\,(V)$,$\theta_v = 0°$

   $\because i(t) = 10\sqrt{2}\sin(377t - 37°)\,(A) \Rightarrow I = 10\,(A)$,$\theta_i = -37°$

   $\theta_p = \theta_v - \theta_i = 0° - (-37°) = 37°$

   (A) $P = VI\cos\theta_p = 200 \times 10\cos 37° = 1600\,(W)$

   (B) $Q = VI\sin\theta_p = 200 \times 10\sin 37° = 1200\,(VAR)$（正值是代表電感性電抗功率）

   $\therefore$ 虛功率 Q 為 1200VAR 電感性電抗功率

   (C) $S = VI = 200 \times 10 = 2000\,(VA)$

   (D) $P.F. = \cos\theta_p = \cos 37° = 0.8$（落後功率因數）

50. (A) $I = \sqrt{I_R^2 + I_L^2} = \sqrt{9^2 + 12^2} = 15\,(A)$

    (B) $P.F. = \dfrac{I_R}{I} = \dfrac{9}{15} = 0.6$

    (C) $S = VI = 36 \times 15 = 540\,(VA)$

    (D) $Q = S\sqrt{1-(P.F.)^2} = 540 \times \sqrt{1-(0.6)^2} = 432\,(VAR)$

51. 由圖示知 $L_T = L_1 + L_2 - 2M = 2 + 2 - 2(\dfrac{1}{2}) = 3\,(H)$

    $X_L = \omega L_T = 1 \times 3 = 3\,(\Omega)$

    $\overline{Z} = R + jX_L = 4 + j3 = 5\angle 37°\,(\Omega)$

    $\overline{I} = \dfrac{\overline{V}}{\overline{Z}} = \dfrac{10\angle 0°}{5\angle 37°} = 2\angle -37°\,(A)$

    (A) $I = 2\,(A)$

    (B) $S = VI = 10 \times 2 = 20\,(VA)$

    (C) $P = I^2R = (2)^2 \times 4 = 16\,(W)$

    (D) $P.F. = \dfrac{R}{Z} = \dfrac{4}{5} = 0.8$

52. $C_T = \dfrac{1}{\dfrac{1}{1000} + \dfrac{1}{500+500} + \dfrac{1}{1000}} = \dfrac{1000}{3}\,(\mu F)$

    $X_C = \dfrac{1}{\omega C} = \dfrac{1}{1000 \times \dfrac{1000}{3} \times 10^{-6}} = 3\,(\Omega)$

    $\overline{Z} = R - jX_C = 4 - j3 = 5\angle -37°\,(\Omega)$ $\overline{I} = \dfrac{\overline{V}}{\overline{Z}} = \dfrac{25\angle 0°}{5\angle -37°} = 5\angle 37°\,(A)$

答案與詳解

(A) $P.F. = \dfrac{R}{Z} = \dfrac{4}{5} = 0.8$

(B) $S = VI = 25 \times 5 = 125\,(\text{VA})$

(C) $Q = -I^2 X_C = -5^2 \times 3 = -75\,(\text{VAR})$（負值表示電容性電抗功率）

(D) $P = I^2 R = 5^2 \times 4 = 100\,(\text{W})$

53. $\overline{Z} = R + j(X_L - X_C) = 10 + j(20 - 10) = 10 + j10 = 10\sqrt{2}\angle 45°\,(\Omega)$

$\overline{I} = \dfrac{\overline{V}}{\overline{Z}} = \dfrac{100\sqrt{2}\angle 0°}{10\sqrt{2}\angle 45°} = 10\angle -45°\,(\text{A})$

(A) $I = 10\,(\text{A})$

(B) $P = I^2 R = (10)^2 \times 10 = 1000\,(\text{W})$

(C) $P.F. = \dfrac{R}{Z} = \dfrac{10}{10\sqrt{2}} = 0.707$

(D) $S = VI = 100\sqrt{2} \times 10 = 1000\sqrt{2}\,(\text{VA})$

54. $P = VI(P.F.) \Rightarrow I = \dfrac{P}{V(P.F.)} = \dfrac{880}{110 \times 0.8} = 10\,(\text{A})$

55. 原圖可化成右圖：

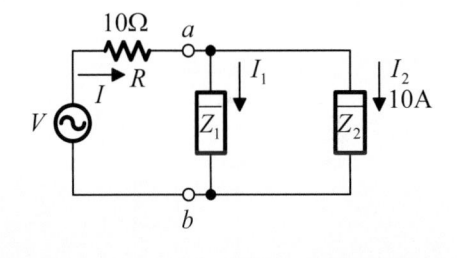

$\overline{Z_1} = +j5\,(\Omega)$，$\overline{Z_2} = -j10\,(\Omega)$

$\overline{Z} = R + \dfrac{\overline{Z_1} \cdot \overline{Z_2}}{\overline{Z_1} + \overline{Z_2}} = 10 + \dfrac{(j5)\cdot(-j10)}{(j5)+(-j10)}$

$= 10 + \dfrac{50}{-j5} = 10 + j10\,(\Omega) = 10\sqrt{2}\angle 45°\,(\Omega)$

$P.F. = \cos\theta_p = \cos 45° = 0.707$（$\because \theta_p = \theta_Z$）

另解 原圖可化成下圖：

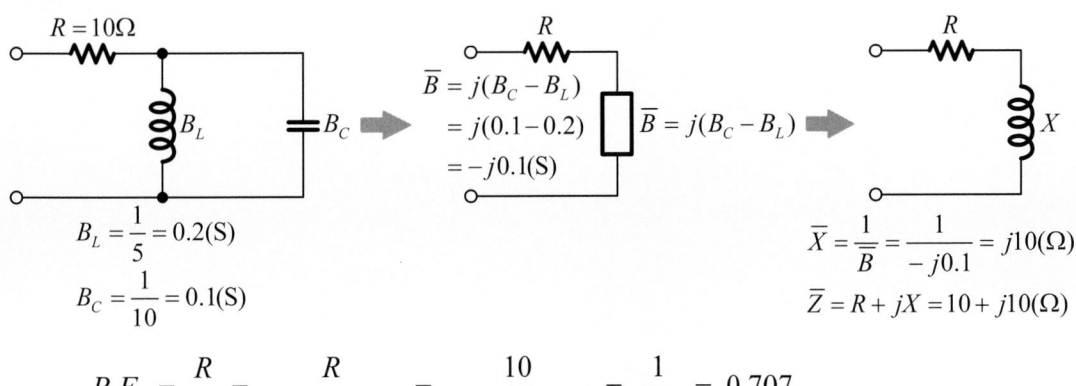

$B_L = \dfrac{1}{5} = 0.2\,(\text{S})$

$B_C = \dfrac{1}{10} = 0.1\,(\text{S})$

$\overline{B} = j(B_C - B_L) = j(0.1 - 0.2) = -j0.1\,(\text{S})$

$\overline{X} = \dfrac{1}{\overline{B}} = \dfrac{1}{-j0.1} = j10\,(\Omega)$

$\overline{Z} = R + jX = 10 + j10\,(\Omega)$

$P.F. = \dfrac{R}{Z} = \dfrac{R}{\sqrt{R^2 + X^2}} = \dfrac{10}{\sqrt{10^2 + 10^2}} = \dfrac{1}{\sqrt{2}} = 0.707$

56. $v(t) = 100\sqrt{2} \sin(120\pi t)$ (伏特)

   $\overline{V} = 100\angle 0°$ (伏特) $\Rightarrow V = 100$ (伏特)

   $\overline{Z} = R + j(X_L - X_C) = 3 + j(3-7) = 3 - j4\ (\Omega) = 5\angle -53°\ (\Omega)$ $Z = 5\ (\Omega)$

   $\therefore I = \dfrac{V}{Z} = \dfrac{100}{5} = 20$ (安培)

   $Q = I^2(X_L - X_C) = 20^2(3-7) = -1600$ (乏) $= -1.6$ (仟乏)

   （$\because X_C > X_L$，是為電容性電抗功率） $\therefore$ 虛功率 Q 為 1.6 仟乏電容性電抗功率

57. $P.F. = \cos\theta = \dfrac{R}{Z} = \dfrac{3}{5} = 0.6$

   $\because X_C > X_L$ $\therefore$ 電路是呈電容性，電流超前電壓，是為超前功率因數

58. $P.F. = \cos\theta = \dfrac{R}{Z} = \dfrac{R}{\sqrt{R^2 + X^2}} = \dfrac{6}{\sqrt{6^2 + 8^2}} = \dfrac{6}{10} = 0.6$

60. 於 RLC 串聯電路中：

   (A) $X_L > X_C$，則電路為電感性電路

   (B) 電感性電路，電流滯後電壓

   (C) 電感性電路。其功率因數為滯後（以 V 為基準，I 滯後 V）

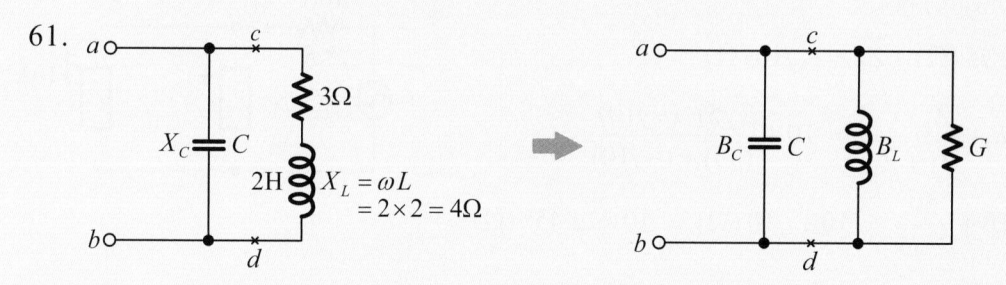

61.

   $\overline{Y_{cd}} = \dfrac{1}{3+j4} = \dfrac{3-j4}{(3+j4)(3-j4)} = \dfrac{3-j4}{3^2+4^2} = \dfrac{3}{25} - j\dfrac{4}{25}\ (S) = G - jB_L$

   若 $B_L = B_C$ 時，其 ab 端之阻抗功率因數為 1

   $\therefore B_C = B_L = \dfrac{4}{25}\ (S)$

   $B_C = \omega C = 2C = \dfrac{4}{25}\ (S)$ $\therefore C = \dfrac{2}{25}\ (F)$

62. $\because P = S(P.F.) \times \eta$ $\therefore S = \dfrac{P}{(P.F.) \times \eta} = \dfrac{1000k}{0.8 \times 0.92} = 1358.7k$ (VA)

   $Q = S\sqrt{1-(P.F.)^2} = 1358.7k \times \sqrt{1-(0.8)^2} = 815.2k$ (VAR)

CH10 交流電功率

答案與詳解

63. A 負載：$P_A = 100\text{k (W)}$，$\cos\theta_A = 0.8$ 落後，是為電感性電路

$$Q_A = S_A \sin\theta_A = (\frac{P}{\cos\theta_A})(\sin\theta_A) = \frac{P}{\cos\theta_A}\sqrt{1-\cos^2\theta_A} = \frac{100\text{k}}{0.8}\sqrt{1-(0.8)^2}$$

$$= 75\text{k (VAR)} = Q_L\,(\because \cos\theta_A 為落後，是為電感性電抗功率 Q_L)$$

B 負載：$S_B = 100\text{k (VA)}$，$\cos\theta_B = 0.6$ 超前，是為電容性電路

$$P_B = S_B \cos\theta_B = (100\text{k})(0.6) = 60\text{k (W)}$$

$$Q_B = S_B \sin\theta_B = S_B\sqrt{1-\cos^2\theta_B} = 100\text{k}\sqrt{1-(0.6)^2} = 80\text{k (VAR)} = Q_C$$

（$\because \cos\theta_B$ 為超前，是為電容性電抗功率 Q_C）

$$\overline{S} = P + jQ = (P_A + P_B) + j(Q_C - Q_L)$$
$$= (100\text{k} + 60\text{k}) + j(80\text{k} - 75\text{k}) = 160 + j5 \text{ (kVA)}$$

$$S = \sqrt{P^2 + Q^2} = \sqrt{(160)^2 + (5)^2} = 160.08 \text{ (kVA)}$$

$$P.F. = \cos\theta_p = \frac{P}{S} = \frac{160}{160.08} = 0.99$$

64. $I = \dfrac{V}{Z} = \dfrac{200}{50} = 4$ (安培)

$P = IV(P.F.) = 4 \times 200 \times 0.8 = 640$ (瓦)

65. $\cos^2\theta_S + \cos^2\theta_P = 1$

$\therefore \cos\theta_P = \sqrt{1-\cos^2\theta_S} = \sqrt{1-(0.6)^2} = 0.8$

66. $\theta_v = 0°$、$\theta_i = -60°$、$\theta_p = \theta_v - \theta_i = 60°$

(1) $S = V_L \times I_L = \dfrac{400}{\sqrt{2}} \times \dfrac{40}{\sqrt{2}} = 8$ (kVA)

(2) $P = S\cos\theta_p = 8\text{k} \times \cos 60° = 8\text{k} \times \dfrac{1}{2} = 4$ (kW)

(3) $Q = S\sin\theta_p = 8\text{k} \times \sin 60° = 8\text{k} \times \dfrac{\sqrt{3}}{2} = 4\sqrt{3}$ (kVAR)

(4) $P_{\max} = V_L \times I_L \cos\theta_p + V_L \times I_L = 4\text{k} + 8\text{k} = 12$ (kW)

67. $\overline{V} = 100\angle 0°$ (V)

$\overline{Z} = 6 + j(20-12) = 6 + j8 = 10\angle 53°\,(\Omega)$，$\theta_p = \theta_Z = 53°$

$\overline{I} = \dfrac{\overline{V}}{\overline{Z}} = \dfrac{100\angle 0°}{10\angle 53°} = 10\angle -53°$ (A)

$P_{\max} = VI\cos\theta_p + VI = 100 \times 10 \times \cos 53° + 100 \times 10 = 600 + 1000 = 1600$ (W)

68. $\overline{Z_1} = 3 + j4 = 5\angle 53° \,(\Omega)$，$Z_1 = 5\,(\Omega)$

$\overline{Z_2} = 8 - j6 = 10\angle -37° \,(\Omega)$，$Z_2 = 10\,(\Omega)$

$V = 10 \times Z_2 = 10 \times 10 = 100\,(V)$

$I_1 = \dfrac{V}{Z_1} = \dfrac{100}{5} = 20\,(A)$

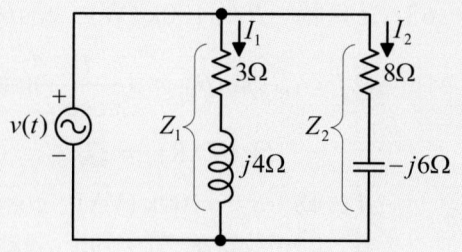

$P_T = 3 \times I_1^2 + 8 \times I_2^2 = 3 \times 400 + 8 \times 100 = 2000\,(W)$

$Q_T = Q_L - Q_C = 4 \times I_1^2 - 6 \times I_2^2 = 4 \times 400 - 6 \times 100 = 1000\,(VAR)$

（正值表示為電感性電抗功率）

CH 11 諧振電路

本章目錄

11-1　串聯諧振電路 3

11-2　並聯諧振電路 13

11-3　串並聯諧振電路 20

本章重點在於諧振電路的各項特性（總阻抗、總電流、功率因數、諧振頻率、品質因數、頻帶寬度）

統測命題重點

	RLC 串聯電路諧振	RLC 並聯電路諧振
總電抗 / 總電納	$X_0 = X_{L0} - X_{C0} = 0$	$B_0 = B_{C0} - B_{L0} = 0$
總阻抗 / 總導納	$Z_0 = R + j(X_{L0} - X_{C0})$ $= R$（最小）	$Y_0 = G + j(B_{C0} - B_{L0})$ $= G = \dfrac{1}{R}$（最小） $\left[Z_0 = \dfrac{1}{Y_0} = R \text{（最大）} \right]$
總電流	$I_0 = \dfrac{V}{Z_0} = \dfrac{V}{R}$（最大）	$I_0 = VY_0 = \dfrac{V}{Z_0} = \dfrac{V}{R}$（最小）
元件電壓 / 電流	$V_{R0} = V$ $V_{L0} = V_{C0} = Q_F V$	$I_{R0} = I_0$ $I_{L0} = I_{C0} = Q_F I_0$
平均功率	$P_0 = I_0^2 R = V_{R0} I_0 = VI_0 = S_0$	$P_0 = V^2 G = VI_{R0} = VI_0 = S_0$
電抗功率	$Q_{C0} = I_0^2 X_{C0} = I_0^2 X_{L0} = Q_{L0}$	$Q_{C0} = V^2 B_{C0} = V^2 B_{L0} = Q_{L0}$
功率因數	$P.F. = \dfrac{R}{Z_0} = \dfrac{R}{R} = 1$	$P.F. = \dfrac{G}{Y_0} = \dfrac{Z_0}{R} = \dfrac{R}{R} = 1$
諧振頻率	$f_0 = \dfrac{1}{2\pi\sqrt{LC}} = f\sqrt{\dfrac{X_C}{X_L}}$（常考）	$f_0 = \dfrac{1}{2\pi\sqrt{LC}} = f\sqrt{\dfrac{X_C}{X_L}}$（常考）
品質因數	$Q = \dfrac{X_{L0}}{R} = \dfrac{1}{R}\sqrt{\dfrac{L}{C}} = \dfrac{f_0}{BW}$	$Q = \dfrac{B_{L0}}{G} = R\sqrt{\dfrac{C}{L}} = \dfrac{f_0}{BW}$
頻帶寬度	$BW = f_2 - f_1 = \dfrac{f_0}{Q} = \dfrac{R}{2\pi L}$	$BW = f_2 - f_1 = \dfrac{f_0}{Q} = \dfrac{1}{2\pi CR}$

11-1　串聯諧振電路

■ 電感電容串聯諧振電路

1. LC 串聯電路之特性：

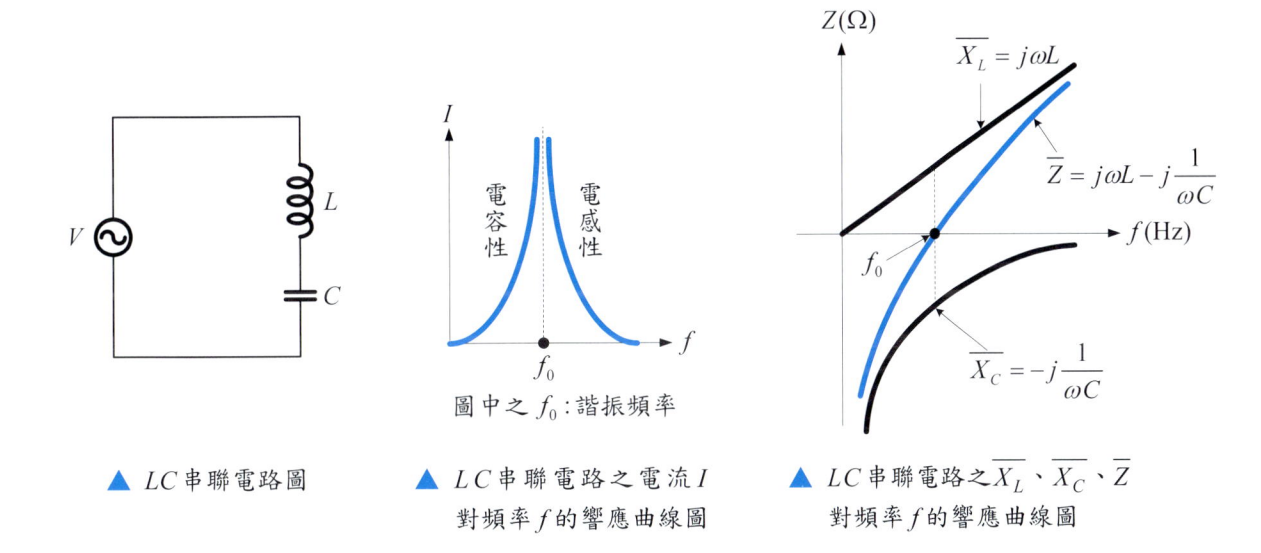

▲ LC 串聯電路圖

▲ LC 串聯電路之電流 I 對頻率 f 的響應曲線圖

▲ LC 串聯電路之 $\overline{X_L}$、$\overline{X_C}$、$\overline{Z}$ 對頻率 f 的響應曲線圖

圖中之 f_0：諧振頻率

(1) 若 $f < f_0$ 時，電路為電容性電路，電流越前電壓90°（如下圖(a)）。

(2) 若 $f = f_0$ 時，電路無阻抗，電路無相位差（如下圖(b)）。

(3) 若 $f > f_0$ 時，電路為電感性電路，電流落後電壓90°（如下圖(c)）。

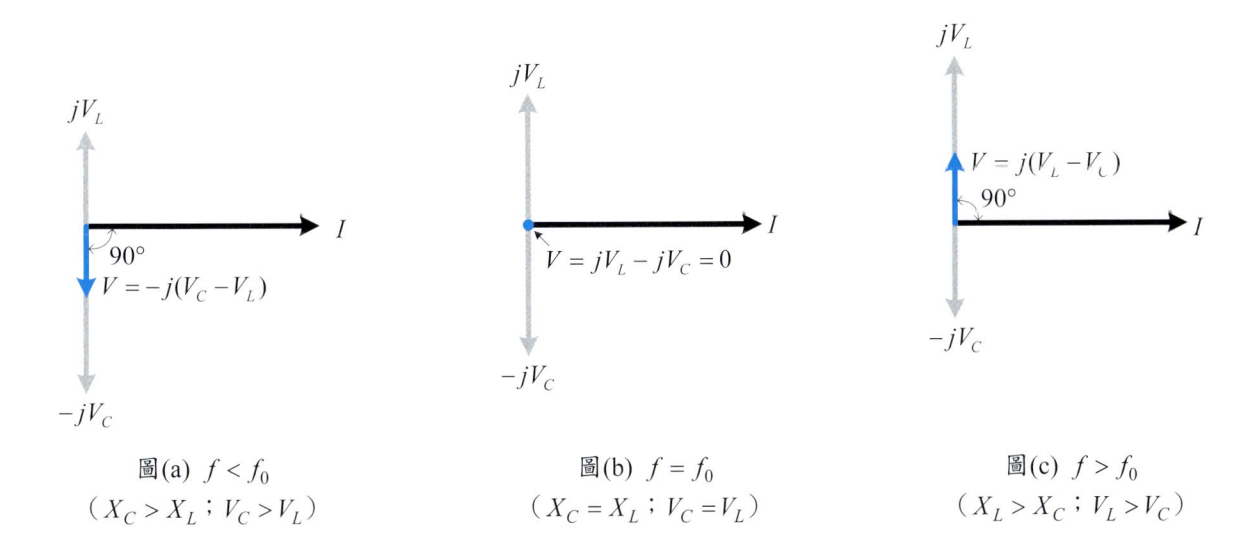

圖(a) $f < f_0$
($X_C > X_L$；$V_C > V_L$)

圖(b) $f = f_0$
($X_C = X_L$；$V_C = V_L$)

圖(c) $f > f_0$
($X_L > X_C$；$V_L > V_C$)

2. LC串聯諧振電路之特性：（理想LC串聯諧振之理論）

   (1) LC串聯諧振電路之總電抗X_0（或X_r）等於零。

   $X_L = X_C$；X_0（或X_r）$= X_L - X_C = 0$

   (2) LC串聯諧振電路之總阻抗Z_0（或Z_r）等於零；為最小。

   Z_0（或Z_r）$= X_r = X_L - X_C = 0$

   (3) LC串聯諧振電路之電感端電壓（V_{L0}）與電容端電壓（V_{C0}）相等；而相位相差180°。

   $V_{L0} = V_{C0}$

   (4) LC串聯諧振電路之總電流I_0（或I_r）為無窮大（最大）。

   I_0（或I_r）$= \infty$（無限大）

   (5) 諧振頻率：f_0（或f_r）$= \dfrac{1}{2\pi\sqrt{LC}}$；諧振角頻率：$\omega_0$（或$\omega_r$）$= \dfrac{1}{\sqrt{LC}}$

二 電阻電感電容串聯諧振電路

1. RLC串聯電路於某一頻率時，其$X_L = X_C$（即電路總電抗等於零），則電路呈電阻性電路（即$Z = R$），此現象就是RLC串聯諧振，而串聯諧振亦可稱為電壓共振。電路諧振時之頻率是為諧振頻率，以f_0或f_r表示之。

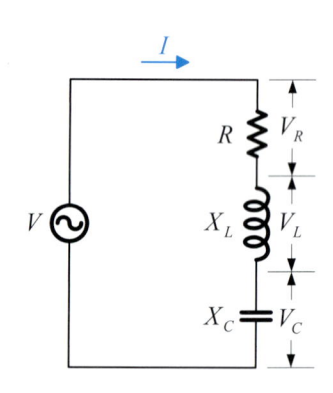

2. RLC串聯諧振電路之特性：

   (1) RLC串聯諧振電路之總電抗X_0（或X_r）等於零。

   $X_L = X_C$；X_0（或X_r）$= X_L - X_C = 0$

   (2) RLC串聯諧振電路之總阻抗Z_0（或Z_r）最小，為電阻性電路；其電路之總電壓（V）與電流（I_r）同相。

   Z_0（或Z_r）$= R + j(X_L - X_C) = R$

   $\theta = \theta_Z = 0°$；$\theta_p = \theta_Z = 0°$

   (3) RLC串聯諧振電路之總電流I_0（或I_r）最大。

   I_0（或I_r）$= \dfrac{V}{Z_0} = \dfrac{V}{R}$

(4) RLC 串聯諧振時，其功率因數等於 1；為最大。

$$P.F. = \cos\theta_p = \cos 0° = 1 \text{ 或 } P.F. = \frac{R}{Z} = \frac{R}{R} = 1$$

(5) RLC 諧振電路之總平均功率 P_0（或 P_r）最大；等於視在功率。

$$P_0 \text{（或 } P_r\text{）} = I_0^2 R = IV = S \text{；} P_0 = I_0 V \cos 0° = I_0 V = S$$

(6) RLC 諧振電路之電感性電抗功率 Q_{L0}（或 Q_{Lr}）與電容性電抗功率 Q_{C0}（或 Q_{Cr}）相等。

$$Q_{C0} \text{（或 } Q_{Cr}\text{）} = I_0^2 X_C \text{，} Q_{L0} \text{（或 } Q_{Lr}\text{）} = I_0^2 X_L \text{；} Q_{C0} = Q_{L0}$$

RLC 諧振電路之總電抗功率 Q_0（或 Q_r）等於零。

$$Q_0 \text{（或 } Q_r\text{）} = Q_{C0} - Q_{L0} = 0$$

(7) 諧振頻率：f_0（或 f_r）$= \dfrac{1}{2\pi\sqrt{LC}}$

諧振角頻率：ω_0（或 ω_r）$= \dfrac{1}{\sqrt{LC}}$

RLC 串聯電路之諧振頻率：f_0（或 f_r）$= f\sqrt{\dfrac{X_C}{X_L}}$

(8) 諧振電路之品質因數（Quality Factor）：

$$Q \text{（或 } Q_F \text{ 或 } Q_S\text{）} = \frac{Q_{L0}}{P_0} = \frac{Q_{C0}}{P_0}$$

RLC 串聯諧振電路之品質因數：

$$Q = \frac{X_{L0}}{R} = \frac{X_{C0}}{R} = \frac{1}{R}\sqrt{\frac{L}{C}}$$

P.S. 一般電路之 Q 值約在 10～100 之間。

(9) 於 RLC 串聯諧振電路中，其電感器之端電壓與電容器之端電壓相等，而相位相差 180°。

$$\overline{V_L} = \overline{I_0} \cdot \overline{X_L} = I_0 X_L \angle 90°$$

$$\overline{V_C} = \overline{I_0} \cdot \overline{X_C} = I_0 X_C \angle -90°$$

$$V_L = V_C = QV \quad (\because X_L = X_C)$$

3. 於 RLC 串聯電路中,其阻抗與頻率之關係:

   (1) 若 $f < f_0$,則電路呈電容性(即 $X_L < X_C$),電路電流越前電路電壓,是為越前功率因數。

   (2) 若 $f = f_0$,則電路為諧振,呈電阻性(即 $X_L = X_C$,$Z = R$),電路電流與電路電壓同相,功率因數為 1。

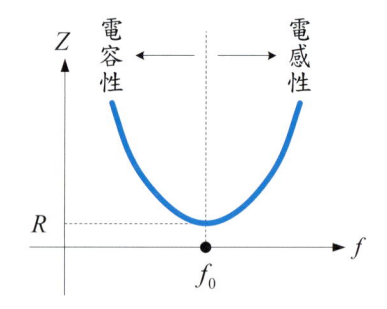

   ▲ 串聯電路之阻抗 Z 與頻率 f 曲線圖

   (3) 若 $f > f_0$,則電路呈電感性(即 $X_L > X_C$),電路電流落後電路電壓,是為落後功率因數。

4. 於 RLC 串聯電路中,其頻帶寬度(BW)與選擇性及品質因數(Q)之關係:

   (1) 當 $f = f_0$ 時,電流為最大(I_m),也就是 I_0 或 I_r(諧振電流);當頻率降低為 f_1 或昇高為 f_2 時,其電流則降為 $\frac{I_m}{\sqrt{2}}$ 或 $0.707 I_m$,因為 $P = I^2 R$,即電功率與電流的平方成正比,所以於 f_1、f_2 頻率之功率是為半功率。因此 f_1 與 f_2 之頻率稱為半功率頻率(旁帶頻率、截止頻率),此兩頻率間之寬度稱為頻帶寬度(頻寬)或波形寬度(波寬)(BandWidth),以 BW 表示之;若頻寬愈窄,則電路之選擇性愈佳。

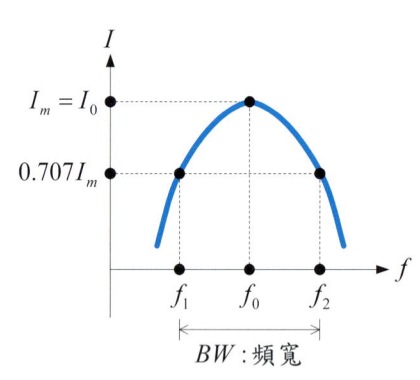

   ▲ RLC 串聯電路之電流曲線圖

   (2) 頻寬:$BW = f_2 - f_1 = \dfrac{f_0}{Q} = \dfrac{R}{2\pi L}$

   品質因數:Q 值 $= \dfrac{f_0}{BW}$

   下截止頻率:$f_1 = f_0 - \dfrac{BW}{2}$

   上截止頻率:$f_2 = f_0 + \dfrac{BW}{2}$

(3) 任何諧振電路乃是要讓某一頻寬的訊號通過，因此，如果頻寬很寬，則很多頻率均能通過，沒有選擇的餘地，所以選擇性較差。相反的，如果頻寬比較窄，只有特定頻率才能通過，則選擇性比較好，下圖為選擇性之比較。

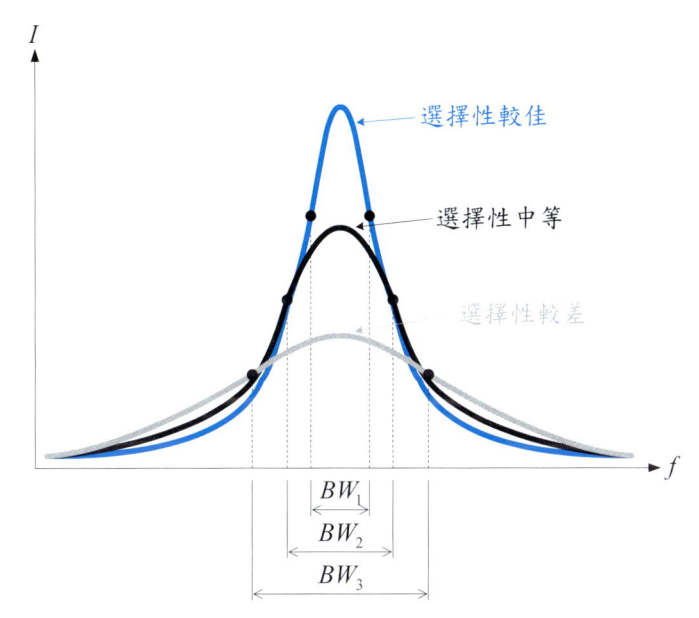

▲ RLC 串聯電路在不同頻帶寬度的選擇性曲線圖

(4) 於串聯諧振電路中，若想降低品質因數 Q 值而不影響諧振頻率時，可串聯一外加電阻，使 R 增加，則品質因數 Q 值降低。

若想增加品質因數 Q 值而不影響諧振頻率時，可使其 R 值下降，則品質因數 Q 值增加。

（∵ 品質因數：$Q = \dfrac{1}{R}\sqrt{\dfrac{L}{C}}$）

範例 1

有一 LC 串聯電路，其電容器 $C = 200\ \mu F$，若電路在諧振時的電源角速度（角頻率）$\omega_0 = 250\ \text{rad/s}$，試問電感器的 L 值為多少？

解 $\omega_0 = \dfrac{1}{\sqrt{LC}} \Rightarrow L = \dfrac{1}{\omega_0^2 C} = \dfrac{1}{250^2 \times (200 \times 10^{-6})} = 80\ (\text{mH})$

範例 2

下圖所示 RLC 串聯電路中,其平均功率 _____ 瓦特。

電感兩端之電壓為 _____ 伏特。ac 兩端之電壓為 _____ 伏特。

功率因數為 _____。若頻率為可變,則諧振頻率為 _____ 赫。 [二專]

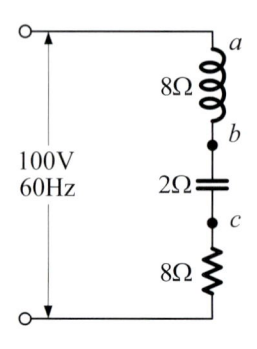

答 800,80,60,0.8,30

解 $Z = \sqrt{R^2 + (X_L - X_C)^2} = \sqrt{(8)^2 + (8-2)^2} = 10\,(\Omega)$

$I = \dfrac{V}{Z} = \dfrac{100}{10} = 10\,(安培)$

(1) $P = I^2 R = 10^2 \times 8 = 800\,(W)$

(2) $V_L = V_{ab} = IX_L = 10 \times 8 = 80\,(伏特)$

   $V_C = V_{bc} = IX_C = 10 \times 2 = 20\,(伏特)$

(3) $\overline{V_{ac}} = \overline{V_{ab}} + \overline{V_{bc}} = jV_L - jV_C = j80 - j20 = j60\,(伏特)$

   $V_{ac} = 60\,(伏特)$

(4) $P.F. = \dfrac{R}{Z} = \dfrac{8}{10} = 0.8$

(5) 已知 $f = 60\,\text{Hz}$ 時,其 $X_C = 2\,\Omega$,$X_L = 8\,\Omega$

   則諧振頻率:$f_0 = f\sqrt{\dfrac{X_C}{X_L}} = 60 \times \sqrt{\dfrac{2}{8}} = 30\,(\text{Hz})$

範例 3

設 $R = 1$ 歐姆、$L = 0.02$ 亨利及 $C = 0.0002$ 法拉，三者串聯於 100 伏特交流電源，則：

(1) 發生諧振（共振）時，ω（即 $2\pi f$）為若干？

(2) 諧振時 X_L 及 X_C 之值各為若干？

(3) 諧振時電容兩端之電壓 V_C 為若干？

(4) 諧振時電路之功率為若干？　　　　　　　　　　　　　　　　　[二專]

解 (1) $\omega_0 = 2\pi f_0 = 2\pi(\dfrac{1}{2\pi\sqrt{LC}}) = \dfrac{1}{\sqrt{LC}}$

$= \dfrac{1}{\sqrt{0.02 \times 0.0002}} = \dfrac{1}{0.002} = 500$（弳／秒）

(2) $X_{L0} = X_{C0} = \omega_0 L = 500 \times 0.02 = 10\,(\Omega)$

(3) $Z_0 = R \quad I_0 = \dfrac{V}{R} = \dfrac{100}{1} = 100$（安培）

$V_C = I_0 X_C = 100 \times 10 = 1000$（伏特）

(4) $P_0 = I_0^2 R = 100^2 \times 1 = 10000\,(W)$

範例 4

RLC 串聯諧振電路，頻率為 60 赫，電感為 0.1 亨利；則電容抗 X_C 應等於 _____ 歐姆。　　　　　　　　　　　　　　　　　　　　　　　　　[二專]

答 37.7

解 串聯諧振時，$f_0 = 60\,\text{Hz}$，$\omega_0 = 377$，且 $X_C = X_L$

$X_C = X_L = \omega_0 L = 377 \times 0.1 = 37.7\,(\Omega)$

範例 5

RLC 串聯諧振電路中，電源電壓與線路電流之時相關係是 _____。　[二專]

答 同相

解 RLC 串聯諧振電路，其 $X_C = X_L$

∴ $Z = R$，電路呈電阻性電路，其電壓 V 與電流 I 同相

範例 6

在右圖中，設電源之頻率可變，而當 f 為 60Hz 時 $X_L = 36\,\Omega$，$X_C = 25\,\Omega$，試求：

(1) 發生諧振時之頻率。

(2) 諧振時電路之電流。

(3) 諧振時電路之功率。

(4) 諧振時電容器兩端之電壓。

(5) 諧振時 A、B 兩點間之電壓。 [保送]

解 (1) $f_0 = f\sqrt{\dfrac{X_C}{X_L}} = 60 \times \sqrt{\dfrac{25}{36}} = 50\,(\text{Hz})$

(2) 諧振時 $Z_0 = R = 40\,(\Omega)$

$I_0 = \dfrac{V}{Z_0} = \dfrac{120}{40} = 3\,(安培)$

(3) $P_0 = I_0^2 R = 3^2 \times 40 = 360\,(\text{W})$

(4) $\because X_L = 2\pi f L$

$\therefore \dfrac{X_{L0}}{X_L} = \dfrac{f_0}{f} \Rightarrow X_{L0} = X_L \dfrac{f_0}{f} = 36 \times \dfrac{50}{60} = 30\,(\Omega)$

$X_{C0} = X_{L0} = 30\,(\Omega)$

或 $X_{L0} = X_{C0} = \sqrt{X_L X_C} = \sqrt{36 \times 25} = 30\,(\Omega)$

$V_{C0} = I_0 X_{C0} = 3 \times 30 = 90\,(\text{V}) = V_{L0}$

(5) $\overline{V_{AB}} = V_R + jV_{L0} = IR + jIX_{C0} = 3(40 + j30) = 120 + j90\,(伏特)$

$V_{AB} = \sqrt{(120)^2 + (90)^2} = 150\,(伏特)$

範例 7

諧振頻率為 1000Hz 之 RLC 串聯電路，若頻率可變，則當 $X_C = 4X_L$ 時頻率為若干 Hz？ [保送]

解 $f_0 = f\sqrt{\dfrac{X_C}{X_L}} = f\sqrt{\dfrac{4X_L}{X_L}} = 2f$，$f = \dfrac{f_0}{2} = \dfrac{1000}{2} = 500\,(\text{Hz})$

範例 8

試述串聯諧振之意義，並以三種不同的講法說明到諧振之境界。　　[保送]

解 於 RLC 串聯電路中，如右圖，若 $X_L = X_C$ 時該電路稱為串聯諧振。

(1) RLC 串聯諧振電路之總電抗 X_0 等於零

(2) RLC 串聯諧振電路之總阻抗 Z_0（$= R$）最小，為電阻性電路；其電路之總電壓（V）與電流（I_0）同相

(3) RLC 串聯諧振電路之總電流 I_0 最大

(4) RLC 串聯諧振電路之功率因數等於 1，為最大

(5) RLC 串聯諧振電路之總平均功率 P_0 最大，等於視在功率

(6) RLC 串聯諧振電路之電感性電抗功率 Q_{L0} 與電容性電抗功率 Q_{C0} 相等，其總電抗功率 Q_0 等於零

(7) 諧振頻率：$f_0 = \dfrac{1}{2\pi\sqrt{LC}}$

(8) RLC 串聯諧振電路之品質因數

$$Q = \frac{Q_{C0}}{P_0} = \frac{Q_{L0}}{P_0} = \frac{X_{C0}}{R} = \frac{X_{L0}}{R} = \frac{1}{R}\sqrt{\frac{L}{C}}$$

範例 9

如右圖所示之電路，當電感為 23.45mH 時產生最大電流，其值為 _____。　　[教院]

答 4.4 安培

解 $L = 23.45\,(\text{mH})$ 時電流最大，表示為串聯諧振，則 $Z = R$

$$I = \frac{V}{Z} = \frac{V}{R} = \frac{220}{50} = 4.4\,(\text{安培})$$

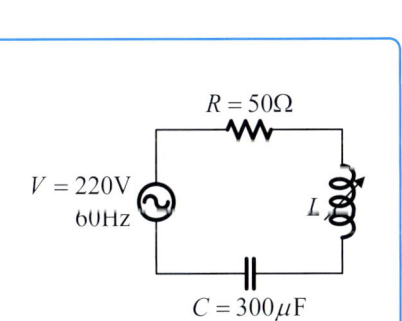

範例 10

串聯 RLC 電路的品質因數 $Q_S = $ _____，頻帶寬 $BW = $ _____。 [保送]

答 $\dfrac{1}{R}\sqrt{\dfrac{L}{C}}$, $\dfrac{f_0}{Q_S}$

解 (1) $Q_S = \dfrac{Q_{L0}}{P_0} = \dfrac{Q_{C0}}{P_0} = \dfrac{X_{L0}}{R} = \dfrac{X_{C0}}{R} = \dfrac{1}{R}\sqrt{\dfrac{L}{C}}$

(2) $BW = f_2 - f_1 = \dfrac{f_0}{Q_S}$

範例 11

在 RLC 串聯諧振時，$X_L = X_C = 1000\,\Omega$，電路中 $R = 4\,\Omega$，外加電壓 100 伏特，此時電感與電容兩端之電壓為 _____。 [保送]

答 25k 伏特

解 品質因數：$Q = \dfrac{X_{L0}}{R} = \dfrac{1000}{4} = 250$

$V_{L0} = V_{C0} = QV = 250 \times 100 = 25000\,(伏特) = 25k\,(伏特)$

11-12

11-2 並聯諧振電路

一、電感電容並聯諧振電路

1. LC 並聯電路之特性：

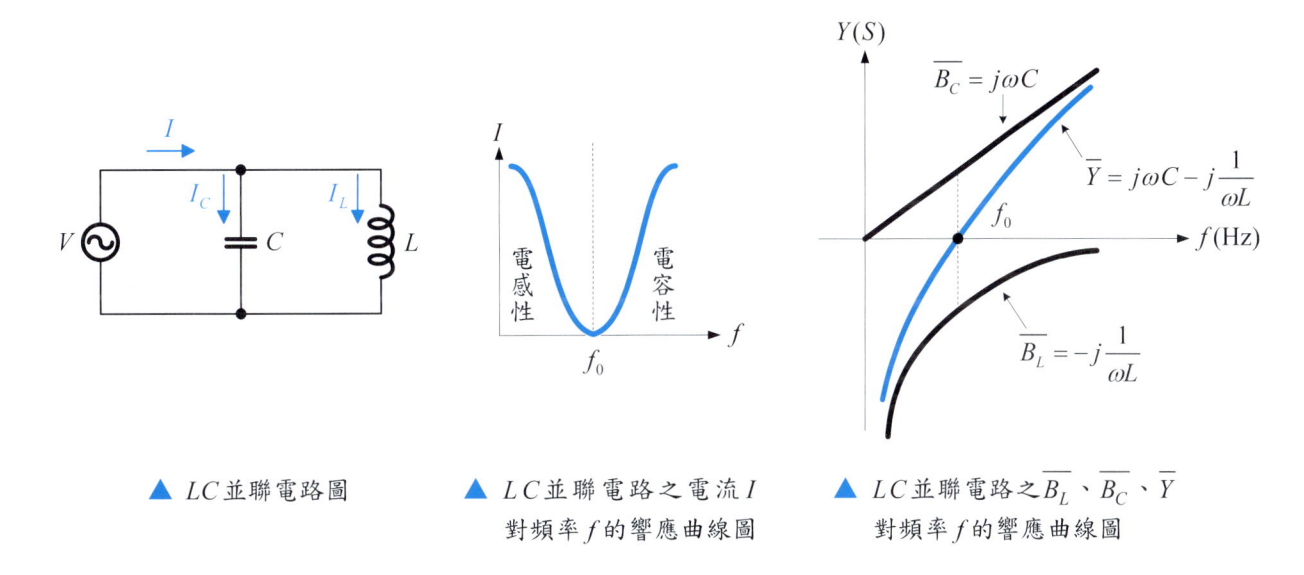

▲ LC 並聯電路圖

▲ LC 並聯電路之電流 I 對頻率 f 的響應曲線圖

▲ LC 並聯電路之 $\overline{B_L}$、$\overline{B_C}$、$\overline{Y}$ 對頻率 f 的響應曲線圖

(1) 若 $f < f_0$ 時，電路為電感性電路，電路電流落後電壓90°（如下圖(a)）。

(2) 若 $f = f_0$ 時，電路導納為零（阻抗為∞），電路無相位差（如下圖(b)）。

(3) 若 $f > f_0$ 時，電路為電容性電路，電路電流越前電壓90°（如下圖(c)）。

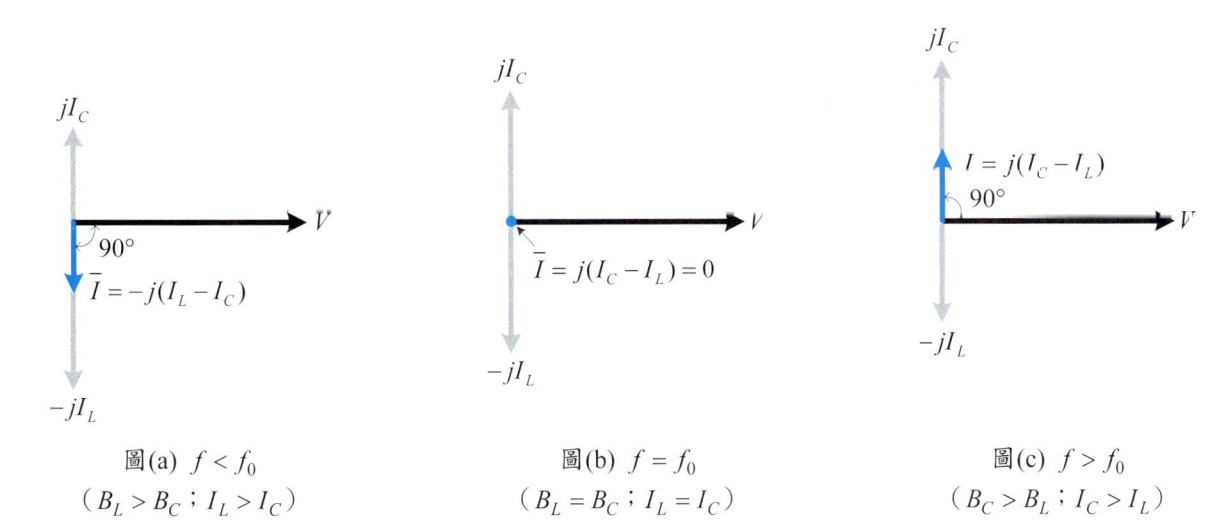

圖(a) $f < f_0$
($B_L > B_C$；$I_L > I_C$)

圖(b) $f = f_0$
($B_L = B_C$；$I_L = I_C$)

圖(c) $f > f_0$
($B_C > B_L$；$I_C > I_L$)

11-13

2. LC並聯諧振電路之特性：（理想LC並聯諧振電路之理論）

   (1) LC並聯諧振電路之總電納B_0（或B_r）等於零。

   $B_C = B_L$；B_0（或B_r）$= B_C - B_L = 0$

   (2) LC並聯諧振電路之總導納Y_0（或Y_r）等於零；為最小。

   Y_0（或Y_r）$= B_0 = B_C - B_L = 0$

   而LC並聯諧振電路之等值阻抗為最大。

   Z_0（或Z_r）$= \dfrac{1}{Y_0} = \infty$（無限大）

   (3) LC並聯諧振電路之總電流等於零；為最小。

   $I_L = I_C$；I_0（或I_r）$= I_C - I_L = 0$

   (4) LC並聯諧振電路之電感端電壓、電容端電壓與電源電壓皆相等。

   $V_L = V_C = V$

   (5) 諧振頻率：f_0（或f_r）$= \dfrac{1}{2\pi\sqrt{LC}}$；諧振角頻率：$\omega_0$（或$\omega_r$）$= \dfrac{1}{\sqrt{LC}}$

二 電阻電感電容並聯諧振電路

1. 並聯RLC電路於某一頻率時，其$B_C = B_L$（即電路總電納等於零），則$Y = G$（導納最小），$I = VY = VG$（電流最小），此現象就是並聯諧振，並聯諧振亦可稱為電流共振。電路諧振時之頻率是為諧振頻率，以f_0或f_r表示之。又並聯諧振時其電路之阻抗及電流之大小與串聯諧振時之特性相反，所以亦稱為反諧振（或反共振）。

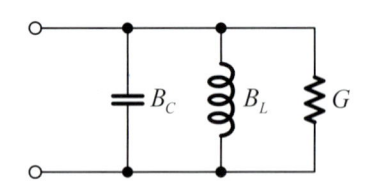

2. RLC並聯諧振（反諧振或反共振）電路之特性：

   (1) RLC並聯諧振電路之總電納B_0（或B_r）等於零。

   $B_C = B_L$；B_0（或B_r）$= B_C - B_L = 0$

(2) RLC並聯諧振電路之總導納Y_0（或Y_r）最小，而等效阻抗Z_0（或Z_r）最大，為電阻性電路；其電路之總電流I_0（或I_r）與電壓（V）同相。

Y_0（或Y_r）$= G$；Z_0（或Z_r）$= \dfrac{1}{Y} = \dfrac{1}{G} = R$；

$\theta = \theta_Y = 0° \Rightarrow \theta_p = -\theta_Y = 0°$

(3) RLC並聯諧振電路之總電流I_0（或I_r）最小。

I_0（或I_r）$= VY_0 = VG$

(4) RLC並聯諧振時，其功率因數等於1；為最大。

$P.F. = \cos\theta_p = \cos 0° = 1$ 或 $P.F. = \dfrac{G}{Y} = \dfrac{G}{G} = 1$

(5) RLC諧振電路之總平均功率P_0（或P_r）最大；等於視在功率。

P_0（或P_r）$= V^2 G = V^2 Y_0 = S$；$P_0 = I_0 V \cos 0° = I_0 V = S$

(6) RLC諧振電路之電容性電抗功率Q_{C0}（或Q_{Cr}）與電感性電抗功率Q_{L0}（或Q_{Lr}）相等。

Q_{C0}（或Q_{Cr}）$= V^2 B_C$，Q_{L0}（或Q_{Lr}）$= V^2 B_L$；$Q_{C0} = Q_{L0}$

RLC諧振電路之總電抗功率Q_0（或Q_r）等於零。

Q_0（或Q_r）$= Q_{C0} - Q_{L0} = 0$

(7) 諧振頻率：f_0（或f_r）$= \dfrac{1}{2\pi\sqrt{LC}}$

諧振角頻率：ω_0（或ω_r）$= \dfrac{1}{\sqrt{LC}}$

RLC並聯電路之諧振頻率：f_0（或f_r）$= f\sqrt{\dfrac{B_L}{B_C}} = f\sqrt{\dfrac{X_C}{X_L}}$

(8) 諧振電路之品質因數：Q（或Q_F或Q_S）$= \dfrac{Q_{L0}}{P_0} = \dfrac{Q_{C0}}{P_0}$

RLC並聯諧振電路之品質因數：

$Q = \dfrac{B_C}{G} = \dfrac{B_L}{G} = \dfrac{1}{G}\sqrt{\dfrac{C}{L}} = \dfrac{R}{X_C} = \dfrac{R}{X_L} = R\sqrt{\dfrac{C}{L}}$

(9) 於 RLC 並聯諧振電路中,其流經電感器之電流與流經電容器之電流相等,而相位相差180°。

$$\overline{I_C} = \overline{V} \cdot \overline{B_C} = \overline{V} \cdot B_C \angle 90°$$

$$\overline{I_L} = \overline{V} \cdot \overline{B_L} = \overline{V} \cdot B_L \angle -90°$$

$$I_L = I_C = QI_0$$

3. 於 RLC 並聯電路中,其導納、阻抗與頻率之關係:

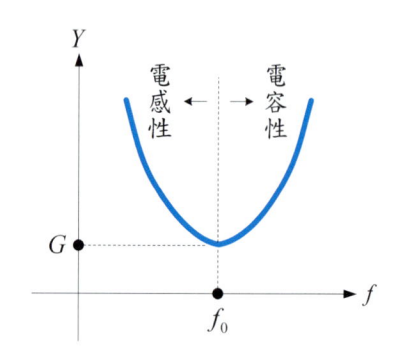

▲ RLC並聯電路之導納曲線圖 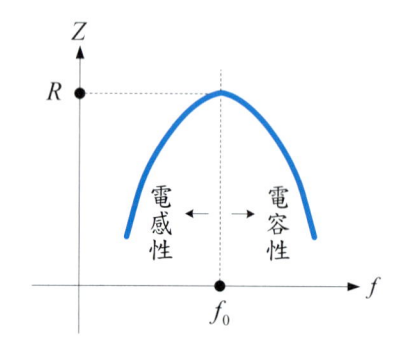　　　▲ RLC並聯電路之阻抗曲線圖

(1) 若 $f < f_0$,則電路呈電感性,電路電流落後電壓,功率因數為落後功率因數。

(2) 若 $f = f_0$,則電路為諧振,呈電阻性,電路電流與電壓同相,功率因數等於1。

(3) 若 $f > f_0$,則電路呈電容性,電路電流越前電壓,功率因數為越前功率因數。

4. 於 RLC 並聯電路中,其頻帶寬度(BW)與選擇性及品質因數(Q)之關係:

(1) 於 RLC 並聯電路之電流曲線中,若 $f = f_0$ 時,則電流為最小,也就是諧振電流 I_0 或 I_r。如果取 $\sqrt{2}I_0$ 之電流時,於下圖之曲線中,可得 f_1、f_2 兩個頻率;而 f_1 稱為下截止頻率,f_2 稱為上截止頻率。

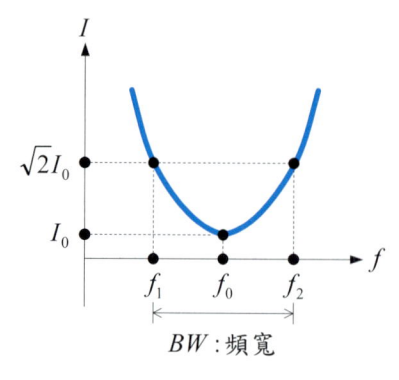

▲ RLC並聯電路之電流曲線圖

(2) 頻寬：$BW = f_2 - f_1 = \dfrac{f_0}{Q} = \dfrac{1}{2\pi RC}$

品質因數：Q 值 $= \dfrac{f_0}{BW}$

下截止頻率：$f_1 = f_0 - \dfrac{BW}{2}$

上截止頻率：$f_2 = f_0 + \dfrac{BW}{2}$

(3) 品質因數 Q 值愈高，其頻寬 BW 愈窄，只能容許較小範圍頻率之電流通過，則電路之選擇性愈佳。

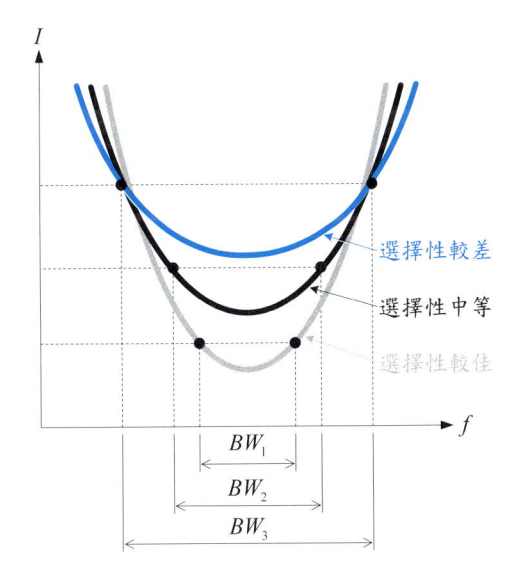

▲ RLC 並聯電路在不同頻帶寬度的選擇性曲線圖

(4) 於並聯諧振電路中，若想降低品質因數 Q 值而不影響諧振頻率時，可並聯外加電阻，使 R 下降（即 G 增加），則品質因數 Q 值降低。若想增加品質因數 Q 值而不影響諧振頻率時，可增加其 R 值（即 G 下降），而使品質因數 Q 值增加。

（∵ 品質因數：$Q = R\sqrt{\dfrac{C}{L}} = \dfrac{1}{G}\sqrt{\dfrac{C}{L}}$）

範例 12

右圖電路稱為 _____ 電路，
其諧振頻率為 _____ 。 [教院]

答 LC 並聯，$f_r = \dfrac{1}{2\pi\sqrt{LC}}$

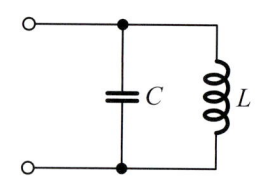

範例 13

一並聯電路 $R = 20$ 歐姆，$L = 0.3$ 亨利，$C = 20$ 微法拉，若外加電壓為 100 伏特，共振時之功率因數為 _____ 。 [保甄]

答 1

解 RLC 並聯諧振時：$B_L = B_C$

$\therefore Y = G = \dfrac{1}{R}$ $P.F. = \dfrac{G}{Y} = 1$

範例 14

有一 RLC 並聯電路，若電壓 $V = 100$ V、$R = 10\,\Omega$、$L = 10$ mH、$C = 400\,\mu\text{F}$，試求電路諧振時：(1) 諧振頻率 f_0 (2) 電納 B_{C0} 及 B_{L0} (3) 總電流 I_0 (4) 電流 I_{C0} 及 I_{L0} (5) 平均功率 P_0 為多少？

解 (1) $f_0 = \dfrac{1}{2\pi\sqrt{LC}} = \dfrac{1}{2\pi\sqrt{(10\times 10^{-3})(400\times 10^{-6})}} = \dfrac{1}{2\pi\times 0.002}$

$= \dfrac{250}{\pi} \cong 80\,(\text{Hz})$

(2) $B_{C0} = B_{L0} = 2\pi f_0 C = 2\pi \times \dfrac{250}{\pi} \times (400\times 10^{-6}) = 0.2\,(\text{S})$

(3) $I_0 = VY_0 = VG = \dfrac{V}{R} = \dfrac{100}{10} = 10\,(\text{A})$

(4) $I_{C0} = I_{L0} = VB_{C0} = 100\times 0.2 = 20\,(\text{A})$

(5) $P_0 = \dfrac{V^2}{R} = \dfrac{100^2}{10} = 1000\,(\text{W})$

範例 15

有一 RLC 並聯電路，若其電源頻率為 $60\,\text{Hz}$、$R = 300\,\Omega$、$X_L = 36\,\Omega$、$X_C = 25\,\Omega$，則電路諧振時的頻率 f_0 及品質因數 Q 為多少？

解 $L = e\dfrac{t}{I} = 5 \times \dfrac{0.5}{2} = 1.25$ (亨利)

(1) $f_0 = f\sqrt{\dfrac{X_C}{X_L}} = 60\sqrt{\dfrac{25}{36}} = 50\,(\text{Hz})$

(2) $Q = R\sqrt{\dfrac{C}{L}} = R\sqrt{\dfrac{2\pi f C}{2\pi f L}} = R\sqrt{\dfrac{1}{X_L X_C}} = 300\sqrt{\dfrac{1}{36 \times 25}} = 10$

範例 16

有一 RLC 並聯交流電路，若諧振時的電源頻率為 $500\,\text{Hz}$、$R = 5\,\text{k}\Omega$、$X_{L0} = 100\,\Omega$，則此諧振電路的頻寬 BW 為多少？

解 $C = \dfrac{1}{2\pi f_0 X_{C0}} = \dfrac{1}{2\pi f_0 X_{L0}} = \dfrac{1}{2\pi \times 500 \times 100} = \dfrac{1}{\pi} \times 10^{-5}\,(\text{F})$

$BW = \dfrac{1}{2\pi CR} = \dfrac{1}{2\pi \times (\dfrac{1}{\pi} \times 10^{-5}) \times 5000} = 10\,(\text{Hz})$

另解 品質因數：$Q = \dfrac{R}{X_{L0}} = \dfrac{5000}{100} = 50 \quad BW = \dfrac{f_0}{Q} = \dfrac{500}{50} = 10\,(\text{Hz})$

範例 17

如右圖所示，有一 LC 並聯諧振電路，若將電感值增加為原電感值 2 倍，電容值減少為原電容值 1/8 倍，則此時振盪器的振盪頻率變為原振盪頻率之幾倍？

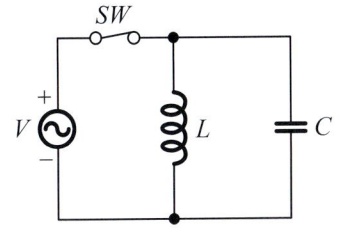

解 $\because f_0 = \dfrac{1}{2\pi\sqrt{LC}}$

$\therefore f_0' = \dfrac{1}{2\pi\sqrt{(2L)(\dfrac{1}{8}C)}} = \dfrac{1}{2\pi\sqrt{\dfrac{1}{4}LC}} = \dfrac{2}{2\pi\sqrt{LC}} = 2f_0$

範例 18

繪出理想的 RLC 並聯諧振電路的導納 Y 與頻率 f 的關係圖形（即 Y 隨 f 之變化），並寫出諧振時之頻率 f_r 之式子。
[保甄]

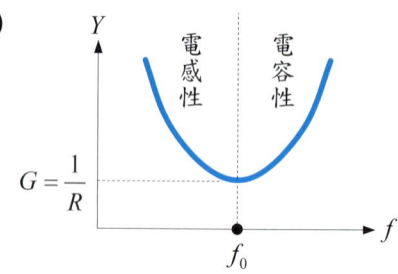

解 (1)

(2) $f_0 = \dfrac{1}{2\pi\sqrt{LC}}$

$= f\sqrt{\dfrac{B_L}{B_C}}$

11-3　串並聯諧振電路

一　實際的電感器與電容器

1. 前面所討論之電感器（L）及電容器（C）皆為零內阻（即理想純電感器及理想純電容器）。

2. 實際之電感器是由導線所繞成的線圈，其線圈導線本身有電阻值存在；因此實際電感器可視為由一電阻 R_L 與純電感量 L 相串聯之等效電路；如下圖所示。

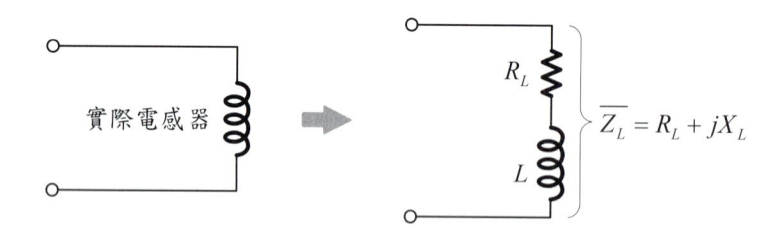

$$\overline{Z_L} = R_L + jX_L$$

3. 實際之電容器是由極板及引線所構成的，極板及引線之電阻值很小，可以忽略之；因此實際電容器可視為零內阻之理想電容器；如下圖所示。

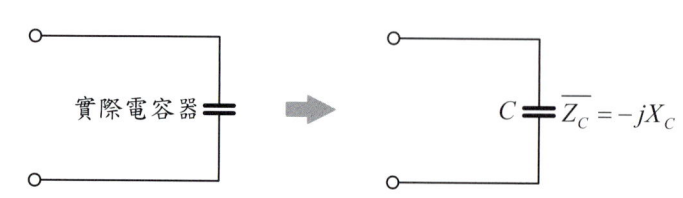

$$\overline{Z_C} = -jX_C$$

二 實際LC串聯電路

三 實際LC串聯諧振電路

與RLC串聯諧振電路相同,其特性如下:

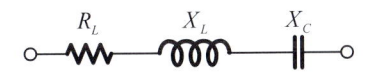

1. $X_L = X_C$。

2. 實際LC串聯諧振時,其等效阻抗Z_0(或Z_r)$= R_L$。

3. 實際LC串聯諧振時,電路呈電阻性,其電路總電壓與總電流同相,功率因數:$P.F. = 1$。

4. 實際LC串聯諧振時,其諧振電流:I_0(或I_r)$= \dfrac{V}{Z_0} = \dfrac{V}{R_L}$。

5. 實際LC串聯諧振時,其品質因數:$Q = \dfrac{X_L}{R_L} = \dfrac{X_C}{R_L} = \dfrac{1}{R_L}\sqrt{\dfrac{L}{C}}$。

6. 實際LC串聯諧振時,其諧振頻率:f_0(或f_r)$= \dfrac{1}{2\pi\sqrt{LC}}$。

7. 當$f = f_0$時,$X_L = X_C$,電路為電阻性電路,電路電壓與電流同相。

   當$f > f_0$時,$X_L > X_C$,電路為電感性電路,電路電壓越前電流。

   當$f < f_0$時,$X_C > X_L$,電路為電容性電路,電路電壓落後電流。

四 實際LC並聯電路

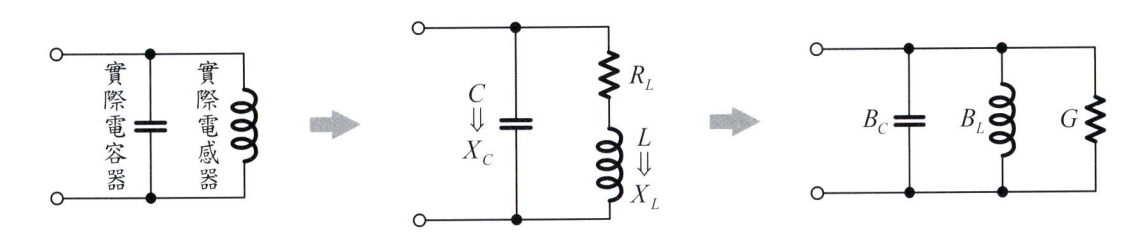

五 實際 LC 並聯諧振電路

即將圖(a)之 R_L-L 串聯電路化成 G 與 B_L 之等效並聯電路。

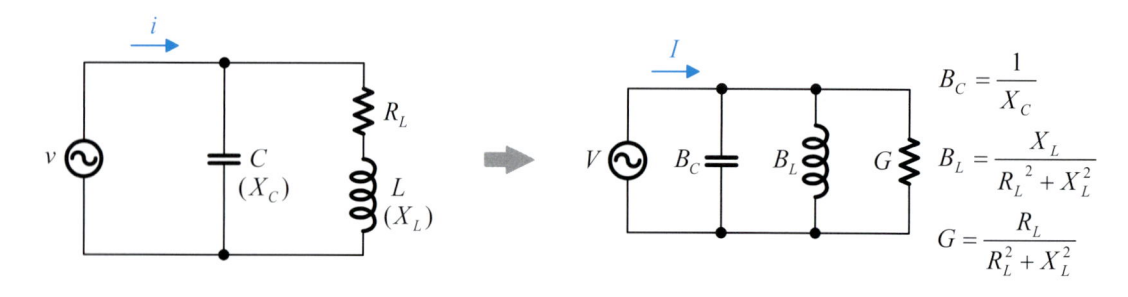

$$B_C = \frac{1}{X_C}$$

$$B_L = \frac{X_L}{R_L^2 + X_L^2}$$

$$G = \frac{R_L}{R_L^2 + X_L^2}$$

以圖(b)之電路圖,利用 RLC 並聯諧振之特性可得下列結論:即實際 LC 並聯諧振特性:

1. $B_C = B_L$ 即 $\dfrac{1}{X_C} = \dfrac{X_L}{R_L^2 + X_L^2}$ $\Rightarrow$ $X_L X_C = R_L^2 + X_L^2$

2. 實際 LC 並聯諧振時,其等效導納:

    Y_0(或 Y_r) $= G = \dfrac{R_L}{R_L^2 + X_L^2}$ (最小)

3. 實際 LC 並聯諧振時,其等效阻抗:

    Z_0(或 Z_r) $= \dfrac{1}{Y_0} = \dfrac{1}{G} = \dfrac{R_L^2 + X_L^2}{R_L} = R_L + \dfrac{X_L^2}{R_L}$ (最大)

4. 實際 LC 並聯諧振時,電路呈電阻性,其電路總電流與總電壓同相,功率因數:$P.F.=1$。

5. 實際 LC 並聯諧振時,其諧振電流:

    I_0(或 I_r) $= VY_0 = VG = V\left(\dfrac{R_L}{R_L^2 + X_L^2}\right)$

6. 實際 LC 並聯諧振時,其品質因數:

    Q(或 Q_F 或 Q_S) $= \dfrac{B_C}{G} = \dfrac{B_L}{G} = \dfrac{X_L}{R_L} = \dfrac{\omega_0 L}{R_L} = \dfrac{2\pi f_0 L}{R_L}$

    (式中:$B_L = \dfrac{X_L}{R_L^2 + X_L^2}$;$G = \dfrac{R_L}{R_L^2 + X_L^2}$)

7. 實際LC並聯諧振時,其諧振頻率:

$$f_0（或 f_r）= \frac{1}{2\pi\sqrt{LC}}\sqrt{1-\frac{R_L^2 C}{L}}$$

若品質因數$Q \geq 10$時(或$L \gg R_L^2 C$時),則:

(1) $f_0 \cong \dfrac{1}{2\pi\sqrt{LC}}$

(2) $Z_0 = \dfrac{X_C X_L}{R_L} = \dfrac{L}{CR_L} \cong Q^2 R_L = QX_L$（即$X_L \cong \dfrac{1}{B_L}$）

(3) I_0很小,近似零

8. 當$f = f_0$時,$B_C = B_L$,電路為電阻性電路,電路電流與電壓同相。

當$f > f_0$時,$B_C > B_L$,電路為電容性電路,電路電流越前電壓。

當$f < f_0$時,$B_L > B_C$,電路為電感性電路,電路電流落後電壓。

六 改變實際LC並聯諧振電路的品質因數

於實際LC並聯諧振電路中,欲改變品質因數Q值時,不能只改變$R_L L$串聯電路中之R_L值,如此會影響諧振頻率。

用一外加電阻R_x並聯其電路,如此不會影響諧振頻率,而可降低品質因數Q值,且不會影響諧振頻率;如下圖所示。品質因數Q值越低,則選擇性越差。（∵ $BW = \dfrac{f_0}{Q}$）

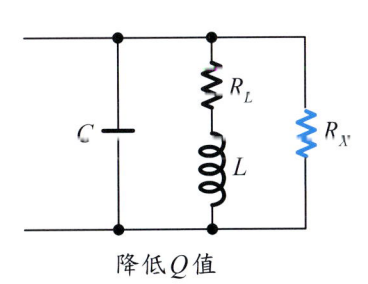

降低Q值

七 理想與實際LC串聯諧振電路之比較

1. 理想LC串聯諧振電路:阻抗（Z_0)為零,線路電流（I_0)無限大。

2. 實際LC串聯諧振電路:阻抗（Z_0)很小,線路電流（I_0)很大。(與RLC串聯諧振電路相同)

八 理想與實際 LC 並聯諧振電路之比較

1. 理想 LC 並聯諧振電路：導納（Y_0）為零，阻抗（Z_0）無限大，線路電流（I_0）為零。

2. 實際 LC 並聯諧振電路：導納（Y_0）很小，阻抗（Z_0）很大，線路電流（I_0）很小。（與 RLC 並聯諧振電路相似）

範例 19

由下圖所示電路，若 $R = 10\,\Omega$、$L = 200\,\text{mH}$，且電路在電壓為 $v(t) = 100\sin 100t$ V 時產生諧振，試求： (1)電容器之電容量 C　(2)品質因數 Q　(3)總阻抗 Z_0 為多少？

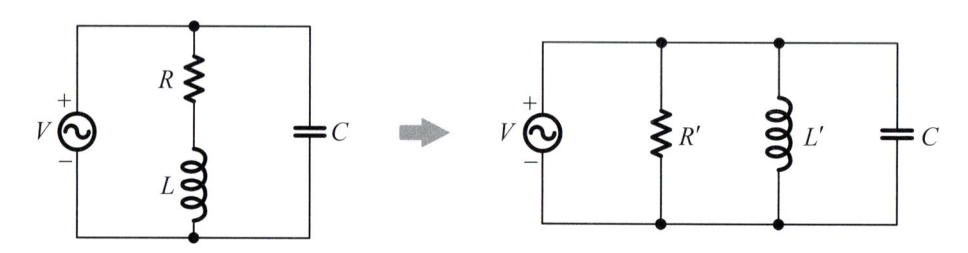

解 (1) $X_{L0} = \omega_0 L = 100 \times (200 \times 10^{-3}) = 20\,(\Omega)$

$X_{C0} = X'_{L0} = \dfrac{R^2 + X_{L0}^2}{X_{L0}} = \dfrac{10^2 + 20^2}{20} = 25\,(\Omega)$

$C = \dfrac{1}{\omega_0 X_{C0}} = \dfrac{1}{100 \times 25} = 400\,(\mu\text{F})$

(2) 品質因數：$Q = \dfrac{X_{L0}}{R} = \dfrac{20}{10} = 2$

(3) $Z_0 = R' = \dfrac{R^2 + X_{L0}^2}{R} = \dfrac{10^2 + 20^2}{10} = 50\,(\Omega)$

（或 $Z_0 = R(1+Q^2) = 10(1+2^2) = 50\,(\Omega)$）

範例 20

如下圖所示電路中，若 C 可變，則諧振時，C 之值為多少？

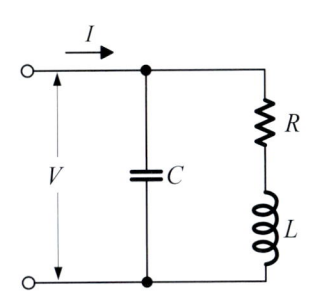

解

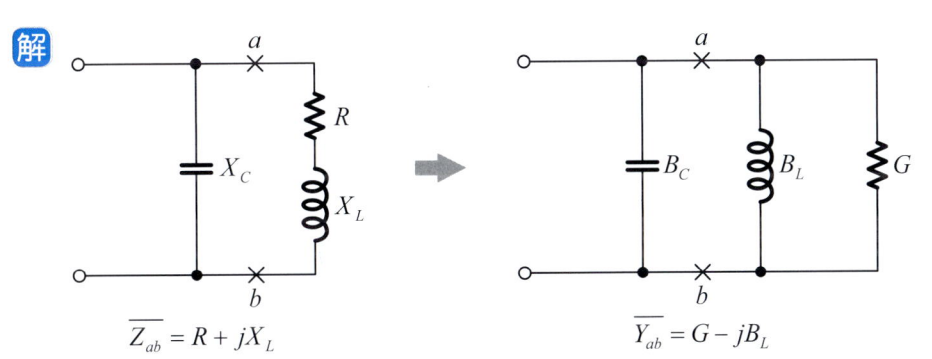

$\overline{Z_{ab}} = R + jX_L$

$\overline{Y_{ab}} = G - jB_L$

由上圖：

$$\overline{Y_{ab}} = \frac{1}{\overline{Z_{ab}}} = \frac{1}{R + jX_L} = \frac{R}{R^2 + X_L^2} - j\frac{X_L}{R^2 + X_L^2}$$

$$\therefore G = \frac{R}{R^2 + X_L^2} \quad B_L = \frac{X_L}{R^2 + X_L^2} \quad B_C = \frac{1}{X_C}$$

當 $B_L = B_C$ 則並聯電路發生諧振：

$$B_L = B_C \text{即} \frac{X_L}{R^2 + X_L^2} = \frac{1}{X_C} \Rightarrow \frac{\omega L}{R^2 + (\omega L)^2} = \frac{1}{\frac{1}{\omega C}}$$

$$\therefore C = \frac{L}{R^2 + (\omega L)^2}$$

Basic Electricity
基本電學（下）攻略本

歷屆試題

11-1 串聯諧振電路

( ) 1. 有一 RLC 串聯電路接於正弦波電壓源，已知電源頻率為 60Hz、$R=5\Omega$、$X_L=0.4\Omega$、$X_C=10\Omega$。當此電路發生諧振時，其諧振頻率為何？
(A)100Hz (B)200Hz (C)300Hz (D)400Hz [110統測]

( ) 2. 如圖(1)所示之 RLC 串聯電路，若電流 $i(t)$ 與電源電壓 $v(t)$ 同相位，則 $i(4\pi)$ 電流值為何？ (A)−20A (B)20A (C)$-\frac{20}{\sqrt{2}}$A (D)$\frac{20}{\sqrt{2}}$A [109統測]

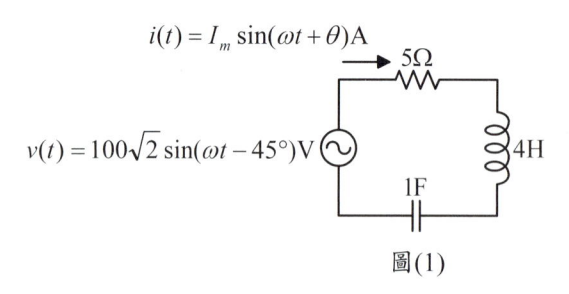

$i(t)=I_m\sin(\omega t+\theta)$A，$5\Omega$
$v(t)=100\sqrt{2}\sin(\omega t-45°)$V，4H，1F

圖(1)

( ) 3. RLC 串聯電路，當電路發生諧振時，下列敘述何者正確？
(A)電路之消耗功率為最小
(B)若 $\frac{L}{C}$ 為定值時，當電路電阻愈大，則頻率響應愈好，選擇性愈佳
(C)若電路電阻為定值時，當 $\frac{L}{C}$ 之比值愈大，則電感器元件之端電壓會愈大
(D)當電路之工作頻率大於諧振頻率時電路呈電容性 [108統測]

( ) 4. 有一 RLC 串聯諧振電路，接於交流電源，若此電路的諧振頻率為 1kHz，頻帶寬度為 50Hz，當電路於截止頻率時之平均消耗功率為 500W，則電路在諧振時之平均消耗功率為何？
(A)250W (B)500W (C)1000W (D)2000W [108統測]

( ) 5. 如圖(2)所示，可調整頻率之弦波交流電壓源 $\overline{V}=110$V，當角頻率 $\omega=500$ rad/sec 時，$R=10\Omega$、$X_L=250\Omega$、$X_C=40\Omega$。調整電源頻率至諧振時，則下列敘述何者正確？
(A)諧振角頻率 $\omega_0=200$ rad/sec (B)諧振角頻率 $\omega_0=300$ rad/sec
(C)$\overline{I}$ 為 20A (D)$\overline{I}$ 為 10A [107統測]

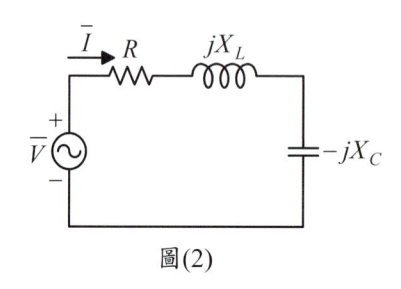

圖(2)

11-26

( )6. 在 RLC 串聯電路中,當接上頻率1kHz的弦波電壓源時,電路中$R = 20\,\Omega$,$X_L = 4\,\Omega$、$X_C = 16\,\Omega$;若調整電源的頻率使得線路電流最大,則此時的電源頻率為何? (A)250Hz (B)500Hz (C)2kHz (D)4kHz [106統測]

( )7. 有一RLC串聯電路,若電源電壓$V = 100\,\text{V}$、$R = 10\,\Omega$、$L = 20\,\text{mH}$、$C = 200\,\mu\text{F}$,當電路諧振時,則下列敘述何者正確?
(A)功率因數為1,諧振頻率為800Hz
(B)品質因數為1,頻帶寬度為8Hz
(C)電阻器兩端的電壓大小為100V,電容器兩端的電壓大小為100V
(D)電源電流為10A,平均功率為100W [105統測]

( )8. RLC串聯電路發生諧振時,下列敘述何者正確?
(A)阻抗最小,功率因數0.707
(B)阻抗最小,功率因數1.0
(C)阻抗最大,功率因數0.707
(D)阻抗最大,功率因數1.0 [104統測]

( )9. RLC串聯電路中,若電阻R單位為Ω、電感L單位為H、電容C單位為F,則此電路之諧振角頻率ω_r(單位為rad/s)為何?
(A)$\sqrt{\dfrac{C}{L}}$ (B)$\dfrac{1}{\sqrt{LC}}$ (C)$\sqrt{\dfrac{L}{C}}$ (D)$\sqrt{LC}$ [103統測]

( )10. 有一RLC串聯電路,若電源電壓有效值$V = 110\,\text{V}$、$R = 5\,\Omega$、$L = 40\,\text{mH}$、$C = 100\,\mu\text{F}$,試求電路諧振時,電容器兩端的電壓為多少?
(A)440V (B)220V (C)110V (D)55V [102統測]

( )11. 已知RLC串聯交流電路的電源角速度$\omega = 9000$弳度/秒(rad/s),電路的R、X_L、X_C比為2:3:1,則電路的諧振頻率為何?
(A)716Hz (B)827Hz (C)1013Hz (D)1755Hz [統測]

( )12. 如圖(3)所示之電路,交流電源電壓$\overline{V_S} = 100\angle 0°\,\text{V}$,調整電感器使此電路產生諧振,則此時電感器之端電壓$\overline{V_L}$為何?
(A)$200\angle 0°\,\text{V}$ (B)$200\angle 90°\,\text{V}$ (C)$100\angle 0°\,\text{V}$ (D)$100\angle 90°\,\text{V}$ [統測]

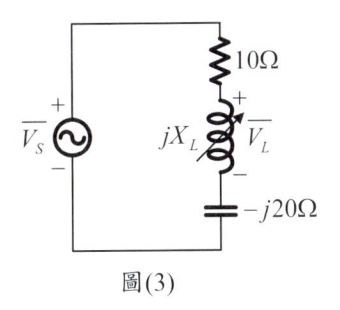

圖(3)

( )13. 下列有關RLC串聯諧振電路之敘述,何者正確?
(A)諧振時,此電路為純電阻性
(B)諧振時,電阻值與電容值相同
(C)諧振時,電感值與電容值相同
(D)諧振時,此電路為電感性 [統測]

( )14. 如圖(4)所示之串聯諧振電路，已知電感 $L = 0.02$ mH。若電壓 $e(t) = 100\sin(5000t)$ V，電流 $i(t) = 20\sin(5000t)$ A，則電阻 R 及電容 C 分別為何？
(A)$R = 5\,\Omega$，$C = 200\,\mu$F
(B)$R = 5\,\Omega$，$C = 2000\,\mu$F
(C)$R = 2.5\sqrt{2}\,\Omega$，$C = 200\,\mu$F
(D)$R = 2.5\sqrt{2}\,\Omega$，$C = 2000\,\mu$F　　[統測]

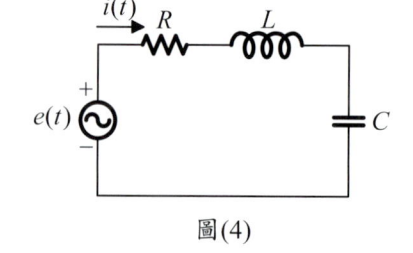

圖(4)

( )15. 在 RLC 串聯諧振電路中，其諧振頻率 f_o 為何？
(A)$f_o = 2\pi\sqrt{LC}$ Hz
(B)$f_o = \dfrac{1}{2\pi\sqrt{LC}}$ Hz
(C)$f_o = \dfrac{1}{2\pi\sqrt{C/L}}$ Hz
(D)$f_o = \dfrac{1}{2\pi}\sqrt{LC}$ Hz　　[統測]

( )16. 在 RLC 串聯電路中，當電源頻率 $f = 2$ kHz 時，$R = 10\,\Omega$、$X_L = 4\,\Omega$、$X_C = 25\,\Omega$，則電路的諧振頻率為何？
(A)2kHz　(B)2.5kHz　(C)5kHz　(D)10kHz　　[統測]

( )17. RLC 串聯諧振電路，若輸入電源之頻率小於諧振頻率，則電路呈現
(A)電感性　(B)電阻性　(C)零阻抗　(D)電容性　　[統測]

( )18. 有一 RLC 串聯電路，已知交流電源為110V、50Hz時，$R = 20\,\Omega$，$X_L = 100\,\Omega$，$X_C = 4\,\Omega$，求此串聯電路的諧振頻率為多少？
(A)250Hz　(B)100Hz　(C)10Hz　(D)2Hz　　[統測]

( )19. 在 RLC 串聯電路中，已知交流電源的有效值為100V，$R = 10\,\Omega$，$L = 8$ mH，$C = 6\,\mu$F，求電路在諧振時的功率因數及平均功率分別為多少？
(A)0.8超前及1kW　(B)0.8滯後及1kW　(C)1及1.2kW　(D)1及1kW　　[統測]

( )20. 下列有關 RLC 串聯諧振電路的敘述，何者錯誤？
(A)在諧振時相當於純電阻
(B)在諧振時消耗之電功率最大
(C)諧振頻率與 R 大小有關
(D)在諧振時 L 的電壓與 C 的電壓大小相同　　[統測]

( )21. 如圖(5)為一 RLC 串聯電路，其諧振角頻率 ω_r 為多少？
(A)$50\,\text{rad/s}$　(B)$4\times10^3\,\text{rad/s}$　(C)$10^4\,\text{rad/s}$　(D)$4\times10^5\,\text{rad/s}$　　[四技二專]

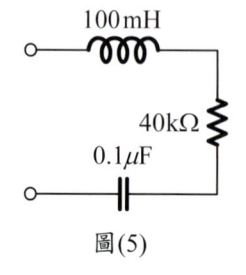

圖(5)

( )22. 對於RLC串聯電路之電感抗X_L及電容抗X_C關係之敘述，何者正確？
(A)當$X_L > X_C$時，電路呈電容性，此時電路的電壓落後電流
(B)當$X_L < X_C$時，電路呈電感性，此時電路的電壓超前電流
(C)當$X_L > X_C$時，電路之功率因數為1
(D)以上皆是 [四技二專]

( )23. 如圖(6)所示，當電路諧振時，求其頻帶寬（Bandwidth），應約為多少Hz？
(A)3.2Hz (B)2.5Hz (C)4.1Hz (D)1.7Hz [四技二專]

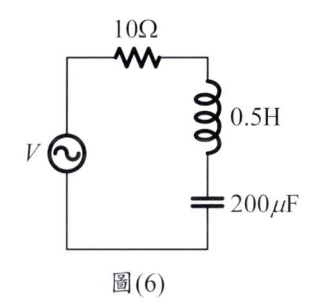

圖(6)

( )24. RLC串聯電路，由R=50歐姆，L=0.1亨利，C=100微法拉所構成，其諧振時之頻率為
(A)30Hz (B)40Hz (C)50.4Hz (D)70Hz [保送]

( )25. 同上題，若電源電壓為100∠0°伏特，且頻率為可變。當頻率改變時，電阻器可能消耗的最大功率為
(A)50瓦特 (B)100瓦特 (C)150瓦特 (D)200瓦特 [保送]

( )26. 下列何者不為串聯諧振的特性？
(A)諧振時，電路阻抗最小   (B)諧振時的平均功率最小
(C)諧振時，電路電流最大   (D)諧振時功率因數為1 [四技二專]

( )27. 串聯的RLC電路的電阻為10歐姆、電容為200μF、電感為0.5亨利，則諧振頻率為 (A)10Hz (B)12Hz (C)14Hz (D)16Hz [保送]

( )28. 有一RLC串聯電路，R=10Ω，L=2H，C=50μF，求其諧振時之品質因數（Quality Factor）為 (A)5 (B)10 (C)15 (D)20 [四技一專]

( )29. 如圖(7)所示，若發生串聯諧振時，諧振頻率為
(A)5kHz (B)10kHz (C)15kHz (D)20kHz [北專夜]

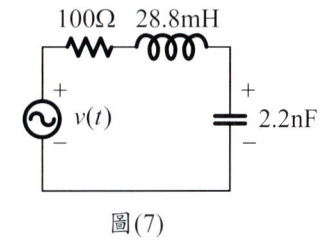

圖(7)

( )30. 某串聯諧振電路，其諧振頻率$f_0 = 1$kHz，$R = 5\Omega$，$X_L = 200\Omega$，則頻寬BW為多少Hz？ (A)1k (B)200 (C)40 (D)25 [保送]

( )31. 如圖(8)所示之電路中，當諧振時品質因數 Q 不等於下列何者？
(A)$\dfrac{X_L}{R}$　(B)$\dfrac{X_C}{R}$　(C)$\dfrac{|e_1|}{|e|}$　(D)$\dfrac{|e_2|}{|e|}$　[保送]

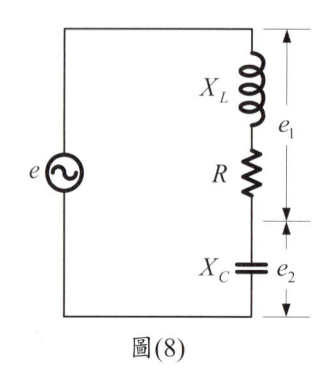

圖(8)

( )32. 在 RLC 串聯電路中，$v(t)=100\sin 1000t$ 伏特，電阻 R 為 10Ω，電感 $L=2\text{ mH}$，當電路發生諧振時，電容器兩端之最大電壓為
(A)10伏特　(B)5伏特　(C)20伏特　(D)25伏特　[保送]

( )33. RLC 串聯電路中，若操作頻率大於諧振頻率，則電阻 R 兩端之電壓
(A)超前電流
(B)落後電流
(C)與電流同相
(D)與電流之相位關係視電阻R大小而定　[保送]

( )34. RLC 串聯電路發生諧振時，其總電壓與線路電流之相位
(A)相差90度　(B)相差180度　(C)同相位　(D)相位差隨時在改變　[推甄]

( )35. 有一串聯電路 $R=5\ \Omega$，$L=0.5\text{ H}$，$C=50\ \mu\text{F}$，其諧振之品質因數為
(A)10　(B)20　(C)25　(D)40　[推甄]

11-2　並聯諧振電路

( )36. 有關交流 RLC 並聯電路之敘述，下列何者正確？
(A)電路發生諧振時，若品質因數為 Q，則流經電阻的電流將被放大 Q 倍
(B)當電源頻率小於諧振頻率時，電路呈現電容性
(C)當電源頻率大於諧振頻率時，電源電流隨頻率增加而減少
(D)當電路發生諧振時，電路總阻抗為最大　[110統測]

( )37. 如圖(9)所示之 RLC 並聯電路，若電路之功率因數為1及消耗的平均功率為25W，則電路的品質因數為何？　(A)5　(B)2　(C)1.414　(D)1　[109統測]

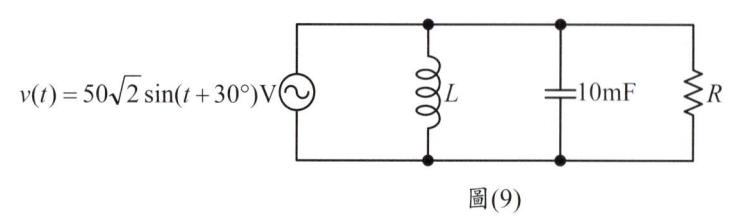

圖(9)

CH11 諧振電路

( )38. 有一 RLC 並聯電路,並接於 $v(t) = 10\sin(1000t)$ V 之電源,已知 $R = 5\,\Omega$,$C = 20\,\mu\text{F}$,欲使電源電流得到最小電流值,則電感 L 應為何?
(A)5mH (B)0.05H (C)0.5H (D)0.8H [108統測]

( )39. 有效值100V之交流弦波電源,若調整其電源頻率使流入某一 RLC 並聯電路的總電流為最小,其中 $R = 50\,\Omega$,$L = 40\,\text{mH}$,$C = 100\,\mu\text{F}$,則下列敘述何者正確?
(A)電源頻率為80kHz
(B)流經電感之電流為2A
(C)流經電容之電流為1A
(D)總消耗功率為200W [106統測]

( )40. 有一 LC 並聯電路,若電源電壓 $V = 100$ V、$C = 40\,\mu\text{F}$,當電源角頻率為 $5000\,\text{rad/s}$ 時電路諧振,則下列敘述何者正確?
(A)電感 $L = 10\,\text{mH}$,諧振時電源電流為零
(B)電感 $L = 1\,\text{mH}$,諧振時電源電流為零
(C)電感 $L = 10\,\text{mH}$,諧振時電源電流為無限大
(D)電感 $L = 1\,\text{mH}$,諧振時電源電流為無限大 [105統測]

( )41. 外接電流源 $\overline{I_S} = 4\angle 0°$ A的 RLC 並聯電路中,電阻 $R = 10\,\Omega$,電感 $L = 5\,\text{mH}$,電容 $C = 10\,\mu\text{F}$。當發生諧振時,該電路平均消耗功率約為多少瓦特?
(A)80 (B)$\dfrac{160}{\sqrt{2}}$ (C)160 (D)$160\sqrt{2}$ [104統測]

( )42. 如圖(10)所示之電路,$e(t) = 100\sin(377t)$ V,調整電容 C 使電路產生諧振,若電阻 $R = 10\,\Omega$,則電流 i_S 為何?
(A)$100\sin(377t)$ A
(B)$10\sin(377t - 90°)$ A
(C)$10\sin(377t)$ A
(D)0A [103統測]

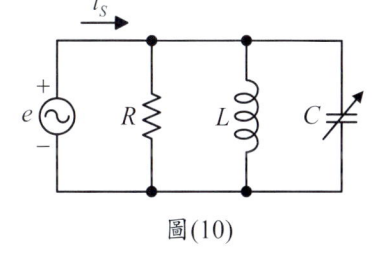

圖(10)

( )43. 有一 RLC 並聯電路,若電源電壓有效值 $V = 110$ V、$R = 100\,\Omega$、$L = 40\,\text{mH}$、$C = 1\,\mu\text{F}$,當電路諧振時,請問下列敘述何者錯誤?
(A)諧振角頻率 $\omega_0 = 5000\,\text{rad/sec}$,功率因數 $PF = 1$
(B)電源電流 $I_0 = 1.1$ A,平均功率 $P_0 = 121$ W
(C)流經電感器的電流 $I_{L0} = 0.55$ A,流經電容器的電流 $I_{C0} = 0.55$ A
(D)品質因數 $Q = 5$,頻帶寬度 $BW = 159.2$ Hz [102統測]

( )44. 當交流 RLC 並聯電路發生諧振時,下列敘述何者正確?
(A)其諧振頻率 $f_r = \dfrac{1}{\sqrt{LC}}$
(B)電路總功率因數為0
(C)電路平均功率最大
(D)電路總阻抗的絕對值最小 [統測]

11-31

(　　)45. 一電阻、電感及電容並聯諧振電路中,當外加交流信號頻率 f 大於電路諧振頻率 f_0 時,電路之阻抗特性為何?
(A)電感性阻抗　　　　　　　　　(B)電阻性阻抗
(C)電容性阻抗　　　　　　　　　(D)無一定之阻抗特性　　　　　[統測]

(　　)46. 如圖(11)所示之電路,$e(t) = 200\sin(2000t)$ V,電感 $L = 1$ mH,則電路諧振時之電容值為何?
(A)$1000\mu F$　(B)$750\mu F$　(C)$500\mu F$　(D)$250\mu F$　　　[統測]

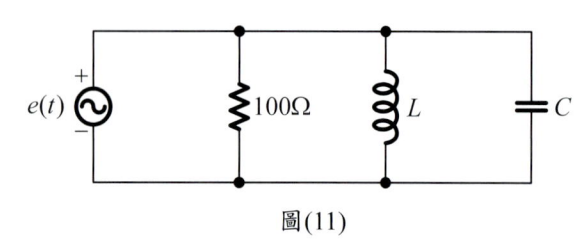

圖(11)

(　　)47. 設 LC 並聯電路的諧振頻率為 f_0,電源頻率為 f,則下列敘述何者正確?
(A)電感納隨電源頻率增加而增大
(B)電容納隨電源頻率增加而減小
(C)$f < f_0$ 時,電路為電容性
(D)$f > f_0$ 時,電源供給之電流超前電壓90°　　　　　　　　　[統測]

(　　)48. 如圖(12)所示,下列敘述何者有誤?
(A)I_R 電流為5安培　　　　　　(B)I_C 電流為 $j5$ 安培
(C)總電流 I 為5安培　　　　　　(D)總阻抗為6.7Ω　　　　[四技二專]

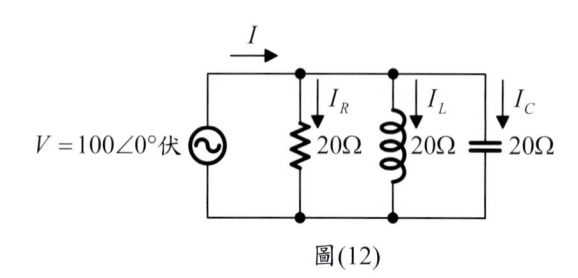

圖(12)

(　　)49. 對 LC 並聯電路而言,若電感抗 X_L 等於電容抗 X_C,下列敘述何者有誤?
(A)諧振頻率為 $\dfrac{1}{2\pi\sqrt{LC}}$
(B)電路總導納為0
(C)電源端輸入電流最大
(D)當輸入頻率小於諧振頻率時,電路呈電感性　　　　　　　　[四技二專]

(　　)50. 如圖(13)所示,並聯諧振電路的頻寬(BW)約為
(A)8Hz
(B)12Hz
(C)16Hz
(D)20Hz　　　　　　　　　　　　　　　　　[四技二專]

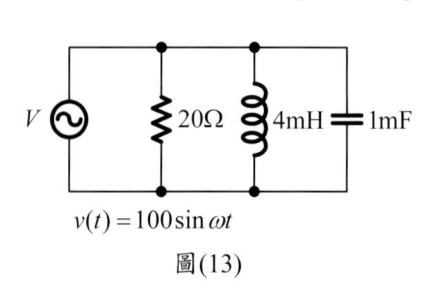

圖(13)

( )51. 如圖(14)所示，若電路工作在諧振頻率上，則下列敘述何者有誤？
(A)諧振頻率約為8Hz
(B)等效阻抗Z_i為50kΩ
(C)功率因數為1
(D)品質因數為200 [四技二專]

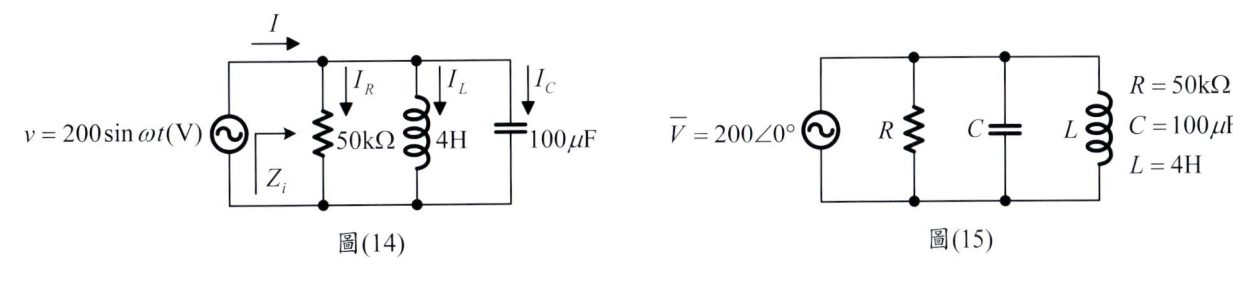

圖(14)

圖(15)

( )52. 如圖(15)所示為RLC並聯電路，當電路諧振時，求諧振頻率f_0及功率因數$P.F.$應接近多少？
(A)$f_0 = 8$ Hz，$P.F. = 1$
(B)$f_0 = 16$ Hz，$P.F. = 0.5$
(C)$f_0 = 8$ Hz，$P.F. = 0.707$
(D)$f_0 = 16$ Hz，$P.F. = 0$ [四技二專]

( )53. 如圖(16)所示，諧振時，電流$I = $？
(A)1安培 (B)2安培 (C)3安培 (D)4安培 [四技二專]

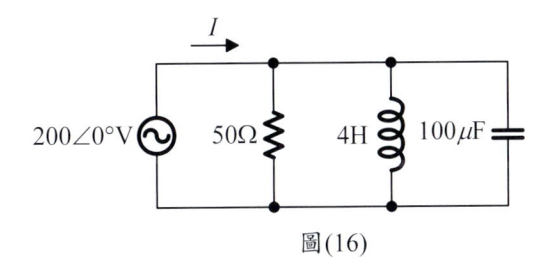

圖(16)

( )54. RLC並聯電路發生諧振時，電路呈現
(A)電阻性電路 (B)電容性電路 (C)電感性電路 (D)純電容電路 [四技二專]

( )55. RLC並聯諧振電路中，當電源頻率大於諧振頻率時，電壓和電流之相角關係為 (A)電壓超前電流 (B)電流超前電壓 (C)同相 (D)相差90度 [四技二專]

11-3 串並聯諧振電路

( )56. 如圖(17)所示，若弦波交流電壓源$\overline{V} = 100$ V，$R = 8$ Ω，$L = 1$ mH，$C = 10$ μF，則諧振時之$\overline{I}$為何？
(A)6A (B)8A (C)10A (D)12A [107統測]

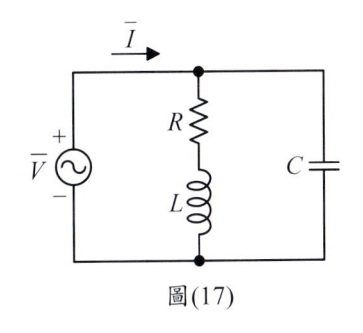

圖(17)

( )57. 圖(18)所示電路，為使電源外之阻抗功因值為1，求C值=？
(A)$\frac{1}{8}$F (B)$\frac{1}{4}$F (C)$\frac{1}{25}$F (D)$\frac{2}{25}$F [保送]

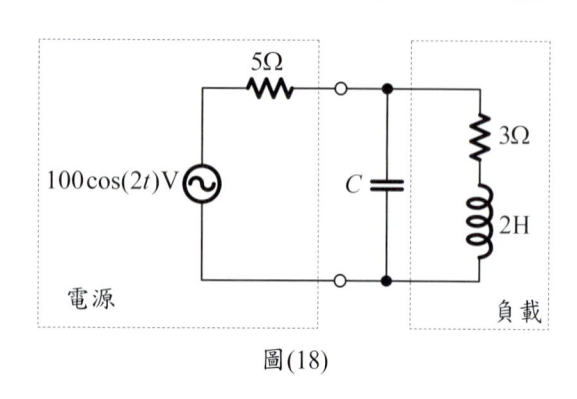

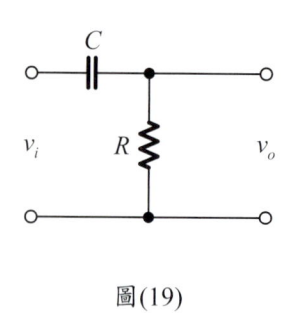

圖(18)

圖(19)

( )58. 如圖(19)所示電路，是屬於何種濾波器？
(A)高通濾波器 (B)低通濾波器 (C)帶通濾波器
(D)帶拒濾波器 (E)諧振電路 [四技二專]

( )59. 如下圖(20)所示電路為一
(A)高通濾波器 (B)低通濾波器 (C)箝位器
(D)整流器 (E)截波器 [四技二專]

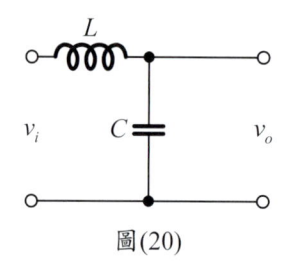

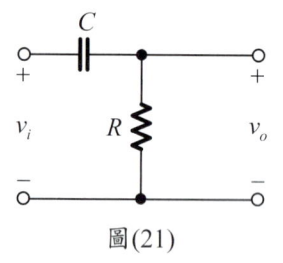

圖(20)

圖(21)

( )60. 如圖(21)所示電路是屬於那一種濾波器？
(A)帶通濾波器 (B)帶阻濾波器 (C)低通濾波器
(D)高通濾波器 (E)以上皆非 [四技二專]

最近統測試題

( )61. 如圖(22)所示交流電路，電源電壓$v_s(t) = 200\sqrt{2}\sin(377t)$ V，負載Z為電感性負載，其視在功率為5kVA、實功率（平均功率）為3kW；若電源的功率因數為1.0，則電容抗X_C為何？
(A)5Ω (B)10Ω (C)15Ω (D)20Ω [11-3][111統測]

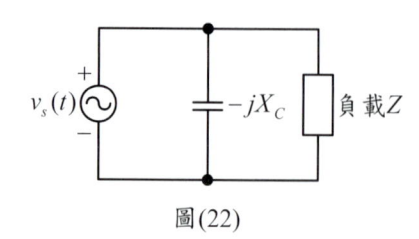

圖(22)

11-34

▲ 閱讀下文，回答第62～63題

某串聯諧振電路如圖(23)所示，已知品質因數為5，電路的諧振角頻率 $\omega_o = 2000$ rad/s，$R_s = 4\,\Omega$，電源電壓 $v_s(t) = 50\sqrt{2}\sin(2000t)$ V，可依品質因數、諧振角頻率及電源電壓，設計電感值、電容值及電容的耐壓。

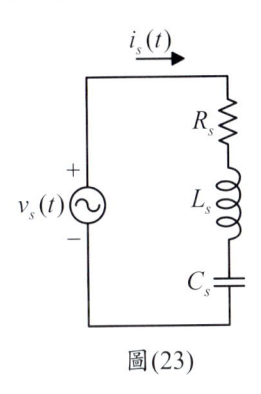

圖(23)

( )62. 圖中串聯諧振電路之電感 L_s 及電容 C_s 值，下列何者正確？
(A) $L_s = 5$ mH，$C_s = 50\,\mu$F
(B) $L_s = 10$ mH，$C_s = 25\,\mu$F
(C) $L_s = 25$ mH，$C_s = 10\,\mu$F
(D) $L_s = 50$ mH，$C_s = 5\,\mu$F [11-1][111統測]

( )63. 圖中串聯諧振電路穩態時電容 C_s 端電壓有效值為何？
(A) 50V (B) 150V (C) 250V (D) 300V [11-1][111統測]

( )64. 有一 RLC 串聯電路，接於 $v(t) = 300\sin(2000t)$ V 之電源，已知 $R = 500\,\Omega$，$L = 20$ mH，當電路電流有效值為最大時，則電容 C 應為何？
(A) $6.5\,\mu$F (B) $10\,\mu$F (C) $12.5\,\mu$F (D) $15.5\,\mu$F [11-1][112統測]

( )65. 有關 RLC 並聯諧振電路之敘述，下列何者正確？
(A) 諧振時總電流最大
(B) 諧振時品質因數愈大，頻帶寬度愈寬
(C) 諧振時總導納最大
(D) 諧振時電感與電容之虛功率大小相等 [11-2][112統測]

Note

CH11 諧振電路

答案與詳解

答
1.C	2.A	3.C	4.C	5.A	6.C	7.C	8.B	9.B	10.A
11.B	12.B	13.A	14.B	15.B	16.C	17.D	18.C	19.D	20.C
21.C	22.C	23.A	24.C	25.D	26.B	27.D	28.D	29.D	30.D
31.C	32.C	33.C	34.C	35.B	36.D	37.D	38.B	39.D	40.B
41.C	42.C	43.D	44.C	45.C	46.D	47.D	48.D	49.C	50.A
51.D	52.A	53.D	54.A	55.B	56.B	57.D	58.A	59.B	60.D
61.B	62.B	63.C	64.C	65.D					

解

1. $f_0 = f \times \sqrt{\dfrac{X_C}{X_L}} = 60 \times \sqrt{\dfrac{10}{0.4}} = 60 \times \sqrt{25} = 300\,(\text{Hz})$

2. $\because$ 電流與電壓同相位 $\Rightarrow \overline{Z} = R + j(X_L - X_C) \Rightarrow \overline{Z} = R = 5\,(\Omega)$

   且 $X_L - X_C = 0 \Rightarrow X_L = X_C$

   $\omega L = \dfrac{1}{\omega C} \Rightarrow \omega \cdot 4 = \dfrac{1}{\omega \cdot 1} \Rightarrow \omega = \sqrt{\dfrac{1}{4}} = \dfrac{1}{2}\,(\text{rad/s})$

   $v(t) = 100\sqrt{2}\sin(\omega t - 45°)\,(\text{V}) \quad \overline{V} = \dfrac{100\sqrt{2}}{\sqrt{2}}\angle -45° = 100\angle -45°\,(\text{V})$

   $\overline{I} = \dfrac{\overline{V}}{\overline{Z}} = \dfrac{100\angle -45°}{5} = 20\angle -45°\,(\text{A})$

   $\Rightarrow i(t) = 20\sqrt{2}\sin(\dfrac{1}{2}t - 45°)\,(\text{A}) \quad i(4\pi) = 20\sqrt{2}\sin(\dfrac{1}{2}\times 4\pi - 45°) = -20\,(\text{A})$

3. (A) RLC 串聯電路諧振時，電路之消耗功率為最大。

   (B) 當 $\dfrac{L}{C}$ 為定值時，電路電阻愈大，表示頻寬愈大，則選擇性愈差。

   (D) 當電路之工作頻率大於諧振頻率時，電路呈電感性。

4. 當電路於截止頻率時，電路消耗功率為諧振時的 $\dfrac{1}{2}$，截止頻率又稱為半功率頻率。

   $\Rightarrow P_0 = 2 \times 500 = 1000\,(\text{W})$

5. $f_0 = f \times \sqrt{\dfrac{X_C}{X_L}} = f \times \sqrt{\dfrac{40}{250}} = f \times \dfrac{2}{5}$

   兩邊同乘 $2\pi \Rightarrow 2\pi f_0 = 2\pi f \times \dfrac{2}{5} \Rightarrow \omega_0 = \dfrac{2}{5}\omega = \dfrac{2}{5}\times 500 = 200\,(\text{rad/s})$

   $\overline{I} = \dfrac{\overline{V}}{R} = \dfrac{110}{10} = 11\,(\text{A})$

11-37

答案與詳解

6. RLC 串聯電路，因線路電流最大 ⇒ 電路處於諧振狀態

$$f_0 = f\sqrt{\frac{X_C}{X_L}} = 1\text{k} \times \sqrt{\frac{16}{4}} = 2\,(\text{kHz})$$

7. (A) 電路諧振時，功率因數為 1，$f_0 = \dfrac{1}{2\pi\sqrt{LC}} = \dfrac{1}{2\pi\sqrt{20\text{m} \times 200\mu}} \cong 80\,(\text{Hz})$

   (B) $Q = \dfrac{1}{R}\sqrt{\dfrac{L}{C}} = \dfrac{1}{10} \times \sqrt{\dfrac{200\text{m}}{200\mu}} = 1$，$BW = \dfrac{f_0}{Q} \cong 80\,(\text{Hz})$

   (C) $V_R = V = 100\,(\text{V})$，$V_C = QV = 1 \times 100 = 100\,(\text{V})$

   (D) $I = \dfrac{V}{Z} = \dfrac{V}{R} = \dfrac{100}{10} = 10\,(\text{A})$，$P = I^2R = 10^2 \times 10 = 1000\,(\text{W})$

8. RLC 串聯諧振時，$X_L = X_C$

   ⇒ $Z = R + j(X_L - X_C) = R$（最小）

   ⇒ $P.F. = \dfrac{R}{Z} = \dfrac{R}{R} = 1$

9. 諧振時 $X_L = X_C$，$\omega_r L = \dfrac{1}{\omega_r C}$ ⇒ $\omega_r^2 LC = 1$ ⇒ $\omega_r = \dfrac{1}{\sqrt{LC}}$

10. $\omega_0 = \dfrac{1}{\sqrt{LC}} = \dfrac{1}{\sqrt{40 \times 10^{-3} \times 100 \times 10^{-6}}} = \dfrac{1}{200 \times 10^{-5}} = 500\,(\text{rad/s})$

    $X_{L0} = X_{C0} = \omega_0 L = 20\,(\Omega)$

    $I_0 = \dfrac{110}{5} = 22\,(\text{A})$

    $V_{C0} = V_{L0} = 22 \times 20 = 440\,(\text{V})$

11. $f_0 = f\sqrt{\dfrac{X_C}{X_L}} = \dfrac{\omega}{2\pi}\sqrt{\dfrac{X_C}{X_L}} = \dfrac{9000}{2\pi}\sqrt{\dfrac{1}{3}} \doteqdot 827\,(\text{Hz})$

12. RLC 串聯諧振時，則 $X_L = X_C$ ⇒ $\overline{X_L} = j20\,(\Omega) = 20\angle 90°\,(\Omega)$

    即 $\overline{Z} = R = 10\,(\Omega)$

    $\overline{I} = \dfrac{\overline{V_S}}{\overline{Z}} = \dfrac{100\angle 0°}{10} = 10\angle 0°\,(\text{A})$

    $\overline{V_L} = \overline{I} \cdot \overline{X_L} = 10\angle 0° \cdot 20\angle 90° = 200\angle 90°\,(\text{V})$

13. RLC 串聯諧振時，則 $X_L = X_C$，即 $Z = R$，電路為純電阻性。

答案與詳解

14. 串聯諧振時，$Z = R$

$E = \dfrac{100}{\sqrt{2}}$ (V)，$I = \dfrac{20}{\sqrt{2}}$ (A) $\therefore Z = R = \dfrac{E}{I} = \dfrac{\frac{100}{\sqrt{2}}}{\frac{20}{\sqrt{2}}} = 5\,(\Omega)$

$\omega_0 = 5000$ (rad/s)，又 $\omega_0 = \dfrac{1}{\sqrt{LC}} \Rightarrow 5000 = \dfrac{1}{\sqrt{0.02 \times 10^{-3} \times C}}$ $\therefore C = 2000\,(\mu F)$

16. $f_0 = f\sqrt{\dfrac{X_C}{X_L}} = 2k\sqrt{\dfrac{25}{4}} = 5k$ (Hz)

17. RLC 串聯諧振電路：若 $f < f_0$，則 $X_L < X_C$，其電路為電容性電路。

18. RLC 串聯電路之諧振頻率：$f_0 = f\sqrt{\dfrac{X_C}{X_L}} = 50\sqrt{\dfrac{4}{100}} = 10$ (Hz)

19. (1) 諧振時之功率因數 $P.F. = \dfrac{R}{Z_0} = \dfrac{R}{R} = 1$

    (2) 諧振時之平均功率 $P_0 = \dfrac{V^2}{R} = \dfrac{100^2}{10} = 1$ (kW)

20. $f_0 = \dfrac{1}{2\pi\sqrt{LC}}$（諧振頻率 f_0 與 R 大小無關）

21. $\omega_r = 2\pi f_r = 2\pi(\dfrac{1}{2\pi\sqrt{LC}}) = \dfrac{1}{\sqrt{LC}} = \dfrac{1}{\sqrt{(100\times 10^{-3})(0.1\times 10^{-6})}} = 10^4$ (rad/s)

22. (A) $X_L > X_C$，電路呈電感性，電路的電壓超前電流。

    (B) $X_L < X_C$，即 $X_C > X_L$，電路呈電容性，電路之電壓落後電流。

    (C) $X_L = X_C$，$Z = R$，是為諧振電路，電路呈電阻性，電路之電壓、電流同相，
    $P.F. = \dfrac{R}{Z} = 1$。

23. RLC 串聯諧振時：

$Q = \dfrac{1}{R}\sqrt{\dfrac{L}{C}} = \dfrac{1}{10}\sqrt{\dfrac{0.5}{200\times 10^{-6}}} = 5$

$f_0 = \dfrac{1}{2\pi\sqrt{LC}} = \dfrac{1}{2\times 3.14 \times \sqrt{(0.5)(200\times 10^{-6})}} \cong 16$ (Hz)

$BW = \dfrac{f_0}{Q} = \dfrac{16}{5} = 3.2$ (Hz)

答案與詳解

24. $f_0 = \dfrac{1}{2\pi\sqrt{LC}} = \dfrac{1}{2\times 3.14 \times \sqrt{(0.1)(100\times 10^{-6})}} = 50.4\,(\text{Hz})$

25. 電阻器消耗最大功率：$P = I^2R = \dfrac{V^2}{R} = \dfrac{100^2}{50} = 200\,(\text{瓦特})$

26. 串聯諧振 $P = VI\cos 0° = VI = S$（最大）

27. $f_0 = \dfrac{1}{2\pi\sqrt{LC}} = \dfrac{1}{2\times 3.14 \times \sqrt{(0.5)(200\times 10^{-6})}} = 15.9 \cong 16\,(\text{Hz})$

28. 串聯諧振之品質因數：$Q = \dfrac{1}{R}\sqrt{\dfrac{L}{C}} = \dfrac{1}{10}\sqrt{\dfrac{2}{50\times 10^{-6}}} = 20$

29. $f_0 = \dfrac{1}{2\pi\sqrt{LC}} = \dfrac{1}{2\times 3.1416 \times \sqrt{(28.8\times 10^{-3})(2.2\times 10^{-9})}}$

    $= \dfrac{1}{6.2832 \times \sqrt{63.36\times 10^{-12}}} \cong 20\,(\text{kHz})$

30. 串聯諧振之品質因數：$Q = \dfrac{X_L}{R} = \dfrac{200}{5} = 40$

    頻寬：$BW = \dfrac{f_0}{Q} = \dfrac{1000}{40} = 25\,(\text{Hz})$

31. 串聯諧振時的品質因數為：$Q = \dfrac{X_L}{R} = \dfrac{X_C}{R} = \dfrac{|e_2|}{|e|} = \dfrac{|V_L|}{|e|}$

32. 串聯諧振之品質因數：$Q = \dfrac{X_L}{R} = \dfrac{1000\times 2\text{m}}{10} = 0.2$

    $V_{Cm} = QV_m = 0.2\times 100 = 20\,(\text{伏特})$

    另解 串聯諧振時 $Z = R$，$I = \dfrac{V}{R} = \dfrac{\dfrac{100}{\sqrt{2}}}{10} = 5\sqrt{2}\,(\text{安培})$

    $X_L = \omega L = (1000)(2\times 10^{-3}) = 2\,(\Omega)$

    $X_C = X_L = 2\,(\Omega)$

    $V_C = IX_C = (5\sqrt{2})(2) = 10\sqrt{2}\,(\text{伏特})$

    $V_{Cm} = \sqrt{2}V_C = 20\,(\text{伏特})$

33. RLC 串聯電路：$f > f_0$ 則 $X_L > X_C$ 呈電感性電路

    $\Rightarrow$ 電路電壓 V 越前電流 I，但電阻 R 兩端之電壓 V_R 與電流 I 同相

答案與詳解

34. RLC 串聯諧振 $X_L = X_C$，即 $Z = R$ 電阻性，電壓與電流同相位

35. 串聯諧振之品質因數：$Q = \dfrac{1}{R}\sqrt{\dfrac{L}{C}} = \dfrac{1}{5}\sqrt{\dfrac{0.5}{50 \times 10^{-6}}} = \dfrac{1}{5} \times 100 = 20$

36. (A) 電路發生諧振時，若品質因數為 Q，則流經電感器或電容器的電流將被放大 Q 倍。

 (B) 當電源頻率小於諧振頻率時，電路呈現電感性。

 (C) 當電源頻率大於諧振頻率時，電源電流隨頻率增加而增加。

 (D) 當電路發生諧振時，電路總導納最小，總阻抗最大。

37. $V = 50\,(\text{V})$，RLC 並聯電路，$PF = 1 \Rightarrow$ 電路諧振

$$X_C = \dfrac{1}{\omega C} = \dfrac{1}{1 \times 10\text{mF}} = 100\,(\Omega)$$

$$Q_C = \dfrac{V^2}{X_C} = \dfrac{50^2}{100} = 25\,(\text{VAR})$$

$$Q = \dfrac{Q_{C0}}{P_0} = \dfrac{25\text{VAR}}{25\text{W}} = 1$$

38. RLC 並聯電路諧振時，電源電流為最小。

$$B_C = B_L \Rightarrow \omega C = \dfrac{1}{\omega L} \Rightarrow 1000 \times 20\mu = \dfrac{1}{1000 \times L} \Rightarrow L = 0.05\,(\text{H})$$

39. RLC 並聯電路，因線路總電流最小 $\Rightarrow$ 電路處於諧振狀態

 (A) $f_0 = \dfrac{1}{2\pi\sqrt{LC}} = \dfrac{1}{2\pi\sqrt{(40 \times 10^{-3})(100 \times 10^{-6})}} = \dfrac{250}{\pi} \fallingdotseq 80\,(\text{Hz})$

 (B) $\omega = \dfrac{1}{\sqrt{LC}} = \dfrac{1}{\sqrt{(40 \times 10^{-3})(100 \times 10^{-6})}} = 500\,(\text{rad/s})$

  $X_L = \omega L = 500 \times 40 \times 10^{-3} = 20\,(\Omega)$

  $I_L = \dfrac{V}{X_L} = \dfrac{100}{20} = 5\,(\text{A})$

 (C) $I_C = I_L = 5\,(\text{A})$

 (D) $P_t = \dfrac{V^2}{R} = \dfrac{100^2}{50} = 200\,(\text{W})$

40. 諧振時，$B_C = B_L$，電源電流為 0

$$\Rightarrow \omega_0 C = \dfrac{1}{\omega_0 L} \Rightarrow L = \dfrac{1}{\omega_0^2 C} = \dfrac{1}{5000^2 \times 40\mu} = 1\,(\text{mH})$$

答案與詳解

41. RLC 並聯諧振，$\overline{I_R} = \overline{I_S} = 4\angle 0°\,(A)$

　　$\Rightarrow P = I_R^2 R = 4^2 \times 10 = 160\,(W)$

42. 諧振時，$Z = R$　　$\therefore i_S = \dfrac{e(t)}{R} = \dfrac{100\sin(377t)}{10} = 10\sin(377t)\,(A)$

43. $\omega_0 = \dfrac{1}{\sqrt{LC}} = \dfrac{1}{\sqrt{40 \times 10^{-3} \times 1 \times 10^{-6}}} = \dfrac{1}{20 \times 10^{-5}} = 5000\,(rad/s)$

　　$PF = 1$

　　$I_0 = \dfrac{V}{R} = \dfrac{110}{100} = 1.1\,(A)$

　　$P_0 = VI_0 = 110 \times 1.1 = 121\,(W)$

　　$I_{L0} = I_{C0} = \dfrac{V}{X_{L0}} = \dfrac{110}{5000 \times 40 \times 10^{-3}} = 0.55\,(A)$

　　並聯諧振 $Q = R\sqrt{\dfrac{C}{L}} = 100\sqrt{\dfrac{1 \times 10^{-6}}{40 \times 10^{-3}}} = 100 \times \dfrac{1}{2} \times 10^{-2} = 0.5$

　　$BW = \dfrac{f_0}{Q} = \dfrac{1}{2\pi RC} = \dfrac{1}{2\pi \times 100 \times 10^{-6}} = 1592\,Hz$

44. (A) $f_r = \dfrac{1}{2\pi\sqrt{LC}}$。

　　(B) 電源總功率因數為 1。

　　(D) 電路之總電納為零，其等效阻抗為最大。

45. (1) $f < f_0$ 則電路呈電感性。

　　(2) $f = f_0$ 則電路為諧振，呈電阻性。

　　(3) $f > f_0$ 則電路呈電容性。

46. $\omega_0 = \dfrac{1}{\sqrt{LC}} \Rightarrow 2000 = \dfrac{1}{\sqrt{1 \times 10^{-3} \times C}}$　　$\therefore C = 250\,(\mu F)$

47. (A) 電感納隨電源頻率增加而減小（$\because B_L = \dfrac{1}{2\pi fL}$）

　　(B) 電容納隨電源頻率增加而增大（$\because B_C = 2\pi fC$）

　　(C) $f < f_0$，則 $B_L > B_C$，電路為電感性電路，$\because$ 只有 LC 並聯，$\therefore$ 電源供給之電流落後電壓 90°

　　(D) $f > f_0$，則 $B_C > B_L$，電路為電容性電路，$\because$ 只有 LC 並聯，$\therefore$ 電源供給之電流超前電壓 90°

答案與詳解

48. (A) $I_R = \dfrac{V}{R} = \dfrac{100}{20} = 5$ (安培)

    (B) $I_C = \dfrac{V}{X_C} = \dfrac{100}{20} = 5$ (安培)

    (C) $I_L = \dfrac{V}{X_L} = \dfrac{100}{20} = 5$ (安培)　　$I = \sqrt{I_R^2 + (I_C - I_L)^2} = 5$ (安培)

    (D) $\overline{Y} = G + j(B_C - B_L) = \dfrac{1}{20} + j(\dfrac{1}{20} - \dfrac{1}{20}) = \dfrac{1}{20}\angle 0°\,(S)$，$Y = \dfrac{1}{20}\,(S)$

    $Z = \dfrac{1}{Y} = \dfrac{1}{\frac{1}{20}} = 20\,(\Omega)$

49. LC 並聯電路中，若 $X_L = X_C$ 即 $B_L = B_C$

    (A) 諧振頻率：$f_0 = \dfrac{1}{2\pi\sqrt{LC}}$

    (B) $\overline{Y} = j(B_C - B_L) = 0\,(S)$

    (C) $I = VY = 0$ (安培)（電流最小）

    (D) $f < f_0$ 則 $B_L > B_C$，電路呈電感性

50. RLC 並聯諧振時：

    品質因數 $Q = R\sqrt{\dfrac{C}{L}} = 20\sqrt{\dfrac{1\times 10^{-3}}{4\times 10^{-3}}} = 10$

    諧振頻率 $f_0 = \dfrac{1}{2\pi\sqrt{LC}} = \dfrac{1}{2\times 3.14\times \sqrt{(4\times 10^{-3})(1\times 10^{-3})}} = 80\,(Hz)$

    頻寬 $BW = \dfrac{f_0}{Q} = \dfrac{80}{10} = 8\,(Hz)$

51. RLC 並聯諧振：

    (A) $f_0 = \dfrac{1}{2\pi\sqrt{LC}} = \dfrac{1}{2\times 3.14\times \sqrt{(4)(100\times 10^{-6})}} = 8\,(Hz)$

    (B) $Z_i = R = 50\,(k\Omega)$

    (C) $P.F. = \dfrac{R}{Z} = \dfrac{50k}{50k} = 1$

    (D) 並聯諧振之品質因數：$Q = R\sqrt{\dfrac{C}{L}} = 50\times 10^3 \sqrt{\dfrac{100\times 10^{-6}}{4}} = 250$

52. (1) $f_0 = \dfrac{1}{2\pi\sqrt{LC}} = \dfrac{1}{2\times 3.14 \times \sqrt{(4)(100\times 10^{-6})}} = 8\,(\text{Hz})$

  (2) $P.F. = \cos 0° = 1$

53. 並聯諧振：$B_L = B_C$　$Y = G = \dfrac{1}{50}\,(\text{S})$

  $I = VY = 200 \times \dfrac{1}{50} = 4\,(安培)$

54. RLC 並聯諧振時，$B_L = B_C$，$Y = G$ 是為電阻性電路。

55. 於並聯電路中，若電源頻率 f 大於諧振頻率 f_0，則 $B_C > B_L$ 是為電容性電路，其電路電流超前電壓。

56. $\overline{Y} = \dfrac{1}{R + jX_L} + jB_C = \dfrac{R - jX_L}{(R + jX_L)(R - jX_L)} + jB_C$

  $= \dfrac{R}{R^2 + X_L^2} + j\left(B_C - \dfrac{X_L}{R^2 + X_L^2}\right)$

  諧振時，虛部為 0

  $\Rightarrow B_C - \dfrac{X_L}{R^2 + X_L^2} = 0 \Rightarrow B_C = \dfrac{X_L}{R^2 + X_L^2}$

  $\Rightarrow R^2 + X_L^2 = \dfrac{X_L}{B_C} = X_L \times X_C = \dfrac{\omega L}{\omega C} = \dfrac{L}{C} = \dfrac{1\text{m}}{10\mu} = 100$

  得 $\overline{Y} = \dfrac{R}{R^2 + X_L^2} = \dfrac{8}{100} = 0.08\,(\text{S})$　$\overline{I} = \overline{V} \times \overline{Y} = 100 \times 0.08 = 8\,(\text{A})$

57. 將原圖化成下圖：

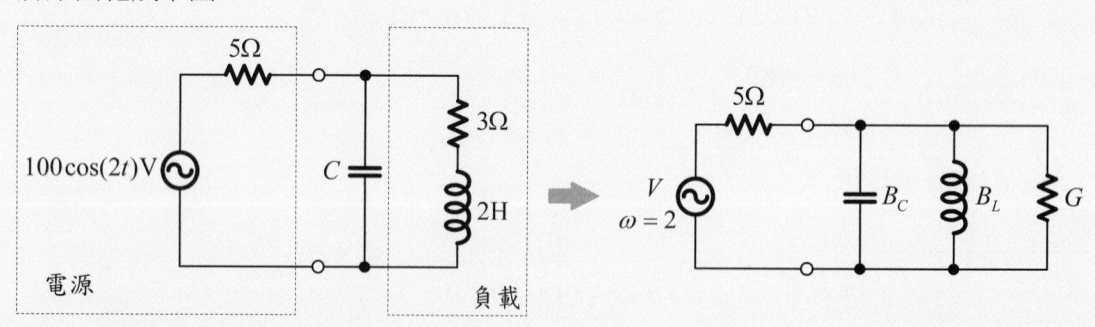

  於上右圖中若 $B_L = B_C$，則其功率因數為 1

  $B_L = \dfrac{4}{3^3 + 4^2} = \dfrac{4}{25}\,(\text{S})$　$B_C = \omega C\,(\text{S})$

  $\therefore \omega C = \dfrac{4}{25}$ （$B_C = B_L$）$\Rightarrow C = \dfrac{4}{25\omega} = \dfrac{4}{25 \times 2} = \dfrac{2}{25}\,(\text{F})$

答案與詳解

58. $\because X_C = \dfrac{1}{2\pi fC}$ ∴ 於高頻時視為短路，v_o 有信號輸出；

    若於低頻時視為開路，v_o 無信號輸出，故此電路為高通濾波器。

59. 由圖中知：於高頻時電感器視為開路（$\because X_L = 2\pi fL$），輸出沒信號；

    於低頻時電感器視為短路，電容器視為開路（$\because X_C = \dfrac{1}{2\pi fC}$），輸出有信號，

    故知此電路為低通濾波器。

60. 若輸入為低頻時：$X_C = \dfrac{1}{2\pi fC} \cong \infty$，則輸出 $v_o \cong 0$，即低頻信號為截止。

    若輸入為高頻時：$X_C = \dfrac{1}{2\pi fC} \cong 0$，則輸出 $v_o \cong v_i$，即高頻信號可順利通過。

    ∴ 該電路為高通濾波器

61. $V_s = 200\,(\text{V})$、$S_Z = 5\,(\text{kVA})$、$P_Z = 3\,(\text{kW})$

    負載 Z 之功率因數 $\cos\theta_p = \dfrac{P_Z}{S_Z} = \dfrac{3\text{k}}{5\text{k}} = 0.6$、$\theta_p = 53°$（電感性）

    $I_Z = \dfrac{S_Z}{V_s} = \dfrac{5\text{k}}{200} = 25\,(\text{A})$、$Z = \dfrac{V_s}{I_Z} = \dfrac{200}{25} = 8\,(\Omega)$

    $\overline{Z} = 8\angle 53°\,(\Omega)$（$\because \theta_Z = \theta_p$）

    電路總導納 $\overline{Y} = jB_C + \dfrac{1}{\overline{Z}} = jB_C + \dfrac{1}{8\angle 53°} = jB_C + \dfrac{1}{8}\angle -53°$

    $= jB_C + \dfrac{3}{40} - j\dfrac{4}{40} = \dfrac{3}{40} + j(B_C - \dfrac{4}{40})\,(\text{S})$

    因電源的功率因數為 1.0 為純電阻性，電路總導納虛部應為 0。

    $B_C - \dfrac{4}{40} = 0$，$B_C = \dfrac{4}{40}$，$X_C = \dfrac{1}{B_C} = \dfrac{40}{4} = 10\,(\Omega)$

62. 串聯諧振 $Q = \dfrac{1}{R_s}\sqrt{\dfrac{L_s}{C_s}}$，$5 = \dfrac{1}{4}\sqrt{\dfrac{L_s}{C_s}}$，$\sqrt{\dfrac{L_s}{C_s}} = 20$

    選項 (B)：$L_s = 10\,(\text{mH})$，$C_s = 25\,(\mu\text{F})$ 符合

63. $V_{C0} = QV_s = 5 \times \dfrac{50\sqrt{2}}{\sqrt{2}} = 250\,(\text{V})$

64. RLC 串聯電路電流有效值為最大時，表示電路處於諧振

    $\omega_0 = \dfrac{1}{\sqrt{LC}}$，$C = \dfrac{1}{\omega_0^2 L} = \dfrac{1}{2000^2 \times 20\text{m}} = 12.5\,(\mu\text{F})$

65. (1) 諧振時總電流最小。
    (2) 諧振時品質因數愈大，頻帶寬度愈窄。
    (3) 諧振時總導納最小。

Note

CH 12 交流電源

本章目錄

12-1　單相電源 3

12-2　三相電源 6

12-3　電源使用安全 24

※12-4　交流迴路 25

本章重點在於單相與三相電源的特性，以及平衡三相電源與平衡三相負載的連接

統測命題重點

1. 單相電源依傳輸導線的數目不同可分為：

    (1) 單相二線式   (2) 單相三線式

2. 三相電源之特性：

    (1) 三組輸出電壓大小相等   (2) 三組電壓間之相位差互為

    (3) 三組電壓之向量和為零

3. 平衡三相電源的連接：

Y 型連接	Δ 型連接
$E_\ell = \sqrt{3}E_P$（線電壓超前對應之相電壓30°） $I_\ell = I_P$（線電流等於相電流）	$E_\ell = E_P$（線電壓等於相電壓） $I_\ell = \sqrt{3}I_P$（線電流滯後對應之相電流30°）

4. 平衡三相負載的連接：

Y 型連接	Δ 型連接
$V_\ell = \sqrt{3}V_P$（線電壓超前對應之相電壓30°） $I_\ell = I_P$（線電流等於相電流） 阻抗：$\overline{Z} = R + jX$ 視在功率：$S_T = 3V_P I_P = 3I_P^2 Z$ $\qquad\qquad\ = \sqrt{3}V_\ell I_\ell = 3I_\ell^2 Z$ 平均功率：$P_T = 3V_P I_P \cos\theta_p = 3I_P^2 R$ $\qquad\qquad\ = \sqrt{3}V_\ell I_\ell \cos\theta_p = 3I_\ell^2 R$ 虛功率：$Q_T = 3V_P I_P \sin\theta_p = 3I_P^2(-X)$ $\qquad\qquad\ = \sqrt{3}V_\ell I_\ell \sin\theta_p = 3I_\ell^2(-X)$	$V_\ell = V_P$（線電壓等於相電壓） $I_\ell = \sqrt{3}I_P$（線電流滯後對應之相電流30°） 阻抗：$\overline{Z} = R + jX$ 視在功率：$S_T = 3V_P I_P = 3I_P^2 Z$ $\qquad\qquad\ = \sqrt{3}V_\ell I_\ell = I_\ell^2 Z$ 平均功率：$P_T = 3V_P I_P \cos\theta_p = 3I_P^2 R$ $\qquad\qquad\ = \sqrt{3}V_\ell I_\ell \cos\theta_p = I_\ell^2 R$ 虛功率：$Q_T = 3V_P I_P \sin\theta_p = 3I_P^2(-X)$ $\qquad\qquad\ = \sqrt{3}V_\ell I_\ell \sin\theta_p = I_\ell^2(-X)$

12-1　單相電源

一　單相電源的基本概念

單相電源是日常生活中最常見之電源系統；常用之電壓有110V與220V兩種。

二　單相電源的特性

由於單相電源所提供的功率具有脈動的特性，易造成負載不必要之機械震動；因此大型工廠大多採三相的供電系統，以求較穩定的功率。

三　單相電源的種類

單相電源依傳輸導線的數目不同，可分為：

1. 單相二線式：
   （1φ　2W　110V）

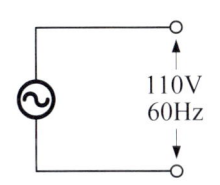

2. 單相三線式：
   （1φ　3W　110V／220V）

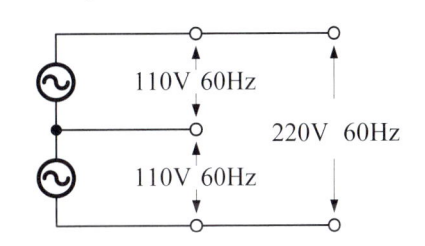

四　單相三線式電源

單相三線式為目前一般室內配線之電源，除了可供應110V 60Hz之家用燈力及電器用具的電源，更可供應220V 60Hz之一般冷氣機的電源。

五　單相三線式之負載

如右圖所示，若 $\overline{Z_A} = \overline{Z_B}$，則流經中性線之電流為零（即 $I_N = 0$），中性線沒有電能損耗，可使整個系統的電能損耗減低。所以一般家庭的室內配線若採單相三線式（1φ　3W　110V／220V）時，A、B兩負載的功率及相角要盡量平衡、相同，以達平衡負載電路原則。

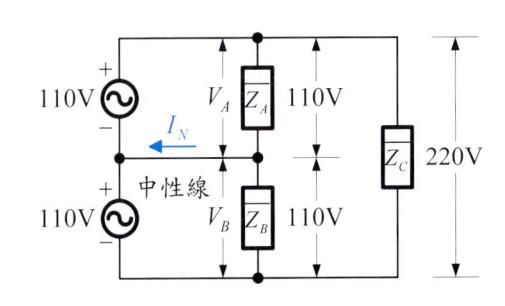

六 單相三線式的優點

單相三線式所使用之導線成本較單相二線式所使用的導線成本為低。

七 單相三線式配線之注意事項

單相三線式（1ϕ 3W 110V/220V）之室內配線，其中性線不得接保險絲，否則若中性線之保險絲不慎斷毀時，將造成電器燒毀之危險。如下例：

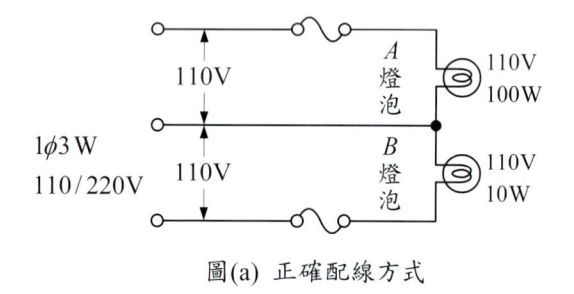

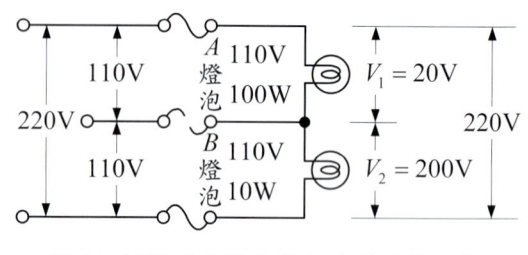

圖(a) 正確配線方式　　　　圖(b) 錯誤（中性線裝保險絲若燒毀）

由(b)圖中，若中性線不慎燒毀，則 B 燈泡將燒毀。（依上冊第三章串聯電路中知 $V_2 > 110V$，其 B 燈泡之端電壓200V超過額定電壓110V，則 B 燈泡燒毀）

範例 1

如右圖單相三線制電路中，已知 $I_1 + I_2 = 80\,(A)$，$I_1 > I_2$，$I_0/(I_1 + I_2) = 30\%$，每根導線電阻為 0.1Ω，負載功率因數100%。試計算：

(1) I_1、I_2。

(2) V_{an}、V_{bn}。

解 (1) $I_0 = 80 \times 30\% = 24\,(安培)$

$$\begin{cases} I_1 + I_2 = 80 \\ I_1 - I_2 = I_0 = 24 \end{cases}$$

得 $I_1 = 52\,(安培)$，$I_2 = 28\,(安培)$

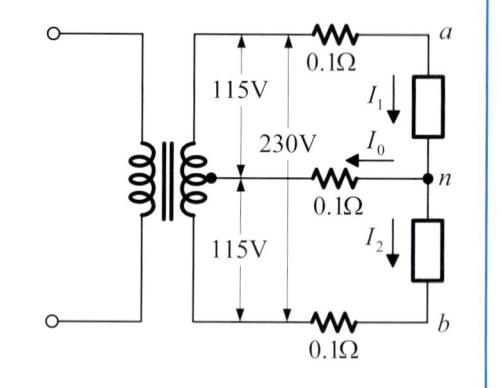

(2) $V_{an} = 115 - 0.1 \times I_1 - 0.1 \times I_0 = 115 - 0.1 \times 52 - 0.1 \times 24 = 107.4\,(伏特)$

$V_{bn} = 115 + 0.1 \times I_0 - 0.1 \times I_2 = 115 + 0.1 \times 24 - 0.1 \times 28 = 114.6\,(伏特)$

八 單相二線式與單相三線式電源電路之比較

圖(a) 1φ2W式電路圖

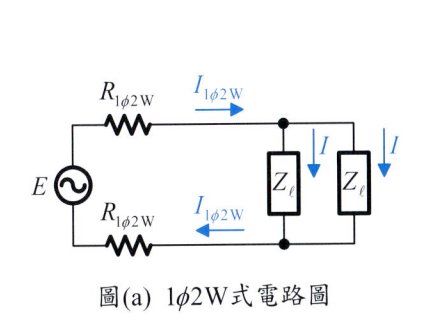

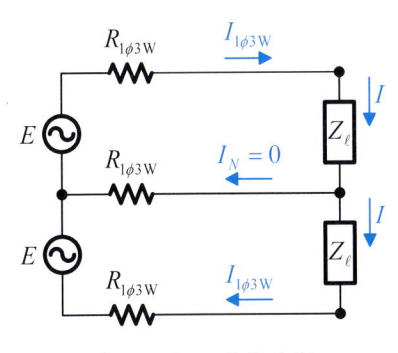

圖(b) 1φ3W式電路圖

如上圖所示之1φ2W式及1φ3W式電源電路，當所接的負載相同時（即 $I_{1\phi 2W} = 2I$，$I_{1\phi 3W} = I$）：

1. 若線路使用的導線相同（即導線的內阻$R_{1\phi 2W} = R_{1\phi 3W}$），且在相同距離內傳送相同的負載功率，則兩者線路的電壓降為$\dfrac{V_{1\phi 3W}}{V_{1\phi 2W}} = \dfrac{1}{2}$，而電功率損耗比為$\dfrac{P_{1\phi 3W}}{P_{1\phi 2W}} = \dfrac{1}{4}$，即1φ2W式的電能損耗為1φ3W式的4倍。

2. 若線路使用不同粗細的導線（即導線的內阻$R_{1\phi 2W} \neq R_{1\phi 3W}$），但兩者損耗的電能相同（即$P_{1\phi 2W(\ell)} = P_{1\phi 3W(\ell)}$）時，則兩種線路的用銅量比為：

$\dfrac{1\phi 3W 用銅量}{1\phi 2W 用銅量} = \dfrac{1\phi 3W 總體積}{1\phi 2W 總體積} = \dfrac{3}{8} = 37.5\%$，即1φ3W式電源線路可節省62.5%的用銅量。

3. 若兩者損耗的電能相同時，且兩者電路使用不同粗細的導線，且1φ3W式的導線長度為1φ2W式的2倍，則導線的電阻比：$\dfrac{R_{1\phi 3W}}{R_{1\phi 2W}} = 4$；導線的截面積比：$\dfrac{A_{1\phi 3W}}{A_{1\phi 2W}} = \dfrac{1}{2}$，導線的用銅量比：

$\dfrac{1\phi 3W 用銅量}{1\phi 2W 用銅量} = \dfrac{1\phi 3W 總體積}{1\phi 2W 總體積} = 1.5$。

12-2　三相電源

■ 一　三相電源的工作原理

1. 三相交流發電機有三組匝數相同之線圈,以互差120°之間隔放置於轉子,而產生感應電勢大小相等,相位互差120°。

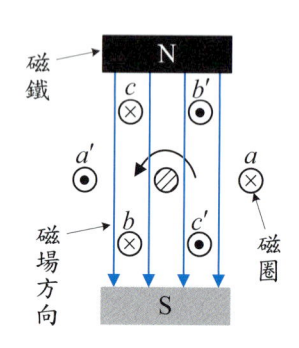

圖(a)　三相電源系統示意圖

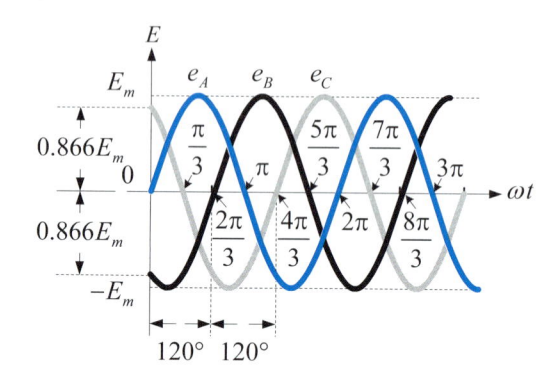

圖(b)　三相電源波形

2. 由上圖知:三相交流感應電勢於任何瞬時,其向量和皆為零。且若有一感應電勢為零時,而另二感應電勢各為正負最大值的86.6%。

■ 二　三相感應電壓之正弦函數方程式

$$\begin{cases} e_A = E_m \sin(\omega t) = \sqrt{2} E \sin(\omega t) \\ e_B = E_m \sin(\omega t - 120°) = \sqrt{2} E \sin(\omega t - 120°) \\ e_C = E_m \sin(\omega t - 240°) = E_m \sin(\omega t + 120°) = \sqrt{2} E \sin(\omega t + 120°) \end{cases}$$

■ 三　三相感應電壓之相量式

$$\begin{cases} \overline{E_A} = E \angle 0° \\ \overline{E_B} = E \angle -120° \\ \overline{E_C} = E \angle -240° = E \angle 120° \end{cases}$$

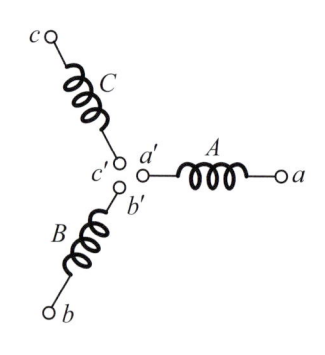

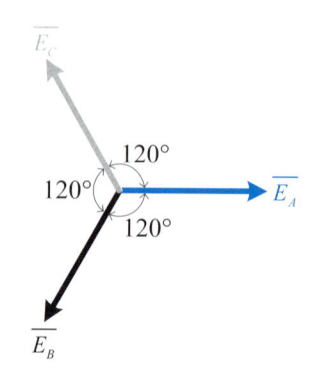

四 三相電源的特性

1. 三相輸出電壓大小相等。

2. 三相電壓間之相位差互為120°。

3. 三相電壓之向量和為零。

五 三相電源的優點

1. 以同外型、重量之電機於同一運用之情形而言,三相較單相、二相有更大之額定輸出功率,而比其他多相數或直流之結構簡單,成本低。下表是以單相交流之額定值為100而與其他多相交流及直流之比較。

單相	二相	三相	六相	直流
100	140	148	148	154

2. 在輸配系統中,以相同之負載功率及線路損失而言,三相之用銅量僅為單相之75%;可節省輸電線之數量。

$$\frac{單相耗銅量}{三相耗銅量} = \frac{4}{3} \quad \frac{單相每線上之電阻}{三相每線上之電阻} = \frac{1}{2}$$

3. 於單相系統中由於電路之電功率為脈動性,相數愈多,電功率愈穩定;三相可供給平衡負載所需之穩定功率,效率高。

4. 三相系統可依負載狀況下,使用不同之連接、運用靈活,且安裝、設計工作上較為經濟。

六 相序

1. 正相序(順相序):A-B-C;B-C-A;C-A-B。

    (1) 如果以逆時針方向轉動三相電壓之相序,通過定點 P 的順序為ABC(或BCA,或CAB),則此三相電壓之相序為正相序(或順相序)。(如右圖所示)

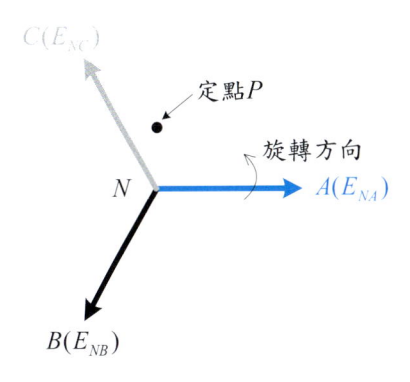

(2) 如果以順時針方向來看三相之相量電壓，其順序為 $E_A \to E_B \to E_C$（或 $E_B \to E_C \to E_A$，或 $E_C \to E_A \to E_B$），則此三相電壓之相序為正相序（或順相序）。（如右圖所示）

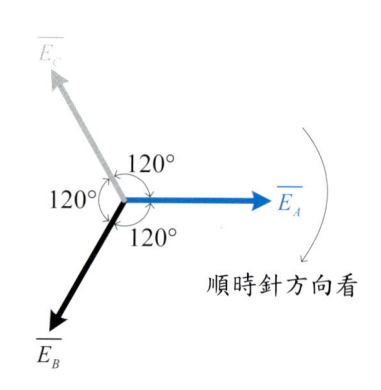

2. 負相序（逆相序）：A-C-B；C-B-A；B-A-C。

(1) 如果以逆時針方向轉動三相電壓之相序，通過定點 P 的順序為 ＡＣＢ（或 ＣＢＡ，或 ＢＡＣ），則三相電壓之相序為負相序（或逆相序）。（如右圖所示）

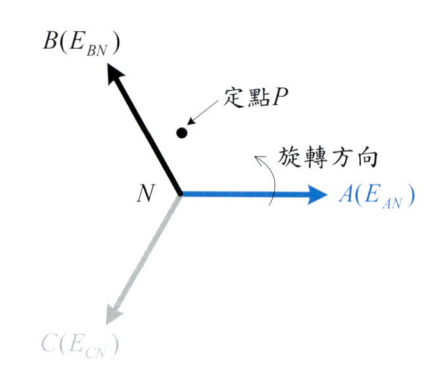

(2) 如果以順時針方向來看三相之相量電壓，其順序為 $E_A \to E_C \to E_B$（或 $E_C \to E_B \to E_A$，或 $E_B \to E_A \to E_C$），則此三相電壓之相序為負相序（或逆相序）。（如右圖所示）

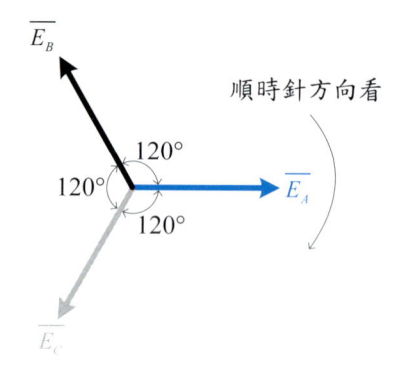

例1：若相序ＡＢＣ，則表示此相序為正相序，其相量圖及相量式如右圖所示。

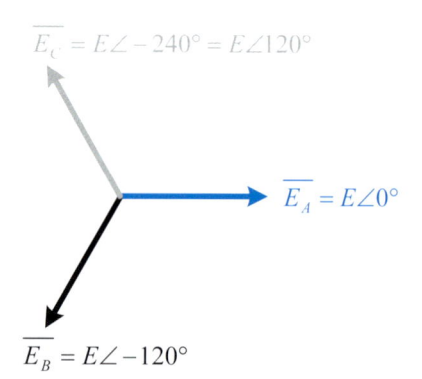

例2：相序ＡＣＢ，則表示為負相序：

$\overline{E_A} = E\angle 0°$，$\overline{E_C} = E\angle -120°$

$\overline{E_B} = E\angle -240° = E\angle 120°$

例3：相序ＢＣＡ，則表示為正相序：

$\overline{E_B} = E\angle 0°$，$\overline{E_C} = E\angle -120°$

$\overline{E_A} = E\angle -240° = E\angle 120°$

七 三相之連接法

1. 三相發電機（或電源）之 Y 型連接（又稱星形連接）：

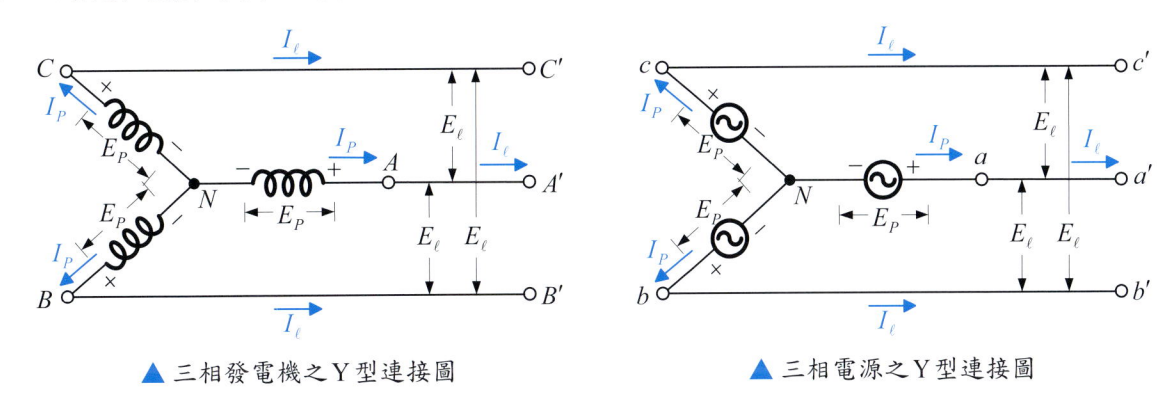

▲ 三相發電機之 Y 型連接圖　　　▲ 三相電源之 Y 型連接圖

(1) 電源相電壓（E_P）：發電機（或電源）內部每相之電壓。如 E_{AN}、E_{an}。

(2) 電源相電流（I_P）：流經發電機（或電源）內部每相之電流。如 I_{NA}、I_{na}。

(3) 線電壓（E_ℓ）：發電機（或電源）外部兩線端間之電壓。如 $E_{A'B'}$、$E_{a'b'}$、E_{AB}、E_{ab}。

(4) 線電流（I_ℓ）：由發電機（或電源）外部流向負載線路之電流。如 $I_{BB'}$、$I_{bb'}$。

(5) 線電流與相電流的關係：由上兩圖知 Y 型連接之線電流（I_ℓ）與電源相電流（I_P）相等；即 $I_\ell = I_P$。

(6) 線電壓與相電壓的關係：其線電壓 E_ℓ（$\overline{E_{AB}}$、$\overline{E_{BC}}$、$\overline{E_{CA}}$）與電源相電壓 E_P（$\overline{E_{AN}}$、$\overline{E_{BN}}$、$\overline{E_{CN}}$）之關係如下：

(a) 正相序：設定 $\overline{E_{AN}} = E_P \angle 0°$，則 $\overline{E_{BN}} = E_P \angle -120°$，$\overline{E_{CN}} = E_P \angle 120°$，如下圖為三相 Y 型連接正相序之 E_ℓ-E_P 的相量圖。

$$\overline{E_{AB}} = \overline{E_{AN}} + \overline{E_{NB}} = \overline{E_{AN}} - \overline{E_{BN}} = E_P \angle 0° + E_P \angle 60°$$

$$= E_P + E_P(\cos 60° + j\sin 60°) = (\frac{3}{2} + j\frac{\sqrt{3}}{2})E_P$$

$$= (\sqrt{(\frac{3}{2})^2 + (\frac{\sqrt{3}}{2})^2})E_P \angle \tan^{-1}\frac{\frac{\sqrt{3}}{2}}{\frac{3}{2}} = \sqrt{3}E_P \angle 30° = E_\ell \angle 30°$$

$\overline{E_{AB}} = \sqrt{3}\,\overline{E_{AN}} \angle 30°$，即 $\overline{E_{AB}}$ 超前 $\overline{E_{AN}}$ 30°。

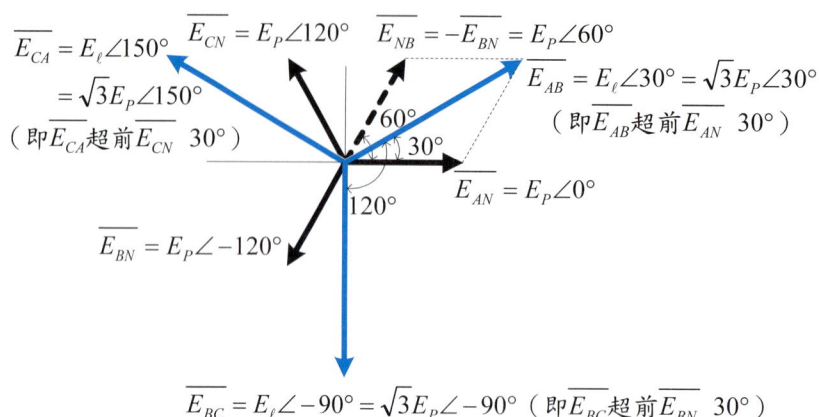

$$\overline{E_{CA}} = E_\ell\angle 150° \qquad \overline{E_{CN}} = E_P\angle 120° \qquad \overline{E_{NB}} = -\overline{E_{BN}} = E_P\angle 60°$$
$$= \sqrt{3}E_P\angle 150° \qquad\qquad \overline{E_{AB}} = E_\ell\angle 30° = \sqrt{3}E_P\angle 30°$$
（即 $\overline{E_{CA}}$ 超前 $\overline{E_{CN}}$ 30°）（即 $\overline{E_{AB}}$ 超前 $\overline{E_{AN}}$ 30°）

$$\overline{E_{AN}} = E_P\angle 0°$$

$$\overline{E_{BN}} = E_P\angle -120°$$

$$\overline{E_{BC}} = E_\ell\angle -90° = \sqrt{3}E_P\angle -90° \text{（即 } \overline{E_{BC}} \text{ 超前 } \overline{E_{BN}}\ 30°\text{）}$$

▲ 三相Y型連接正相序之線電壓（E_ℓ）與相電壓（E_P）的相量圖

同理：

$$\overline{E_{CA}} = \sqrt{3}E_P\angle 150° = \sqrt{3}\,\overline{E_{CN}}\angle 30° \text{（即 } \overline{E_{CA}} \text{ 超前 } \overline{E_{CN}}\ 30°\text{）}$$

$$\overline{E_{BC}} = \sqrt{3}E_P\angle -90° = \sqrt{3}\,\overline{E_{BN}}\angle 30° \text{（即 } \overline{E_{BC}} \text{ 超前 } \overline{E_{BN}}\ 30°\text{）}$$

(b) 負相序：設定 $\overline{E_{AN}} = E_P\angle 0°$，則 $\overline{E_{CN}} = E_P\angle -120°$，$\overline{E_{BN}} = E_P\angle 120°$，如下圖為三相Y型連接負相序之 E_ℓ-E_P 的相量圖。

$$\overline{E_{AB}} = \overline{E_{AN}} + \overline{E_{NB}} = \overline{E_{AN}} - \overline{E_{BN}} = E_P\angle 0° + E_P\angle -60°$$

$$= E_P + E_P[\cos(-60°) + j\sin(-60°)] = (\frac{3}{2} - j\frac{\sqrt{3}}{2})E_P$$

$$= (\sqrt{(\frac{3}{2})^2 + (\frac{\sqrt{3}}{2})^2})E_P\angle -\tan^{-1}\frac{\frac{\sqrt{3}}{2}}{\frac{3}{2}}$$

$$= \sqrt{3}E_P\angle -30° = E_\ell\angle -30°$$

$\overline{E_{AB}} = \sqrt{3}\,\overline{E_{AN}}\angle -30°$，即 $\overline{E_{AB}}$ 超前 $\overline{E_{AN}}$ 30°。

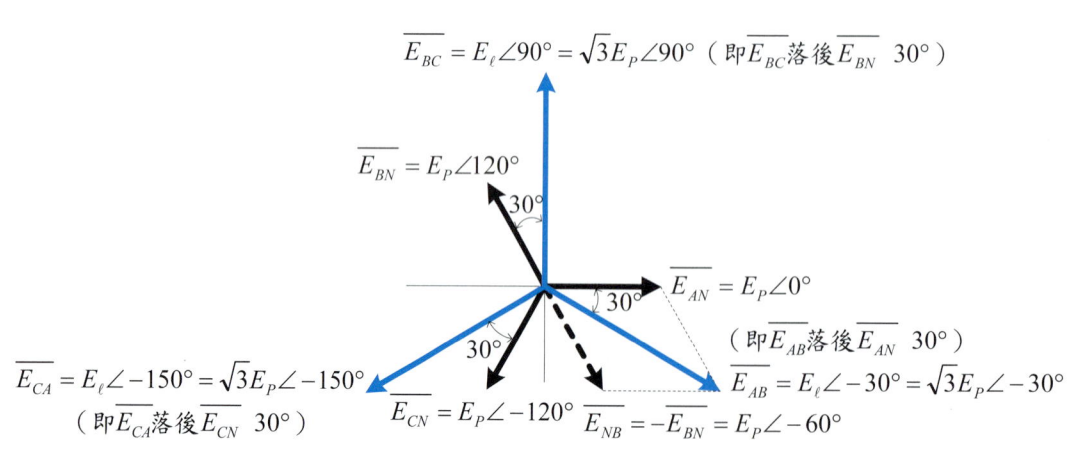

$$\overline{E_{BC}} = E_\ell\angle 90° = \sqrt{3}E_P\angle 90° \text{（即 } \overline{E_{BC}} \text{ 落後 } \overline{E_{BN}}\ 30°\text{）}$$

$$\overline{E_{BN}} = E_P\angle 120°$$

$$\overline{E_{AN}} = E_P\angle 0°$$

（即 $\overline{E_{AB}}$ 落後 $\overline{E_{AN}}$ 30°）

$$\overline{E_{CA}} = E_\ell\angle -150° = \sqrt{3}E_P\angle -150° \qquad \overline{E_{AB}} = E_\ell\angle -30° = \sqrt{3}E_P\angle -30°$$
（即 $\overline{E_{CA}}$ 落後 $\overline{E_{CN}}$ 30°）$\overline{E_{CN}} = E_P\angle -120° \qquad \overline{E_{NB}} = -\overline{E_{BN}} = E_P\angle -60°$

▲ 三相Y型連接負相序之線電壓（E_ℓ）與相電壓（E_P）的相量圖

同理：

$$\overline{E_{CA}} = \sqrt{3}E_P\angle-150° = \sqrt{3}\,\overline{E_{CN}}\angle-30°（即\overline{E_{CA}}超前\overline{E_{CN}}\ 30°）$$

$$\overline{E_{BC}} = \sqrt{3}E_P\angle 90° = \sqrt{3}\,\overline{E_{BN}}\angle-30°（即\overline{E_{BC}}超前\overline{E_{BN}}\ 30°）$$

★ 線電壓E_ℓ與相電壓E_P的關係式為：$E_\ell = \sqrt{3}E_P$　或　$E_P = \dfrac{E_\ell}{\sqrt{3}}$

(7) **三相發電機（或電源）Y型連接之特性：**

$I_\ell = I_P$

$E_\ell = \sqrt{3}E_P$（正相序：E_ℓ超前E_P 30°；負相序：E_ℓ落後E_P 30°）

2. **三相平衡負載之Y型連接：**

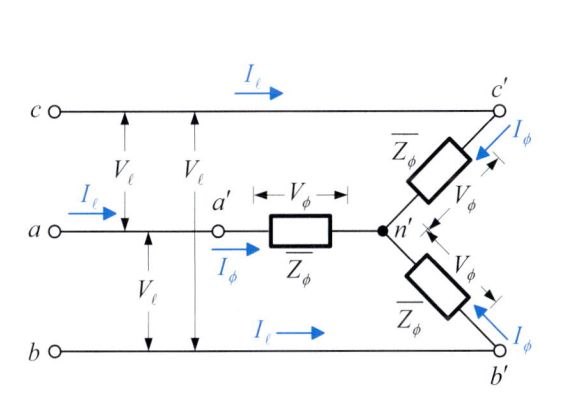

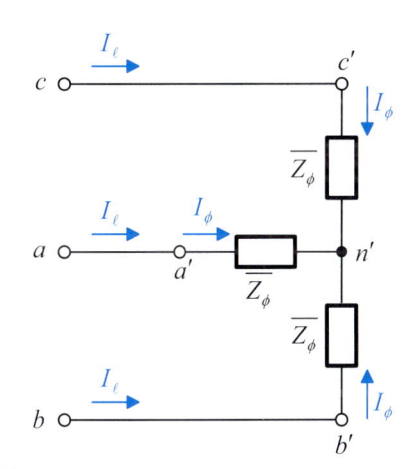

▲ 三相平衡負載之Y型連接圖（負載：$\overline{Z_\phi} = R_\phi + jX_\phi$）

(1) 負載相電壓（V_ϕ）：每相負載兩端之端電壓。如$V_{c'n'}$。

(2) 負載相電流（I_ϕ）：流經每相負載之電流。如$I_{a'n'}$。

(3) 線電壓（V_ℓ）：外部兩線端之電壓。如V_{ab}。

(4) 線電流（I_ℓ）：流經線路之電流。如$I_{cc'}$。

(5) 三相平衡負載Y型連接之特性：

$I_\ell = I_\phi$

$V_\ell = \sqrt{3}V_\phi$　（正相序：V_ℓ超前V_ϕ 30°；負相序：V_ℓ落後V_ϕ 30°）

$P_T = 3P_\phi = 3I_\phi V_\phi \cos\theta = 3I_\phi^2 R_\phi = \sqrt{3}I_\ell V_\ell \cos\theta = 3I_\ell^2 R_\phi$

$Q_T = 3Q_\phi = 3I_\phi V_\phi \sin\theta = 3I_\phi^2 X_\phi = \sqrt{3}I_\ell V_\ell \sin\theta = 3I_\ell^2 X_\phi$

$S_T = 3S_\phi = 3I_\phi V_\phi = \sqrt{3}I_\ell V_\ell$

$P.F. = \cos\theta = \dfrac{P_T}{S_T} = \dfrac{R_\phi}{Z_\phi}$

$\theta = \tan^{-1}\dfrac{X_\phi}{R_\phi}$

3. 三相發電機（或電源）之 Δ 型連接（又稱三角形連接）：

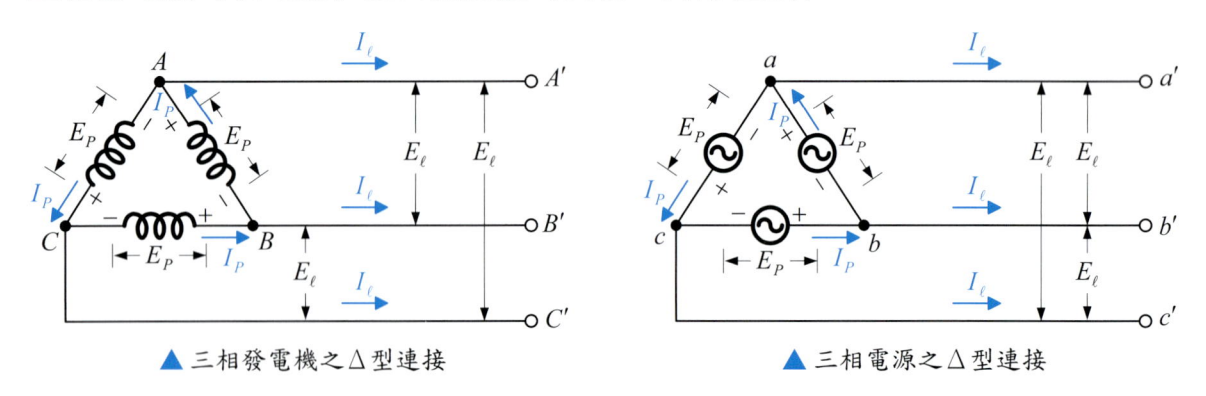

▲ 三相發電機之 Δ 型連接　　　　　▲ 三相電源之 Δ 型連接

(1) 線電壓與相電壓的關係：由上兩圖知 Δ 型連接之線電壓（E_ℓ）與電源相電壓（E_P）相等；即 $E_\ell = E_P$。

(2) 線電流與相電流的關係：其線電流 I_ℓ（$\overline{I_{AA'}}$、$\overline{I_{BB'}}$、$\overline{I_{CC'}}$）與電源相電流 I_P（$\overline{I_{BA}}$、$\overline{I_{CB}}$、$\overline{I_{AC}}$）之關係如下：

(a) 正相序：設定 $\overline{I_{BA}} = I_P\angle 0°$，則 $\overline{I_{CB}} = I_P\angle -120°$，$\overline{I_{AC}} = I_P\angle 120°$，如下圖為三相 Δ 型連接正相序之 I_ℓ-I_P 的相量圖。

$$\overline{I_{AA'}} = \overline{I_{BA}} + \overline{I_{CA}} = \overline{I_{BA}} - \overline{I_{AC}} = I_P\angle 0° + I_P\angle -60°$$

$$= I_P + I_P[\cos(-60°) + j\sin(-60°)] = (\frac{3}{2} - j\frac{\sqrt{3}}{2})I_P$$

$$= (\sqrt{(\frac{3}{2})^2 + (\frac{\sqrt{3}}{2})^2})I_P\angle -\tan^{-1}\frac{\frac{\sqrt{3}}{2}}{\frac{3}{2}}$$

$$= \sqrt{3}I_P\angle -30° = I_\ell\angle -30°$$

$\overline{I_{AA'}} = \sqrt{3}\,\overline{I_{BA}}\angle -30°$，即 $\overline{I_{AA'}}$ 落後 $\overline{I_{BA}}$ 30°。

$\overline{I_{CC'}} = I_\ell\angle 90° = \sqrt{3}I_P\angle 90°$（即 $\overline{I_{CC'}}$ 落後 $\overline{I_{AC}}$ 30°）

$\overline{I_{AC}} = I_P\angle 120°$

$\overline{I_{BA}} = I_P\angle 0°$

$\overline{I_{BB'}} = I_\ell\angle -150° = \sqrt{3}I_P\angle -150°$
（即 $\overline{I_{BB'}}$ 落後 $\overline{I_{CB}}$ 30°）

$\overline{I_{CB}} = I_P\angle -120°$

$-\overline{I_{AC}} = I_P\angle -60°$

$\overline{I_{AA'}} = I_\ell\angle -30° = \sqrt{3}I_P\angle -30°$
（即 $\overline{I_{AA'}}$ 落後 $\overline{I_{BA}}$ 30°）

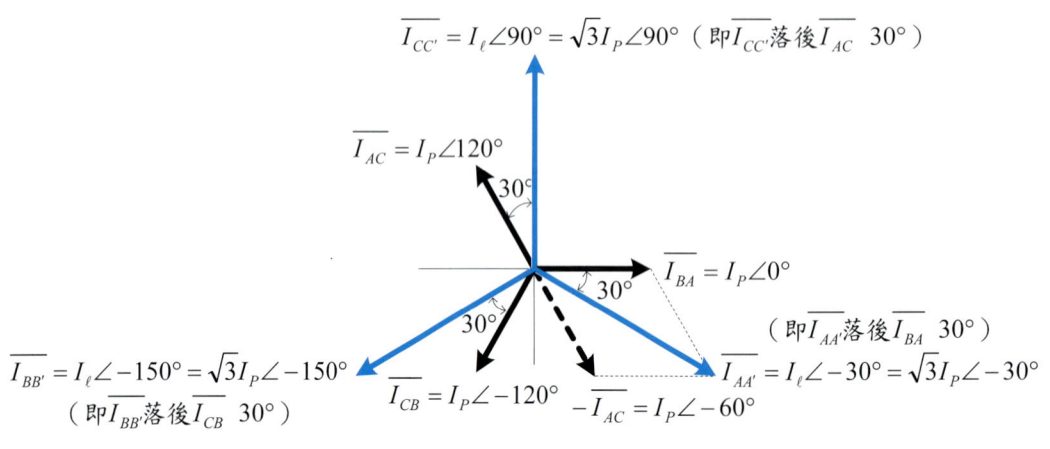

▲ 三相 Δ 型連接正相序之線電流（I_ℓ）與相電流（I_P）的相量圖

同理：

$$\overline{I_{BB'}} = \sqrt{3}I_P\angle-150° = \sqrt{3}\overline{I_{CB}}\angle-30°（即\overline{I_{BB'}}落後\overline{I_{CB}}\ 30°）$$

$$\overline{I_{CC'}} = \sqrt{3}I_P\angle 90° = \sqrt{3}\overline{I_{AC}}\angle-30°（即\overline{I_{CC'}}落後\overline{I_{AC}}\ 30°）$$

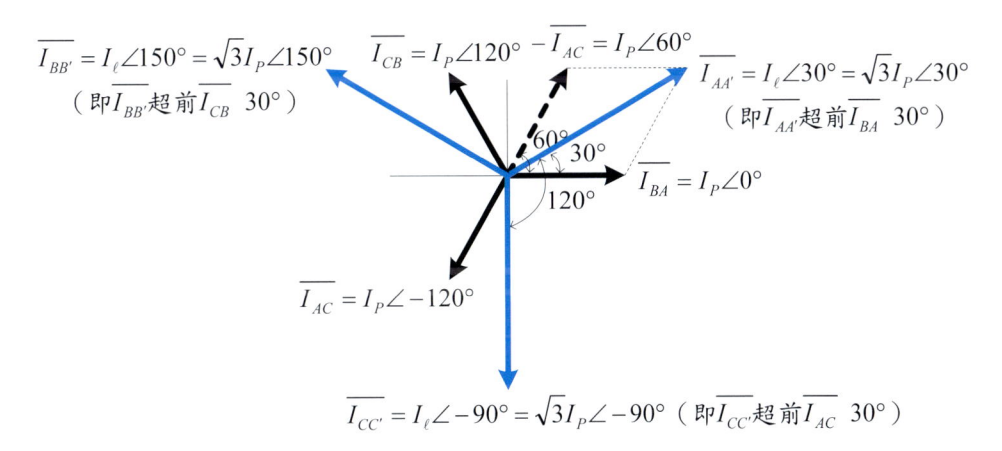

(b) 負相序：設定 $\overline{I_{BA}} = I_P\angle 0°$，則 $\overline{I_{AC}} = I_P\angle-120°$，$\overline{I_{CB}} = I_P\angle 120°$，如下圖為三相△型連接負相序之 I_ℓ-I_P 的相量圖。

$$\overline{I_{AA'}} = \overline{I_{BA}} + \overline{I_{CA}} = \overline{I_{BA}} - \overline{I_{AC}} = I_P\angle 0° + I_P\angle 60°$$

$$= I_P + I_P(\cos 60° + j\sin 60°) = (\frac{3}{2} + j\frac{\sqrt{3}}{2})I_P$$

$$= (\sqrt{(\frac{3}{2})^2 + (\frac{\sqrt{3}}{2})^2})I_P\angle\tan^{-1}\frac{\frac{\sqrt{3}}{2}}{\frac{3}{2}}$$

$$= \sqrt{3}I_P\angle 30° = I_\ell\angle 30°$$

$\overline{I_{AA'}} = \sqrt{3}\ \overline{I_{BA}}\angle 30°$，即 $\overline{I_{AA'}}$ 超前 $\overline{I_{BA}}$ 30°。

▲ 三相△型連接負相序之線電流（I_ℓ）與相電流（I_P）的相量圖

同理：

$$\overline{I_{BB'}} = \sqrt{3}I_P\angle 150° = \sqrt{3}\overline{I_{CB}}\angle 30°（即\overline{I_{BB'}}超前\overline{I_{CB}}\ 30°）$$

$$\overline{I_{CC'}} = \sqrt{3}I_P\angle-90° = \sqrt{3}\overline{I_{AC}}\angle 30°（即\overline{I_{CC'}}超前\overline{I_{AC}}\ 30°）$$

★ 線電流 I_ℓ 與相電流 I_P 的關係式為：$I_\ell = \sqrt{3}I_P$　或　$I_P = \dfrac{I_\ell}{\sqrt{3}}$

(3) 三相發電機（或電源）△型連接之特性：

$E_\ell = E_P$

$I_\ell = \sqrt{3}I_P$（正相序：I_ℓ 落後 I_P 30°；負相序：I_ℓ 超前 I_P 30°）

4. 三相平衡負載之 Δ 型連接：

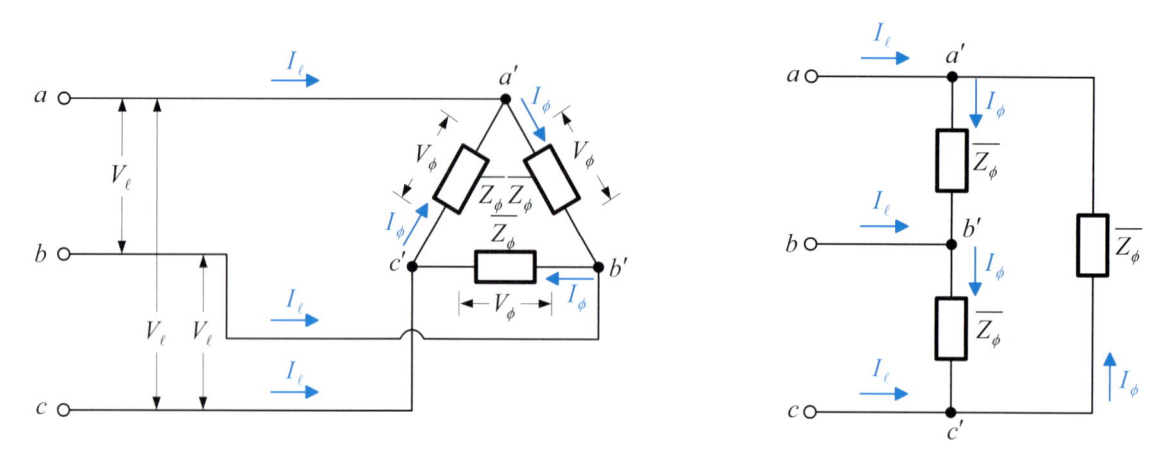

▲ 三相平衡負載之 Δ 型連接圖（負載：$\overline{Z_\phi} = R_\phi + jX_\phi$）

(1) 平衡三相負載 Δ 型連接之特性：

$V_\ell = V_\phi$

$I_\ell = \sqrt{3} I_\phi$ （正相序：I_ℓ 超前 I_ϕ 30°；負相序：I_ℓ 落後 I_ϕ 30°）

$P_T = 3P_\phi = 3I_\phi V_\phi \cos\theta = 3I_\phi^2 R_\phi = \sqrt{3} I_\ell V_\ell \cos\theta = I_\ell^2 R_\phi$

$Q_T = 3Q_\phi = 3I_\phi V_\phi \sin\theta = 3I_\phi^2 X_\phi = \sqrt{3} I_\ell V_\ell \sin\theta = I_\ell^2 X_\phi$

$S_T = 3S_\phi = 3I_\phi V_\phi = \sqrt{3} I_\ell V_\ell$

$P.F. = \cos\theta = \dfrac{P_T}{S_T} = \dfrac{R_\phi}{Z_\phi}$

$\theta = \tan^{-1} \dfrac{X_\phi}{R_\phi}$

5. 結論：綜合以上所述，我們整理三相 Y 型與 Δ 連接之電壓與電流的關係如下：

	線電壓 V_ℓ 及相電壓 V_P 的關係	線電流 I_ℓ 和相電流 I_P 的關係
Y	$V_\ell = \sqrt{3} V_P$	$I_\ell = I_P$
Δ	$V_\ell = V_P$	$I_\ell = \sqrt{3} I_P$

八 三相平衡電路之連接

1. Y-Y制

   電源Y型連接，負載Y型連接；如下圖：

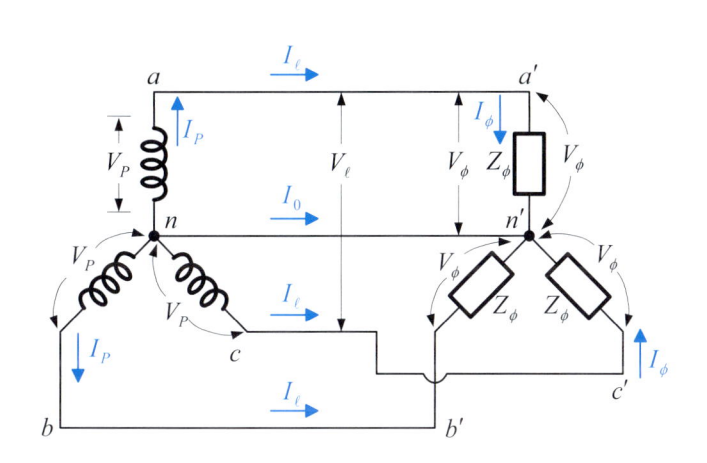

電源	負載
Y型	Y型
$I_\ell = I_P$	$I_\ell = I_\phi$
$V_\ell = \sqrt{3}V_P$	$V_\ell = \sqrt{3}V_\phi$
Y-Y制特性：	
$I_\ell = I_P = I_\phi$	
$V_\ell = \sqrt{3}V_P = \sqrt{3}V_\phi$	
$I_0 = 0$	

2. Y-Δ制

   電源Y型連接，負載Δ型連接；如下圖：

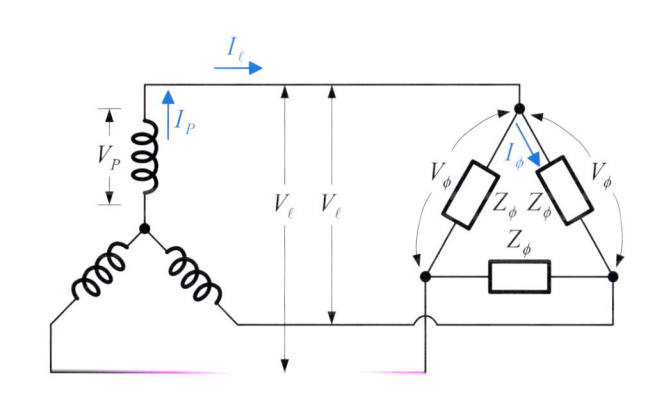

電源	負載
Y型	Δ型
$I_\ell = I_P$	$I_\ell = \sqrt{3}I_\phi$
$V_\ell = \sqrt{3}V_P$	$V_\ell = V_\phi$
Y-Δ制特性：	
$I_\ell = I_P = \sqrt{3}I_\phi$	
$V_\ell = \sqrt{3}V_P = V_\phi$	

3. Δ-Δ制

   電源Δ型連接，負載Δ型連接；如下圖：

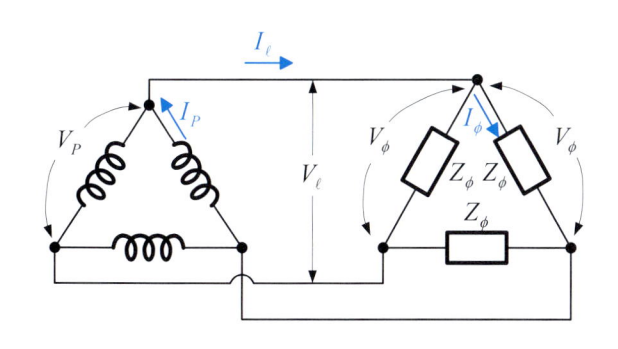

電源	負載
Δ型	Δ型
$I_\ell = \sqrt{3}I_P$	$I_\ell = \sqrt{3}I_\phi$
$V_\ell = V_P$	$V_\ell = V_\phi$
Δ-Δ制特性：	
$I_\ell = \sqrt{3}I_P = \sqrt{3}I_\phi$	
$V_\ell = V_P = V_\phi$	

4. Δ-Y制

電源Δ型連接，負載Y型連接；如下圖：

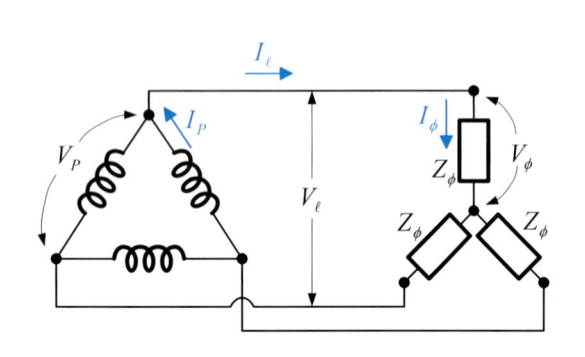

電源	負載
Δ型 $I_\ell = \sqrt{3}I_P$ $V_\ell = V_P$	Y型 $I_\ell = I_\phi$ $V_\ell = \sqrt{3}V_\phi$
Δ-Y制特性： $I_\ell = \sqrt{3}I_P = I_\phi$ $V_\ell = V_P = \sqrt{3}V_\phi$	

九 瓦特計之連接

瓦特計連接時，為使測量的誤差減至最小，電壓線圈的接線必須加以選擇。

1. **大電流、低電壓負載**：此大電流通過電流線圈，造成甚大的壓降及誤差，因此電壓線圈必須與負載直接並聯，如下圖所示。

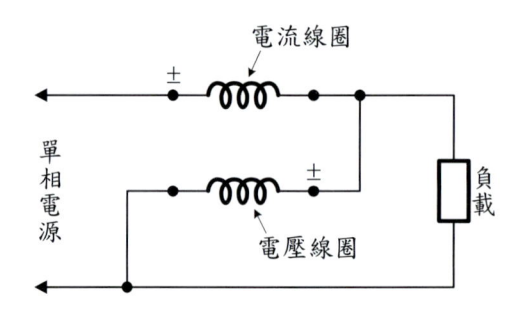

2. **小電流、高電壓負載**：小電流負載時，若如上圖的接線法，其電流線圈通過有負載電流及電壓線圈電流，因兩電流相差不大，而造成甚大的誤差。因此，電壓線圈必須與電源直接並聯，如下圖所示。

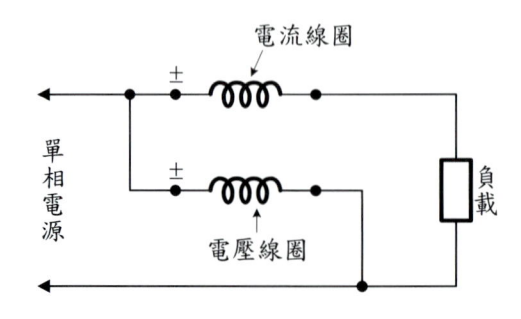

➕ 三相制中電功率之量度

1. **二瓦特計法**：二瓦特計法可測量三相三線式平衡或不平衡負載之總平均功率 P_T，無效功率 Q_T 及功率因數 $P.F.$，亦可測量三相四線式平衡負載之電功率，但不能測量三相四線式不平衡負載之電功率。

$$W_1 = V_\ell I_\ell \cos(30° + \theta)$$
$$W_2 = V_\ell I_\ell \cos(30° - \theta)$$
$$P_T = W_1 + W_2 = \sqrt{3} V_\ell I_\ell \cos\theta$$

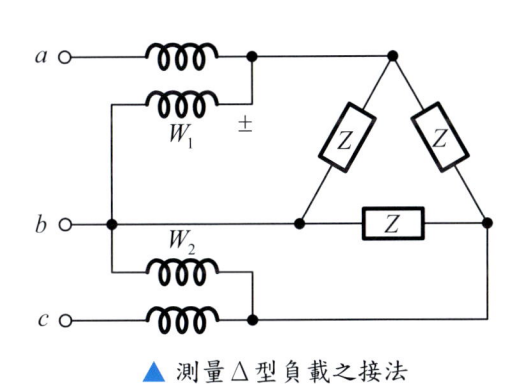

▲ 測量 △ 型負載之接法　　　　　▲ 測量 Y 型負載之接法

(1) 若 W_1、W_2 皆為正值，則 $\theta < 60°$，$P.F. > 0.5$。

若 $W_1 = W_2$，則 $\theta = 0°$，$P.F. = 1$。

若 $W_1 = 2W_2$（或 $W_2 = 2W_1$），則 $\theta = 30°$，$P.F. = \dfrac{\sqrt{3}}{2} = 0.866$。

(2) 若 W_1、W_2 有一為零，則 $\theta = 60°$，$P.F. = 0.5$。

(3) 若 W_1、W_2 有一為負值，則 $\theta > 60°$，$P.F. < 0.5$。

(4) 若 $W_1 = -W_2$ 或 $W_2 = -W_1$，則 $\theta = 90°$，$P.F. = 0$。

【結論】

總平均功率：$P_T = |W_1 + W_2|$（瓦）

總無效功率：$Q_T = |\sqrt{3}(W_1 - W_2)|$（乏）

功率因數：$P.F. = \cos\theta = \dfrac{W_1 + W_2}{2\sqrt{W_1^2 + W_2^2 - W_1 W_2}} = \dfrac{P_T}{\sqrt{P_T^2 + Q_T^2}}$

（P_T 與 Q_T 恆為正值）（計算時需注意 W_1 與 W_2 之正負值）

2. 一瓦特計法（測量三相平衡負載之有效功率）：

$P_T = 3W$ (瓦)

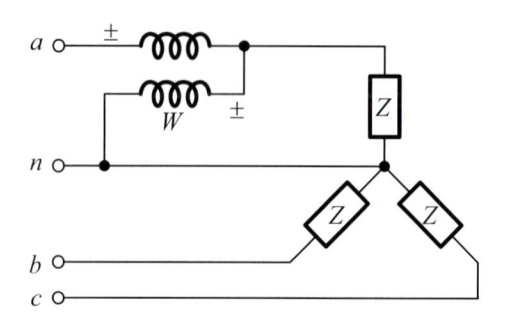

3. 一瓦特計法（測量三相平衡負載之無效功率）：

$Q_T = \sqrt{3}W$ (乏)

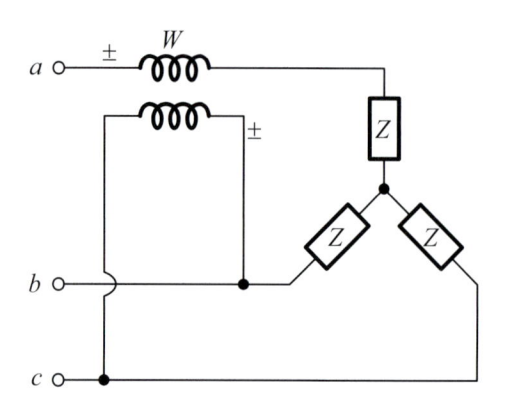

4. 三瓦特計法（測量三相不平衡負載之有效功率）：

$P_T = W_1 + W_2 + W_3$ (瓦)

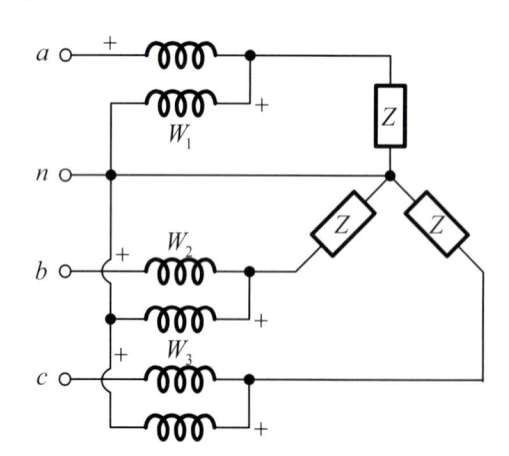

範例 2

多線式中性線不得裝置 _____。 [二專]

答 保險絲

範例 3

三相四線制供電系統中之中性線必須 _____。 [二專]

答 接地

範例 4

Y連接平衡三相電路中，線電壓 V_{bc} 與 a 相之相電壓 V_{ao} 間之相角差為 _____ 度。 [二專]

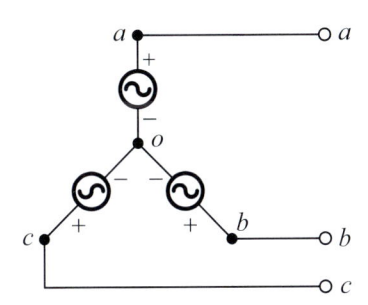

答 90

解 如右圖所示

$V_{bc} = V_{bo} + V_{oc} = V_{bo} + (-V_{co})$

故知 V_{bc} 與 V_{ao} 成 90°

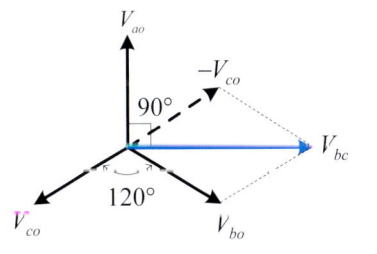

範例 5

以兩功率計法測定三相平衡電路之功率時，其中一功率計之指數為2000瓦特，另一為1000瓦特，則該電路之無效功率為 _____ 乏。 [二專]

答 $1000\sqrt{3}$

解 $Q_T = \sqrt{3}(W_1 - W_2) = \sqrt{3}(2000 - 1000) = \sqrt{3} \times 1000 = 1000\sqrt{3}$ (VAR)

範例 6

下圖所示功率計 W 之指數為 _____ 瓦特。 [二專]

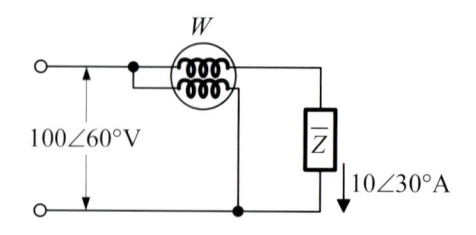

答 866

解 $\theta_p = \theta_v - \theta_i = 60° - 30° = 30°$

$P = VI\cos\theta_p = 100 \times 10 \times \cos 30° = 866 \text{ (W)}$

範例 7

三相 Y 連接之平衡三相電路，設中性點為 n，則 a、b 兩線間之線電壓與 a 相之相電壓間之相角差為 _____ 度。 [二專]

答 30

解 $\overline{V_{ab}} = \overline{V_{ao}} + \overline{V_{ob}} = \overline{V_{ao}} + (-\overline{V_{bo}})$

如右圖示所知

V_{ab} 與 a 相之相電壓 V_{ao} 的相角差為 30°

範例 8

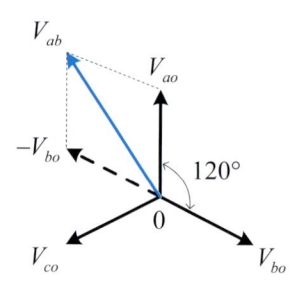

功率因數為 0.886 之三相電路，若使用兩功率計法測定功率時，其中一功率計之讀數若為 1000 瓦特，則另一功率計之可能讀數為幾瓦特？ [保送]

解 $W_1 = 2W_2$ 時，$\theta = 30°$，$P.F. = \cos 30° = 0.866$

(1) 若 $W_2 = 1000$(瓦特)時，$W_1 = 2 \times 1000 = 2000$(瓦特)

(2) 若 $W_1 = 1000$(瓦特)時，$W_2 = \dfrac{1}{2} \times 1000 = 500$(瓦特)

範例 9

下圖為 Y 型連接發電機，相序為 ABC，試求：

(1) 相角 θ_2、θ_3　　(2) 線路電壓　　(3) 線路電流。　　[保送]

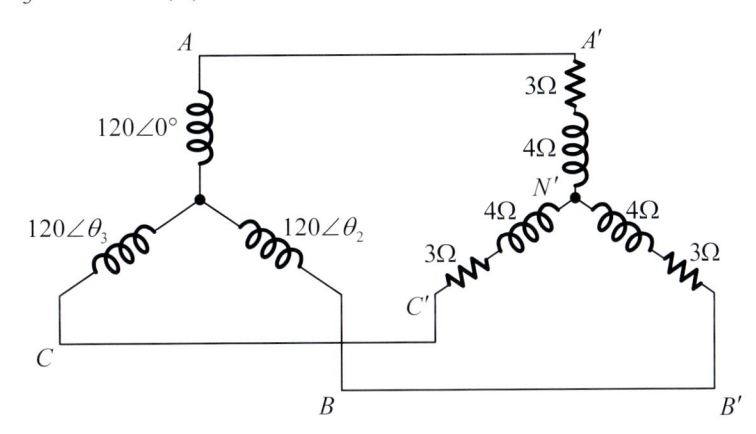

解 (1) A 相電壓為 $120\angle 0°$，B 相滯後 A 相 $120°$，故 $\theta_2 = -120°$，C 相越前 A 相 $120°$，故 $\theta_3 = 120°$。

(2) $V_\phi = 120$ (伏特)，線路電壓 $V_\ell = \sqrt{3}V_\phi = 120\sqrt{3}$ (伏特)

(3) 負載相電壓 $V_\phi = \dfrac{1}{\sqrt{3}}V_\ell = \dfrac{1}{\sqrt{3}} \times 120\sqrt{3} = 120$ (伏特)

$Z_\phi = 3 + j4 = \sqrt{3^2 + 4^2} = 5\ (\Omega)$

$I_\ell = I_\phi = \dfrac{V_\phi}{Z_\phi} = \dfrac{120}{5} = 24$ (安培)

範例 10

如下圖所示之電路中，於 a、b 兩端加入正弦波電壓時，電流計指示為 5A，則此時瓦特計之指示為 ＿＿＿＿ W。　　[教院]

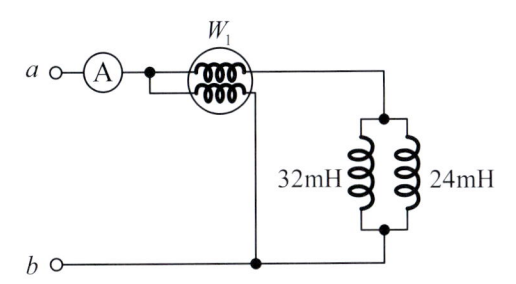

答 0

解 負載為兩個純電感，電壓與電流相角差為 $90°$，沒有消耗功率。故平均功率為零瓦特。

基本電學(下) 攻略本

範例 11

三相三線制,線間電壓為6.6kV,若A相接地時,B相或C相對地電壓為 _____ V。 [教院]

答 3.815k

解 $V_{BN} = \dfrac{1}{\sqrt{3}} \times 6.6k = 3.815k$ (V)

範例 12

平衡三相電路若利用二瓦特計法測定功率因數,假設一瓦特計所量得功率為 $W_1 = VI\cos(30° - \theta)$,則另一瓦特計的指示功率 $W_2 =$ _____,此電路的功率因數 $\cos\theta =$ _____。 [教院]

答 $VI\cos(30° + \theta)$, $\dfrac{W_1 + W_2}{2\sqrt{W_1^2 + W_2^2 - W_1 W_2}}$

範例 13

上題若二瓦特計讀值大小不等,但均為正值時,則$\cos\theta$為 _____,若二瓦特計讀值大小不等,大者為正值,小者為負值時,則$\cos\theta$小於 _____。 [教院]

答 0.5～1,0.5

範例 14

使用兩個單相瓦特計 W_1 及 W_2 測量三相功率時,結果發現 $W_1 = W_2$ 讀數,該三相負載之功率因數為 _____。 [教院]

答 1

解 若 $W_1 = W_2$,則 $\theta = 0°$,即 $P.F. = \cos 0° = 1$

範例 15

三相功率為單相功率之3倍,理應使用6根導線,而實際上只要3根即可,其原因為各相間互相成 _____ 之電工空間角度,以及在電路方面可互為迴路之故。 [教院]

答 120°

12-22

CH12 交流電源

範例 16

設一三相輸電線路,受電端之電壓為3kV,負載為500kW,$\cos\theta = 0.8$滯後,今欲以相同的視在功率,利用調整功率因數的方法,於受電端設置調相機,使負載功率增為600kW,則調相機的容量應為多少kVAR? [教院]

解 $\cos\theta = \dfrac{P}{S}$ ∴ $S = \dfrac{P}{\cos\theta} = \dfrac{500\text{k}}{0.8} = 625\text{k (VA)}$

∴ $Q_1 = S\sin\theta = S\sqrt{1-\cos^2\theta} = 625\text{k}\sqrt{1-0.8^2} = 375\text{k (VAR)}$

$Q_2 = \sqrt{S^2 - P_2^2} = \sqrt{(625\text{k})^2 - (600\text{k})^2} = 175\text{k (VAR)}$

調相機的容量應為 $Q_C = Q_1 - Q_2 = 375\text{k} - 175\text{k} = 200\text{k (VAR)}$

範例 17

利用兩瓦特計測量平衡三相負載之功率。已知瓦特計一之讀數為300W,瓦特計二之讀數為−100W,求此三相電路之有效功率、無效功率、視在功率與功率因數。 [保甄]

解 $P = 300 + (-100) = 200\text{ (W)}$

$Q = \sqrt{3}[300 - (-100)] = 400\sqrt{3}\text{ (VAR)}$

$S = \sqrt{P^2 + Q^2} = \sqrt{200^2 + (400\sqrt{3})^2} = 200\sqrt{13}\text{ (VA)}$

$P.F. = \cos\theta = \dfrac{P}{S} = \dfrac{200}{200\sqrt{13}} = \dfrac{1}{\sqrt{13}} = 0.277$

範例 18

三相220V,10HP感應電動機,功率因數為0.85,效率為0.85,其額定電流為_____安培。 [保甄]

答 27.1

解 $P_{out} = 10\text{HP} = 746 \times 10 = 7460\text{ (W)}$ ……………①

$P_{out} = \sqrt{3}I_\ell V_\ell \cos\theta \times \eta = \sqrt{3} \times I \times 220 \times 0.85 \times 0.85$ ……………②

由①②得 $I = 27.1\text{ (A)}$

Basic Electricity
基本電學（下）攻略本

12-3　電源使用安全

一　電源的選用

　　目前台灣電力公司的電源有單相110V及220V，和三相220V及380V；用電時先確認電源的電壓值，按電器的電壓規定，選用符合的電源。

二　接地線的配置

　　家中若有置於潮濕處或需大量用電之電器（如洗衣機、電熱水器等），必須將綠色接地線一端接到電器背後標記⏚之接點上，另一端接到配電系統的接地極或直接以接地棒導入地面，或於電源箱（分電盤）裝置適合規格的漏電斷路器（ELB），以達防止觸電的作用；接地也有消除電磁波的功能。

三　維護用電安全的裝置

　　一般家庭的電源箱（分電盤）多使用無熔絲開關（NFB）加漏電斷路器（ELB）來作過載及漏電保護，或直接裝置漏電加過載及短路保護二合一型（ELCB）來維護用電安全，且於各分路開關（NFB、ELB或ELCB）應註明控制範圍，可作為日後須切斷時，對各分路開關的辨識之用。

四　電源過載的處置

　　若使用電器過載或設備短路時，總電流量超過電路總開關或分路開關之安全流量，其總開關或分路開關將跳脫，以避免電流太大造成電線走火，發生火災。待跳電因素排除處理後，方可將開關復歸扳回 "ON"；若是再跳電，則應請專業人員處理解決，切勿再強行扳回 "ON"，以免發生災害。

※12-4 交流迴路

一 計算要領

交流迴路與直流迴路之理論相同。所不同的是計算直流迴路時：I、E、R是以實數方式計算加減乘除；而計算交流迴路時：$\overline{I}$、$\overline{V}$、$\overline{Z}$是以複數方式（或相量式）計算加減乘除。

二 交流電壓源電路與電流源電路之互換

1. 電壓源電路化成電流源電路：

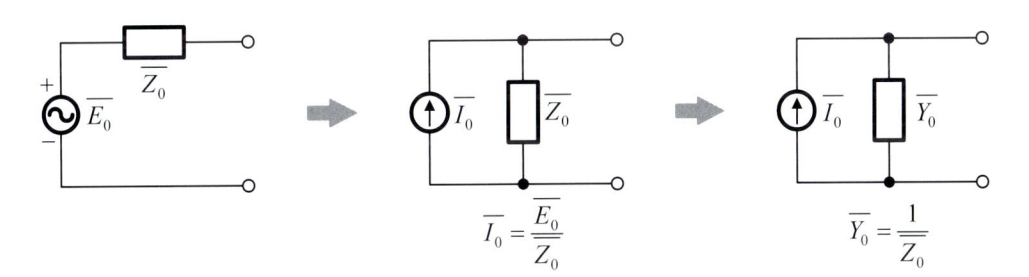

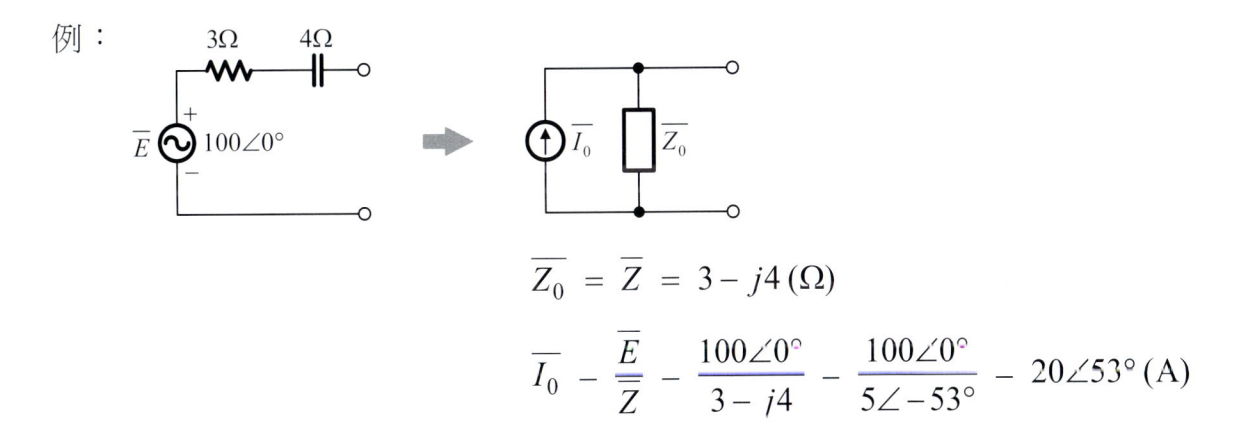

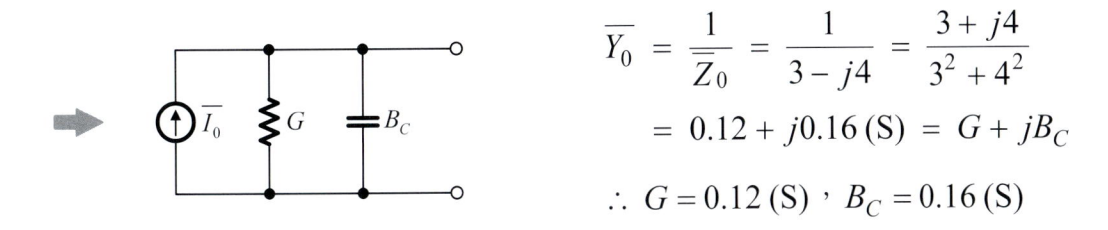

$$\overline{I_0} = \frac{\overline{E_0}}{\overline{Z_0}}$$

$$\overline{Y_0} = \frac{1}{\overline{Z_0}}$$

例：

$$\overline{Z_0} = \overline{Z} = 3 - j4\ (\Omega)$$

$$\overline{I_0} = \frac{\overline{E}}{\overline{Z}} = \frac{100\angle 0°}{3 - j4} = \frac{100\angle 0°}{5\angle -53°} = 20\angle 53°\ (A)$$

$$\overline{Y_0} = \frac{1}{\overline{Z_0}} = \frac{1}{3 - j4} = \frac{3 + j4}{3^2 + 4^2}$$
$$= 0.12 + j0.16\ (S) = G + jB_C$$

$$\therefore G = 0.12\ (S)，B_C = 0.16\ (S)$$

2. 電流源電路化成電壓源電路：

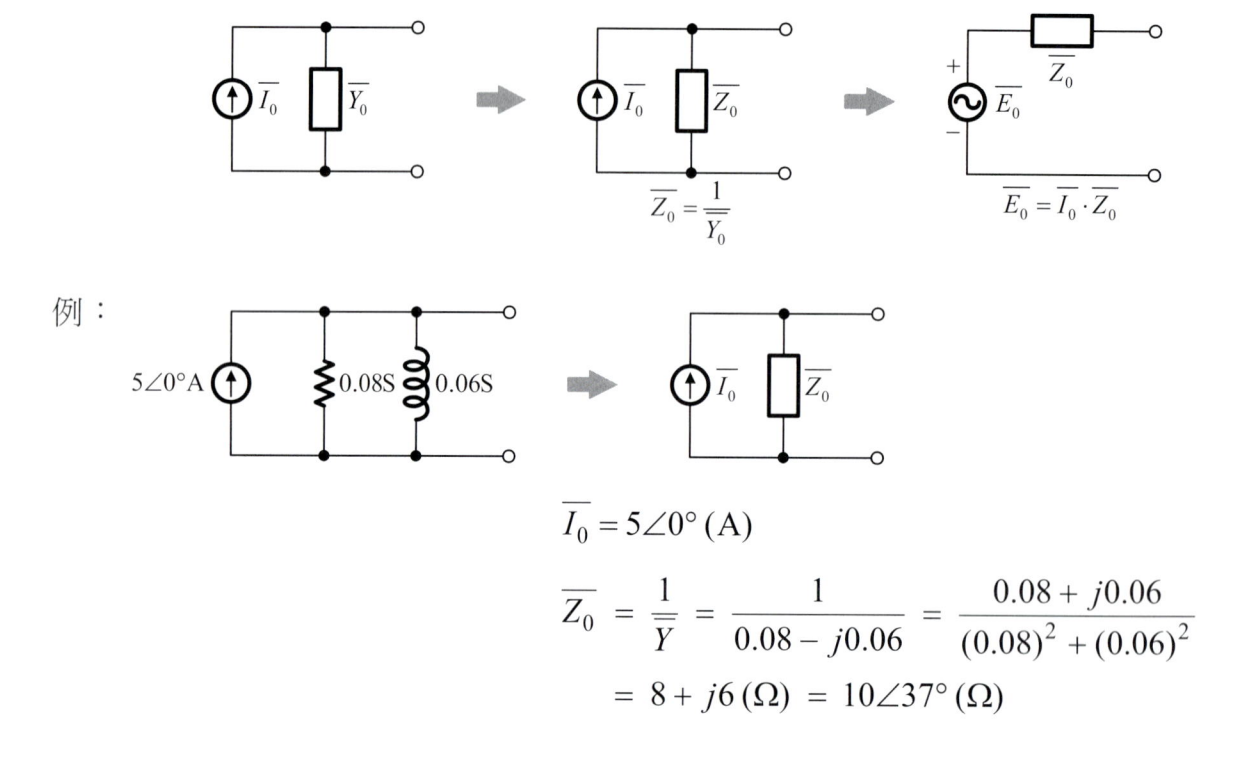

例：

$\overline{I_0} = 5\angle 0°\ (A)$

$\overline{Z_0} = \dfrac{1}{\overline{Y}} = \dfrac{1}{0.08 - j0.06} = \dfrac{0.08 + j0.06}{(0.08)^2 + (0.06)^2}$

$\quad = 8 + j6\ (\Omega) = 10\angle 37°\ (\Omega)$

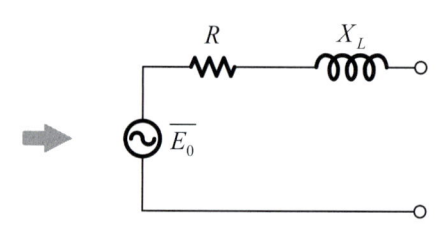

$\overline{E_0} = \overline{I_0} \cdot \overline{Z_0} = (5\angle 0°) \cdot (10\angle 37°)$

$\quad\ \ = 50\angle 37°\ (V)$

$\overline{Z_0} = 8 + j6\ (\Omega)$

$\therefore R = 8\ (\Omega)，X_L = 6\ (\Omega)$

三 交流網路解析

利用交流電壓源、電流源與阻抗串、並聯及分壓法、分流法之並用解交流網路。

範例 19

求下圖之 $\overline{I} = ?$

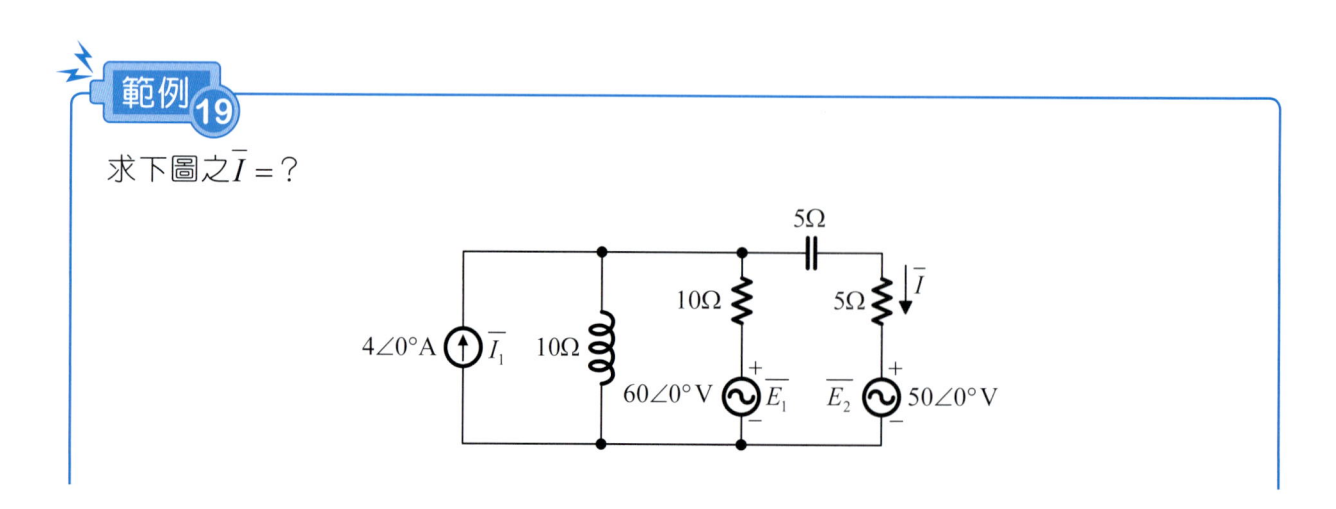

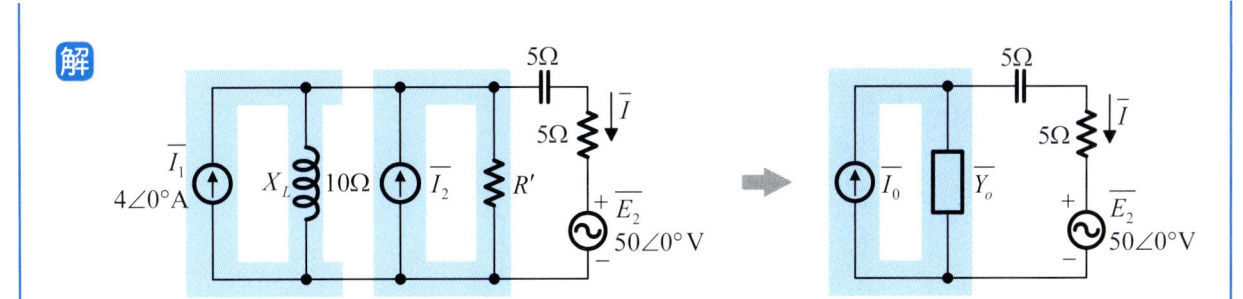

解

$$\overline{I_2} = \frac{\overline{E_1}}{R'} = \frac{60\angle 0°}{10} = 6\angle 0° \text{ (A)} \quad \overline{I_0} = \overline{I_1} + \overline{I_2} = 4\angle 0° + 6\angle 0° = 10\angle 0° \text{ (A)}$$

$$R' = 10 \text{ (}\Omega\text{)} \quad \overline{Y_0} = G - jB_L = \frac{1}{10} - j\frac{1}{10} = 0.1 - j0.1 \text{ (S)}$$

$$\overline{Z_0} = \frac{1}{\overline{Y_0}} = \frac{1}{0.1 - j0.1} = \frac{0.1 + j0.1}{(0.1)^2 + (-0.1)^2} = 5 + j5 \text{ (}\Omega\text{)}$$

$$\overline{E_0} = \frac{\overline{I_0}}{\overline{Y_0}} = \frac{10\angle 0°}{0.1 - j0.1} = 50 + j50 \text{ (V)}$$

$$\therefore \overline{I} = \frac{\overline{E_0} - \overline{E_2}}{\overline{Z_0} - j5 + 5} = \frac{50 + j50 - 50\angle 0°}{5 + j5 - j5 + 5} = \frac{j50}{10} = j5 \text{ (A)} = 5\angle 90° \text{ (A)}$$

P.S. 一般交流電壓源之圖，若圖示中未標明正負，習慣上是：

(1) 上正下負：即 ➡
(2) 左正右負：即 ➡

四 最大功率轉移

在交流電路中，當負載阻抗 $\overline{Z_\ell}$ 等於其戴維寧等效電路中之等效阻抗 $\overline{Z_{th}}$ 的共軛複數時（如 $\overline{Z_{th}} = 3 + j4$ (Ω)，其 $\overline{Z_\ell} = 3 - j4$ (Ω)），則此負載阻抗 $\overline{Z_\ell}$ 將自電路中獲取最大功率 P_ℓ。

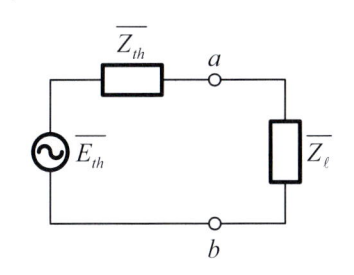

若 $\overline{Z_{th}} = R_{th} + jX_{th}$

則 $\overline{Z_\ell} = R_{th} - jX_{th}$ 可獲取最大功率

其所獲取之最大功率為：$P_\ell = \dfrac{E_{th}^2}{4R_{th}}$

範例 20

求 $\overline{Z_\ell} = ?$ 可獲取最大功率，其所獲得之最大功率 $P_\ell = ?$

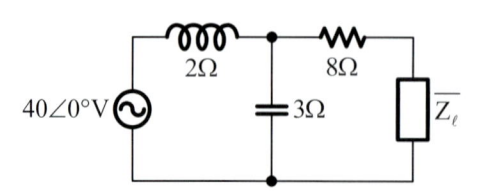

解

$\overline{Z_{th}}$：

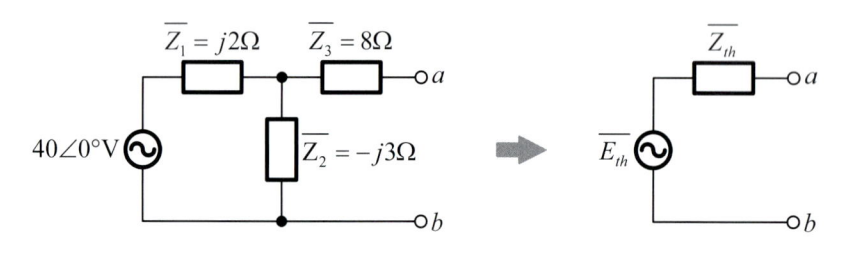

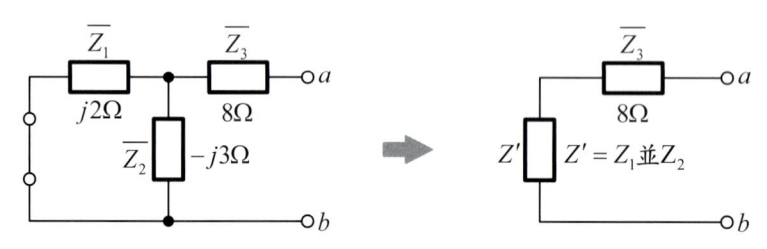

$$\overline{Z_{th}} = \overline{Z_{ab}} = \overline{Z'} + \overline{Z_3} = \frac{(j2)\cdot(-j3)}{(j2)+(-j3)} + 8 = \frac{-j^2 6}{-j} + 8 = j6 + 8 = 8 + j6\,(\Omega)$$

$\overline{E_{th}}$：

$$\overline{E_{th}} = \overline{V_{ab}} = \overline{V_{cd}} = \frac{\overline{Z_2}}{\overline{Z_1}+\overline{Z_2}} \cdot \overline{E} = \frac{-j3}{j2+(-j3)} \cdot (40\angle 0°)$$

$$= (\frac{-j3}{-j}) \cdot (40\angle 0°) = 120\angle 0°\,(V)$$

即 $E_{th} = 120\,(V)$

$\overline{Z_\ell} = \overline{Z_{th}}^* = 8 - j6\,(\Omega)$ 可獲得最大功率

所獲得之最大功率：$P_\ell = \dfrac{E_{th}^2}{4R_{th}} = \dfrac{120^2}{4 \times 8} = 450\,(W)$

範例 21

求下圖之 $\overline{Z_a} = ?$ 可獲得最大功率，其所獲得之最大功率 $P_a = ?$

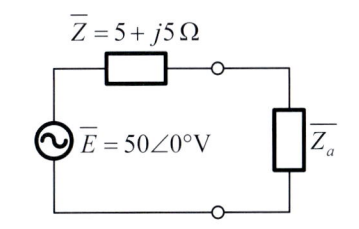

解 $\overline{Z_a} = \overline{Z}^* = 5 - j5\,(\Omega)$ 可獲得最大功率

其所獲得之最大功率 $P_a = \dfrac{E_{th}^2}{4R_{th}} = \dfrac{50^2}{4 \times 5} = 125\,(\text{W})$

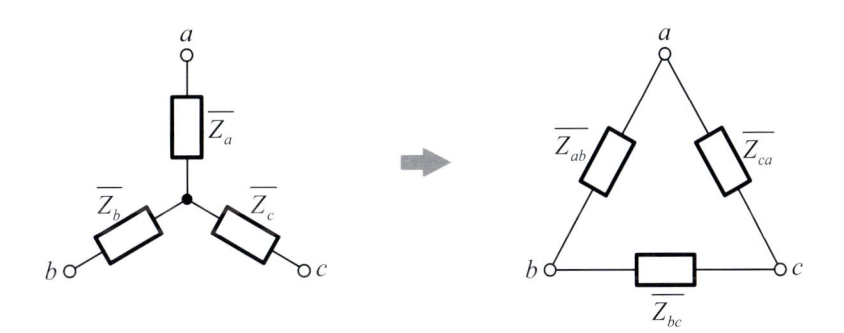

五 交流 Y-△ 互換

1. Y → △：

$$\overline{Z_{ab}} = \dfrac{\overline{Z_a} \cdot \overline{Z_b} + \overline{Z_b} \cdot \overline{Z_c} + \overline{Z_c} \cdot \overline{Z_a}}{\overline{Z_c}} = \overline{Z_a} + \overline{Z_b} + \dfrac{\overline{Z_a} \cdot \overline{Z_b}}{\overline{Z_c}}$$

$$\overline{Z_{bc}} = \dfrac{\overline{Z_a} \cdot \overline{Z_b} + \overline{Z_b} \cdot \overline{Z_c} + \overline{Z_c} \cdot \overline{Z_a}}{\overline{Z_a}} = \overline{Z_b} + \overline{Z_c} + \dfrac{\overline{Z_b} \cdot \overline{Z_c}}{\overline{Z_a}}$$

$$\overline{Z_{ca}} = \dfrac{\overline{Z_a} \cdot \overline{Z_b} + \overline{Z_b} \cdot \overline{Z_c} + \overline{Z_c} \cdot \overline{Z_a}}{\overline{Z_b}} = \overline{Z_c} + \overline{Z_a} + \dfrac{\overline{Z_c} \cdot \overline{Z_a}}{\overline{Z_b}}$$

2. $\Delta \to Y$：

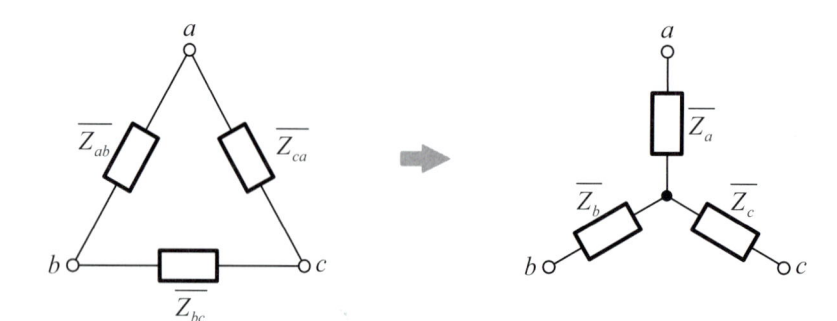

$$\overline{Z_a} = \frac{\overline{Z_{ab}} \cdot \overline{Z_{ca}}}{\overline{Z_{ab}} + \overline{Z_{bc}} + \overline{Z_{ca}}}$$

$$\overline{Z_b} = \frac{\overline{Z_{bc}} \cdot \overline{Z_{ab}}}{\overline{Z_{ab}} + \overline{Z_{bc}} + \overline{Z_{ca}}}$$

$$\overline{Z_c} = \frac{\overline{Z_{bc}} \cdot \overline{Z_{ca}}}{\overline{Z_{ab}} + \overline{Z_{bc}} + \overline{Z_{ca}}}$$

六 交流電橋網路

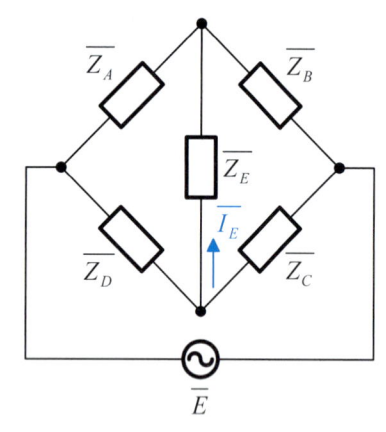

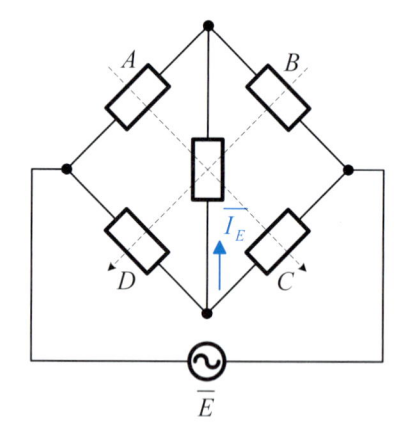

圖(a) 交流電橋　　　圖(b) 交流平衡電橋

交流平衡電橋之條件：

① 若 $\overline{I_E} = 0$（即 $\overline{Z_E}$ 無電流流過），則 $\overline{Z_A} \cdot \overline{Z_C} = \overline{Z_B} \cdot \overline{Z_D}$。

② 若 $\overline{Z_A} \cdot \overline{Z_C} = \overline{Z_B} \cdot \overline{Z_D}$ 時，則 $\overline{Z_E}$ 無電流流過（即 $\overline{I_E} = 0$）。

1. 設圖(a)之交流電橋為平衡時，則可將下列(1)、(2)二式取其一解之。

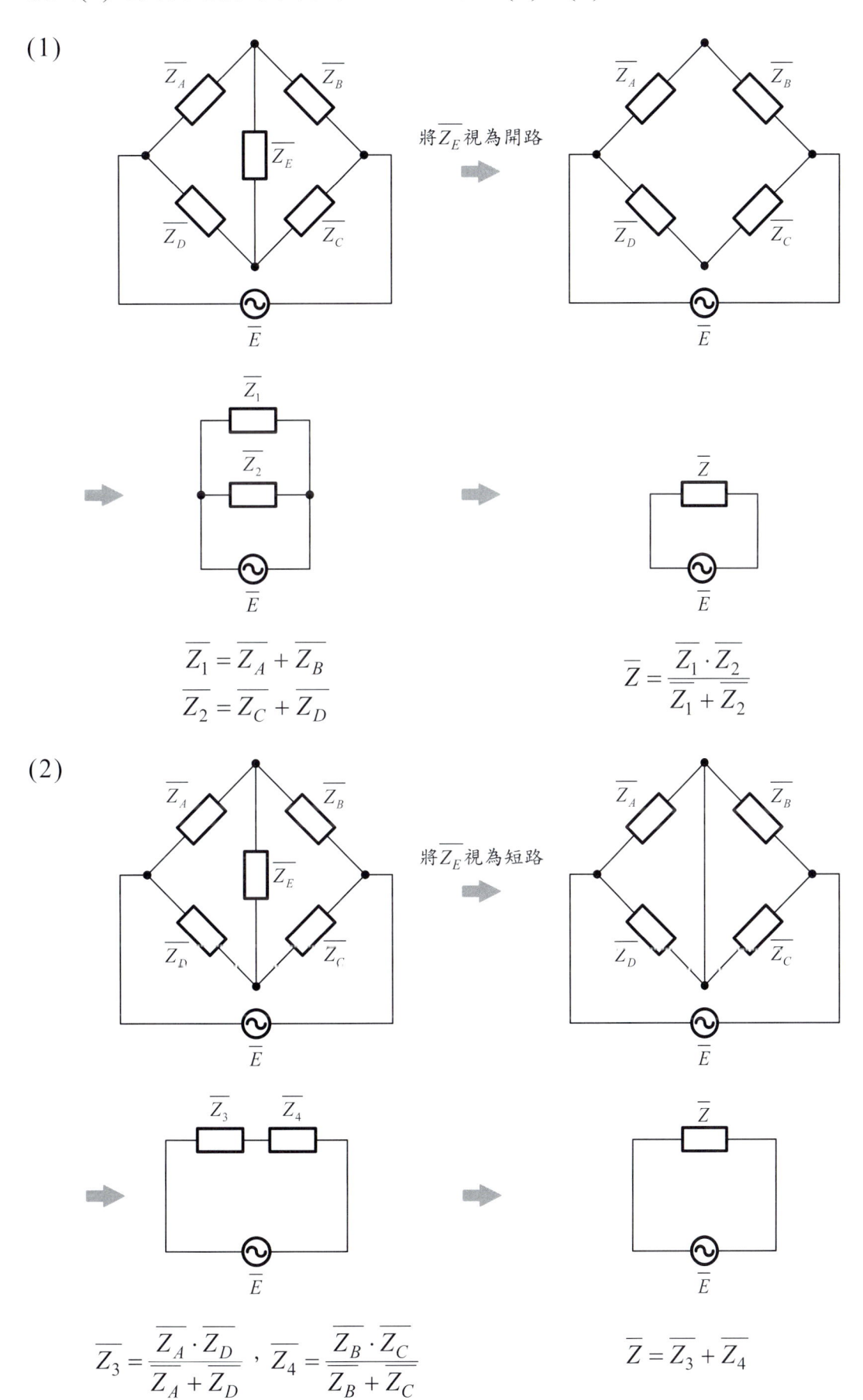

   (1)

   將 $\overline{Z_E}$ 視為開路

   $$\overline{Z_1} = \overline{Z_A} + \overline{Z_B}$$
   $$\overline{Z_2} = \overline{Z_C} + \overline{Z_D}$$

   $$\overline{Z} = \frac{\overline{Z_1} \cdot \overline{Z_2}}{\overline{Z_1} + \overline{Z_2}}$$

   (2)

   將 $\overline{Z_E}$ 視為短路

   $$\overline{Z_3} = \frac{\overline{Z_A} \cdot \overline{Z_D}}{\overline{Z_A} + \overline{Z_D}} \;,\; \overline{Z_4} = \frac{\overline{Z_B} \cdot \overline{Z_C}}{\overline{Z_B} + \overline{Z_C}}$$

   $$\overline{Z} = \overline{Z_3} + \overline{Z_4}$$

2. 交流電橋不在平衡狀態時：

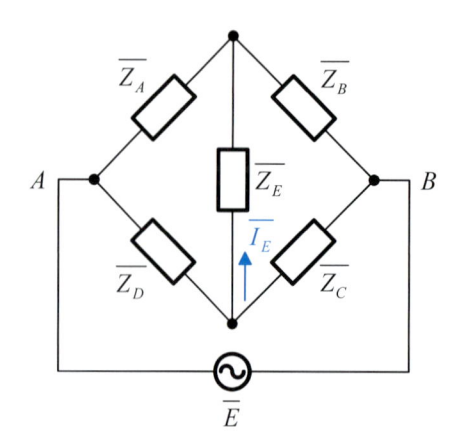

(1) 上圖中之 $\overline{I_E} \neq 0$，即 $\overline{Z_A} \cdot \overline{Z_C} \neq \overline{Z_B} \cdot \overline{Z_D}$，則其 $\overline{Z_{AB}}$ 之值須應用 Y-Δ 互換法解之。如下圖：

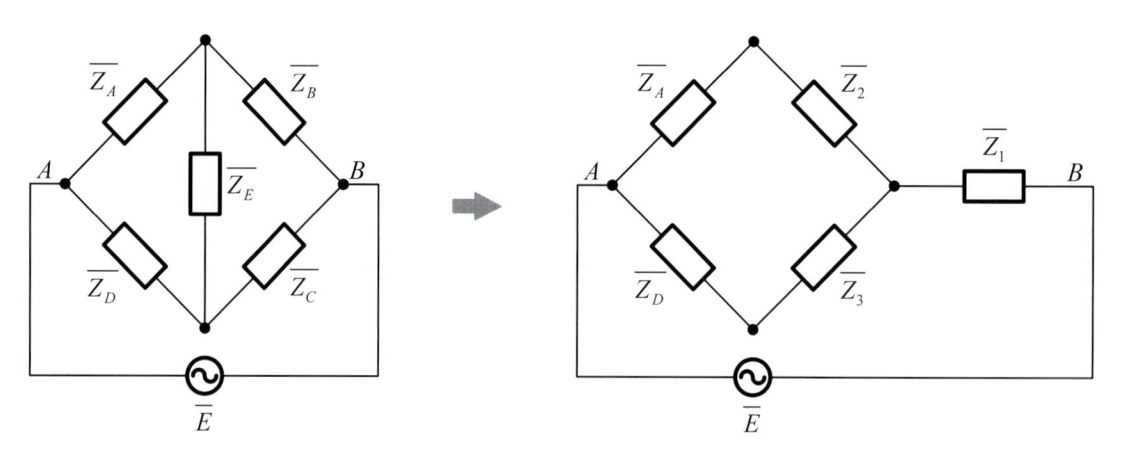

右上圖之 $\overline{Z_1} = \dfrac{\overline{Z_B} \cdot \overline{Z_C}}{\overline{Z_B} + \overline{Z_C} + \overline{Z_E}}$，$\overline{Z_2} = \dfrac{\overline{Z_B} \cdot \overline{Z_E}}{\overline{Z_B} + \overline{Z_C} + \overline{Z_E}}$，$\overline{Z_3} = \dfrac{\overline{Z_C} \cdot \overline{Z_E}}{\overline{Z_B} + \overline{Z_C} + \overline{Z_E}}$

$\therefore \overline{Z_{AB}} = \dfrac{(\overline{Z_A} + \overline{Z_2}) \cdot (\overline{Z_D} + \overline{Z_3})}{(\overline{Z_A} + \overline{Z_2}) + (\overline{Z_D} + \overline{Z_3})} + \overline{Z_1}$

(2) 若 $\overline{I_E} \neq 0$，求 $\overline{I_E}$ 時，可利用戴維寧定理求之。

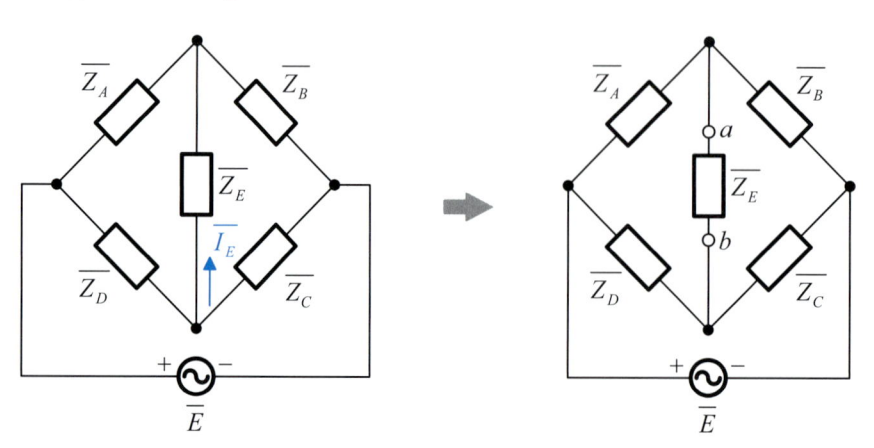

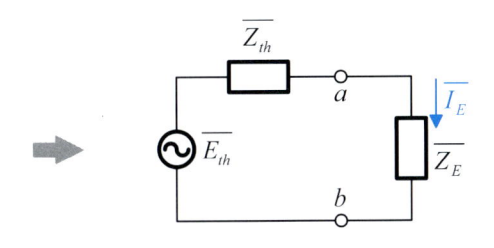

$$\overline{I_E} = \frac{\overline{E_{th}}}{\overline{Z_{th}} + \overline{Z_E}}$$

$\overline{Z_{th}}$ 之求法：如下圖：$\overline{Z_{th}} = \overline{Z_{ab}}$。

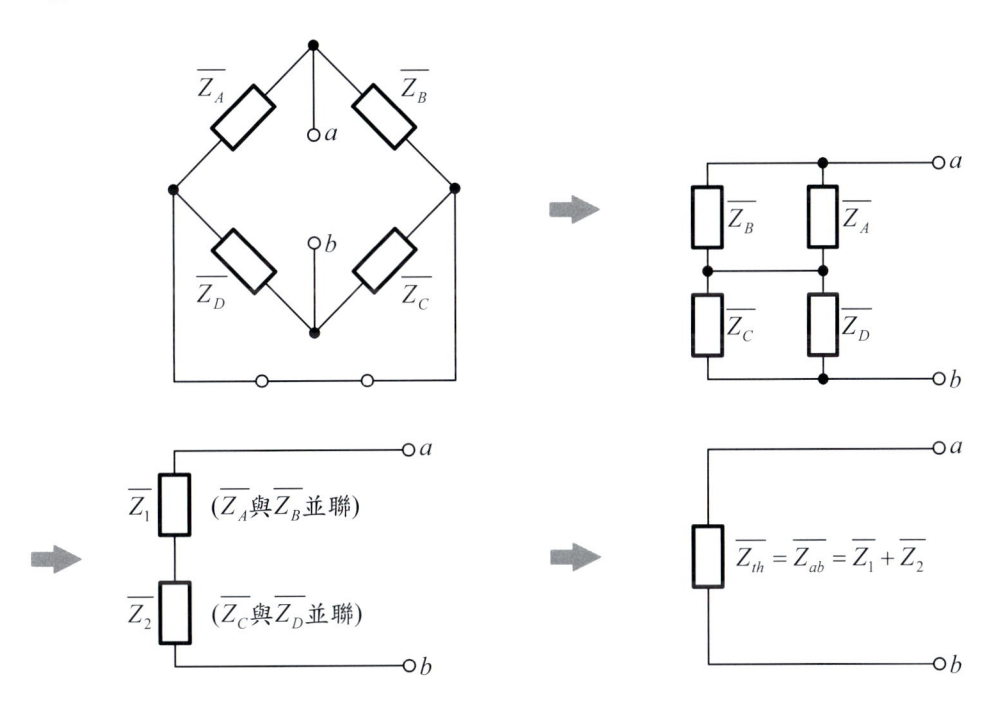

$$\overline{Z_1} = \frac{\overline{Z_A} \cdot \overline{Z_B}}{\overline{Z_A} + \overline{Z_B}} \ , \ \overline{Z_2} = \frac{\overline{Z_C} \cdot \overline{Z_D}}{\overline{Z_C} + \overline{Z_D}}$$

$\overline{E_{th}}$ 之求法：（如右圖：$\overline{E_{th}} = \overline{V_{ab}}$）

由下圖中知：$\overline{V_{ab}} = \overline{V_{ac}} + \overline{V_{cb}}$（或 $\overline{V_{ab}} = \overline{V_{ad}} + \overline{V_{db}}$）

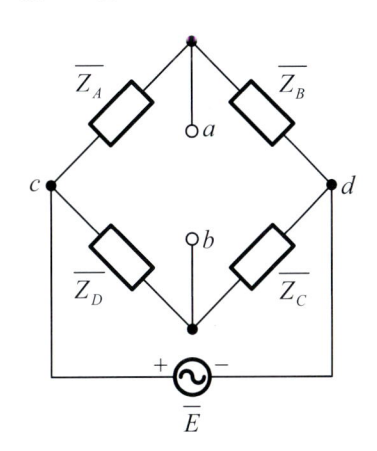

12-33

於下圖(a)中：

$$\overline{V_a} = \overline{V_{ad}} = \frac{\overline{Z_B}}{\overline{Z_A} + \overline{Z_B}} \cdot \overline{E}$$

$$\overline{V_{ca}} = \frac{\overline{Z_A}}{\overline{Z_A} + \overline{Z_B}} \cdot \overline{E}$$

於下圖(b)中：

$$\overline{V_b} = \overline{V_{bd}} = \frac{\overline{Z_C}}{\overline{Z_C} + \overline{Z_D}} \cdot \overline{E} \qquad \overline{V_{cb}} = \frac{\overline{Z_D}}{\overline{Z_C} + \overline{Z_D}} \cdot \overline{E}$$

$$\therefore \overline{E_{th}} = \overline{V_{ab}} = \overline{V_a} - \overline{V_b}$$

或 $\overline{E_{th}} = \overline{V_{ab}} = \overline{V_{ac}} + \overline{V_{cb}} = -\overline{V_{ca}} + \overline{V_{cb}}$

或 $\overline{E_{th}} = \overline{V_{ab}} = \overline{V_{ad}} + \overline{V_{db}} = \overline{V_{ad}} - \overline{V_{bd}}$

P.S. 注意電壓 $\overline{E}$ 之 +、− 極性。

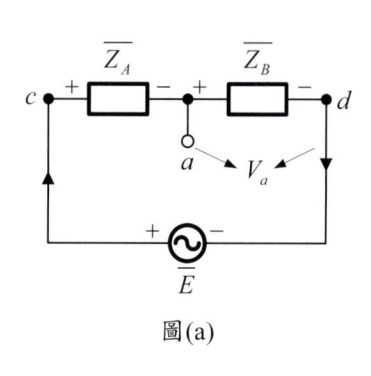

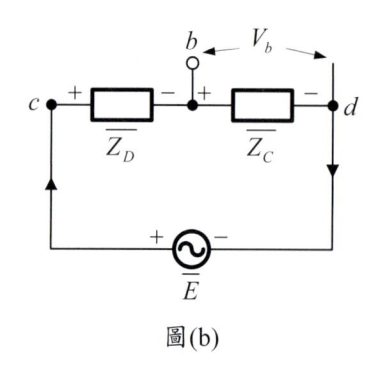

圖(a)　　　　　　　　　　　　　　圖(b)

則利用戴維寧定理之求法；如下圖：

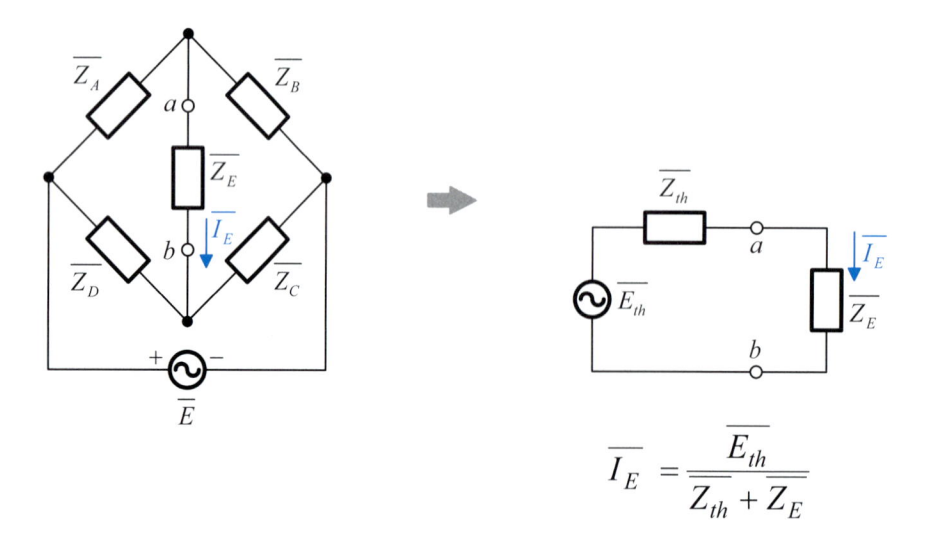

$$\overline{I_E} = \frac{\overline{E_{th}}}{\overline{Z_{th}} + \overline{Z_E}}$$

CH 12 交流電源

範例 22

若把 Y 型連接三相電路改為等效之 Δ 型連接三相電路，則每相阻抗應為原 Y 型連接之 _____ 倍。　　[二專]

答 3

解 若三相之阻抗相等時，將 Y 型改成 Δ 型時，則 $Z_\Delta = 3Z_Y$。

（若三相之阻抗相等時，將 Δ 型改成 Y 型時，則 $Z_Y = \dfrac{1}{3}Z_\Delta$）

範例 23

如下圖所示，試以戴維寧定理求：(1) A、B 端點斷路之戴氏等值電動勢 E_{th}？　(2) A、B 端點斷路之戴氏等值阻抗 Z_{th}？　(3) 最大功率輸出之負載阻抗 Z_ℓ？　(4) 線路電流 I？　(5) 負載之最大功率 P_{max}？　　[二專]

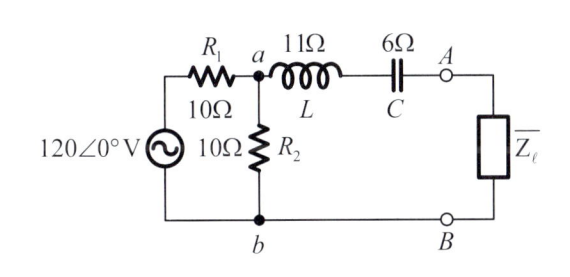

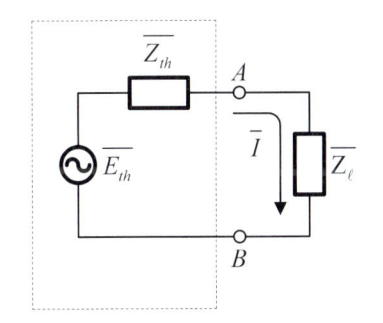

解 (1) E_{th} 即為 $R_2 = 10\,\Omega$ 之端電壓（∵ L、C 無壓降）

$$\overline{E_{th}} = \overline{E_{AB}} = \overline{E_{ab}} = \dfrac{10}{10+10} \times (120\angle 0°) = 60\angle 0°\,(V)$$

(2) $\overline{Z_{th}}$ 之求法：（如右圖）

$$\overline{Z_{th}} = \overline{Z_{AB}} = \dfrac{R_1 R_2}{R_1 + R_2} + j(X_L - X_C)$$

$$= \dfrac{10 \times 10}{10 + 10} + j(11 - 6) = 5 + j(11 - 6)$$

$$= 5 + j5\,(\Omega)$$

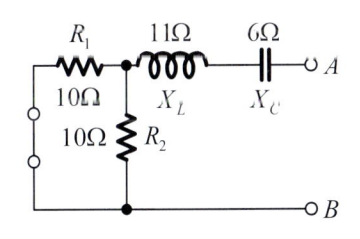

(3) 最大功率時 $\overline{Z_\ell} = \overline{Z_{th}}^* = 5 - j5\,(\Omega)$　其中　$R_\ell = R_{th} = 5\,(\Omega)$

(4) $\overline{Z} = \overline{Z_{th}} + \overline{Z_\ell} = 10\,(\Omega)$，$\overline{I} = \dfrac{\overline{E_{th}}}{\overline{Z}} = \dfrac{60\angle 0°}{10} = 6\angle 0°\,(A)$　其中　$I = 6\,(A)$

(5) $P_{max} = I^2 R_\ell = 6^2 \times 5 = 180\,(W)$　或　$P_{max} = \dfrac{E_{th}^2}{4R_{th}} = \dfrac{60^2}{4 \times 5} = 180\,(W)$

12-35

範例 24

若一惠斯登（WHEATSTONE）電橋的四支臂阻抗，依序（逆時針）是 Z_1、Z_2、Z_3 和 Z_4，則平衡條件是 _____。 [保甄]

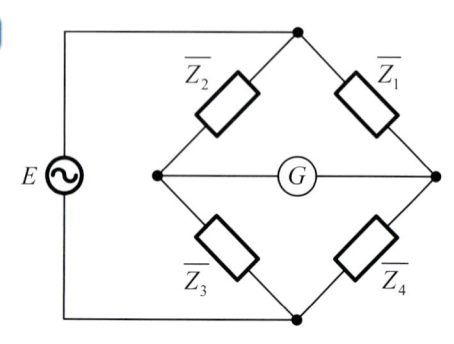

答 $Z_1Z_3 = Z_2Z_4$

解

範例 25

在右圖中，電路負載 $\overline{Z_\ell}$ 由那些元件組成時可使電路發生最大功率轉移。 [保甄]

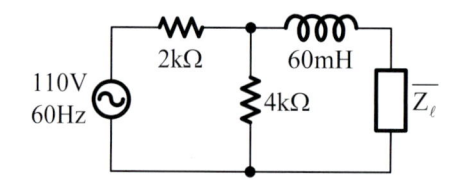

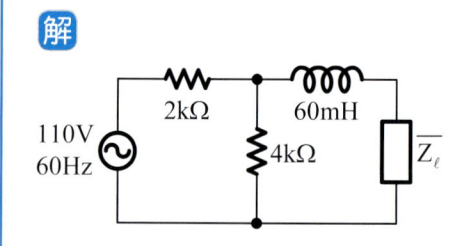

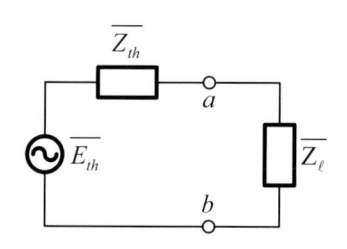

解

$\overline{Z_{th}}$ 之求法：

$X_L = 2\pi fL = 2 \times \pi \times 60 \times 60 \times 10^{-3} = 3.6 \times 2\pi \ (\Omega)$

$\overline{Z_{th}} = \overline{Z_{ab}} = \dfrac{2\text{k} \times 4\text{k}}{2\text{k} + 4\text{k}} + jX_L = \dfrac{4}{3}\text{k} + j3.6 \times 2\pi \ (\Omega)$

$\overline{Z_\ell} = \overline{Z_{th}}^* = \dfrac{4}{3}\text{k} - j3.6 \times 2\pi \ (\Omega)$

$\therefore \overline{Z_\ell}$ 是 $\dfrac{4}{3}\text{k}\Omega$ 電阻及 $3.6 \times 2\pi\ \Omega$ 之電容

範例 26

一交流電源 $\overline{V_S} = 40\angle 0°$ (V)，內部阻抗 $\overline{Z_S} = 10 + j10$ (Ω)，接上一負載 $\overline{Z_L}$ 形成封閉路徑。此負載所能自電源取用的最大功率為 _____ 瓦特。 [保甄]

答 40

解 當負載阻抗 $\overline{Z_L}$ 與電源內部阻抗 $\overline{Z_S}$ 成共軛複數時，而負載可獲得最大功率輸出，此時電路之總阻抗 $\overline{Z}$ 為純電阻：

$$\overline{Z} = \overline{Z_S} + \overline{Z_L} = (10+j10)+(10-j10) = 20\,(\Omega)$$

$$\overline{I} = \frac{\overline{V_S}}{\overline{Z}} = \frac{40\angle 0°}{20} = 2\angle 0°\,(A)$$

$\overline{Z_L}$ 負載所獲得之最大功率為

$$P_L = I^2 R_L = 2^2 \times 10 = 40\,(W) \quad 或 \quad P_L = \frac{V_S^2}{4R_L} = \frac{40^2}{4\times 10} = 40\,(W)$$

七 補充教材：交流電橋

1. **馬克士威爾電橋（Maxwell Bridge）：**

   當電橋平衡時：

   $$R_2 R_3 = \frac{R_1(-j\frac{1}{\omega C_1})}{R_1 + (-j\frac{1}{\omega C_1})}(R_x + j\omega L_x)$$

   $$R_2 R_3 (R_1 - j\frac{1}{\omega C_1}) = -j\frac{R_1}{\omega C_1}(R_x + j\omega L_x)$$

   得 $R_1 R_2 R_3 - j\dfrac{R_2 R_3}{\omega C_1} = \dfrac{R_1 L_x}{C_1} - j\dfrac{R_1 R_x}{\omega C_1}$

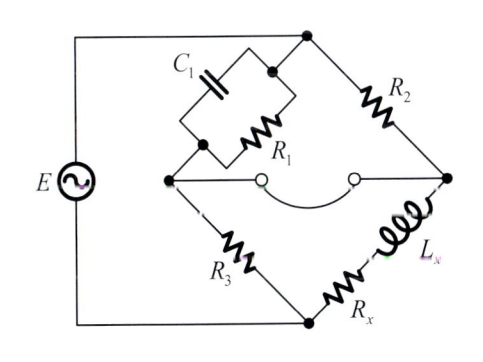

   若兩複數相等時，則實數部分相等，而虛數部分亦相等：

   $$\therefore R_1 R_2 R_3 = \frac{R_1 L_x}{C_1} \quad 即 \quad L_x = R_2 R_3 C_1$$

   $$\frac{R_2 R_3}{\omega C_1} = \frac{R_1 R_x}{\omega C_1} \quad 即 \quad R_x = \frac{R_2 R_3}{R_1}$$

2. 比較電橋（Comparison Bridge）：

   (1) 待測電容：

   當電橋平衡時：

   $$R_1(R_x - j\frac{1}{\omega C_x}) = R_2(R_3 - j\frac{1}{\omega C_3})$$

   $$R_1 R_x - j\frac{R_1}{\omega C_x} = R_2 R_3 - j\frac{R_2}{\omega C_3}$$

   ∴ $R_1 R_x = R_2 R_3$　　即　　$R_x = \dfrac{R_2 R_3}{R_1}$

   ∴ $\dfrac{R_1}{\omega C_x} = \dfrac{R_2}{\omega C_3}$　　即　　$C_x = \dfrac{R_1 C_3}{R_2}$

   (2) 待測電感：

   依上列得知：

   $$R_x = \frac{R_2}{R_1} R_3$$

   $$L_x = \frac{R_2}{R_1} L_3$$

3. 史林電橋：

   平衡時：

   $$C_x = \frac{R_1}{R_2} C_2$$

   $$R_x = \frac{C_1}{C_2} R_2$$

4. 歐文電橋：

   平衡時：

   $$R_x = \frac{C_2}{C_1} R_2$$

   $$L_x = R_1 R_2 C_2$$

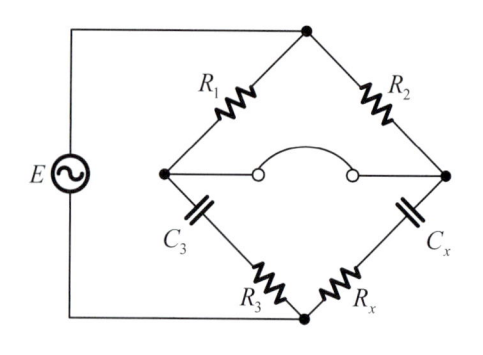

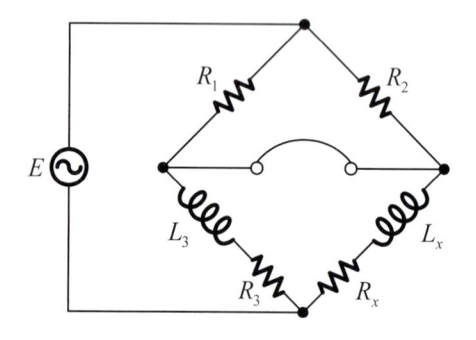

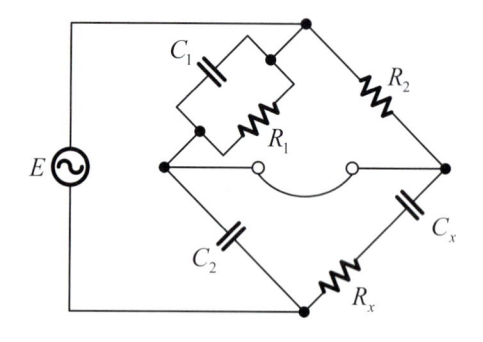

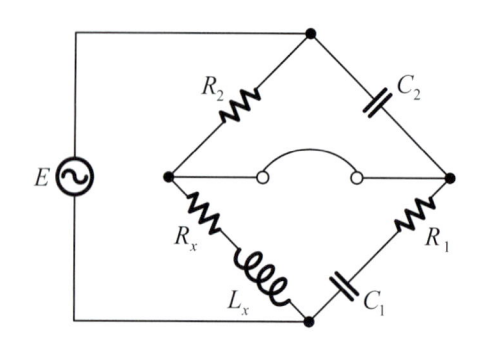

範例 27

下圖為一交流電橋,當電橋平衡時,已知 $R_1 = 2\,\Omega$,$R_2 = 100\,\Omega$,$R_3 = 40\,\Omega$,$C_s = 20\,\mu\text{F}$,試求 R_x 及 L_x。

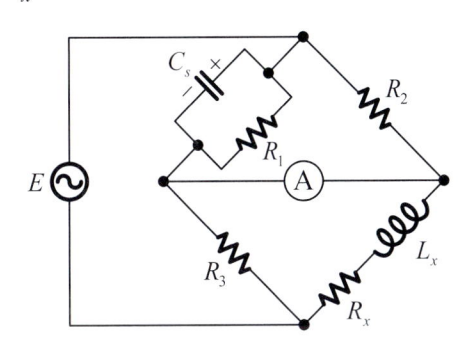

[教院]

解 當電橋平衡時:

$$R_2 R_3 = \frac{R_1(-j\dfrac{1}{\omega C_s})}{R_1 + (-j\dfrac{1}{\omega C_s})}(R_x + j\omega L_x)$$

$$R_2 R_3 (R_1 - j\frac{1}{\omega C_s}) = -j\frac{R_1}{\omega C_s}(R_x + j\omega L_x)$$

得 $R_1 R_2 R_3 - j\dfrac{R_2 R_3}{\omega C_s} = \dfrac{R_1 L_x}{C_s} - j\dfrac{R_1 R_x}{\omega C_s}$

若兩複數相等時,則實數部分相等,而虛數部分亦相等

$$\therefore R_1 R_2 R_3 = \frac{R_1 L_x}{C_s}$$

即 $L_x = R_2 R_3 C_s = 100 \times 40 \times 20 \times 10^{-6} = 0.08\,(\text{H})$

$$\frac{R_2 R_3}{\omega C_s} = \frac{R_1 R_x}{\omega C_s}$$

即 $R_x = \dfrac{R_2 R_3}{R_1} = \dfrac{100 \times 40}{2} = 2000\,(\Omega) = 2\text{k}\,(\Omega)$

範例 28

關於下圖之電橋，下列敘述何者正確？

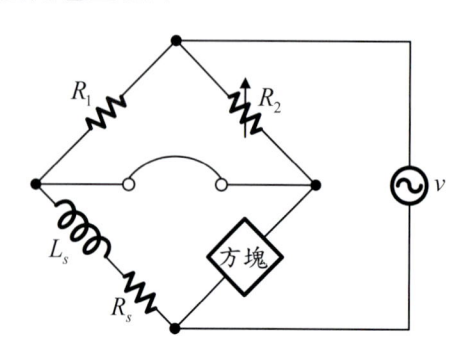

(A) 電橋平衡時，方塊中的元件由電阻 R_x 與電容 C_x 串聯而成，則 $R_x = \dfrac{R_1}{R_2} R_s$

(B) 電橋平衡時，方塊中的元件由電阻 R_x 與電容 C_x 串聯而成，則 $R_x = \dfrac{R_1}{R_2} L_s$

(C) 電橋平衡時，方塊中的元件由電阻 R_x 與電感 L_x 串聯而成，則 $R_x = \dfrac{R_2}{R_1} L_s$，且 $L_x = \dfrac{R_2}{R_1} R_s$

(D) 電橋平衡時，方塊中的元件由電阻 R_x 與電感 L_x 串聯而成，則 $R_x = \dfrac{R_2}{R_1} R_s$，且 $L_x = \dfrac{R_2}{R_1} L_s$

(E) 方塊中以任何元件連接都不可能使電橋平衡

[二專]

答 (D)

解 電橋平衡時 $\dfrac{R_x + jX_{Lx}}{R_s + jX_{Ls}} = \dfrac{R_2}{R_1}$

$R_x + jX_{Lx} = \dfrac{R_2}{R_1} R_s + j\dfrac{R_2}{R_1} X_{Ls}$

∵ 於複數中，其實數部分 = 實數部分，虛數部分 = 虛數部分

∴ $R_x = \dfrac{R_2}{R_1} R_s$，$X_{Lx} = \dfrac{R_2}{R_1} X_{Ls}$ 即 $L_x = \dfrac{R_2}{R_1} L_s$

歷屆試題

12-1 單相電源

( )1. 如圖(1)所示單相三線電路，設備 A 及 B 為純電阻性負載，電阻值皆為2Ω，於負載 B 端發生短路故障，短路電流 I_2 之值約為何？
(A)660.3A (B)588.4A (C)384.7A (D)76.7A [109統測]

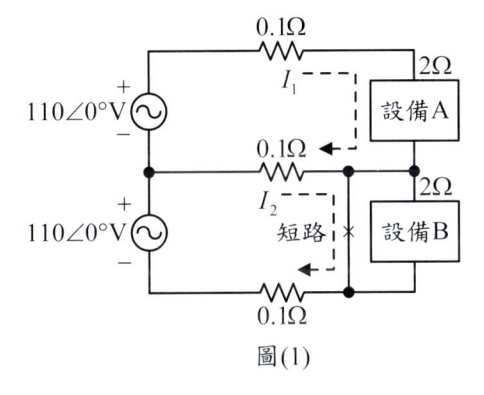

圖(1)

( )2. 如圖(2)所示之1ϕ2W與1ϕ3W供電系統，其中每一配電線路的等效電阻為 r，單一負載皆為1kW。若1ϕ2W系統供電之配電線路損失為 P_{2W}，1ϕ3W系統供電之配電線路損失為 P_{3W}，則下列敘述何者正確？
(A) $P_{3W} = 4P_{2W}$ (B) $P_{3W} = 3P_{2W}$
(C) $P_{3W} = 0.5P_{2W}$ (D) $P_{3W} = 0.25P_{2W}$ [104統測]

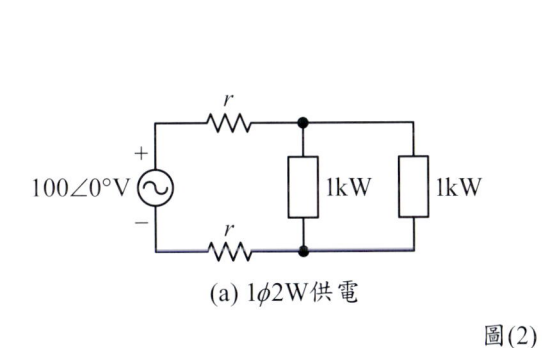

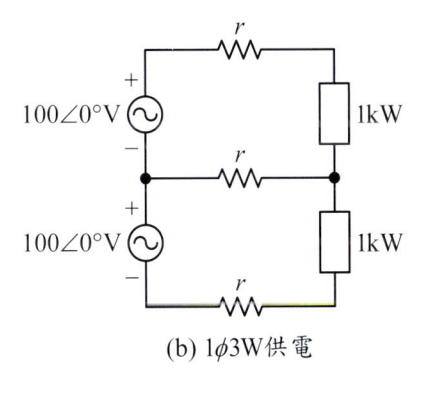

(a) 1ϕ2W供電 (b) 1ϕ3W供電
圖(2)

( )3. 如圖(3)所示之電路，若兩電阻負載的功率分別為440W及220W，則電流 $\overline{I_N}$ 為何？ (A)1∠180°A (B)2∠0°A (C)3∠180°A (D)6∠0°A [103統測]

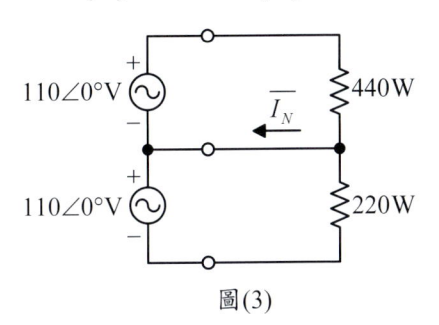

圖(3)

(　　)4. 在相同負載功率與距離條件下，下列有關交流電源之敘述，何者錯誤？
(A)提高輸電電壓可提高輸電效率
(B)將1Φ2W電源配線改為1Φ3W電源配線將增加線路損失
(C)將1Φ2W電源配線改為1Φ3W電源配線可減少線路壓降比
(D)改善負載端之功率因數可降低輸電損失 [統測]

(　　)5. 單相二線制（1Φ2W）交流供電系統，供應交流110V負載。若改為單相三線制（1Φ3W）供電，在負載不變且負載分配平衡，以及相同傳送距離與相同線路損失之條件下，1Φ3W之每條電源傳輸導線截面積為1Φ2W每條電源傳輸導線截面積的多少倍？
(A)2倍　(B)0.625倍　(C)0.375倍　(D)0.25倍 [統測]

(　　)6. 單相三線式電源系統，當A（電流$\overline{I_A}$）、B（電流$\overline{I_B}$）兩側負載平衡時，則中性線電流$\overline{I_N}$ = ？　(A)0　(B)$\overline{I_A}$　(C)$\overline{I_B}$　(D)$|\overline{I_A}|+|\overline{I_B}|$ [統測]

12-2　三相電源

(　　)7. 有一功率因數為0.866落後之三相平衡負載，將其連接於線電壓有效值為220V之三相平衡電源，已知線電流有效值為10A，則負載每相所消耗之平均功率約為何？
(A)1100W　(B)$1100\sqrt{3}$W　(C)2200W　(D)$2200\sqrt{3}$W [110統測]

(　　)8. 如圖(4)所示之三相電路，求線電流$\overline{I_A}$之值為何？
(A)$20\sqrt{3}\angle-90°$A
(B)$20\sqrt{3}\angle 90°$A
(C)$20\angle-90°$A
(D)$20\angle 90°$A [109統測]

圖(4)

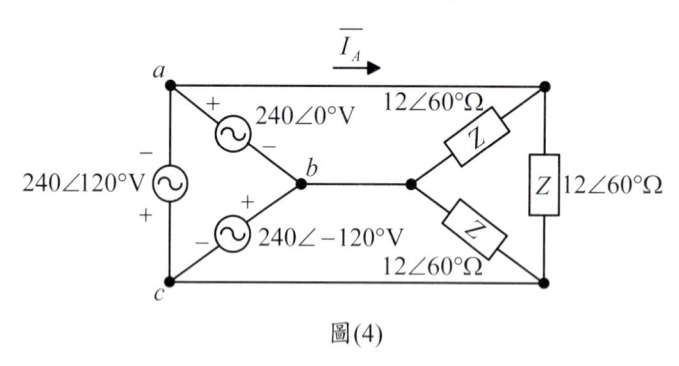

(　　)9. 有一三相平衡電源，當接至平衡三相Y接負載時，負載總消耗功率為1600W，若外接電壓與負載每相阻抗不變之下，將負載改為Δ連接，且負載仍然能正常工作，則負載總消耗功率為何？
(A)1600W　(B)2400W　(C)3200W　(D)4800W [108統測]

(　　)10. 有一個三相平衡電源，供給每相阻抗為$11\angle 60°\Omega$之平衡三相Δ接負載。若電源線電壓有效值為220V，則此電源供給之總平均功率為何？
(A)13200W　(B)6600W　(C)4400W　(D)2200W [107統測]

( )11. 有一三相平衡電源供應 Y 接三相平衡負載，電源相序為 ABC，若電源側線電壓 $\overline{V_{AB}} = 220\angle 30°$ V，線電流 $\overline{I_A} = 5\angle -30°$ A，則此電路的功率因數角為何？
(A)0°　(B)30°　(C)60°　(D)90°　　　　　　　　　　　　　　　[106統測]

( )12. 有一三相發電機供應 220V 的電源電壓給一 Δ 接之三相平衡負載，已知每相負載阻抗為 $5 + j8.66\Omega$，試求此三相負載消耗的總平均功率為何？
(A)2420W　(B)4192W　(C)5134W　(D)7260W　　　　　　　　　[105統測]

( )13. 三相平衡 Y 接電源系統，n 為中性點，若線電壓分別為 $\overline{V_{ab}} = 220\sqrt{3}\angle 0°$ V、$\overline{V_{bc}} = 220\sqrt{3}\angle 120°$ V 及 $\overline{V_{ca}} = 220\sqrt{3}\angle -120°$ V，下列有關相電壓 $\overline{V_{bn}}$ 之敘述，何者正確？
(A)$\overline{V_{bn}} = 220\angle 150°$ V　　　　(B)$\overline{V_{bn}} = 220\sqrt{3}\angle 150°$ V
(C)$\overline{V_{bn}} = 220\angle 90°$ V　　　　(D)$\overline{V_{bn}} = 220\sqrt{3}\angle 90°$ V　　　[104統測]

( )14. 如圖(5)所示之三相平衡電路，若電源線對線電壓有效值為 $200\sqrt{3}$ V，負載阻抗 $\overline{Z_L} = 8 + j6\Omega$，則三相負載的總平均功率為何？
(A)3.2kW
(B)6.4kW
(C)9.6kW
(D)12.8kW　　　　　　　　　　[103統測]　　　　　圖(5)

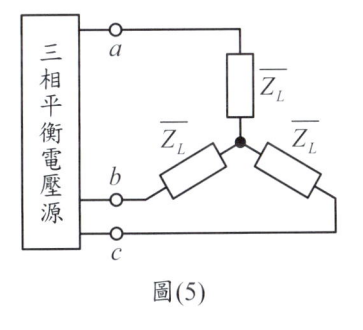

( )15. 如圖(6)所示之三相電路，若三相發電機以正相序供電給負載，已知電壓有效值 $\overline{V_{an}} = 100\angle 0°$ V，請問下列敘述何者錯誤？
(A)線電壓 $\overline{V_{AB}} = 100\sqrt{3}\angle 30°$ V　　(B)線電流 $\overline{I_A} = 4\sqrt{3}\angle -6.9°$ A
(C)總平均功率 $P_T = 2.88$ kW　　　　(D)功率因數 $PF = 0.8$ 滯後　　[102統測]

圖(6)

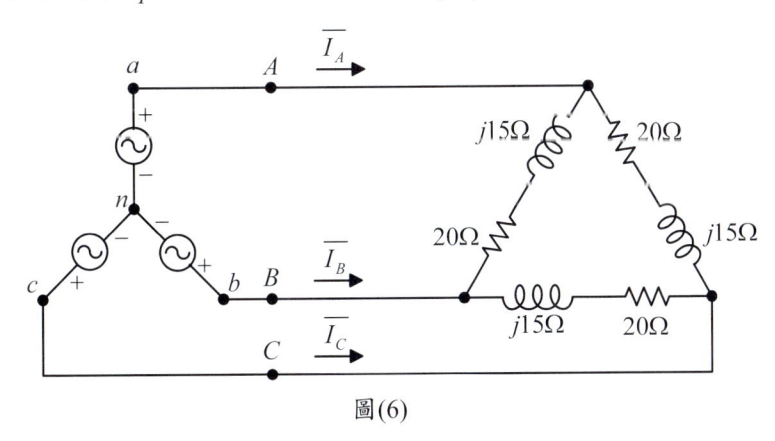

( )16. 已知三相 Y 型連接發電機之兩相電壓分別為 $e_{bn}(t) = 110\sin(377t - 120°)$ V 及 $e_{cn}(t) = 110\sin(377t + 120°)$ V，則線電壓 $e_{bc}(t) = e_{bn}(t) - e_{cn}(t)$ 為何？
(A)$191\sin 377t$ V　　　　　　　　(B)$110\sin 377t$ V
(C)$191\sin(377t - 90°)$ V　　　　　(D)$110\sin(377t - 90°)$ V　　[統測]

( )17. 某Y接正相序的平衡三相發電機接於平衡三相Δ接負載,且其線電壓為220V,若該Δ接負載為三個30Ω的純電阻所構成,求此負載所消耗的平均功率為何?
(A)2.42kW (B)4.84kW (C)7.26kW (D)9.68kW [統測]

( )18. 某Y接正相序的平衡三相發電機接於平衡三相負載,則下列有關此三相發電機的敘述,何者正確?
(A)線電流為相電流的$\sqrt{3}$倍 (B)線電壓為相電壓的$\sqrt{3}$倍
(C)三相電壓總合為1 (D)三相電流總合為1 [統測]

( )19. 某三相平衡負載之線電壓有效值為200V,線電流有效值為10A,負載之功率因數為0.8落後,則其負載的總視在功率S與總實功率P各為何?
(A)$S = 6$ kVA,$P = 2.07$ kW (B)$S = 6$ kVA,$P = 4.8$ kW
(C)$S = 3.46$ kVA,$P = 1.6$ kW (D)$S = 3.46$ kVA,$P = 2.77$ kW [統測]

( )20. 接於三相平衡電源之Δ接三相平衡負載,每相阻抗為$(6 + j8)\Omega$,負載端線電壓有效值為200V,則此負載總消耗平均功率為何?
(A)7200W (B)4800W (C)3600W (D)2400W [統測]

( )21. 以二瓦特表法量測平衡三相負載之功率,其中一瓦特表讀值為另一瓦特表讀值的兩倍,則負載之功率因數為多少?
(A)0 (B)0.5 (C)0.866 (D)1 [統測]

( )22. 有一三相Δ型連接平衡負載,接於三相平衡電源,已知每相負載阻抗為$11\angle 60°\Omega$,電源線電壓有效值為220V,求此負載消耗的總有效功率為多少?
(A)6600W (B)4400W (C)3810W (D)2200W [統測]

( )23. 有一台三相Y連接發電機,相序為abc,已知a相電壓$\overline{V_{ao}} = 100\angle 0°$ V,求線電壓$\overline{V_{bc}} = ?$
(A)$100\sqrt{3}\angle 30°$ V (B)$100\sqrt{3}\angle 90°$ V
(C)$100\sqrt{3}\angle 150°$ V (D)$100\sqrt{3}\angle 270°$ V [統測]

( )24. 下列有關平衡三相電壓的敘述,何者正確?
(A)三相電壓的相位角均相同 (B)三相電壓的瞬時值總和可以不為零
(C)三相電壓的大小均相同 (D)三相電壓的波形可以不相同 [統測]

( )25. 有平衡三相Δ型接法之負載,若每相阻抗為$4 + j3\Omega$,接於線電壓220伏特的三相平衡電源上,則下列敘述何者有誤?
(A)負載相電壓為220伏特 (B)負載線電流為$44\sqrt{3}$安培
(C)負載功率因數為0.6 (D)負載每相阻抗大小為5Ω [四技二專]

( )26. 平衡三相電路,各相間的相位差為
(A)0度 (B)90度 (C)120度 (D)160度 [保送]

( )27. 三相平衡之Δ連接電路，若相電流為10安培，則其線電流應為
(A)10安培 (B)$10\sqrt{3}$安培 (C)$\frac{10}{\sqrt{3}}$安培 (D)30安培 [南專夜]

( )28. 某三相平衡電路之總實功率P為1000瓦，線間電壓為220伏特，功率因數為0.8，則三相視在功率為多少伏安？
(A)600 (B)800 (C)1000 (D)1250 [保送]

( )29. 如圖(7)所示為兩瓦特表法測量平衡三相負載功率，設所接平衡三相電源$\overline{V_{AB}}=100\angle 0°$伏特正相序，三相負載$\overline{Z_1}=\overline{Z_2}=\overline{Z_3}=10\angle 60°\Omega$，則兩瓦特表$W_A$及$W_C$之讀值各為多少瓦？
(A)0、1500 (B)1000、0 (C)750、750 (D)500、1000 [保送]

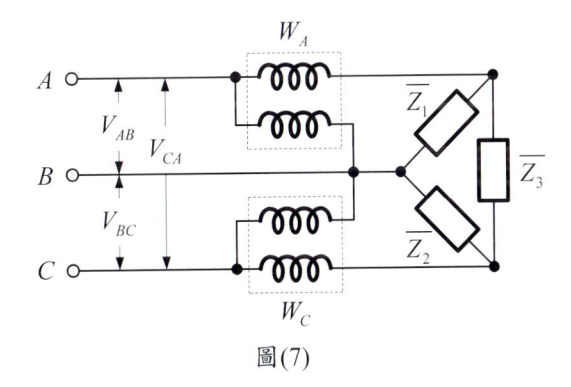

圖(7)

( )30. 三相平衡Y接負載，每相之阻抗為$10\angle 30°$歐姆，若線電壓為220伏，則總功率為 (A)4192W (B)1397W (C)4840W (D)14520W [中專夜]

( )31. 如圖(8)所示為平衡三相電路，電源與負載單位分別為伏特與歐姆。求Δ接負載的總功率為多少瓦特？
(A)2640 (B)7920 (C)6050 (D)10477 [保送]

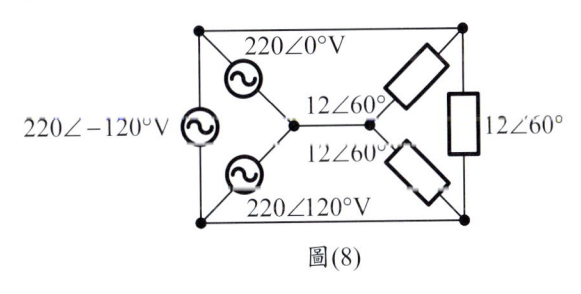

圖(8)

( )32. 在Δ型三相平衡電路中，相序為abc，其線電流
(A)恆落後其最鄰近之相電流30°
(B)恆超前其最鄰近之相電流90°
(C)恆與相電流同相位
(D)恆超前其最鄰近之相電流30°

( )33. 平衡四相五線制，其每相相位差
(A)60° (B)72° (C)90° (D)120° [保送]

( )34. 圖(9)之三相電路，電源相序為 abc，且 $\overline{V_{ab}} = 173.2\angle 30°$ 伏特，則 I_C 為多少安培？　(A)$17.3\angle 60°$　(B)$17.3\angle 90°$　(C)$10\angle 90°$　(D)$10\angle 60°$ 　[北專夜]

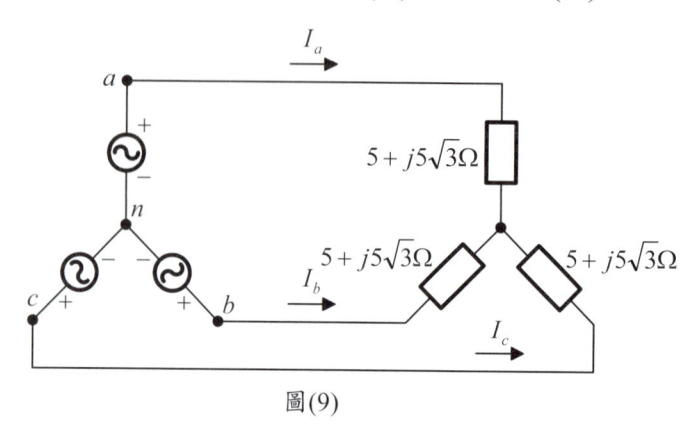

圖(9)

※12-4　交流迴路

( )35. 如圖(10)所示之電路，試求出圖中 A、B 兩點間之等效阻抗？
(A)$2 + j1\Omega$　(B)$1 + j1\Omega$
(C)$2 + j2\Omega$　(D)$1 + j2\Omega$　[四技二專]

( )36. 如圖(10)所示之電路，現使用一導線將圖中 C、D 兩點短路，試求出圖中 A、B 兩點間之等效阻抗？
(A)$1 + j2\Omega$　(B)$2 + j1\Omega$
(C)$1 + j1\Omega$　(D)$2 + j2\Omega$　[四技二專]

圖(10)

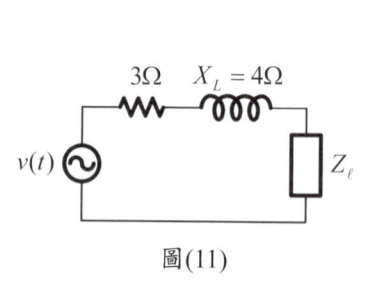

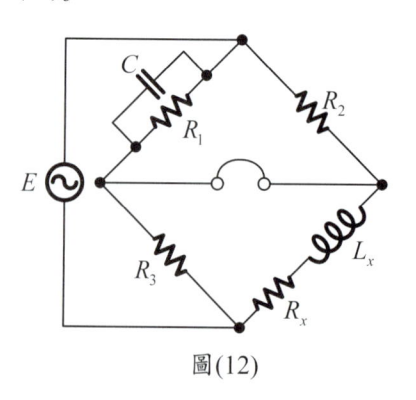

( )37. 如圖(11)所示，欲在 Z_ℓ 上得到最大輸出功率，則 Z_ℓ 值應為
(A)$3 + j4\Omega$　(B)$3 - j4\Omega$　(C)$-j5\Omega$　(D)$j5\Omega$　[四技二專]

圖(11)

圖(12)

( )38. 如圖(12)所示為馬克士威電橋，$R_1 = 10\text{ k}\Omega$，$R_2 = 10\text{ k}\Omega$，$R_3 = 5\text{ k}\Omega$，$C = 0.1\,\mu\text{F}$，當電路平衡時，L_x 及 R_x 應為多少？
(A)$L_x = 5\text{ H}$，$R_x = 5\text{ k}\Omega$　　　　(B)$L_x = 3\text{ H}$，$R_x = 8\text{ k}\Omega$
(C)$L_x = 5\text{ H}$，$R_x = 8\text{ k}\Omega$　　　　(D)$L_x = 3\text{ H}$，$R_x = 5\text{ k}\Omega$　[四技二專]

( )39. 如圖(13)所示為交流電路，調整負載Z_ℓ值，使負載獲得到最大功率，求$\overline{Z_\ell}$應為多少？
(A)5Ω
(B)$j5\Omega$
(C)$5\Omega - j5\Omega$
(D)$5\Omega + j5\Omega$ [四技二專]

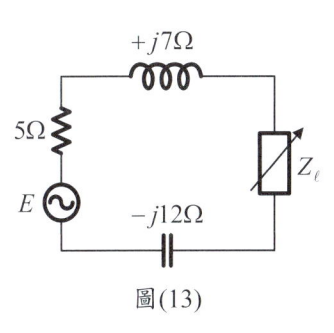

圖(13)

( )40. 有一110伏特、60赫芝之單相電源，其輸出阻抗為$1+j0.377$歐姆。今將此電源加在一負載上，此負載由一電阻及一電感串聯而成。若電阻值為1歐姆，則電感值為多少時，傳遞至負載上之實功率為最大？
(A)6.25毫亨利　(B)3.77毫亨利　(C)1.0毫亨利　(D)0毫亨利 [保送]

( )41. 如圖(14)所示為交流阻抗電橋，欲使電橋平衡，則R_x的值為
(A)40Ω　(B)100Ω　(C)200Ω　(D)500Ω [四技二專]

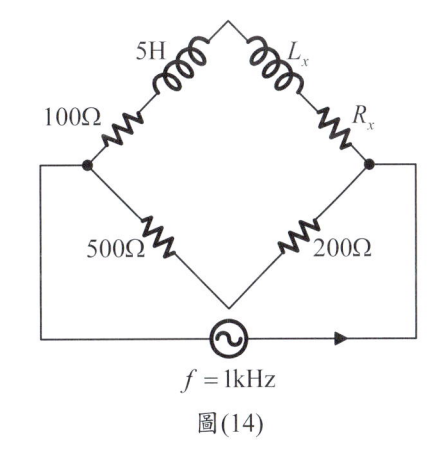

圖(14)

( )42. 如圖(15a) Y型網路所示，若圖(15b)為其△型等效電路，則Z_A為多少？
(A)$4+j2\Omega$　(B)$1-j2\Omega$　(C)$-8-j4\Omega$　(D)$8-j16\Omega$ [四技二專]

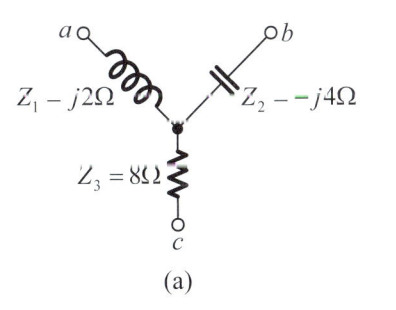

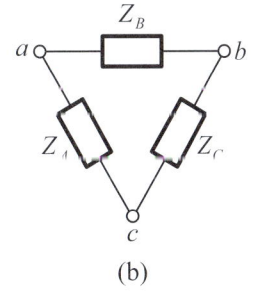

(a) (b)
圖(15)

( )43. 如圖(16)所示為交流電路，求ab兩端的等效阻抗為多少？
(A)$3+j5\Omega$　(B)$j2\Omega$　(C)$3+j1\Omega$　(D)$j14\Omega$ [四技二專]

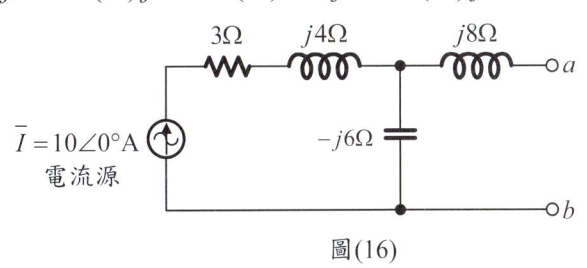

圖(16)

( )44. 如圖(17)所示為基本電容電橋電路，則平衡條件為

(A) $C_x = \dfrac{R_2}{R_1} C_s$ (B) $C_x = \dfrac{R_1}{R_2 C_s}$

(C) $C_x = R_1 R_2 C_s$ (D) $C_x = \dfrac{R_1}{R_2} C_s$ [四技二專]

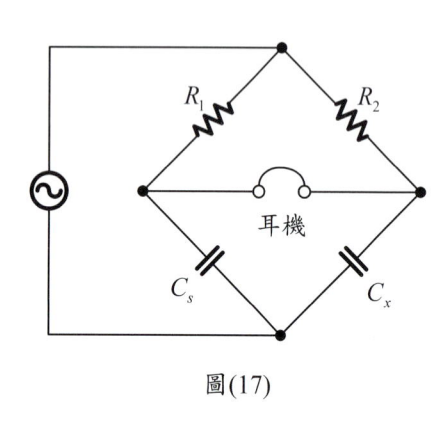

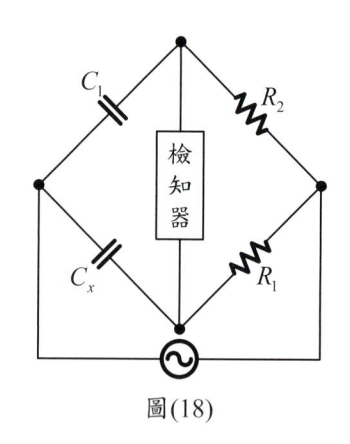

圖(17)   圖(18)

( )45. 如圖(18)所示之電橋電路，設 $R_1 = 1\,\mathrm{k}\Omega$，$R_2 = 3\,\mathrm{k}\Omega$，$C_1 = 2\,\mu\mathrm{F}$，當電橋平衡時，則 $C_x =$
(A) $1.5\mu\mathrm{F}$ (B) $4\mu\mathrm{F}$ (C) $6\mu\mathrm{F}$ (D) $7.5\mu\mathrm{F}$ [四技二專]

( )46. 如圖(19)所示，求 ab 兩端戴維寧等效阻抗（Z_{th}）= ?
(A) $6 - j8\Omega$ (B) $6 + j8\Omega$ (C) $6 - j12\Omega$ (D) $6 + j12\Omega$ [四技二專]

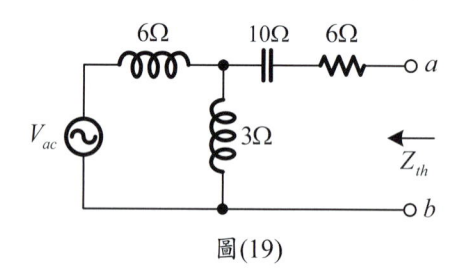

圖(19)

( )47. 如圖(20)為電感電橋，當電橋平衡時，則 L 值為
(A) $3.3\mathrm{mH}$ (B) $6.6\mathrm{mH}$ (C) $33\mathrm{mH}$ (D) $66\mathrm{mH}$ [北專夜]

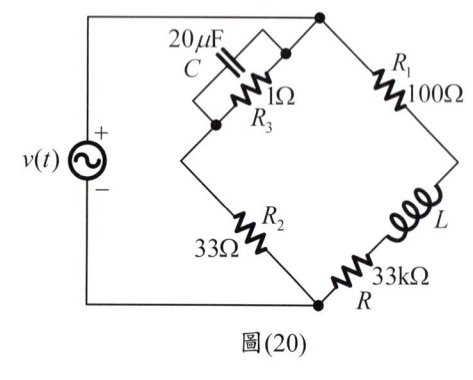

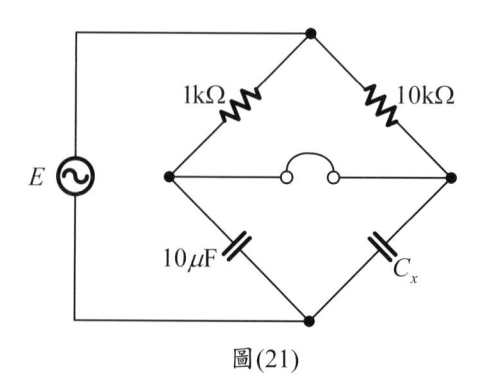

圖(20)   圖(21)

( )48. 如圖(21)所示電橋電路，當平衡時，電容器 C_x 值應為
(A) $100\mu\mathrm{F}$ (B) $10\mu\mathrm{F}$ (C) $1\mu\mathrm{F}$ (D) $0.1\mu\mathrm{F}$ [南專夜]

CH12 交流電源

( )49. 考慮圖(22)的電橋電路，假設在 $R_1 = 1\text{k}\Omega$，$R_2 = 100\Omega$，$R_3 = 200\Omega$，$C = 0.06\mu\text{F}$時，電橋處於平衡，則電感器 L_x 的電感值為
(A)1.0mH (B)1.2mH (C)2.0mH (D)2.4mH [保送]

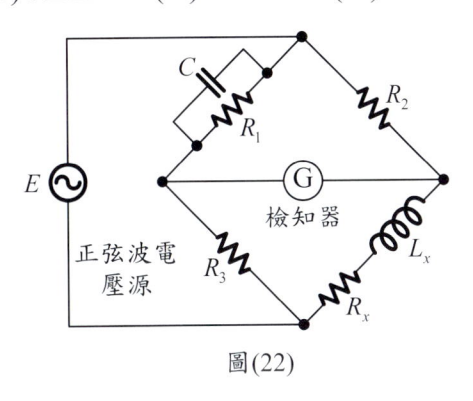

圖(22)

( )50. 上題圖的電橋電路在平衡時，下列敘述何者不正確？
(A) C 與 R_2 的電壓相等
(B) R_2 與 L_x 的電流相等
(C) L_x 與 C 的電壓相等
(D) $R_1 R_x = R_2 R_3$ [保送]

最近統測試題

( )51. 如圖(23)所示三相平衡電路，若線電壓有效值為400V、三相負載的總實功率（總平均功率）為4.8kW、功率因數為0.6落後，則阻抗 $\overline{Z_L}$ 為何？（備註：$\cos 53.1° = 0.6$）
(A) $(12 + j12\sqrt{3})\Omega$
(B) $(12\sqrt{3} + j12)\Omega$
(C) $(16 + j12)\Omega$
(D) $(12 + j16)\Omega$ [12-2][111統測]

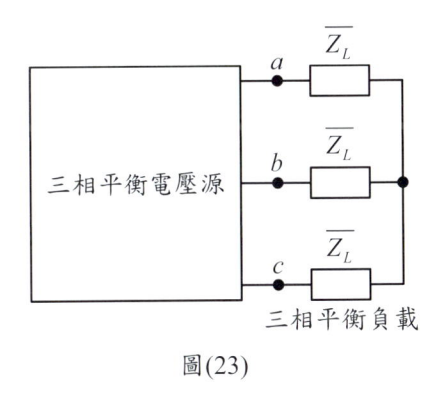

圖(23)

▲ 閱讀下文，回答第52-53題

某生購買了一組三相平衡負載設備，已知此三相平衡負載設備為Δ接方式，且每相阻抗為 $3 + j4$ 歐姆。今將其接至三相平衡電壓源，如圖(24)所示之 U、V、W 三端子，且線電壓有效值為100V。

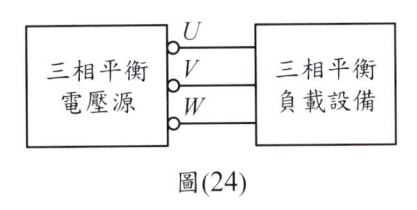

圖(24)

( )52. 圖(24)中負載總消耗功率為多少瓦特？
(A)600 (B)1200 (C)2400 (D)3600 [12-2][112統測]

( )53. 當連接至三相平衡電壓源之 V 點端子的導線因脫落發生斷路，則電路負載總消耗功率變為多少瓦特？
(A)1800 (B)2000 (C)2400 (D)3600 [12-2][112統測]

12-49

Note

CH12 交流電源

答案與詳解

答
1.B 2.D 3.B 4.B 5.D 6.A 7.A 8.A 9.D 10.B
11.B 12.D 13.A 14.C 15.B 16.C 17.B 18.B 19.D 20.A
21.C 22.A 23.D 24.C 25.C 26.C 27.B 28.D 29.A 30.A
31.C 32.A 33.C 34.D 35.C 36.D 37.B 38.A 39.D 40.D
41.A 42.A 43.B 44.D 45.C 46.A 47.D 48.C 49.B 50.C
51.D 52.D 53.A

解

1. $110 = 0.1I_1 + 2 \cdot I_1 + 0.1(I_1 - I_2)$
   $110 = 0.1(I_2 - I_1) + 0.1I_2$
   $\Rightarrow 110 = 2.2I_1 - 0.1I_2 \ldots\ldots① $
   $\quad\ 110 = -0.1I_1 + 0.2I_2 \ldots\ldots②$
   $② \times 22 + ① \quad 2530 = 4.3I_2 \Rightarrow I_2 = \dfrac{2530}{4.3} = 588.4\,(A)$

2. 設流過負載電流為 I

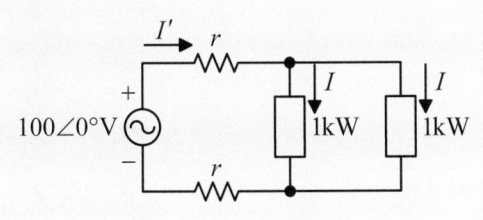

   (1) $1\phi 2W$ 供電：

   $I' = 2I$
   $P_{2W} = 2 \times (I')^2 \times r$
   $\quad\quad = 2 \times (2I)^2 \times r = 8I^2 r$

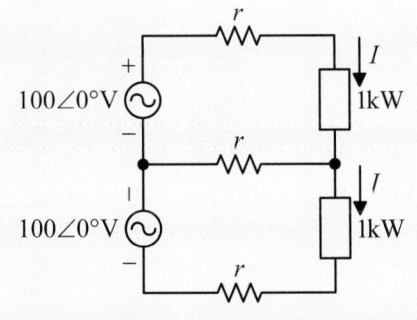

   (2) $1\phi 3W$ 供電：

   因為負載平衡，所以中性線無電流，即中性線無線路損失。
   $P_{3W} = 2 \times I^2 \times r = 2I^2 r$

   $\Rightarrow \dfrac{P_{2W}}{P_{3W}} = \dfrac{8I^2 r}{2I^2 r} = 4 \Rightarrow P_{3W} = \dfrac{1}{4}P_{2W} = 0.25P_{2W}$

3. $\overline{I_N} = \overline{I_1} - \overline{I_2}$，$\overline{I_1} = \dfrac{440}{110} = 4\angle 0°\,(A)\,(\leftarrow)$
   $\overline{I_2} = \dfrac{220}{110} = 2\angle 0°\,(A)\,(\rightarrow)$
   $\overline{I_N} = 4\angle 0° - 2\angle 0° = 2\angle 0°\,(A)\,(\leftarrow)$

12-51

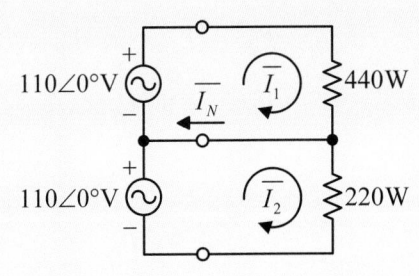

答案與詳解

4. 將1Φ2W電源配線改為1Φ3W電源配線，將減少線路損失。

5. 1ϕ2W的損耗：$P_{2W} = 2(I_{2W}^2 R_{2W}) = 2(2I)^2 R_{2W} = 8I^2 R_{2W}$

   1ϕ3W的損耗：$P_{3W} = 2(I_{3W}^2 R_{3W}) = 2I^2 R_{3W}$

   $\because P_{2W} = P_{3W}$ $\quad \therefore \dfrac{R_{3W}}{R_{2W}} = \dfrac{8I^2}{2I^2} = 4$

   又 $R = \rho \dfrac{\ell}{A}$，且 $\ell_{2W} = \ell_{3W}$（傳送距離相同） $\quad \therefore \dfrac{A_{3W}}{A_{2W}} = \dfrac{R_{2W}}{R_{3W}} = \dfrac{1}{4} = 0.25$

6. 單相三線式電源系統，當 A、B 兩側負載平衡時，則流經中性線之電流為零（即 $\overline{I_N} = 0$），中性線沒有電能損耗，可使整個系統的電能損耗減低。

7. $P.F. = \cos\theta_p = 0.866 = \dfrac{\sqrt{3}}{2}$ $\quad V_\ell = 220\,(V)$，$I_\ell = 10\,(A)$

   $P_P = \dfrac{P_T}{3} = \dfrac{\sqrt{3} V_\ell I_\ell \cos\theta_p}{3} = \dfrac{\sqrt{3} \times 220 \times 10 \times \dfrac{\sqrt{3}}{2}}{3} = 1100\,(W)$

8. $\overline{I_1} = \dfrac{240\angle 0°}{12\angle 60°} = 20\angle -60°\,(A)$

   $\overline{I_2} = \dfrac{240\angle 120°}{12\angle 60°} = 20\angle 60°\,(A)$

   $\overline{I_A} = \overline{I_1} - \overline{I_2} = 20\angle -60° - 20\angle 60°$
   $= 10 - j10\sqrt{3} - (10 + j10\sqrt{3})$
   $= -j20\sqrt{3} = 20\sqrt{3}\angle -90°\,(A)$

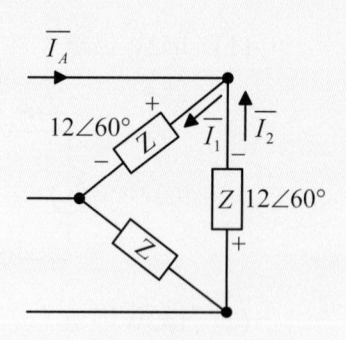

9. (1) 因外接電壓不變，先由 Y 接求出電源電壓。

   $V_\ell = \sqrt{3} V_\phi \qquad I_\phi = \dfrac{V_\phi}{Z}$

   $P_{TY} = 3 V_\phi I_\phi \cos\theta = 3 \times V_\phi \times \dfrac{V_\phi}{Z} \cos\theta$

   $= 3 \times \dfrac{V_\phi^2}{Z} \cos\theta = 1600\,(W)$

   (2) Δ 接：

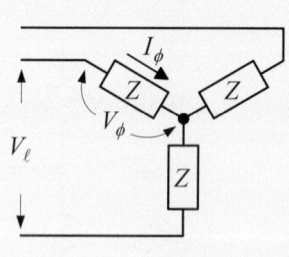

   $V_\phi' = V_\ell = \sqrt{3} V_\phi \qquad I_\phi' = \dfrac{V_\phi'}{Z} = \dfrac{\sqrt{3} V_\phi}{Z}$

   $P_{T\Delta} = 3 V_\phi' I_\phi' \cos\theta$

   $= 3 \times \sqrt{3} V_\phi \times \dfrac{\sqrt{3} V_\phi}{Z} \cos\theta = 3 \times (3 \times \dfrac{V_\phi^2}{Z} \cos\theta)$

   $= 3 \times P_{TY} = 3 \times 1600 = 4800\,(W)$

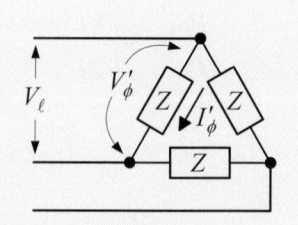

答案與詳解

10. $\theta = 60°$（電感性負載）

    相電流 $I_\phi = \dfrac{220}{11} = 20\,(A)$

    $P_T = 3P_\phi = 3 \times V_\phi I_\phi \cos\theta = 3 \times 220 \times 20 \times \cos 60° = 6600\,(W)$

11. Y接三相平衡電源：

    線電壓超前相電壓30°，線電流與相電流同相位

    $\Rightarrow$ 相電壓角（θ_v）＝線電壓角 $- 30° = 0°$

    　　相電流角（θ_i）＝線電流角 $= -30°$

    $\theta_p = \theta_v - \theta_i = 0° - (-30°) = 30°$（電感性電路，電流落後電壓30°）

12. $\overline{Z_\phi} = 5 + j8.66 = 10\angle 60°\,(\Omega)$

    $I_\phi = \dfrac{V_\phi}{Z_\phi} = \dfrac{220}{10} = 22\,(A)$

    $P_T = 3P_\phi = 3I_\phi^2 \times R_\phi = 3 \times 22^2 \times 5 = 7260\,(W)$

13. 由題意知為負相序Y接系統，如下圖：

    $\Rightarrow$ 線電壓落後相電壓30°，$V_\ell = \sqrt{3}V_\phi$

    $\Rightarrow \overline{V_{bn}} = 220\angle 150°\,(V)$

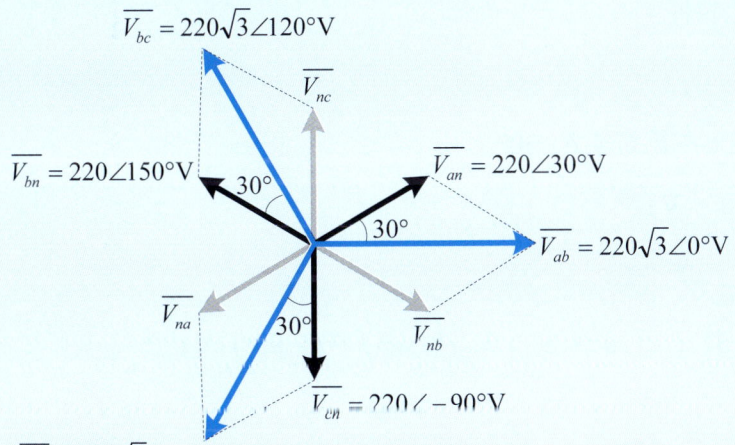

    $\overline{V_{bc}} = 220\sqrt{3}\angle 120°\,V$

    $\overline{V_{bn}} = 220\angle 150°\,V$

    $\overline{V_{an}} = 220\angle 30°\,V$

    $\overline{V_{ab}} = 220\sqrt{3}\angle 0°\,V$

    $\overline{V_{cn}} = 220\angle -90°\,V$

    $\overline{V_{ca}} = 220\sqrt{3}\angle -120°\,V$

14. $V_\phi = \dfrac{200\sqrt{3}}{\sqrt{3}} = 200\,(V)$

    $\overline{Z_L} = 8 + j6 = 10\angle 37°\,(\Omega)$，$\theta = 37°$

    $I_\phi = \dfrac{V_\phi}{Z_L} = \dfrac{200}{10} = 20\,(A)$

    $P_T = 3P_\phi = 3V_\phi I_\phi \cos\theta = 3 \times 200 \times 20 \times \cos 37° = 9.6\,(kW)$

15. $\overline{V_{an}} = 100\angle 0°$ (V)（正相序：$\overline{V_{AB}}$超前$\overline{V_{an}}$ 30°；且$V_{AB} = \sqrt{3}V_{an}$）

$\overline{V_{AB}} = \overline{V_{an}} + \overline{V_{nb}} = \overline{V_{an}} - \overline{V_{bn}} = \sqrt{3}\overline{V_{an}}\angle 30° = 100\sqrt{3}\angle 30°$ (V) .... (A)

$\overline{I_{a'b'}} = \dfrac{\overline{V_{AB}}}{Z_\phi} = \dfrac{100\sqrt{3}\angle 30°}{20 + j15} = \dfrac{100\sqrt{3}\angle 30°}{25\angle 36.9°} = 4\sqrt{3}\angle -6.9°$ (A)

$\overline{I_A} = \sqrt{3}\,\overline{I_{a'b'}}\angle -30° = 12\angle -36.9°$ (A) .... (B)

$P_T = \sqrt{3}I_\ell V_\ell \cos\theta = I_\ell^2 R_\phi = (12)^2 \times 20 = 2880$ (W) .... (C)

$PF = \cos\theta = \dfrac{R_\phi}{Z_\phi} = \dfrac{20}{25} = 0.8$ .... (D)

電感性電路為滯後功率因數

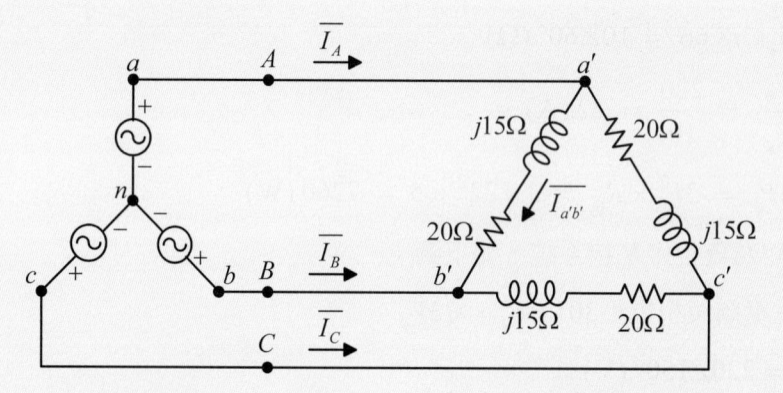

16. 三相發電機 Y 型連接之特性：

(1) $I_\ell = I_P$

(2) $E_\ell = \sqrt{3}E_P$（正相序：E_ℓ超前E_P 30°）

$e_{bn} = 110\sin(377t - 120°)$ (V)

∵ 正相序：e_{bc}超前e_{bn} 30°；且$e_{bc} = \sqrt{3}e_{bn}$

∴ $e_{bc} = \sqrt{3}\times 110\sin(377t - 120° + 30°) = 191\sin(377t - 90°)$ (V)

17. 【解1】$I_\phi = \dfrac{V_\phi}{Z_\phi} = \dfrac{V_\ell}{R_\phi} = \dfrac{220}{30} = \dfrac{22}{3}$ (A)

$P_T = 3P_\phi = 3I_\phi^2 R_\phi = 3(\dfrac{22}{3})^2 \times 30 = 4840$ (W) $= 4.84$ (kW)

【解2】∵ 負載為純電阻

∴ $P_T = S_T = 3V_\phi I_\phi = 3\times 220 \times \dfrac{22}{3} = 4840$ (W) $= 4.84$ (kW)

答案與詳解

18. 三相電源的特性：

    (1) 三相輸出電壓大小相等

    (2) 三相電壓間之相位差互為120°

    (3) 三相電壓之向量和為零

    三相發電機Y型連接之特性：

    (1) $I_\ell = I_P$

    (2) $E_\ell = \sqrt{3} E_P$

19. $S = \sqrt{3} V_\ell I_\ell = \sqrt{3} \times 200 \times 10 \doteqdot 3464 \,(\text{VA}) \doteqdot 3.46 \,(\text{kVA})$

    $P = \sqrt{3} V_\ell I_\ell \cos\theta = \sqrt{3} \times 200 \times 10 \times 0.8 \doteqdot 2771 \,(\text{W}) \doteqdot 2.77 \,(\text{kW})$

20. △型連接：$V_\ell = V_\phi = 200 \,(\text{V})$，$Z_\phi = 6 + j8 \,(\Omega)$

    $I_\phi = \dfrac{V_\phi}{Z_\phi} = \dfrac{200}{\sqrt{6^2 + 8^2}} = 20 \,(\text{A})$

    $P_T = 3 I_\phi^2 R_\phi = 3 \times (20)^2 \times (6) = 7200 \,(\text{W})$

21. 若其中一瓦特表讀值為另一瓦特表讀值的兩倍，則 $\theta = 30°$

    ∴ $P.F. = \cos 30° = \dfrac{\sqrt{3}}{2} = 0.866$

22. $I_\phi = \dfrac{V_\phi}{Z_\phi} = \dfrac{V_\ell}{Z_\phi} = \dfrac{220}{11} = 20 \,(\text{A})$

    $P_T = 3 V_\phi I_\phi \cos\theta = 3 \times 220 \times 20 \times \cos 60° = 6600 \,(\text{W})$

23. $\overline{V_{bc}} = \overline{V_{bo}} + \overline{V_{oc}} = \overline{V_{bo}} - \overline{V_{co}} = 100\sqrt{3} \angle 270° \,(\text{V})$

    ★ Y型連接特性：

    (1) $V_\ell = \sqrt{3} V_P \Rightarrow V_\ell = 100\sqrt{3} \,(\text{V})$

    (2) 正相序：V_ℓ越前V_P 30°
       $\Rightarrow 240° + 30° = 270°$

24. 平衡三相電壓的敘述：

    (A) 三相電壓相位角互為120°

    (B) 三相電壓的瞬時值總和為零

    (C) 三相電壓的大小均相同

    (D) 三相電壓波形皆相同（正弦波形）

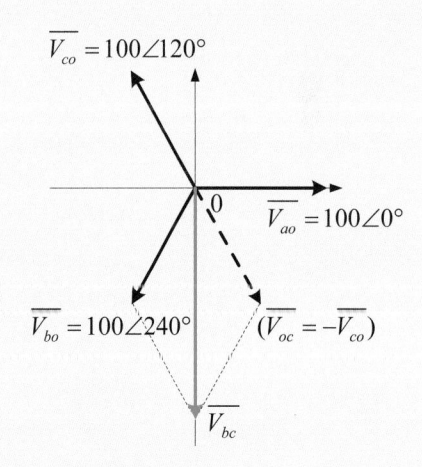

答案與詳解

25. △型連接之特性：$V_\ell = V_\phi$，$I_\ell = \sqrt{3}I_\phi$

    (A) $V_\phi = V_\ell = 220$ (伏特)

    (B) $I_\ell = \sqrt{3}I_\phi = \sqrt{3}(\dfrac{V_\phi}{Z}) = \sqrt{3}(\dfrac{220}{\sqrt{4^2+3^2}}) = 44\sqrt{3}$ (安培)

    (C) $P.F. = \cos\theta = \dfrac{R}{Z} = \dfrac{4}{\sqrt{4^2+3^2}} = 0.8$

    (D) 平衡三相之負載平衡，每相負載皆為 $Z = 4+j3 = \sqrt{4^2+3^2} = 5\,(\Omega)$

27. △型連接：$I_\ell = \sqrt{3}I_\phi = \sqrt{3}\times 10 = 10\sqrt{3}$ (安培)

28. $\because P = S\cos\theta \quad \therefore S = \dfrac{P}{\cos\theta} = \dfrac{1000}{0.8} = 1250$ (VA)

29. △型連接：$I_\ell = \sqrt{3}I_\phi = \sqrt{3}\dfrac{V_\phi}{Z} = \sqrt{3}\times\dfrac{100}{10} = 10\sqrt{3}$ (安培)

    $V_\ell = V_\phi = 100$ (伏特)，$\theta = 60°$

    $\therefore W_A = V_\ell I_\ell \cos(30°+\theta) = 100\times 10\sqrt{3}\cos(30°+60°) = 0$ (W)

    $W_C = V_\ell I_\ell \cos(30°-\theta) = 100\times 10\sqrt{3}\cos(30°-60°) = 1500$ (W)

30. Y型連接特性：$V_\ell = \sqrt{3}V_\phi \Rightarrow V_\phi = \dfrac{V_\ell}{\sqrt{3}} = \dfrac{220}{\sqrt{3}}$ (伏特)

    $I_\ell = I_\phi = \dfrac{V_\phi}{Z} = \dfrac{\frac{220}{\sqrt{3}}}{10} = \dfrac{22}{\sqrt{3}}$ (安培)

    $\therefore P = 3V_\phi I_\phi \cos\theta = 3\times\dfrac{220}{\sqrt{3}}\times\dfrac{22}{\sqrt{3}}\times\cos 30° = 4192$ (W)

31. $P_T = 3V_\phi I_\phi \cos\theta = 3V_\phi(\dfrac{V_\phi}{Z})\cos 60° = 3\times(220)(\dfrac{220}{12})(\dfrac{1}{2}) = 6050$ (W)

32.

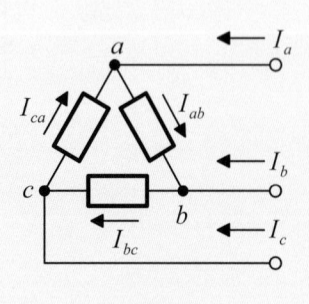

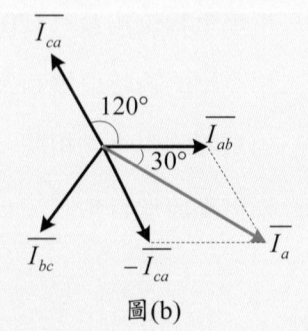

圖(a)　　圖(b)

$\overline{I_\ell} = \overline{I_a} = \overline{I_{ab}} - \overline{I_{ca}} = \sqrt{3}\,\overline{I_{ab}}\angle(-30°) = \sqrt{3}\,\overline{I_p}\angle-30°$

由上右圖(b)及數學式知：其線電流恆落後其最鄰近之相電流30°

答案與詳解

33. 右圖為：平衡四相五線制

    相位差 $= \dfrac{360°}{4} = 90°$

34. 相序 abc，則 $\overline{V_{ab}} = 173.2\angle 30°$ (伏特)

    $\overline{V_{bc}} = 173.2\angle(30° - 120°) = 173.2\angle -90°$ (伏特)

    $\overline{V_{ca}} = 173.2\angle(30° - 240°) = 173.2\angle -210° = 173.2\angle 150°$ (伏特)
    $= 100\sqrt{3}\angle 150°$ (伏特)

    ∵ 正相序：$\overline{V_{ca}}$ 超前 $\overline{V_{cn}}$ 30°，即 $\overline{V_{cn}}$ 落後 $\overline{V_{ca}}$ 30°；且 $V_P = \dfrac{V_\ell}{\sqrt{3}}$

    $\overline{V_{cn}} = \dfrac{\overline{V_{ca}}}{\sqrt{3}\angle 30°} = 100\angle(150° - 30°) = 100\angle 120°$ (伏特)

    $\overline{I_c} = \dfrac{\overline{V_{cn}}}{\overline{Z_\phi}} = \dfrac{100\angle 120°}{5 + j5\sqrt{3}} = \dfrac{100\angle 120°}{10\angle 60°} = 10\angle 60°$ (安培)

35. 依交流平衡電橋法知：中間 $2 + j2(\Omega)$ 可拿掉，則

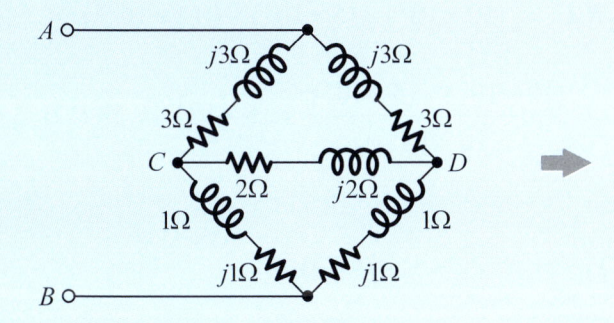

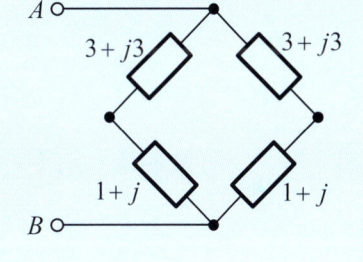

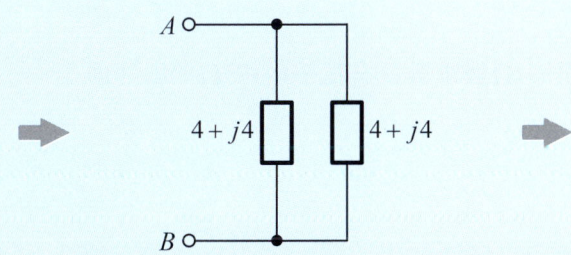

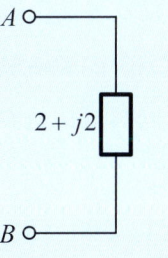

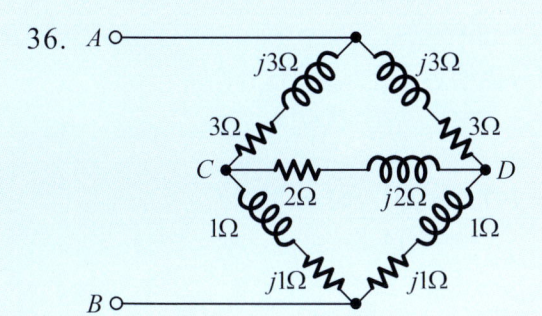

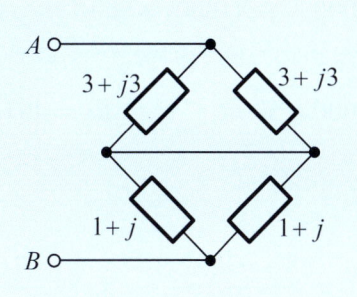

36.

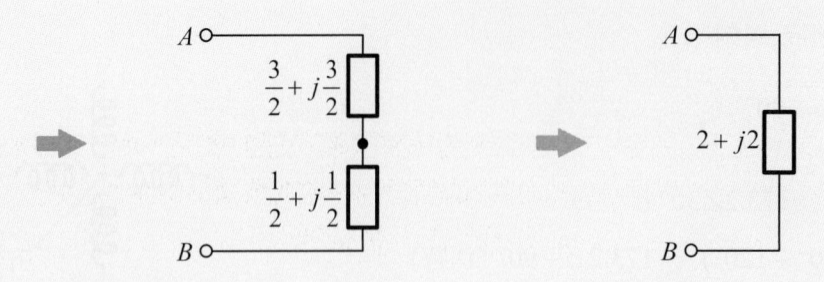

[電路圖：A-B 端，上為 $\frac{3}{2}+j\frac{3}{2}$，下為 $\frac{1}{2}+j\frac{1}{2}$ ⇒ 等效為 $2+j2$]

37. 若 $\overline{Z_\ell} = \overline{Z_o}^*$ 可獲得最大功率，$\overline{Z_\ell} = \overline{Z_o}^* = 3 - j4\,(\Omega)$

38. 電橋平衡時：

$$R_2 R_3 = \frac{(R_1)(-j\frac{1}{\omega C})}{R_1 + (-j\frac{1}{\omega C})} \cdot (R_x + j\omega L_x) \Rightarrow R_2 R_3 = \frac{-j\frac{R_1 R_x}{\omega C} - j^2\frac{R_1 \omega L_x}{\omega C}}{R_1 - j\frac{1}{\omega C}}$$

$$\therefore R_2 R_3 R_1 - j\frac{R_2 R_3}{\omega C} = \frac{R_1 L_x}{C} - j\frac{R_1 R_x}{\omega C}$$

若複數相等，則實數部分相等，且虛數部分亦相等

即 $R_2 R_3 R_1 = \frac{R_1 L_x}{C}$ $\therefore L_x = R_2 R_3 C = (10\times 10^3)\times(5\times 10^3)\times(0.1\times 10^{-6}) = 5\,(\text{H})$

$\frac{R_2 R_3}{\omega C} = \frac{R_1 R_x}{\omega C}$ $\therefore R_x = \frac{R_2 R_3}{R_1} = \frac{(10\times 10^3)\times(5\times 10^3)}{10\times 10^3} = 5\times 10^3 = 5\text{k}\,(\Omega)$

39. 若 $\overline{Z_\ell} = \overline{Z_o}^*$，可獲得最大功率

$\because \overline{Z_o} = 5 + j7 - j12 = 5 - j5\,(\Omega)$ $\therefore \overline{Z_\ell} = 5 + j5\,(\Omega)$

40. 當 $\overline{Z_\ell} = \overline{Z_o}^*$ 時，負載可獲得最大功率

$\therefore \overline{Z_\ell} = 5 + j5\,(\Omega)$，即其負載是電阻值1Ω與電容之容抗值0.377Ω串聯而成；若是串聯電感，則其感抗值為0Ω。

41. 電橋平衡時：

$200\times(100 + j\omega 5) = 500\cdot(R_x + j\omega L_x)$

$20000 + j\omega(1000) = 500 R_x + j\omega L_x(500)$

若複數相等時，則實數部分相等，且虛數部分也相等

$20000 = 500 R_x$ $\therefore R_x = 40\,(\Omega)$

42. $\overline{Z_A} = \dfrac{\overline{Z_1}\cdot\overline{Z_2} + \overline{Z_2}\cdot\overline{Z_3} + \overline{Z_3}\cdot\overline{Z_1}}{\overline{Z_2}} = \dfrac{(j2)\cdot(-j4) + (-j4)\cdot(8) + (8)\cdot(j2)}{-j4}$

$= \dfrac{8 - j32 + j16}{-j4} = \dfrac{8 - j16}{-j4} = 4 + j2\,(\Omega)$

CH12 交流電源

答案與詳解

43. 將電流源開路，如下圖：

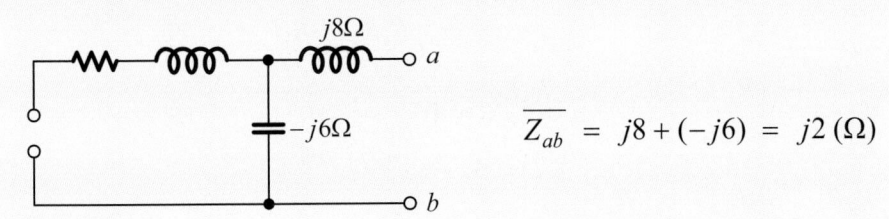

$$\overline{Z_{ab}} = j8 + (-j6) = j2\,(\Omega)$$

44. 電橋平衡時：

$$R_1(-j\frac{1}{\omega C_x}) = R_2(-j\frac{1}{\omega C_s}) \quad \therefore \frac{R_1}{C_x} = \frac{R_2}{C_s} \Rightarrow C_x = \frac{R_1 C_s}{R_2}$$

45. 電橋平衡時：

$$R_1 \cdot (-j\frac{1}{\omega C_1}) = R_2 \cdot (-j\frac{1}{\omega C_x})$$

$$\frac{R_1}{C_1} = \frac{R_2}{C_x} \quad \therefore C_x = \frac{R_2 C_1}{R_1} = \frac{(3\times 10^3)\times(2\times 10^{-6})}{1\times 10^3} = 6\times 10^{-6} = 6\,(\mu F)$$

46. 將 V_{ac} 短路，如下圖：

$$\overline{Z_{th}} = \overline{Z_{ab}} = (6-j10) + \frac{(j6)(j3)}{(j6)+(j3)}$$

$$= 6 - j8\,(\Omega)$$

47. 電橋平衡時：

$$R_1 R_2 = \frac{R_3(-j\frac{1}{\omega C})}{R_3 + (-j\frac{1}{\omega C})} \cdot (R + j\omega L) \Rightarrow R_1 R_2 = \frac{-j\frac{RR_3}{\omega C} + \frac{R_3 L}{C}}{R_3 - j\frac{1}{\omega C}}$$

$$R_1 R_2 (R_3 - j\frac{1}{\omega C}) = \frac{R_3 L}{C} - j\frac{RR_3}{\omega C}$$

$$\therefore R_1 R_2 R_3 = \frac{R_3 L}{C} \quad \therefore L = R_1 R_2 C = 100 \times 33 \times (20\times 10^{-6}) = 66\,(mH)$$

48. 電橋平衡時：

$$(1\times 10^3) \times \frac{1}{\omega C_x} = (10\times 10^3) \times \frac{1}{\omega\times(10\times 10^{-6})}$$

$$\therefore C_x = \frac{(1\times 10^3)\times(10\times 10^{-6})}{10\times 10^3} = 1\,(\mu F)$$

12-59

49. 電橋平衡時：

$$R_2R_3 = \frac{R_1(-j\frac{1}{\omega C})}{R_1 - j\frac{1}{\omega C}} \cdot (R_x + j\omega L_x) \Rightarrow R_2R_3 = \frac{-j\frac{R_1R_x}{\omega C} + \frac{R_1L_x}{C}}{R_1 - j\frac{1}{\omega C}}$$

$$R_1R_2R_3 - j\frac{R_2R_3}{\omega C} = \frac{R_1L_x}{C} - j\frac{R_1R_x}{\omega C}$$

若複數相等，則實數部分相等，即 $R_1R_2R_3 = \frac{R_1L_x}{C}$

$\therefore L_x = R_2R_3C = 100 \times 200 \times (0.06 \times 10^{-6}) = 1.2 \times 10^{-3} = 1.2$ (mH)

且虛數部分也相等，即 $\frac{R_2R_3}{\omega C} = \frac{R_1R_x}{\omega C}$ $\therefore R_2R_3 = R_1R_x$

50. 電橋平衡時：

(1) R_3 之電壓與 R_x-L_x 串聯之端電壓相等。

(2) R_1（或 C）與 R_2 之電壓相等。

(3) 流過 R_2、L_x、R_x 之電流相等。

51. $\because P_T = 3V_\phi I_\phi \cos\theta_p$ $\therefore I_\phi = \frac{P_T}{3V_\phi \cos\theta_p} = \frac{4.8k}{3 \times \frac{400}{\sqrt{3}} \times 0.6} = \frac{20\sqrt{3}}{3}$ (A)

$$Z_L = \frac{V_\phi}{I_\phi} = \frac{\frac{400}{\sqrt{3}}}{\frac{20\sqrt{3}}{3}} = 20 \, (\Omega)$$

功率因數為0.6落後，表示為電感性負載。

$\overline{Z_L} = R + jX_L = Z_L\cos\theta_p + jZ_L\sin\theta_p = 20\cos 53.1° + j20\sin 53.1° = 12 + j16 \, (\Omega)$

（$\because \theta_Z = \theta_p$）

52. $V_\ell = V_\phi = 100 \, (V)$

$\overline{Z_\phi} = 3 + j4 = 5\angle 53° \, (\Omega)$，$\theta_p = \theta_Z = 53°$

$P_T = 3P_\phi = 3I_\phi V_\phi \cos\theta = 3 \times \frac{100}{5} \times 100\cos 53° = 3600 \, (W)$

53. V點端子的導線因脫落發生斷路，則 U、W 維持線電壓有效值為100V，且原 U-V 兩端阻抗為 $3 + j4$ 歐姆，U-V-W 阻抗因發生斷路變為 $3 + j4$ 歐姆串聯 $3 + j4$ 歐姆，等效等於 $6 + j8$ 歐姆，此 $6 + j8$ 歐姆兩端也接至 U、W 線電壓有效值100V。

$I_{3+j4} = \frac{100}{\sqrt{3^2 + 4^2}} = 20 \, (A)$，$I_{6+j8} = \frac{100}{\sqrt{6^2 + 8^2}} = 10 \, (A)$

$P_T = 20^2 \times 3 + 10^2 \times 6 = 1200 + 600 = 1800 \, (W)$

Note

Note

實習篇－Part II

本篇目錄

實習3　電子儀表之使用	3
實習4　常用家用電器之檢修	8

◎「基本電學實習」課程綱要主題之章節對照表

課綱主題	本書對應章節
A. 工場安全衛生及電源使用安全	(上冊) 實習篇－實習1
B. 常用家電量測	(上冊) 實習篇－實習2
C. 直流電路實作	(上冊) 第3章、第4章
D. 電子儀表之使用	(下冊) 實習篇－實習3
E. 直流暫態	(下冊) 第7章
F. 交流電路	(下冊) 第9章、第10章、第11章
G. 常用家用電器之檢修	(下冊) 實習篇－實習4

統測命題重點

1. LCR表的歸零調整：
   (1) 量測電容時，應先將測試棒（夾）兩端開路。
   (2) 量測電感、電阻時，應先將測試棒（夾）兩端短路。

2. 電感器之色碼標示法：色碼的意義同色碼電阻器，單位為 μH。

3. 電感器之數字標示法：3個數字代表電感值，英文字母代表誤差，單位為 μH。

4. 電容器之數字標示法：3個數字代表電容值，英文字母代表誤差，單位為pF。

5. 有極性之電容器：長腳為正極；短腳為負極。

6. 電容器在量測前須進行放電處理。

7. 在示波器內部，CH1與CH2有共同的接地端（黑棒）。

8. 示波器輸入通道的耦合方式：
   (1) DC：直接耦合。　　(2) AC：交流耦合。　　(3) GND：接地耦合。

9. 示波器探棒之×10檔位的衰減率為10:1，所量測出來的電壓為原信號之 $\frac{1}{10}$。

10. 示波器上的波形值計算：
    (1) 週期 T ＝ 一週期波形所佔格數 ×(TIME／DIV)數值。
    (2) 振幅 V_m ＝ 波形振幅所佔格數 ×(VOLTS／DIV)數值

11. 日光燈（螢光燈）：組成元件包含日光燈管、啟動器、安定器。

12. 省電燈泡：是將日光燈管與電子式安定器整合在一起的燈具。

13. LED燈：由多個發光二級體（LED）構成的LED模組及驅動電路所組成。

14. 電熱線應選用高電阻率、低溫度係數的金屬材質。

15. 電鍋之保溫發熱體的電阻大、功率低；煮飯發熱體的電阻小、功率高。

實習3　電子儀表之使用

一　電感電容電阻表（LCR表）的使用

1. 外觀及功能說明：

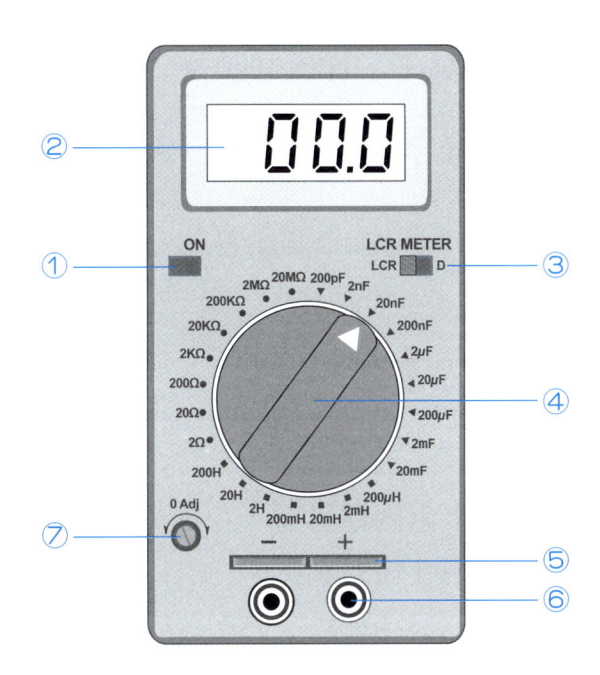

編號	面板標示及名稱	功能說明
①	ON	電源開關
②	液晶顯示螢幕	可顯示$3\frac{1}{2}$位數，最大數值為1999
③	功能切換開關	(1) LCR：量測電感值、電容值、電阻值 (2) D：量測電感、電容的**損耗因數**（dissipation factor）
④	範圍選擇開關	(1) 電感：有$200\mu H / 2mH / 20mH / 200mH / 2H / 20H / 200H$等檔位 (2) 電容：有$200pF / 2nF / 20nF / 200nF / 2\mu F / 20\mu F / 200\mu F / 2mF / 20mF$等檔位 (3) 電阻：有$2\Omega / 20\Omega / 200\Omega / 2k\Omega / 20k\Omega / 200k\Omega / 2M\Omega / 20M\Omega$等檔位
⑤	待測元件插槽	可直接將待測元件插上量測
⑥	測試棒（夾）插孔	用來連接測試棒或測試夾的插入孔
⑦	0 Adj 歸零調整鈕	電感、電容、電阻量測前須做歸零校正

2. **歸零調整**：（ P.S. 須以各機型使用手冊說明為準，以下以本機為例介紹）

(1) 量測電容時，應先將測試棒（夾）兩端開路，然後以一字起子調整「0 Adj」旋鈕，使螢幕顯示歸零（歸零校正）。

(2) 量測電感、電阻時，應先將測試棒（夾）兩端短路，然後進行歸零校正。

重點提示 (1) L：2H、20H、200H檔位無法歸零校正，應選擇200mH檔位做歸零挑整。
(2) C：20μF、200μF、2mF、20mF檔位無法歸零校正，應選擇2μF檔位做歸零調整。
(3) R：2MΩ、20MΩ檔位無法歸零校正，應選擇200kΩ檔位做歸零挑整。

3. 測試線的長度應儘量縮短，以降低量測誤差。

二 電感器、電容器之識別及量測

1. 電感器之識別：

(1) 色碼標示法：外觀類似色碼電阻器，色碼的意義同色碼電阻器（請參閱上冊第2章），單位為 μH（微亨利）。

例：色碼「橙白金銀」，代表 $L = (39 \times 10^{-1} \pm 10\%) \mu H = 3.9 \mu H \pm 10\%$。

(2) 數字標示法：以3個數字代表電感值（第1、2位數代表電感的數值，第3位數代表數值的十倍數次方），最後的英文字代表誤差，單位為 μH（微亨利）。誤差字母的意義如下：

字母	F	G	H	J	K	L	M	V	N
誤差	±1%	±2%	±3%	±5%	±10%	±15%	±20%	±25%	±30%

例：數字「473K」，代表 $L = (47 \times 10^3 \pm 10\%) \mu H = 47mH \pm 10\%$。

2. 電容器之識別：

(1) 直接標示法：電容量在1μF以上之電容器，通常在其外觀包裝上就會直接標示電容值、耐壓、工作溫度、接腳極性等特性。

(2) 數字標示法：數字碼意義與電感器相同，其單位為pF（微微法拉、皮法拉）。

例：數字「104J」，代表 $C = (10 \times 10^4 \pm 5\%) pF = 0.1 \mu F \pm 5\%$。

(3) 部分電容器如電解質電容器（鋁質、鉭質），其接腳有極性之分：長腳為正極，接電路中的 " + " 端；短腳為負極，接電路中的 " − " 端。

3. 電感器、電容器之量測：

(1) 量測電感、電容、電阻時，範圍選擇開關應選擇在大於待測值的最小檔位。

(2) 電容器在量測前須進行放電處理（將兩支接腳碰觸予以短路）。

(3) 量測有極性的電容器時，其正負極須對應LCR表的"＋"、"－"插孔。

三 信號產生器的使用

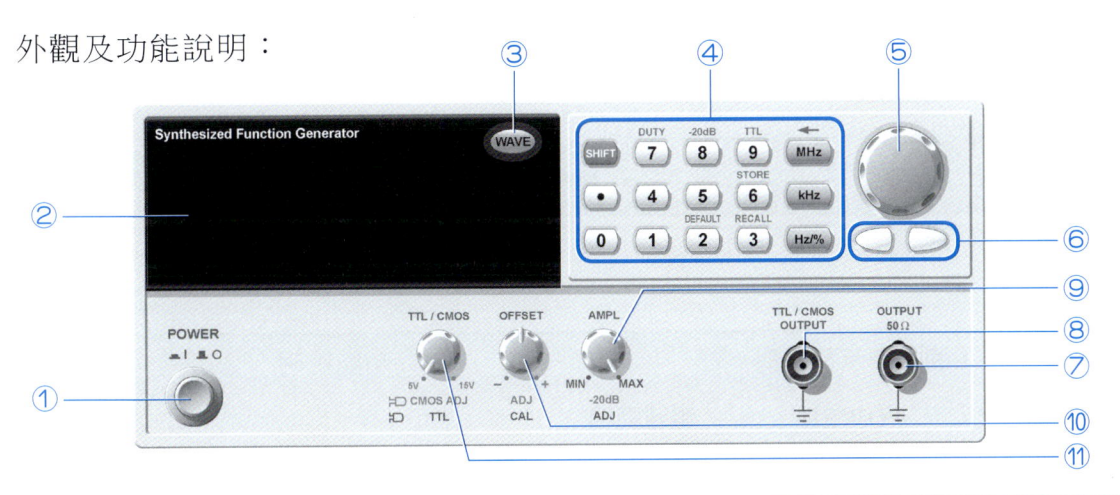

外觀及功能說明：

編號	面板標示及名稱	功能說明
①	POWER	電源開關
②	液晶顯示螢幕	可顯示9位數字
③	WAVE 波形選擇鍵	用來選擇正弦波／方波／三角波
④	輸入按鍵	用來輸入頻率、工作週期及各種參數
⑤	調整旋鈕	用來調整頻率、工作週期的大小
⑥	游標位移鍵	用來移動游標的位置
⑦	OUTPUT 50Ω	正弦波／方波／三角波輸出端子，具有50Ω輸出阻抗
⑧	TTL／CMOS OUTPUT	TTL／CMOS信號波形輸出端子
⑨	AMPL 振幅調整鈕	(1) 用來設定正弦波／方波／三角波輸出的振幅 (2) 旋鈕拉出，原波形振幅衰減（attenuate）10倍（－20dB）
⑩	OFFSET 抵補電壓調整鈕	旋鈕拉出，可設定正弦波／方波／三角波的直流偏壓部分上移或下移
⑪	TTL／CMOS 數位信號選擇鈕	(1) 旋鈕壓下，TTL／CMOS OUTPUT端子輸出TTL波形，信號準位不可調整 (2) 旋鈕拉出，TTL／CMOS OUTPUT端子輸出CMOS波形，信號準位可調整

四 示波器的使用

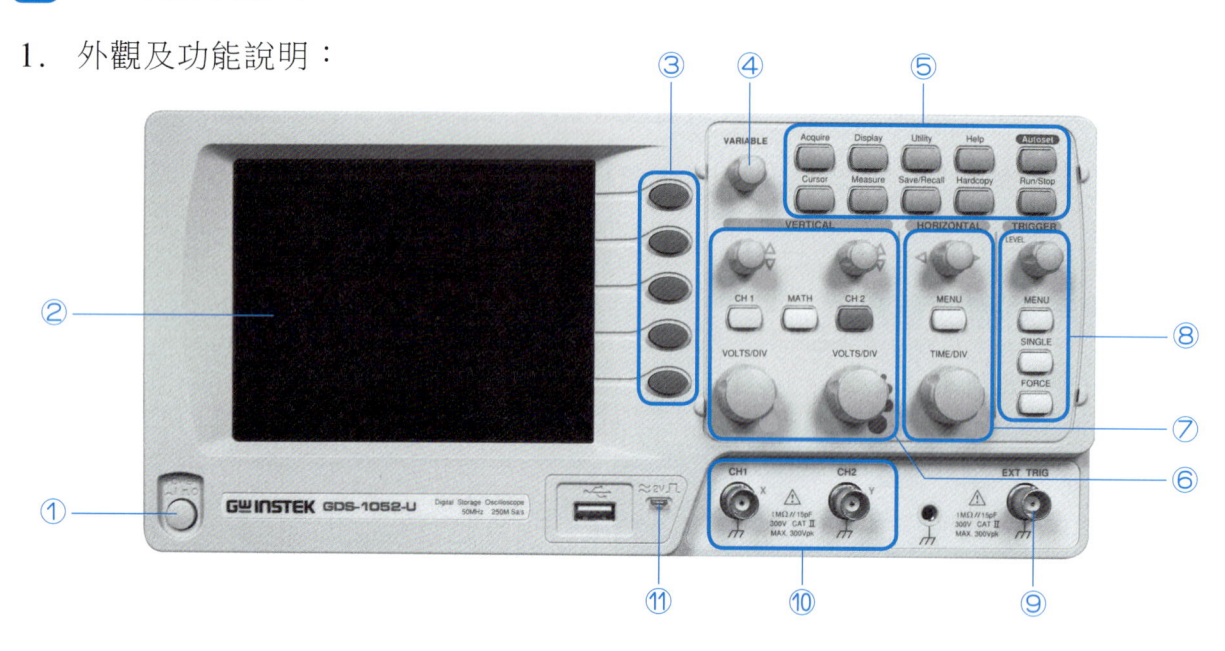

1. 外觀及功能說明：

編號	面板標示及名稱	功能說明
①	POWER	電源開關
②	液晶顯示螢幕	顯示操作介面、量測所得波形及其相關資訊
③	功能鍵	用來設定、選擇顯示於螢幕右側的各項功能參數
④	VARIABLE 變量旋鈕	用來增減數值，或前後移動位置
⑤	選單鍵	進行相關功能、參數的設定與配置
⑥	VERTICAL 垂直控制區	(1) ⇳：上下移動波形的位置 (2) CH1／CH2：可設定通道的垂直刻度，並進行耦合模式、反相、頻寬限制、探棒衰減係數等設置 (3) MATH：可對CH及CH2的波形執行數學運算 (4) VOLTS／DIV：垂直（電壓）刻度調整
⑦	HORIZONTAL 水平控制區	(1) ◁▷：左右移動波形位置 (2) MENU：可設定波形的水平刻度，或水平放大波形，也可進入X-Y模式 (3) TIME／DIV：水平（時間）刻度調整
⑧	TRIGGER 觸發控制區	(1) LEVEL：用來設定觸發準位 (2) MENU：各種觸發模式的相關設定 (3) SINGLE：待觸發條件產生，只擷取一次輸入信號 (4) FORCE：無論觸發條件是否產生，強制擷取一次輸入信號
⑨	EXT TRIG 外部觸發輸入端	外部觸發信號的輸入端子

編號	面板標示及名稱	功能說明
⑩	CH1(X) / CH2(Y) 輸入端子	(1) CH1通道 / CH2通道的輸入端子 (2) 在X-Y模式下，CH1為X軸輸入端，CH2為Y軸輸入端
⑪	≈2V⊓ 探棒補償輸出	可輸出1kHz、2V$_{P-P}$的方波，作為探棒補償之用

重點提示 在示波器內部，CH1與CH2有共同的接地端（黑棒）。

2. 輸入信號的**耦合**方式：

    (1) DC（═）：直接耦合。輸入信號直接進入，能完整顯示輸入波形，包含直流部分與交流部分。

    (2) AC（∿）：交流耦合。只能顯示輸入信號中的交流波形部分。

    (3) GND（⏊）：接地耦合。將接地電壓（0V）準位的水平線顯示出來。

3. 電壓探棒的衰減率：

    (1) ×1檔位：衰減率為1:1，輸入信號振幅不變。

    (2) ×10檔位：衰減率為10:1，輸入信號振幅衰減10倍後進入示波器。

    重點提示　示波器探棒使用×10檔位所量測出來的電壓，為原信號之$\frac{1}{10}$，因此必須乘以10倍，才會得到原電壓值。可以在示波器的探棒衰減率設定中，選擇參數×10，則示波器的電壓刻度會自動轉換回原電壓值。

4. 若同時使用CH1及CH2兩個通道量測元件的波形時，必須將兩組探棒的黑色測試棒接在同一位置上（因在示波器內是短接在一起的），否則可能會有部分電路元件被短路的疑慮。

5. 波形值的計算：

    (1) 週期T = 一週期波形所佔格數 ×(TIME / DIV)數值

    (2) 振幅V_m = 波形振幅所佔格數 ×(VOLTS / DIV)數值

    例：

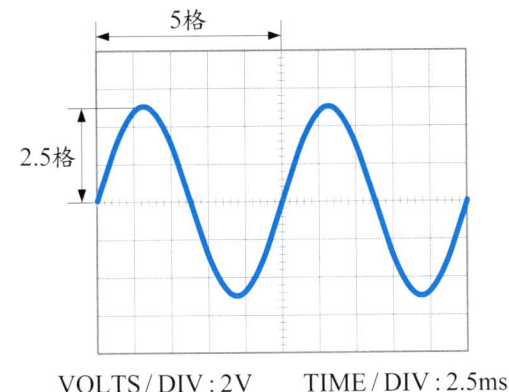

    $T = 5\text{DIV} \times 2.5\text{ms}/\text{DIV} = 12.5 \text{ ms}$

    $V_m = 2.5\text{DIV} \times 2\text{V}/\text{DIV} = 5 \text{ V}$

    VOLTS / DIV：2V　　TIME / DIV：2.5ms

實習4　常用家用電器之檢修

一　照明類器具之認識、安裝及檢修

1. **日光燈（螢光燈）**：組成元件包含日光燈管、啟動器、安定器。

   (1) 日光燈管的管壁內塗有螢光粉，其發光原理係利用氣體放電及螢光作用來發光。

   (2) 燈管的規格：T5，管徑5/8英吋（約16mm）；T8，管徑8/8英吋（約26mm）；T9，管徑9/8英吋（約29mm）。

   (3) 啟動器：主要構造為雙金屬電極（雙金屬片及一固定電極）、電容器。

   燈具通電後，雙金屬電極產生輝光放電，熱量使得雙金屬片伸展與固定電極接觸倒通電路。

   電容器可以抑制於點亮過程中產生的電磁波干擾，並可延長雙金屬電極斷開後電路產生的高壓衝擊時間，以利點亮燈管。

   > **重點提示**　雙金屬片：將兩種不同膨脹係數的金屬加以黏合，當金屬片同時受熱時，膨脹係數較大者延伸較長，所以雙金屬片便會往膨脹係數較小者彎曲。

   (4) 啟動器的規格：1P及4P

啟動器規格	適用電壓	適用日光燈功率	
		直管型（FL）	環管型（FCL）
1P	110V	10W、15W、20W	30W
4P	110V、220V	30W、40W	40W

   (5) 安定器：傳統的電磁式安定器，其構造是將漆包線繞在矽鋼鐵心上，而形成一個抗流線圈，在本質上是一電感器。

   燈具通電後，因啟動器電極的接觸與分離，會讓電磁式安定器瞬間感應出一高壓（500V～800V）以點亮燈管；燈管點亮後，安定器會形成一固定壓降（約55V），並維持電流穩定使燈管持續放電發亮。

   > **重點提示**　電磁式安定器並聯電容器可以改善功率因數。

(6) 電子式安定器：結合啟動器與安定器的功能，以電子電路產生的高頻振盪來點亮燈管，燈具中不需要使用啟動器，有**點燈時間短**、**無閃爍**、**電磁干擾少**、**功率因數高（省電）**、**可延長燈管壽命**等優點。

> **重點提示** T5燈管已全面使用電子式安定器，為最省電的日光燈具。

(7) 日光燈的電路組成及點亮過程：

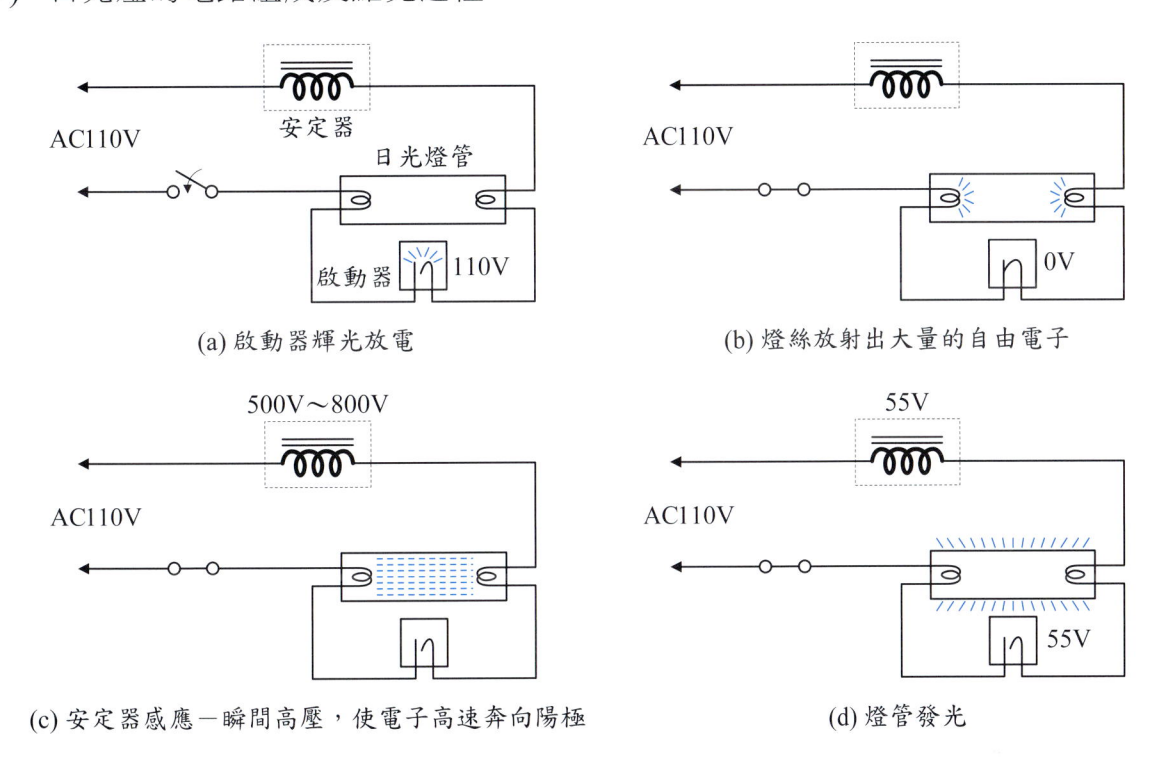

(a) 啟動器輝光放電

(b) 燈絲放射出大量的自由電子

(c) 安定器感應一瞬間高壓，使電子高速奔向陽極

(d) 燈管發光

(8) 日光燈故障檢修：

故障情形	可能原因
不啟動或燈管不亮	(1) 無電源或電源電壓太低 (2) 啟動器電路不良（無啟動器、啟動器不符或損壞） (3) 燈管未安裝好
燈管兩端亮但不完全啟動	(1) 燈管兩端電壓低（安定器不良） (2) 啟動器不良或規格不符 (3) 燈管不良或老化
燈管閃爍	(1) 燈管不良或老化 (2) 電源變動不穩
燈具發出嗡鳴聲	安定器的鐵心鬆動
管端黑化	(1) 電源電壓變動太大 (2) 燈絲預熱時間短（須更換啟動器或安定器）

2. **省電燈泡**：是將日光燈管與電子式安定器整合在一起的燈具，有球型、螺旋型、U型管等外觀樣式，可直接裝置於一般燈泡的燈座（E27，螺紋頭直徑27mm）上，用以取代傳統耗電的白熾燈。

> **重點提示** 日光燈、省電燈泡、霓虹燈、水銀燈皆屬於放電燈，發光原理相同。

3. **LED燈**：由多個發光二級體（LED）構成的LED模組及驅動電路所組成；因為有LED組成面板的關係，所以燈具會有部分區域無亮光。其優點為省電、耐用、環保、安全、智慧照明；唯缺點就是較為昂貴。

   (1) LED燈泡：外觀與一般燈泡雷同，可取代傳統白熾燈泡；在相同的照度下，LED燈泡耗能約為白熾燈泡的15%，約為省電燈泡的60%。

   (2) LED日光燈管：將LED模組面板做成長條狀，其燈管外觀與日光燈管（T8、T5）相同，可用來置換。因為LED燈管有模組底板的遮檔，其發光角度約為180°～300°。

   (3) LED燈管置換日光燈管：

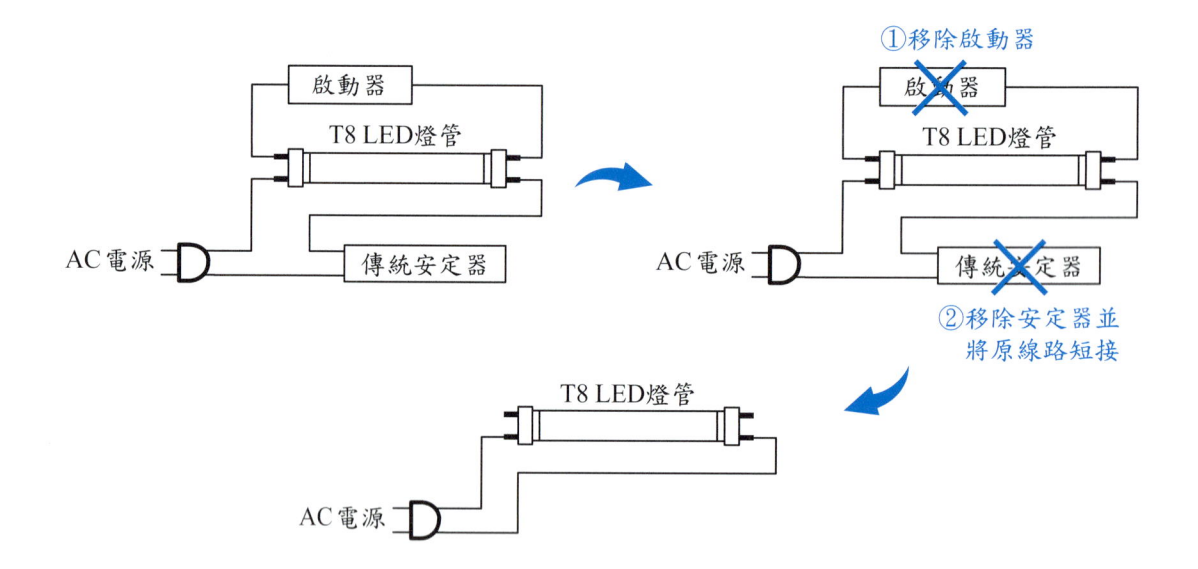

二 電熱類器具之認識及檢修

1. 常見電熱類家電所採用的原理：

電熱型態	發熱原理	常用家電
電阻發熱	利用電流通過電熱線（發熱體）產生的熱量來加熱（焦耳定律）	電鍋、電爐、烤箱、吹風機
感應發熱	利用交變磁場感應生成渦電流來加熱（法拉第電磁感應定律）	電磁爐
誘電發熱	利用高頻電磁波快速振盪誘電體（介電質，如水分子）藉以摩擦生熱，也稱高頻感電加熱	微波爐

重點提示 電熱線應選用**高電阻率、低溫度係數**的金屬材質。

2. **電鍋**：

   (1) 構造：分為**間接加熱式**（如大同電鍋）及**直接加熱式**（如一般電子鍋）。

   (2) 電路圖：

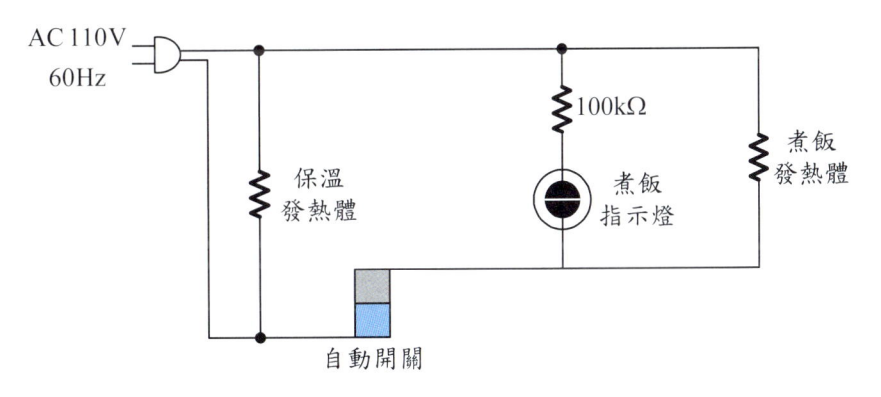

   (a) 間接加熱式電鍋電路圖

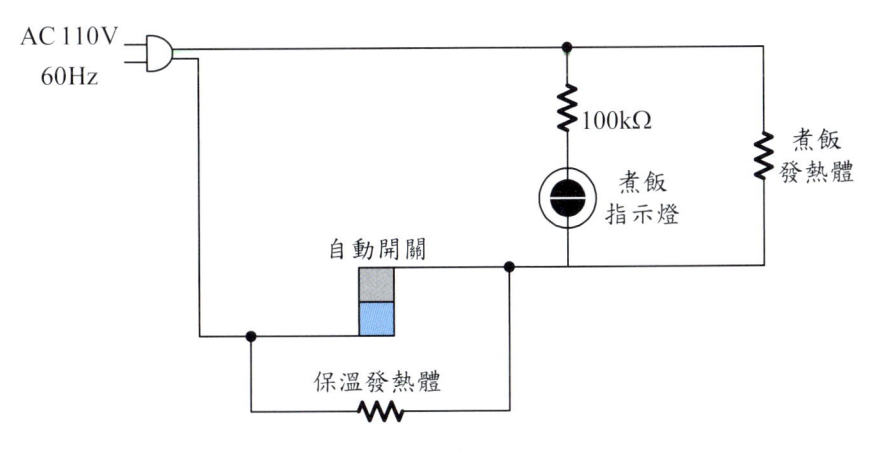

   (b) 直接加熱式電鍋電路圖

(3) 保溫發熱體的電阻大、功率低；煮飯發熱體的電阻小、功率高。

(4) 自動開關目前大多使用磁性體開關；部分傳統的間熱式電鍋會使用雙金屬片開關。

(5) 磁性體開關係採用一種特殊鐵磁性材料，稱為鐵氧體或肥粒體，當溫度超過約120°C時，該材料會失去磁性，使原本吸住的彈簧回彈，讓開關OFF。

3. 吹風機：

(1) 構造：主要由電熱線及直流風扇馬達所組成。

(2) 電路圖：

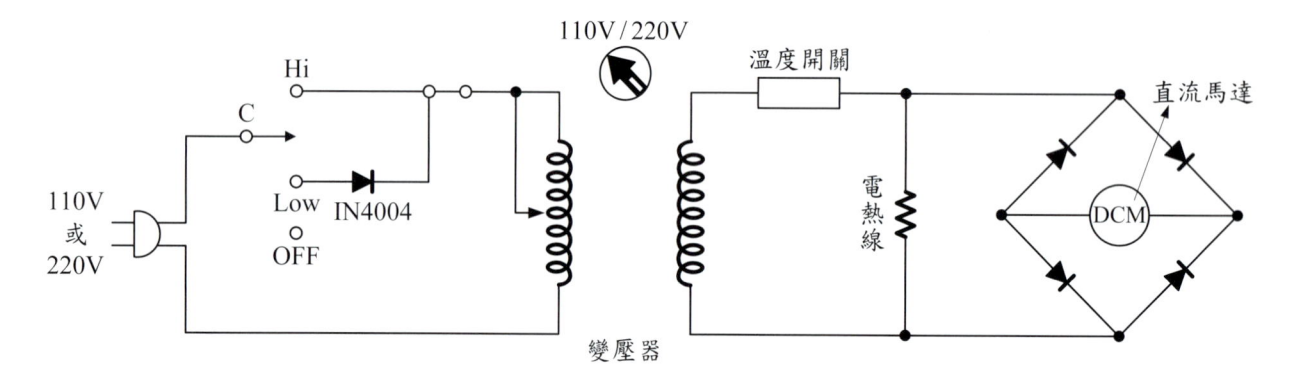

(3) 右側4個二極體組成橋式整流器，可將交流電源轉換為直流電源，供直流馬達使用。

(4) 當開關切到LOW時，透過二極體的作用，會使輸入交流波形減半，則馬達轉速減慢、電熱線溫度降低。

(5) 溫度開關是作為保護功能，當溫度超過設定時，會使吹風機停止，直至溫度降低到安全值。

4. 電磁爐：

(1) 運作原理：主要是內部有一感應線圈，通電後會產生25kHz～40kHz的交變磁場，並於鍋具底部感應產生渦電流，再藉由電流的熱效應加熱鍋底。

(2) 使用注意事項：

① 加熱鍋具只能使用具有導磁性的材質，如鐵鍋、不鏽鋼鍋。

② 鍋底必須平整，且不能太厚。

③ 不可空鍋加熱。

④ 注意別在進氣口和出氣口插入湯匙或金屬線，以免引起觸電或火災等事故。

⑤ 電磁爐為高功率電器，應單獨使用電源插座，避免使用延長線或與其他電器共用插座。

5. **微波爐：**

(1) 運作原理：利用磁控管發射高頻微波（2450MHz的電磁波），並於加熱室內不停反射以均勻穿透食物，帶動食物中的水分子（極性分子）不斷高速振動，藉由摩擦生熱來加熱食物。

(2) 使用注意事項：

① 用來承裝食物加熱容器，可以使用陶器、瓷器、耐熱玻璃、耐熱塑膠等材質；不可使用金屬容器或金粉、銀粉裝飾的容器。

② 不可將密封的罐裝或袋裝食物直接放入加熱。

③ 使用保鮮膜或加蓋容器加熱食物時，需保留通氣孔。

④ 微波爐為高功率電器，應單獨使用電源插座，避免使用延長線或與其他電器共用插座。

三 旋轉類器具之認識及檢修

1. 常見的旋轉類家電：電風扇、洗衣機、吸塵器、食物調理機等。

2. 旋轉類家電的核心構造為馬達（電動機），常見有：交流馬達、直流馬達、無刷直流馬達。

3. 常用家電中使用的交流馬達多為單相感應電動機；單一繞組的單相感應電動機無法自行起動，須搭配電容器、起動繞組等裝置才能起動運轉。

4. 直流馬達通常具有電刷與滑環的構造，讓旋轉的線圈得以滑動接觸的方式與外部電源連接；無刷直流馬達是透過變頻器，將直流電源轉為交流電源來驅動馬達，因此不用電刷。少了電刷的無刷直流馬達，因此有噪音較低的優點。

> **重點提示** 無刷直流馬達也稱為DC變頻馬達。

5. 市面上常見電風扇有AC風扇及DC風扇兩類；
AC風扇使用交流感應馬達，DC風扇使用無刷直流馬達。

6. 交流馬達電風扇的電路構造：

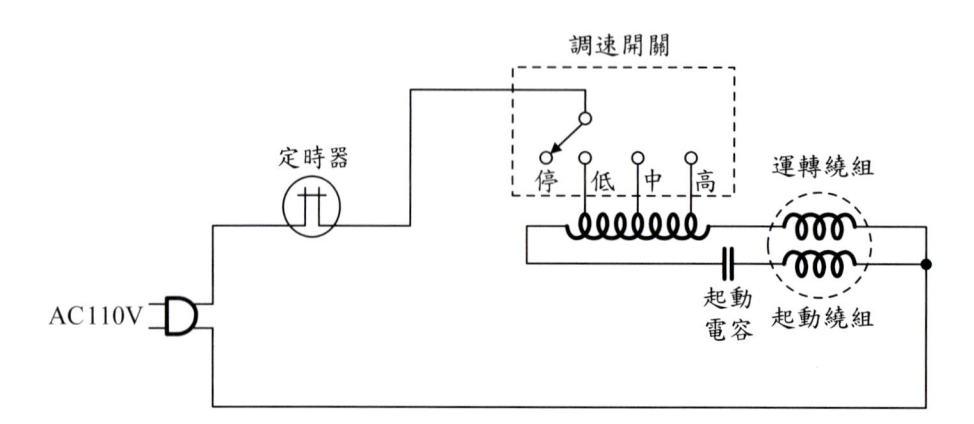

7. 若交流馬達電風扇通電後無法起動，需要用手指撥動扇葉才能轉動起來，則代表可能是**起動電容器損壞**，需要更換。

8. AC風扇與DC風扇的比較：

風扇類型	風量控制	耗電	噪音	壽命	價格
AC風扇	3～4段	多	大	中	低
DC風扇	8～16段	少	小	長	高

歷屆試題

實習3　電子儀表之使用

(　　)1. 使用示波器量測一弦波信號 $v(t) = 6\sin(157t)$ V，若示波器之測試探棒衰減比為1:1，此弦波信號於示波器上顯示之波形如圖(1)所示，則示波器之水平刻度（TIME/DIV）與垂直刻度（VOLTS/DIV）設定分別為何？
(A)水平刻度設定為10ms/DIV、垂直刻度設定為5V/DIV
(B)水平刻度設定為5ms/DIV、垂直刻度設定為5V/DIV
(C)水平刻度設定為10ms/DIV、垂直刻度設定為2V/DIV
(D)水平刻度設定為5ms/DIV、垂直刻度設定為2V/DIV　　　　[113統測]

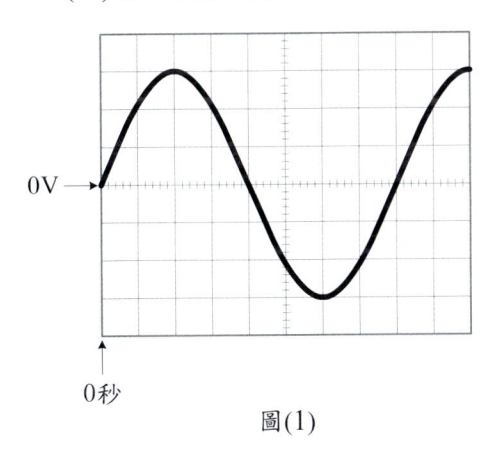

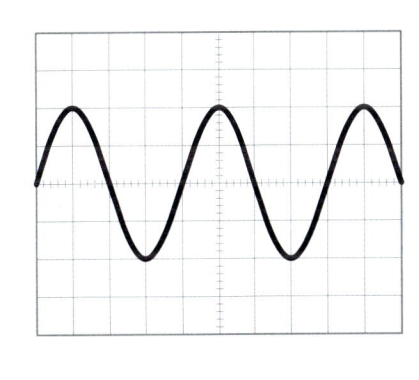

圖(1)　　　　　　　圖(2)

(　　)2. 用示波器量測弦波電壓信號，其測試棒及示波器端之衰減比設定皆為1:1，電壓信號波形如圖(2)所示，若電壓信號的峰值對峰值為20V，頻率為500Hz，則示波器設定垂直刻度（VOLTS/DIV）與水平刻度（TIME/DIV）分別為何？
(A)垂直刻度為10V/DIV、水平刻度為0.5ms/DIV
(B)垂直刻度為10V/DIV、水平刻度為5ms/DIV
(C)垂直刻度為5V/DIV、水平刻度為10ms/DIV
(D)垂直刻度為5V/DIV、水平刻度為0.5ms/DIV　　　　[112統測]

(　　)3. 某生在實驗課時用LCR表量測一標示為203K之待測陶瓷電容，該生所量測的電容值可能為何？　(A)20.8nF　(B)20.8μF　(C)203nF　(D)203μF　[111統測]

(　　)4. 示波器操作面板上LEVEL鈕之功能為何？
(A)調整亮度　　　　　　　　(B)調整觸發準位
(C)調整水平位置　　　　　　(D)調整垂直位置　　　　[111統測]

(　　)5. 一般示波器使用具有×10與×1檔位之被動探棒，下列敘述何者正確？
(A)探棒置於×10檔位時，輸入示波器之信號被放大10倍
(B)各通道探棒之黑色鱷魚夾的連接線於示波器內部相連
(C)調整探棒上之微調電容器無法改變×10檔位之頻率響應
(D)示波器之探棒校正（CAL）端子輸出1kHz之弦波信號　　　[110統測]

(　　)6. 如圖(3)所示,使用示波器與被動探棒觀察電容器電壓與電流相位差之接線,下列敘述何者正確?
(A)CH1接X點,CH1黑色鱷魚夾接Y點;CH2接Y點,CH2黑色鱷魚夾接Z點,CH2波形反相
(B)CH1接X點,CH1黑色鱷魚夾接Y點;CH2接Z點,CH2黑色鱷魚夾接Y點,CH2波形反相
(C)CH1接Y點,CH1黑色鱷魚夾接X點;CH2接Z點,CH2黑色鱷魚夾接X點,CH1波形反相
(D)CH1接X點,CH1黑色鱷魚夾接Z點;CH2接Y點,CH2黑色鱷魚夾接Z點,CH2波形反相
[110統測]

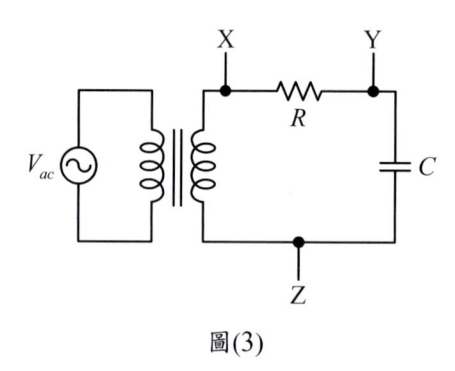

圖(3)

(　　)7. 某電感器的標示為502K,用LCR表量測此電感值約為何?
(A)5mH　(B)5μH　(C)50mH　(D)50μH
[109統測]

(　　)8. 採用示波器量測純弦波信號,示波器的VOLT/DIV設定於2V/DIV,TIME/DIV設定於0.5ms/DIV,探棒置於×10(衰減10倍)的位置,顯示信號的峰對峰值為4格刻度,每週期時間為4格刻度;若此信號無直流成分,則信號的頻率及電壓有效值各為何?
(A)頻率為200Hz,電壓有效值為$10\sqrt{2}$V
(B)頻率為200Hz,電壓有效值為40V
(C)頻率為500Hz,電壓有效值為$20\sqrt{2}$V
(D)頻率為500Hz,電壓有效值為$40\sqrt{2}$V
[109統測]

(　　)9. 有關示波器面板上的EXT TRIG接頭之功能,下列敘述何者正確?
(A)外部輸入觸發時基產生信號
(B)外部觸發探棒衰減倍率調整
(C)輸出至外部觸發波形輔助通道
(D)輸出至外部觸發同步信號
[109統測]

(　　)10. 使用LCR表量測一標示為102J之陶瓷電容器,量測前已將電容器放電完畢,則可能的量測值為何?
(A)1020pF　(B)102pF　(C)10.2μF　(D)1.02μF
[108統測]

(　　)11. 示波器在觸發部份（TRIGGER）有一個LEVEL旋鈕，對它功能的敘述，下列何者正確？
(A)控制輸入觸發信號的阻抗
(B)控制輸入信號垂直電壓範圍
(C)控制水平時基線與輸入信號的同步
(D)控制輸入觸發信號頻寬 [108統測]

(　　)12. 當示波器垂直軸刻度旋鈕（VOLTS/DIV）順時針轉動時，螢幕上觀察到的波形會變大，則下列敘述何者正確？
(A)電壓量測值變大　　　　(B)電壓量測值變小
(C)頻率量測值變大　　　　(D)電壓量測值不變 [107統測]

(　　)13. LCR表量測前的歸零調整，其測試線組兩端點之連接方式，下列敘述何者正確？
(A)量測電感值為短路，量測電容值為斷路
(B)量測電感值為斷路，量測電容值為短路
(C)量測電感值或電容值皆為短路
(D)量測電感值或電容值皆為斷路 [107統測]

(　　)14. 示波器面板上所提供之校準方波，一般不是用於下列何種功能？
(A)校正示波器水平掃描時間檔位
(B)校正示波器電壓檔位
(C)校正示波器有效頻寬
(D)檢查測試棒的衰減檔位 [107統測]

(　　)15. 如圖(4)所示，示波器顯示兩個相同頻率的電壓波形A與B，則兩者間的相位關係敘述何者正確？
(A)A波形落後B波形135度　　(B)A波形落後B波形45度
(C)A波形超前B波形135度　　(D)A波形超前B波形45度 [107統測]

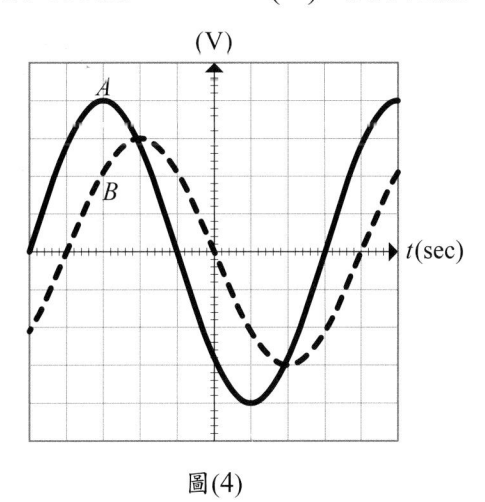

圖(4)

(　　)16. 在示波器的操作實驗中，以示波器來觀測10kHz之正弦波訊號，若水平軸刻度設定為0.01ms／DIV且使用10:1之電壓探棒，則所看到的一個完整週期之正弦波訊號應剛好佔滿水平軸幾格（DIV）？
(A)1　(B)2　(C)10　(D)20 [106統測]

(　　)17. 下列對於函數波信號產生器（Function Generator）的敘述，何者錯誤？
(A)通常能提供正弦波、三角波、方波等三種信號輸出
(B)ATTEN鍵可衰減輸出信號的振幅
(C)FREQ旋鈕可調整信號的輸出頻率
(D)AMPLITUDE旋鈕可調整信號的輸出相位 [104統測]

(　　)18. 關於示波器輸入信號選擇按鈕AC、DC之操作功能，下列敘述何者正確？
(A)AC除可正確量測交流信號外，亦可正確量測直流信號
(B)DC僅可正確量測直流信號，不可正確量測交流信號
(C)DC可作為完整信號之量測
(D)AC可作為校正及完整信號之量測 [103統測]

(　　)19. 如圖(5)所示之電路，則v_s與i之波形關係，下列何者較為正確？ [103統測]

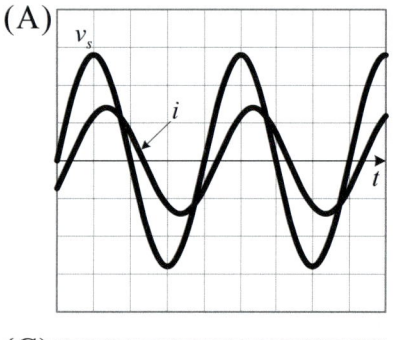

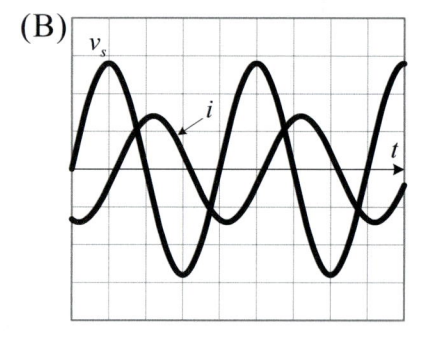

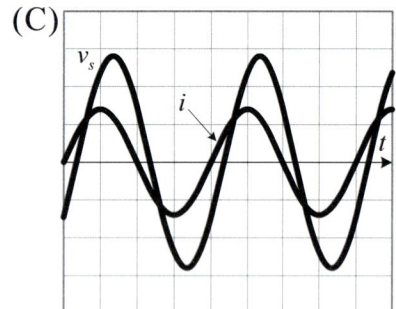

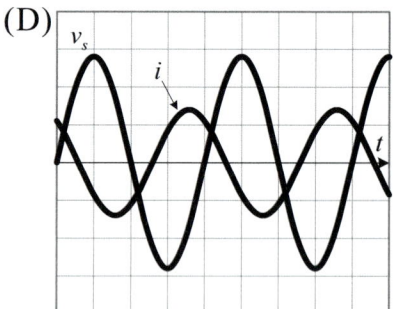

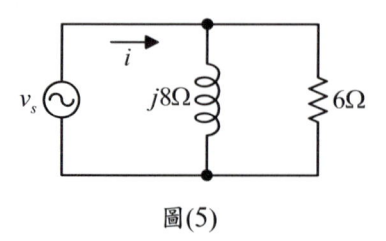

圖(5)

(　　)20. 函數波信號產生器（Function Generator）的ATT或ATTEN按鍵之功能為何？
(A)輸入信號振幅調整　　(B)輸出信號相位調整
(C)輸入信號相位調整　　(D)輸出信號振幅調整 [103統測]

( )21. 使用LCR表測量電阻器、電感器及電容器，下列敘述何者正確？
(A)測量電容器時，先將測試棒兩端短路，再做歸零調整
(B)測量電感器時，先將測試棒兩端開路，再做歸零調整
(C)測量電阻器時，先將測試棒兩端短路，再做歸零調整
(D)不需做歸零調整 [102統測]

( )22. 如圖(6)所示電路，V_i輸入一方波電壓，由示波器所量測介於V_i與V_o間的電阻R電壓波形$(V_i - V_o)$為何？ [102統測]
(A) (B) (C) (D)

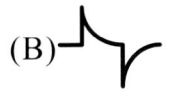

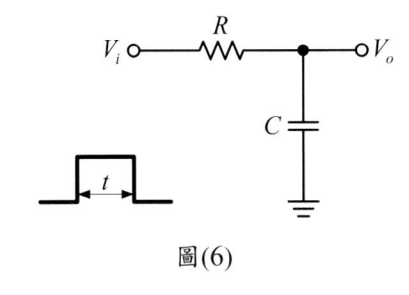

圖(6)

實習4 常用家用電器之檢修

( )23. 以一電鍋煮飯，若將其電源線插頭插入交流110V插座中，且煮飯開關切入，卻未見煮飯指示燈亮起，也未加熱煮飯，則下列敘述何者不是造成電鍋未加熱煮飯的原因？
(A)指示燈接線脫落
(B)煮飯開關接觸不良
(C)電源線有斷線
(D)插頭與插座間接觸不良 [113統測]

( )24. 間接加熱型煮飯用電鍋，其單相電源電壓有效值為110V，煮飯用電熱線的功率為800W，保溫用電熱線的功率為40W，下列敘述何者正確？
(A)煮飯用電熱線的電阻值大於保溫用電熱線的電阻值
(B)煮飯用電熱線的電阻值等於保溫用電熱線的電阻值
(C)煮飯時量測電源電流有效值約為3.6A
(D)保溫時量測電源電流有效值約為0.36A [111統測]

( )25. 單相電壓有效值為110V的電鍋，若電鍋的煮飯電熱線消耗功率為1kW，以三用電表歐姆檔量測此電熱線兩端的電阻約為何？
(A)5Ω (B)12Ω (C)120Ω (D)240Ω [109統測]

( )26. 下列對於間接加熱式電鍋之敘述，何者錯誤？
(A)煮飯電熱線由溫度自動開關控制
(B)其溫度自動開關可用雙金屬材料製成
(C)煮飯電熱線產生電功率會大於保溫電熱線產生之電功率
(D)煮飯電熱線之電阻會大於保溫電熱線之電阻 [108統測]

( )27. 如圖(7)所示為單相三線式配線，若中性線 n 斷線（×表示斷線處），則下列敘述何者正確？
(A)燈泡 A 及燈泡 B 持續發亮
(B)燈泡 A 及燈泡 B 不再發亮
(C)燈泡 A 持續發亮、燈泡 B 不再發亮
(D)燈泡 A 不再發亮、燈泡 B 持續發亮 [108統測]

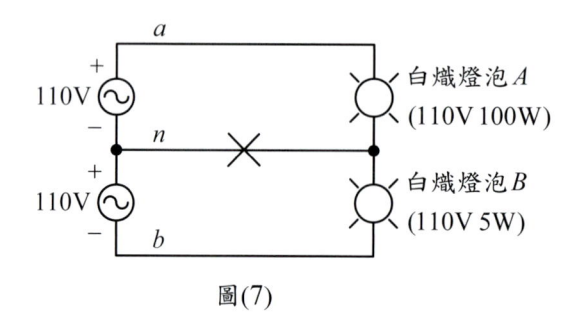

圖(7)

( )28. 某500W電鍋，每次煮飯時間30分鐘，則煮飯6次消耗總電能為何？
(A)3.5度電　(B)3度電　(C)1.5度電　(D)1度電 [107統測]

( )29. 額定值分別為110V、0.5kW及110V、1.0kW之兩電熱線，串聯連接後，接至220V電源，則下列敘述何者正確？
(A)兩電熱線功率皆維持額定值
(B)0.5kW電熱線功率高於額定值
(C)1.0kW電熱線功率高於額定值
(D)兩電熱線功率皆低於額定值 [107統測]

( )30. 下列有關日光燈的起動器之敘述，何者錯誤？
(A)常用之規格有1P及4P之分　　(B)1P之起動器適用於10W之燈管
(C)起動器內裝有一電容器　　　(D)起動器內裝有一穩流電感器 [106統測]

( )31. 一日光燈接於110V電源，其電流為0.6A，消耗之電功率為39.6W，則其功率因數為何？　(A)0.3　(B)0.6　(C)0.8　(D)0.9 [105統測]

( )32. 下列有關照明用燈泡、燈管之敘述，何者錯誤？
(A)110V/40W之日光燈應配合使用1P起動器點亮
(B)省電燈泡與日光燈的發光原理相同
(C)水銀燈之發光原理為弧光放電
(D)省電燈泡較白熾燈省電 [104統測]

( )33. 有關一般家用電熱器具之相關知識，下列敘述何者正確？
(A)電磁爐的加熱方式是利用電弧發熱原理
(B)微波爐所使用的電磁波頻率為2450GHz
(C)以鎳鉻合金的電熱線作加熱元件，其特性為低電阻係數、高溫度係數
(D)當雙金屬片受熱時，膨脹係數大的金屬會向膨脹係數小的金屬彎曲
[104統測]

( )34. 關於電器操作原理之敘述，下列何者正確？
(A)一般電磁爐之工作頻率為25kHz，使用銅材料鍋具亦能加熱
(B)電磁爐是利用電磁波產生之摩擦加熱原理，加熱食物
(C)微波爐產生24.5MHz之高頻電磁場，經磁控管產生渦流加熱
(D)正確使用微波爐時，不可用金屬器皿或鋁箔裝置食物放入加熱 [103統測]

( )35. 若把1P的啟動器拿到40W日光燈使用，則會觀察到何種現象？
(A)兩端會亮而中間不亮，呈白霧狀
(B)中間亮而兩端不亮
(C)燈完全不亮
(D)可正常點燈 [102統測]

( )36. 吹風機因使用時間過長而自動停止，經過一段時間後又可以再使用，則其主要原因為何？
(A)電熱絲斷掉　　　　　　　　　　(B)溫度開關動作
(C)馬達線圈燒毀　　　　　　　　　(D)變壓器不良 [102統測]

答案與詳解

答　1.D　2.D　3.A　4.B　5.B　6.B　7.A　8.C　9.A　10.A
　　11.C　12.D　13.A　14.C　15.D　16.C　17.D　18.C　19.A　20.D
　　21.C　22.B　23.A　24.D　25.B　26.D　27.B　28.C　29.B　30.D
　　31.B　32.A　33.D　34.D　35.A　36.B

解

1. V_m佔垂直刻度3格，一格為$\frac{V_m}{3} = \frac{6}{3} = 2$ V/DIV

   $\omega = 2\pi f = 157$ (rad/s)，$f = \frac{157}{2\pi} = 25$ (Hz)，週期$T = \frac{1}{f} = \frac{1}{25} = 40$ (ms)

   週期T佔水平刻度8格，一格為$\frac{40\text{ms}}{8} = 5$ ms/DIV

2. (1) 峰值對峰值為20V，垂直佔4格，垂直刻度為$\frac{20\text{V}}{4\text{DIV}} = 5$ V/DIV。

   (2) 頻率為500Hz，則週期$T = \frac{1}{500} = 2$ ms，

   一整個週期佔4格，水平刻度為$\frac{2\text{ms}}{4\text{DIV}} = 0.5$ ms/DIV。

3. $C = 20 \times 10^3 \text{p} \pm 10\% = 2 \times 10^4 \times 10^{-12} \pm 10\% = 20\text{nF} \pm 10\%$

5. (1) 探棒置於×10檔位，則信號被衰減10倍後輸入示波器。

   (2) 調整探棒上之微調電容器會改變×10檔位之頻率響應。

   (3) 探棒校正（CAL）端子輸出為1kHz之方波信號。

6. (1) CH1與CH2兩通道連接之黑色探棒部位（黑色鱷魚夾），於示波器內部為連通狀態，因此在同時測量時須接在同一點上，以避免電路上某些元件被短路。

   (2) 要觀察$\overline{I_C}$相位可測量$\overline{V_R}$波形（因$\overline{V_R}$相位等於$\overline{I_R}$相位且$\overline{I_R} = \overline{I_C}$），即CH1接X點，CH1黑色鱷魚夾接Y點。

   (3) 要測量$\overline{V_C}$波形，探棒須接Y及Z兩點；為避免兩通道黑色鱷魚夾內部短接造成短路問題，CH2須反接，即CH2接Z點，CH2黑色鱷魚夾接Y點，CH2波形反相。

7. $L = 50 \times 10^2 \mu \pm 10\% = 5 \times 10^3 \times 10^{-6} \pm 10\% = 5\text{mH} \pm 10\%$

8. (1) $V_m = \frac{4\text{DIV}}{2} \times (2\text{V/DIV}) \times 10 = 40$ V，$V_{eff} = \frac{40\text{V}}{\sqrt{2}} = 20\sqrt{2}$ V

   (2) $T = (4\text{DIV}) \times (0.5\text{ms/DIV}) = 2$ ms，$f = \frac{1}{T} = \frac{1}{2\text{ms}} = 500$ Hz

答案與詳解

10. $C = 10 \times 10^2 \text{p} \pm 5\% = 1000\text{pF} \pm 5\% = 950 \sim 1050 \text{ pF}$

12. 波形變大，垂直軸刻度的每格刻度值也變小，而電壓量測值不變。

13. (1) 量測電感值前的歸零調整，須將測試棒（夾）兩端短路。

    (2) 量測電容值前的歸零調整，須將測試棒（夾）兩端斷路。

14. 示波器所提供之校準方波為固定電壓、頻率之方波，無法校正示波器有效頻寬。

15. (1) 一週期（360°）佔水平刻度8格，每格相當於 $\dfrac{360}{8} = 45°$。

    (2) A 波形超前 B 波形1格，即超前45°。

16. (1) 10:1之電壓探棒主要是衰減電壓振幅，不會影響水平軸刻度量測。

    (2) $T = \dfrac{1}{f} = \dfrac{1}{10\text{kHz}} = 0.1 \text{ ms}$

    (3) 一週期波形將佔滿水平軸 $\dfrac{0.1\text{ms}}{0.01\text{ms}/\text{DIV}} = 10 \text{ DIV}$

17. AMPLITUDE指振幅，可調整信號的輸出大小。

18. (1) AC為交流耦合，只能顯示信號的交流部分。

    (2) DC為直接耦合，能顯示完整信號的直流部分與交流部分。

19. (1) $\overline{Z} = \dfrac{(j8)(6)}{j8+6} = \dfrac{48}{100}(8+j6) = 4.8\angle 37° \text{ }\Omega$

    (2) $\overline{I} = \dfrac{\overline{V_s}}{\overline{Z}} = \dfrac{\overline{V_s}}{4.8\angle 37°\Omega} = \dfrac{\overline{V_s}}{4.8\Omega}\angle -37°$，$i$ 落後 v_s 37°

    (3) 一週期（360°）佔水平刻度4格，每格相當於90°，因此 i 落後 v_s 小於1格。

20. ATT(EN)意義為attenuation，可衰減輸出信號的振幅。

21. (1) 測量電容器時之歸零調整，須先將測試棒兩端開路。

    (2) 測量電阻器、電感器時之歸零調整，須先將測試棒兩端短路。

22. (1) 區段 t 間，電容 C 充電，電阻電壓 V_R 由輸入電壓最大值，呈指數下降至0。

    (2) 過區段 t，電容 C 放電，電阻電壓 V_R 由反方向電壓最大值，呈指數下降至0。

23. 若僅指示燈接線脫落的話，應能正常加熱煮飯。

24. 煮飯用電熱絲電阻 $= \dfrac{110^2}{800} = 15.125 \text{ }(\Omega)$，$I = \dfrac{110}{15.125} \fallingdotseq 7.27 \text{ (A)}$

    保溫用電熱絲電阻 $= \dfrac{110^2}{40} = 302.5 \text{ }(\Omega)$，$I = \dfrac{110}{302.5} = 0.36 \text{ (A)}$

答案與詳解

25. $R = \dfrac{V^2}{P} = \dfrac{110^2}{1000} = 12.1\,\Omega$

26. (1) $P = \dfrac{V^2}{R}$，電熱線的電阻愈小，則產生的電功率愈大。

    (2) 煮飯所需電功率大於保溫，因此煮飯電熱線之電阻會小於保溫電熱線之電阻。

27. (1) 燈泡A電阻 $R_A = \dfrac{110^2}{100} = 121\,\Omega$

    燈泡B電阻 $R_B = \dfrac{110^2}{5} = 2420\,\Omega$

    (2) 中性線n斷線後，燈泡B取得分壓：
    $V_B = (110+110)\dfrac{2420}{121+2420} \fallingdotseq 210\,V$

    (3) 燈泡B超出額定燒毀。燈泡A、燈泡B與電源串聯，燈泡B燒毀後電路斷路，因此燈泡A及燈泡B不再發亮。

28. $W = Pt = 500W \times 0.5h \times 6 = 1.5\,kW\cdot h = 1.5$ 度電

29. (1) 110V/0.5kW之電熱線電阻 $R_A = \dfrac{110^2}{500} = 24.2\,\Omega$

    110V/1.0kW之電熱線電阻 $R_B = \dfrac{110^2}{1000} = 12.1\,\Omega$

    (2) $P'_A = (\dfrac{220}{24.2+12.1})^2 \times 24.2 = \dfrac{8}{9}\,kW > 0.5\,kW$

    $P'_B = (\dfrac{220}{24.2+12.1})^2 \times 12.1 = \dfrac{4}{9}\,kW < 1.0\,kW$

30. 起動器內裝有一電容器；穩流電感器為安定器。

31. $PF = \dfrac{P}{S} = \dfrac{39.6}{110 \times 0.6} = 0.6$

32. 40W之日光燈應配合使用4P起動器點亮。

33. (1) 電磁爐的加熱方式是利用電磁感應於鐵製鍋具底部產生渦流，形成電流熱效應來加熱。

    (2) 微波爐所使用的電磁波頻率為2450MHz。

    (3) 鎳鉻合金電熱線的特性為高電阻係數、低溫度係數。

答案與詳解

34. (1) 一般電磁爐不能使用銅材料鍋具。

    (2) 電磁爐是利用電磁感應於鍋具底部產生渦流，形成電流熱效應來加熱食物。

    (3) 微波爐使用2450MHz之高頻電磁場，透過磁控管發射高頻波振動食物中的水分子，進而摩擦生熱加熱食物。

35. 1P啟動器無法點亮40W日光燈，會因啟動電壓不足造成日光燈管兩端亮而中間不亮的現象。

36. 當吹風機運轉之工作溫度超過溫度開關設定的溫度時，溫度開關會自動斷路以保護吹風機本體及內部相關零件。

基本電學（下）攻略本

113學年度科技校院四年制與專科學校二年制統一入學測驗試題本

電機與電子群

專業科目（一）：基本電學、基本電學實習

( ) 1. 電場中，將電量為 Q 庫倫的電荷由 a 點移到 b 點需作功 64 焦耳；而將 Q 庫倫的電荷由 c 點移到 b 點需作功 -20 焦耳，若 b 點電位為 10V，c 點電位為 20V，則 c 點對 a 點之電位差 V_{ca} 為何？
(A) 64V (B) 42V (C) -20V (D) -30V [1-5]

( ) 2. 某電阻器在溫度 20°C 時電阻為 10Ω，而在溫度 40°C 時電阻為 11Ω；若電阻器之電阻值與溫度為線性關係，則在溫度 80°C 時其電阻為何？
(A) 13Ω (B) 14Ω (C) 15Ω (D) 16Ω [2-4]

( ) 3. 如圖(一)所示電路，電壓 V_a 為何？
(A) -4V (B) -2V (C) 0V (D) 2V [4-1]

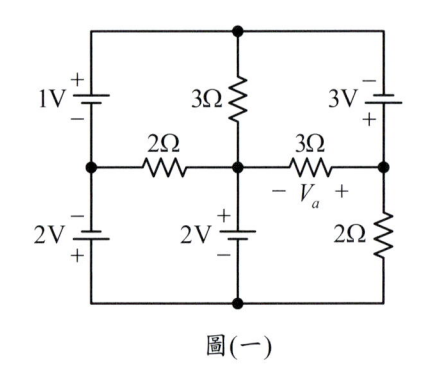

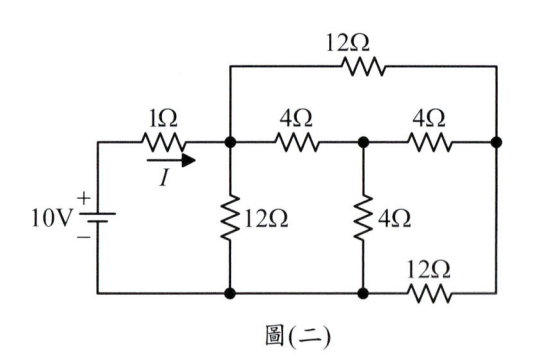

圖(一)

圖(二)

( ) 4. 如圖(二)所示電路，電流 I 為何？
(A) 4A (B) 3A (C) 2A (D) 1A [3-7]

( ) 5. 如圖(三)所示電路，若電流 $I_1 : I_2 : I_3 = 5 : 3 : 2$，則電阻 R 值為何？
(A) 12Ω (B) 15Ω (C) 18Ω (D) 20Ω [3-3]

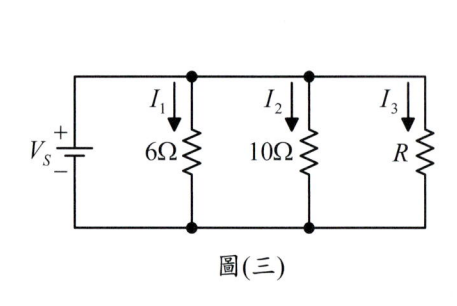

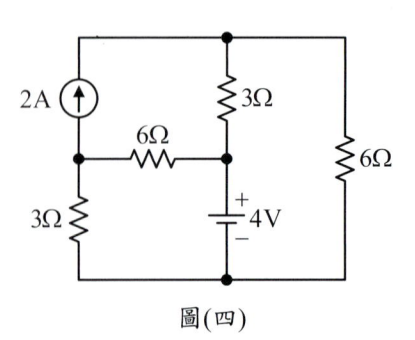

圖(三)

圖(四)

( ) 6. 如圖(四)所示電路，4V 電壓源之功率約為何？
(A) 供給 3.56W (B) 吸收 3.56W (C) 供給 0.89W (D) 吸收 0.89W [4-4]

( )7. 如圖(五)所示電路,電流I為何?
(A)−1A (B)0A (C)1A (D)2A   [4-3]

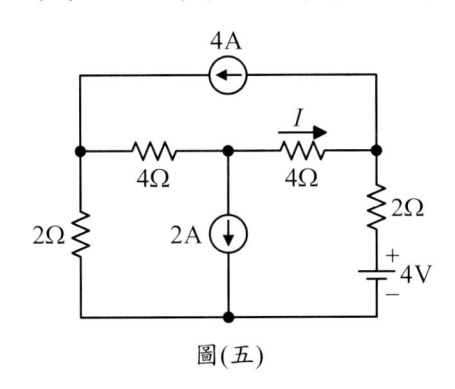

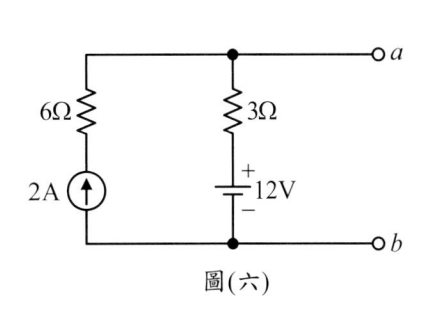

( )8. 如圖(六)所示電路,a、b兩端之戴維寧等效電壓V_{Th}及等效電阻R_{Th}為何?
(A)V_{Th} = 12 V、R_{Th} = 6 Ω   (B)V_{Th} = 18 V、R_{Th} = 6 Ω
(C)V_{Th} = 18 V、R_{Th} = 3 Ω   (D)V_{Th} = 12 V、R_{Th} = 3 Ω   [4-4]

圖(五)   圖(六)

( )9. 如圖(七)所示電路,a、b兩端電感所儲存之總能量為何?
(A)20J (B)30J (C)40J (D)50J   [6-2]

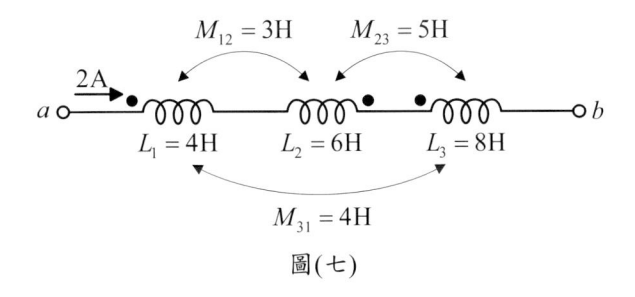

圖(七)

( )10. 如圖(八)所示電路,時間t = 0以前開關S在 "1" 的位置且電路已經達到穩態。
若在t = 0時將開關切換至 "2" 的位置,則開關切離位置 "1" 的瞬間,9Ω電阻
之電壓V_R為何?
(A)−10V (B)−12V (C)−16V (D)−18V   [7-3]

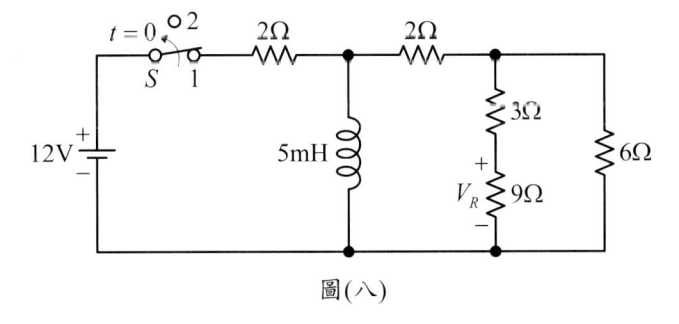

圖(八)

( )11. 已知電壓$v(t) = 100\sin(100t − 30°)$ V、電流$i(t) = −5\cos(100t + 30°)$ A,則電壓
與電流相位關係為何?
(A)電壓相角超前電流相角60°   (B)電壓相角超前電流相角30°
(C)電壓相角落後電流相角60°   (D)電壓相角落後電流相角30°   [8-4]

( )12. 如圖(九)所示週期性電壓$v(t)$波形，若$T_{ON}=3$ ms、$T_{OFF}=2$ ms、$E=15$ V，則此電壓的平均值為何？ (A)9V (B)10V (C)11V (D)12V [8-2]

圖(九)

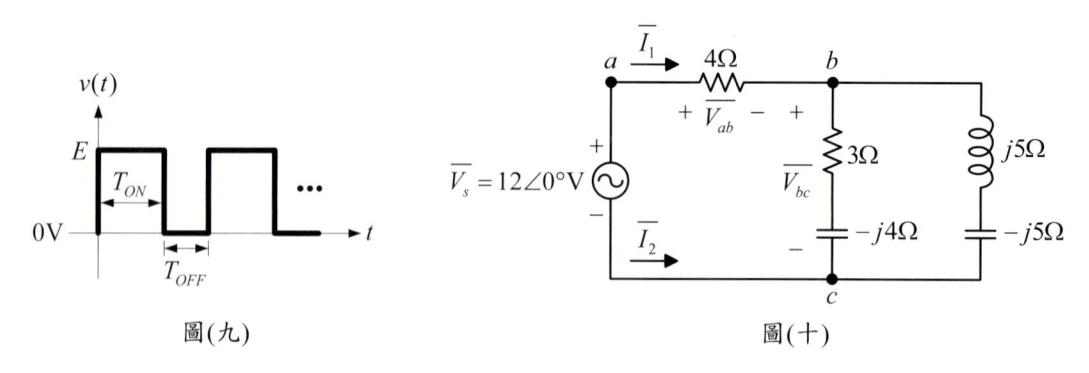

圖(十)

( )13. 如圖(十)所示電路，下列敘述何者正確？
(A)$\overline{I_1}=1.5\angle 30°$ A、$\overline{V_{ab}}=6\angle 30°$ V　(B)$\overline{I_2}=1.5\angle -30°$ A、$\overline{V_{bc}}=7.5\angle -37°$ V
(C)$\overline{I_1}=3\angle 90°$ A、$\overline{V_{bc}}=15\angle 53°$ V　(D)$\overline{I_2}=3\angle 180°$ A、$\overline{V_{ab}}=12\angle 0°$ V [9-9]

( )14. 如圖(十一)所示電路，若電源電壓大小固定，電源頻率為240Hz時，電感抗為$j160\Omega$，電容抗為$-j40\Omega$，則電流$\overline{I}$為最大值時的電源頻率為何？
(A)480Hz
(B)240Hz
(C)120Hz
(D)60Hz [11-1]

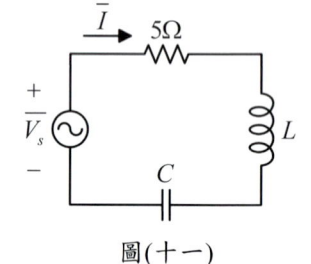

圖(十一)

( )15. 有一RLC並聯電路，$R=200\Omega$、$L=1$ mH，諧振時若頻帶寬度（bandwidth）$BW=\dfrac{250}{\pi}$ Hz，則下列敘述何者正確？
(A)諧振頻率$f_0=\dfrac{500}{\pi}$ Hz　(B)品質因數$Q=20$
(C)上截止頻率$f_2=1592$ Hz　(D)電容$C=100\ \mu F$ [11-2]

( )16. 如圖(十二)所示電路，其中Ⓐ、Ⓥ為理想的電流表及電壓表，若電流表指示值為8.66A，則下列敘述何者正確？
(A)負載的總平均功率為225W　(B)負載的總虛功率為325VAR
(C)負載的總視在功率為395VA　(D)電壓表指示值為60V [12-2]

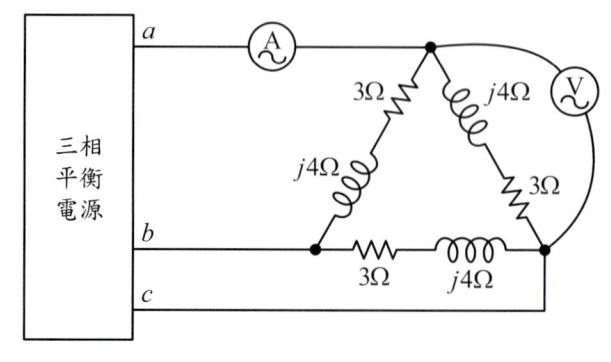

圖(十二)

▲ 閱讀下文，回答第17-18題

如圖(十三)所示電路，其中 (A) 為理想電流表。

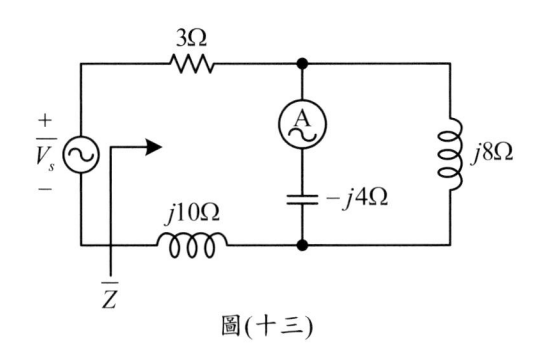

圖(十三)

( )17. 總阻抗 $\overline{Z}$ 為何？
(A)$(3-j8)\Omega$ (B)$(3-j14)\Omega$ (C)$(3+j2)\Omega$ (D)$(3+j4)\Omega$ [9-9]

( )18. 若電流表指示值為4A，則下列敘述何者正確？
(A)電源供給的平均功率為108W (B)電源供給的虛功率為8VAR
(C)電源供給的視在功率為20VA (D)電路的功率因數為0.83超前 [10-5]

( )19. 將5V之直流電壓源串接於一個五環色碼電阻，若此色碼電阻的色環由第一環至第五環顏色依序為「紅綠黑黑棕」，則電阻可能消耗的最大功率約為何？
(A)0.01W (B)0.05W (C)0.1W (D)0.4W [2-3]

( )20. 如圖(十四)所示電路，若量測得電流 $I = 4.5\,A$，則電壓 V_a 為何？
(A)4V (B)6V (C)8V (D)10V [4-1]

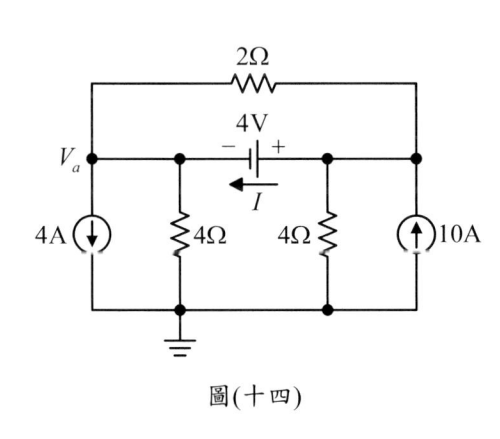

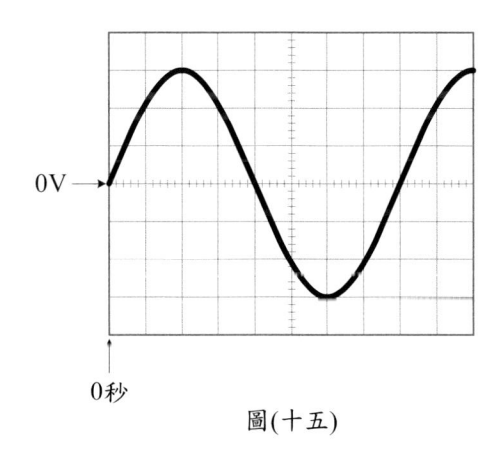

圖(十四)

圖(十五)

( )21. 使用示波器量測一弦波信號 $v(t) = 6\sin(157t)$ V，若示波器之測試探棒衰減比為1:1，此弦波信號於示波器上顯示之波形如圖(十五)所示，則示波器之水平刻度（TIME/DIV）與垂直刻度（VOLTS/DIV）設定分別為何？
(A)水平刻度設定為10ms/DIV、垂直刻度設定為5V/DIV
(B)水平刻度設定為5ms/DIV、垂直刻度設定為5V/DIV
(C)水平刻度設定為10ms/DIV、垂直刻度設定為2V/DIV
(D)水平刻度設定為5ms/DIV、垂直刻度設定為2V/DIV [實習3]

基本電學（下）攻略本

▲ 閱讀下文，回答第22-23題

圖(十六)所示電容器串並聯組合電路。

( ) 22. 將24V電壓源移除且所有電容器皆放電完成後，若使用LCR表之電容量測檔位，則由 a、b 兩端所量測之等效電容量為何？
(A) $1\mu F$　　(B) $2\mu F$
(C) $3\mu F$　　(D) $4\mu F$　　[5-2]

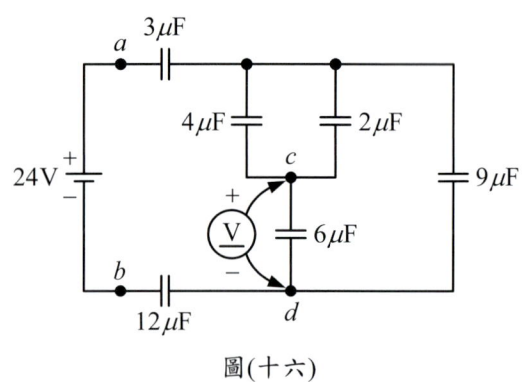

圖(十六)

( ) 23. 將24V電壓源重新接到電路上，再使用電壓表 Ⓥ 量測 c、d 兩端之電壓，則電壓表顯示之電壓為何？　(A) 2V　(B) 4V　(C) 6V　(D) 8V　　[5-2]

( ) 24. 如圖(十七)所示電路，若 $v_s(t) = V_m \sin(\omega t)$ V，則下列波形圖的相位關係何者正確？　　[8-4]

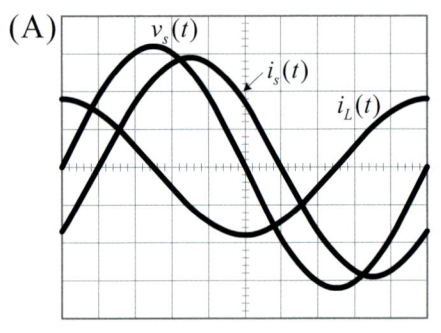

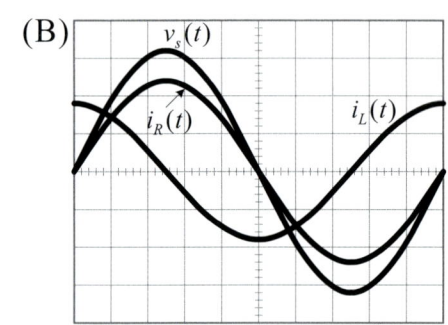

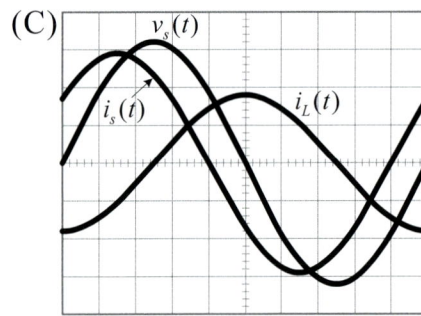

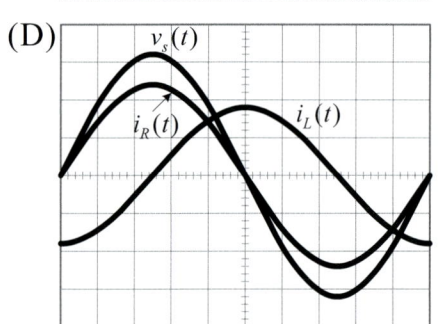

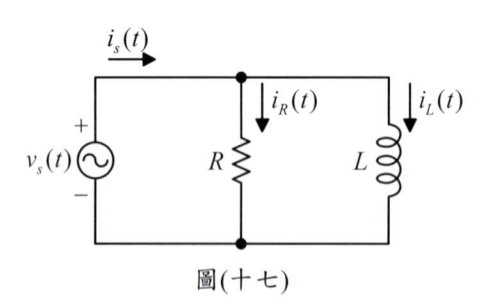

圖(十七)

( ) 25. 以一電鍋煮飯，若將其電源線插頭插入交流110V插座中，且煮飯開關切入，卻未見煮飯指示燈亮起，也未加熱煮飯，則下列敘述何者不是造成電鍋未加熱煮飯的原因？
(A)指示燈接線脫落　　(B)煮飯開關接觸不良
(C)電源線有斷線　　(D)插頭與插座間接觸不良　　[實習4]

113-6

答案與詳解

答
1.B 2.A 3.C 4.C 5.B 6.C 7.B 8.C 9.A 10.D
11.B 12.A 13.D 14.C 15.B 16.A 17.C 18.B 19.C 20.D
21.D 22.B 23.A 24.D 25.A

解

1. (1) $V_{bc} = \dfrac{-20}{Q} = V_b - V_c = 10 - 20 = -10 \,(\text{V})$ ∴ $Q = 2 \,(\text{C})$

    (2) $V_{ba} = V_b - V_a = 10 - V_a = \dfrac{64}{2} = 32 \,(\text{V})$ ∴ $V_a = -22 \,(\text{V})$

    (3) $V_c - V_a = 20 - (-22) = 42 \,(\text{V})$

2. (1) $11 = 10[1 + \alpha_{20}(40-20)] \Rightarrow \dfrac{1}{10} = \alpha_{20} \times 20$ ∴ $\alpha_{20} = \dfrac{1}{200} \,(°C^{-1})$

    (2) $R_2 = 10[1 + \dfrac{1}{200}(80-20)] = 10(1 + \dfrac{60}{200})$ ∴ $R_2 = 13 \,(\Omega)$

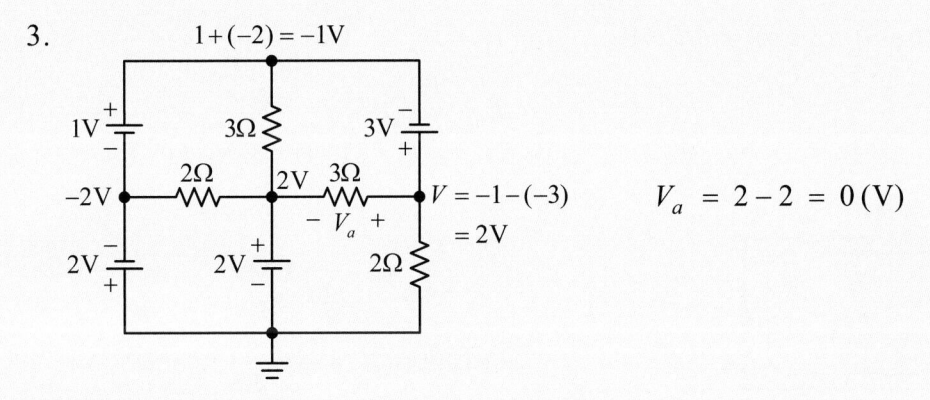

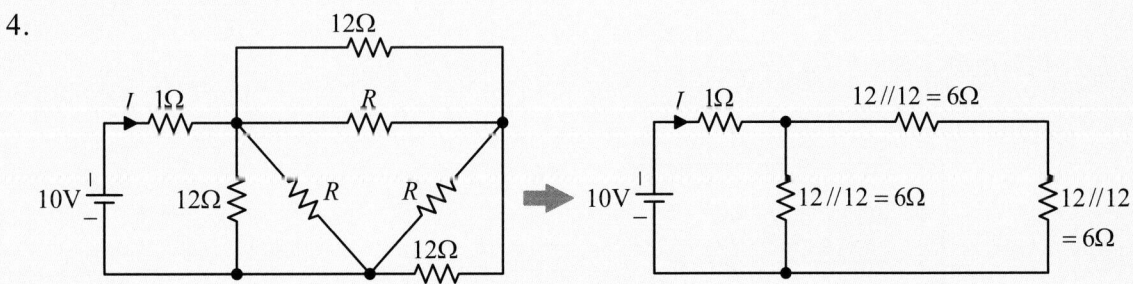

3.

$V_a = 2 - 2 = 0 \,(\text{V})$

4.

    (1) 將三個Y接4Ω化成△接：$R = R_\Delta = 3R_Y = 3 \times 4 = 12 \,(\Omega)$

    (2) $I = \dfrac{10}{1 + 12 // 6} = \dfrac{10}{1 + 4} = 2 \,(\text{A})$

5. 並聯電壓相同 $\Rightarrow 6 \times I_1 = 10 \times I_2 = R \times I_3$

    $6 \times 5 = 10 \times 3 = R \times 2$ ∴ $R = \dfrac{30}{2} = 15 \,(\Omega)$

Basic Electricity
基本電學（下）攻略本

|答案與詳解|

6. 利用戴維寧定理：

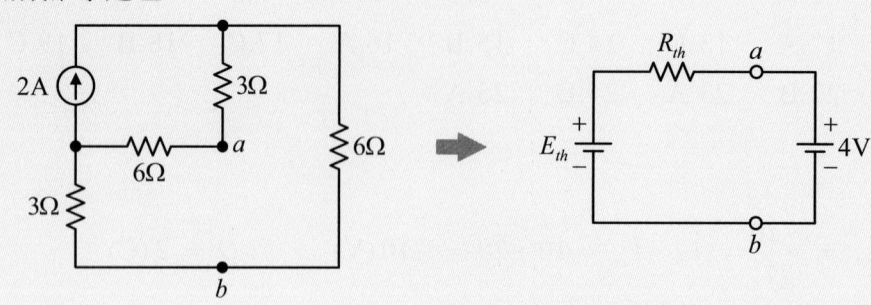

(1) 求 R_{th}：

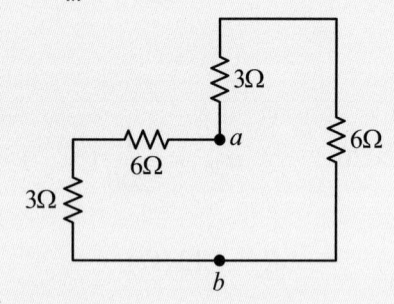

$$R_{th} = (6+3)//(3+6) = 4.5\,(\Omega)$$

(2) 求 E_{th}：

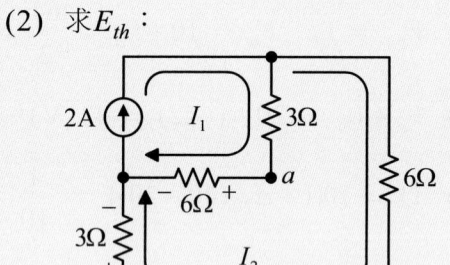

$$I_1 = I_2 = 2 \times \frac{6+3}{(6+3)+(6+3)} = 1\,(A)$$

$$E_{th} = V_{ab} = V_a - V_b$$
$$= (1 \times 6) - (1 \times 3) = 3\,(V)$$

(3)

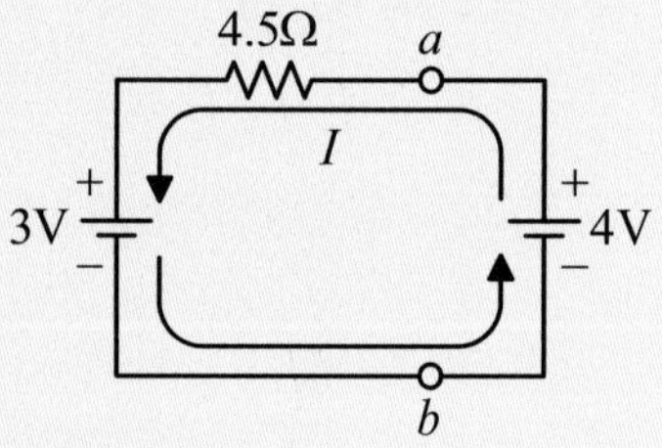

$$I = \frac{4-3}{4.5} = \frac{1}{4.5}\,(A)$$

4V提供功率 $= 4 \times \dfrac{1}{4.5} \approx 0.89\,(W)$

7. 利用重疊定理：

(1)

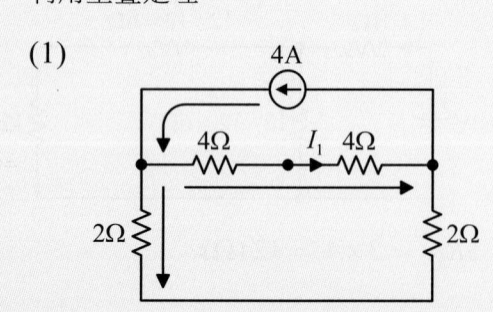

$$I_1 = 4 \times \frac{2+2}{(2+2)+(4+4)} = \frac{4}{3}\,(A)$$

(2)

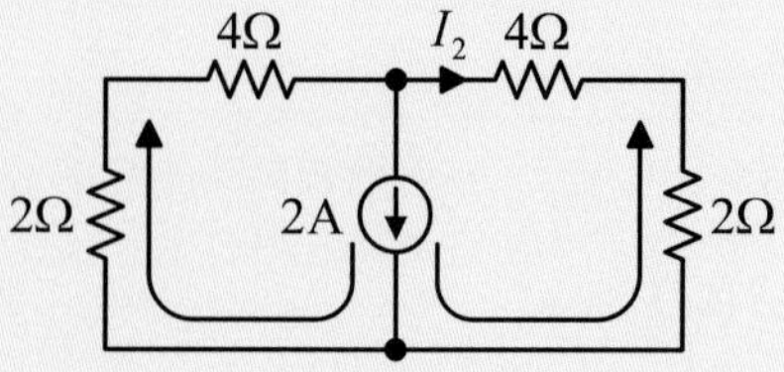

$$I_2 = (-2) \times \frac{4+2}{(4+2)+(4+2)} = -1\,(A)$$

113-8

答案與詳解

(3)

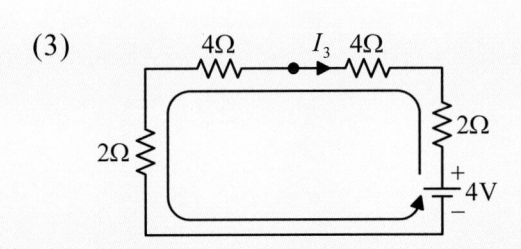

$$I_3 = \frac{-4}{4+4+2+2} = -\frac{1}{3}(A)$$

(4) $I = I_1 + I_2 + I_3 = \frac{4}{3} - 1 - \frac{1}{3} = 0\,(A)$

8. (1) 求 R_{th}：

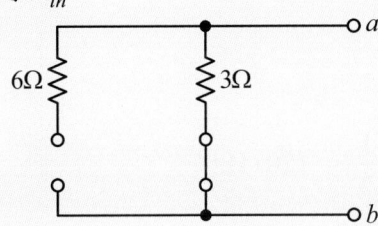

$R_{th} = R_{ab} = 3\,(\Omega)$

(2) 求 E_{th}：

① $V'_{ab} = 2 \times 3 = 6\,(V)$

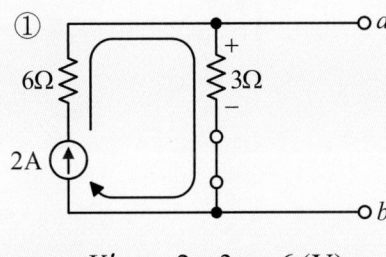

② $V''_{ab} = 12\,(V)$

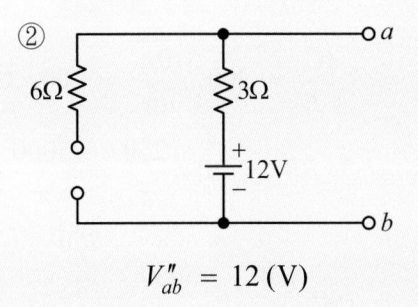

③ $E_{th} = V'_{ab} + V''_{ab} = 6 + 12 = 18\,(V)$

9. (1) $L_T = (4-3+4)+(6-3-5)+(8-5+4) = 5+(-2)+7 = 10\,(H)$

(2) $W = \frac{1}{2}L_T I^2 = \frac{1}{2} \times 10 \times 2^2 = 5 \times 4 = 20\,(J)$

10. (1) 開關 S 在 "1" 的位置且電路已經達到穩態，電感視為短路。此時

$I_L = \frac{12}{2} = 6\,(A)$（電流方向↓）

(2) 開關 S 切離位置 "1" 的瞬間，流過 9Ω 電阻的電流為

$I_{9\Omega} = 6 \times \frac{6}{(3+9)+6} = 2\,(A)$（電流方向↑）

(3) $V_R = (-2) \times 9 = -18\,(V)$（電壓極性與標示相反）

11. $i(t) = -5\cos(100t+30°)\,A = -5\sin(100t+120°)\,A = 5\sin(100t-60°)\,A$

$\theta_v = -30°$，$\theta_i = -60°$，電壓相角超前電流相角 30°

答案與詳解

12. $V_{av} = \dfrac{15 \times 3\text{ms}}{3\text{ms} + 2\text{ms}} = 9\,(\text{V})$

13. bc 兩端因 $j5 + (-j5) = 0\,\Omega$ 形成短路：

    $\overline{I_1} = \dfrac{12\angle 0°}{4\angle 0°} = 3\angle 0°\,(\text{A})$

    $\overline{I_2} = -\overline{I_1} = 3\angle 180°\,(\text{A})$

    $\overline{V_{ab}} = 3\angle 0° \times 4\angle 0° = 12\angle 0°\,(\text{V})$

    $\overline{V_{bc}} = 0\,(\text{V})$

14. 當電流 $\overline{I}$ 為最大值時，電路處於諧振狀態。

    諧振頻率 $f_0 = f\sqrt{\dfrac{X_C}{X_L}} = 240\sqrt{\dfrac{40}{160}} = 240 \times \dfrac{1}{2} = 120\,(\text{Hz})$

15. $BW = \dfrac{1}{2\pi RC} = \dfrac{1}{2\pi \times 200 \times C} = \dfrac{250}{\pi}$，$C = 10\,\mu\text{F}$

    $Q = R\sqrt{\dfrac{C}{L}} = 200\sqrt{\dfrac{10\mu}{1\text{m}}} = 200 \times 0.1 = 20$

    $f_0 = Q \cdot BW = 20 \times \dfrac{250}{\pi} = \dfrac{5000}{\pi}\,(\text{Hz})$

    $f_2 = f_0 + \dfrac{BW}{2} = \dfrac{5000}{\pi} + \dfrac{\frac{250}{\pi}}{2} = \dfrac{5125}{\pi} \fallingdotseq 1631\,(\text{Hz})$

16. $\overline{Z_\phi} = 3 + j4 = 5\angle 53°\,(\Omega)$，$\theta_p = \theta_Z = 53°$，$PF = \cos\theta_p = \cos 53° = 0.6$

    $I_\phi = \dfrac{I_\ell}{\sqrt{3}} = \dfrac{8.66}{\sqrt{3}} = 5\,(\text{A})$

    $V_\phi = I_\phi Z_\phi = 5 \times 5 = 25\,(\text{V})$

    $P_T = 3V_\phi I_\phi \cos\theta_p = 3 \times 25 \times 5 \times 0.6 = 225\,(\text{W})$

    $Q_T = 3V_\phi I_\phi \sin\theta_p = 3 \times 25 \times 5 \times 0.8 = 300\,(\text{VAR})$

    $S_T = 3V_\phi I_\phi = 3 \times 25 \times 5 = 375\,(\text{VA})$

17. $\overline{Z} = 3 + j10 + (-j4\,/\!/\,j8) = 3 + j10 - j8 = 3 + j2\,(\Omega)$

18. $I_{j8\Omega} = \dfrac{4 \times 4}{8} = 2\,(\text{A})$，$I_{3\Omega} = I_{j10\Omega} = 4 - 2 = 2\,(\text{A})$

    (1) $P = 2^2 \times 3 = 12\,(\text{W})$

    (2) $Q_L = 2^2 \times 10 + 2^2 \times 8 = 72\,(\text{VAR})$　　$Q_C = 4^2 \times 4 = 64\,(\text{VAR})$

    $Q = Q_L - Q_C = 72 - 64 = 8\,(\text{VAR})$（電感性）

答案與詳解

(3) $S = \sqrt{P^2 + Q^2} = \sqrt{12^2 + 8^2} = 4\sqrt{13}$ (VA)

(4) $\cos\theta_p = \dfrac{P}{S} = \dfrac{12}{4\sqrt{13}} = \dfrac{3}{\sqrt{13}} \fallingdotseq 0.83$ 落後（電感性）

19. (1) 紅綠黑黑棕 $\Rightarrow R = 250 \times 10^0 \pm 1\%\,(\Omega) = 250 \pm 1\%\,(\Omega)$
   2 5 0 0 1

(2) $P_{\max} = \dfrac{V^2}{R_{\min}} = \dfrac{5^2}{250 \times (0.99)} = \dfrac{25}{247.5} \fallingdotseq 0.1\,(W)$

20. 利用節點電壓法：

(1) V_a 節點：
$4 + I_1 + I_2 = I$
$\Rightarrow 4 + \dfrac{V_a}{4} + \dfrac{V_a - V_b}{2} = 4.5$
$\Rightarrow 3V_a - 2V_b = 2$ ……………①

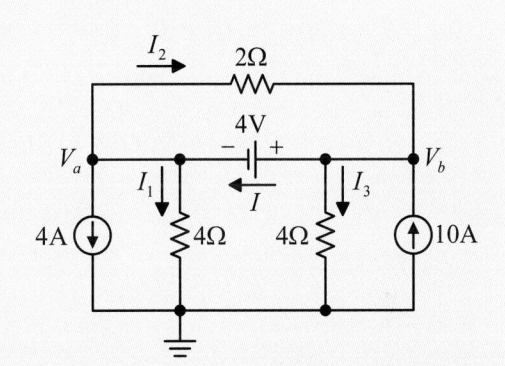

(2) V_b 節點：
$I_2 + 10 = I + I_3$
$\Rightarrow \dfrac{V_a - V_b}{2} + 10 = 4.5 + \dfrac{V_b}{4}$
$\Rightarrow -2V_a + 3V_b = 22$ …………②

(3) ①×3 + ②×2，得 $5V_a = 50$ ∴ $V_a = 10\,(V)$

21. V_m 佔垂直刻度3格，一格為 $\dfrac{V_m}{3} = \dfrac{6}{3} = 2$ V/DIV

$\omega = 2\pi f = 157\,(\text{rad/s})$，$f = \dfrac{157}{2\pi} = 25\,(\text{Hz})$，週期 $T = \dfrac{1}{f} = \dfrac{1}{25} = 40\,(\text{ms})$

週期 T 佔水平刻度8格，一格為 $\dfrac{40\text{ms}}{8} = 5\,\text{ms/DIV}$

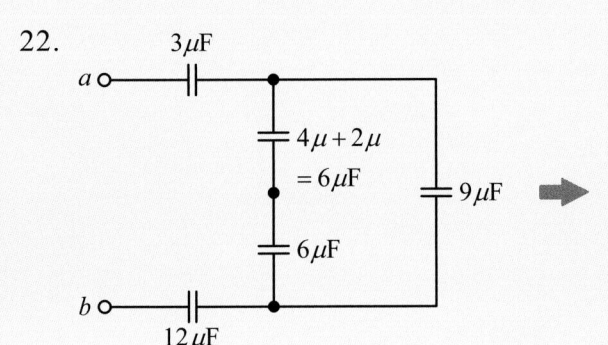

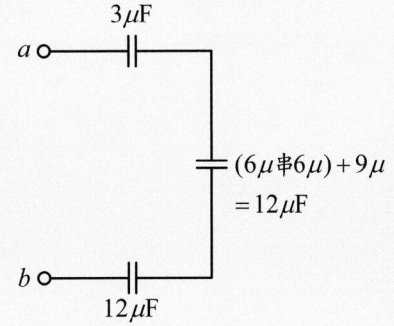

22.

∴ $C_{ab} = 3\mu\,串\,12\mu\,串\,12\mu = 2\,(\mu F)$

答案與詳解

23. (1) $Q_T = C_T \times E = 2\mu \times 24 = 48\,(\mu C)$

    (2) $V = \dfrac{48\mu C}{12\mu F} = 4\,(V)$

    (3) $Q_1 = (\dfrac{6\mu \times 6\mu}{6\mu + 6\mu}) \times 4 = 12\,(\mu C)$

    (4) $V_{cd} = \dfrac{12\mu C}{6\mu F} = 2\,(V)$

24. $\theta_{i_R} = \theta_{v_s} = 0°$，$\theta_{i_L} = \theta_{v_s} - 90°$
    因電路為電感性，$-90° < \theta_{i_s} < 0°$

25. 若僅指示燈接線脫落的話，應能正常加熱煮飯。

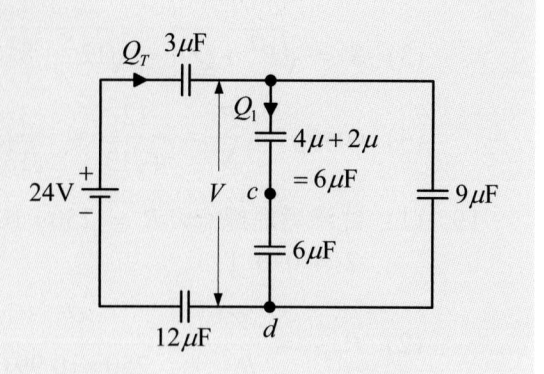

114學年度科技校院四年制與專科學校二年制統一入學測驗試題本
電機與電子群
專業科目（一）：基本電學、基本電學實習

( )1. 有一個1200W電鍋每日使用4小時及四個100W燈泡每日使用10小時，若電費每度3元，則30日共需付電費為何？
(A)987元　(B)792元　(C)678元　(D)543元

( )2. 有一電阻線，當加上120V電壓時通過的電流為12A，若將此電阻線均勻拉長使長度成為原來的2倍，則當加上120V電壓時通過的電流為何？
(A)9A　(B)6A　(C)4A　(D)3A

( )3. 如圖(一)所示電路，若R_1消耗功率為36W，則電阻R_2值為何？
(A)70Ω　(B)65Ω　(C)60Ω　(D)55Ω

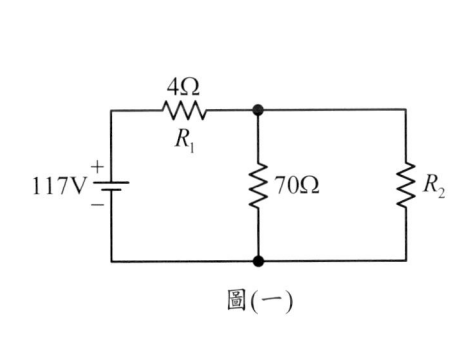

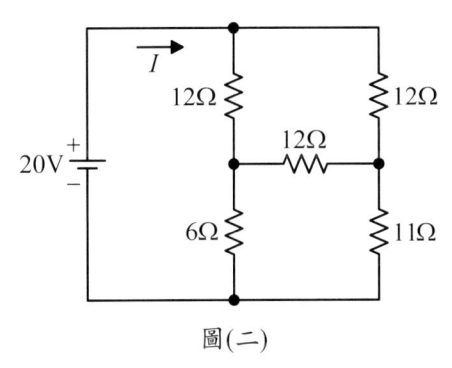

圖(一)

圖(二)

( )4. 如圖(二)所示電路，電流I為何？　(A)4A　(B)3A　(C)2A　(D)1A

( )5. 如圖(三)所示電路，電流I為何？
(A)0.75A　(B)1.55A　(C)2.25A　(D)3.75A

圖(三)

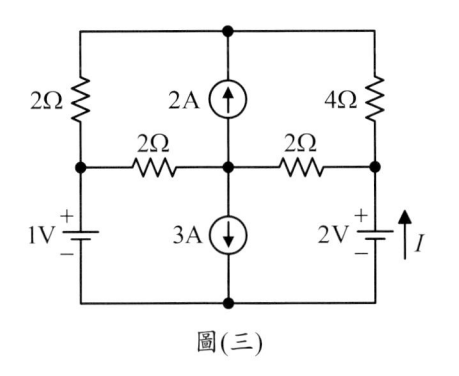

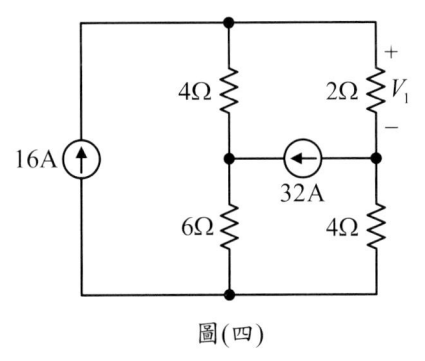

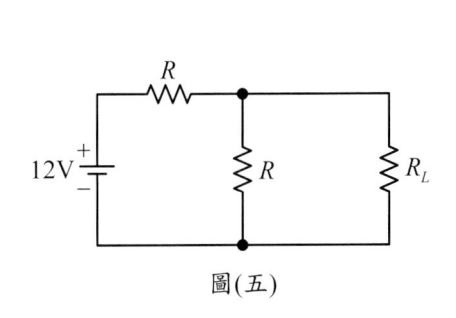

圖(四)

圖(五)

( )6. 如圖(四)所示電路，電壓V_1為何？
(A)60V　(B)50V　(C)40V　(D)30V

( )7. 如圖(五)所示電路，若轉移至負載R_L的最大功率為6mW，則電阻R值為何？
(A)12kΩ　(B)6kΩ　(C)4kΩ　(D)3kΩ

Basic Electricity
基本電學（下）攻略本

( ) 8. 有一只初始無儲存能量的電容器，若以定電流1mA連續充電10秒，其儲存能量為10焦耳，則此電容器的電容值為何？
(A) $10\mu F$ (B) $5\mu F$ (C) $1\mu F$ (D) $0.5\mu F$ [5-2]

( ) 9. 如圖(六)(a)所示為兩個互相耦合的電感，若電流$i(t)$如圖(六)(b)所示，則下列感應電勢波形何者正確？ [6-4]

(A) $e_1(t)$(V) 圖形：0~1上升到8，1~2下降到4，2~3保持4，3~4下降到0

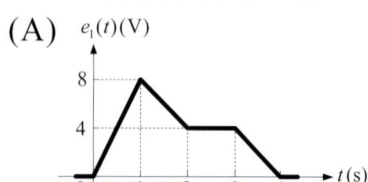

(B) $e_1(t)$(V) 圖形：0~1為-8，1~2為4，2~3為0，3~4為4

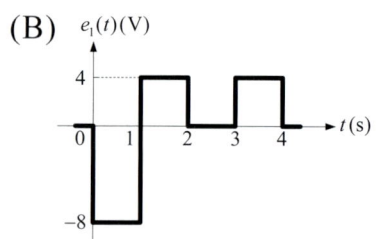

(C) $e_2(t)$(V) 圖形：0~1為4，1~2為0，2~3為-2，3~4為0

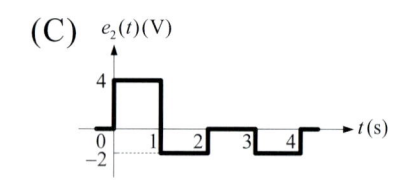

(D) $e_2(t)$(V) 圖形：0~1為-4，1~2為2，2~3為0，3~4為2

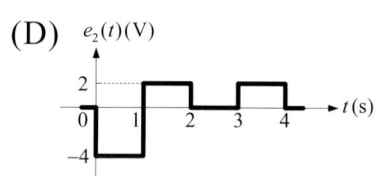

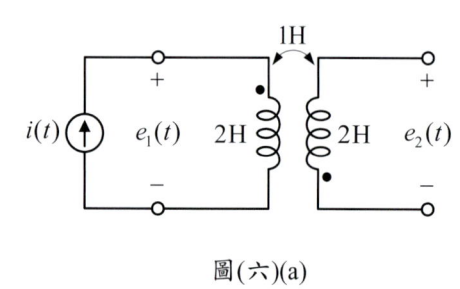

圖(六)(a)：電路圖，電流源$i(t)$，$e_1(t)$，2H，1H互感，2H，$e_2(t)$

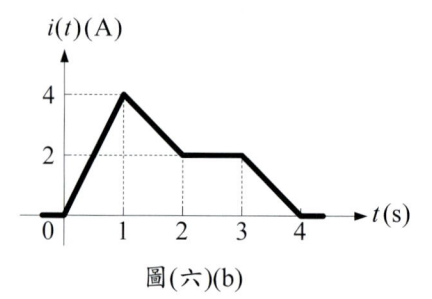

圖(六)(b)：$i(t)$(A) 波形：0~1上升到4，1~2下降到2，2~3保持2，3~4下降到0

( ) 10. 如圖(七)所示電路，開關SW為閉合狀態，當開關SW打開後，電路的放電時間常數為何？
(A) 60ms (B) 30ms (C) 20ms (D) 10ms [7-3]

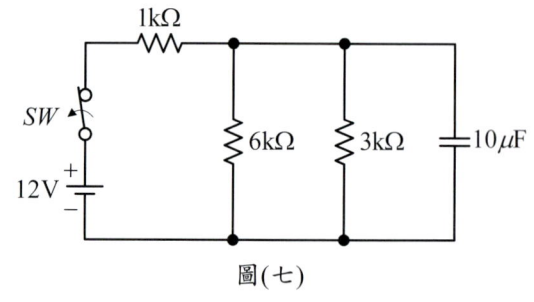

圖(七)：12V電源，1kΩ，SW開關，6kΩ，3kΩ，$10\mu F$

▲ 閱讀下文，回答第11-12題

如圖(八)所示為兩個頻率相同的交流弦波信號，週期$T = 10\ ms$。

( ) 11. $v_1(t)$與$v_2(t)$之間的相位關係為何？
(A) $v_1(t)$落後$v_2(t)$為90°
(B) $v_1(t)$領先$v_2(t)$為90°
(C) $v_2(t)$落後$v_1(t)$為45°
(D) $v_2(t)$領先$v_1(t)$為45° [8-4]

( ) 12. 若$v(t) = v_1(t) + v_2(t)$，則$v(t)$為下列何者？
(A) $10\sqrt{2}\sin(200\pi t)V$
(B) $10\sqrt{2}\cos(200\pi t)V$
(C) $10\sqrt{2}\cos(100\pi t)V$
(D) $10\sin(200\pi t)V$ [8-5]

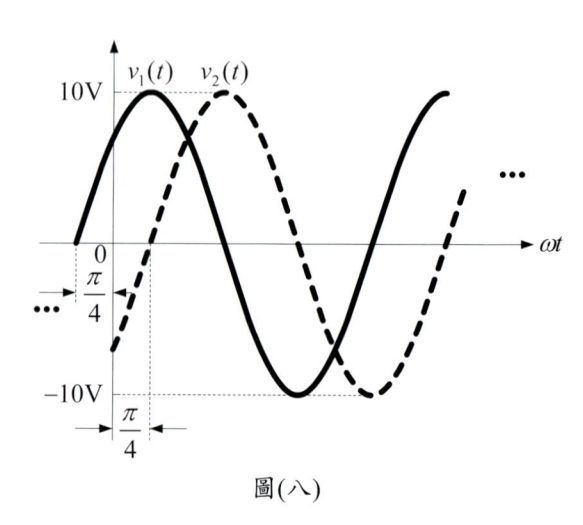

圖(八)

114-2

( )13. 交流電路中，電感為20mH其端電壓為$50\sqrt{2}\sin(500t)$V，則電感電流的有效值為何？ (A)5A (B)$5\sqrt{2}$A (C)10A (D)$10\sqrt{2}$A

( )14. 如圖(九)所示交流電路，a、b兩端的阻抗$\overline{Z_{ab}}$為何？
(A)$20-j20\Omega$ (B)$20+j20\Omega$ (C)$20+j2\Omega$ (D)$20-j2\Omega$

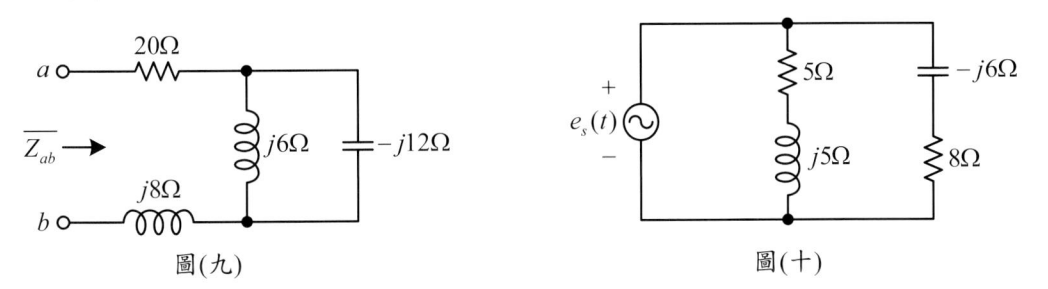

( )15. 如圖(十)所示電路，電源電壓$e_s(t)=100\sqrt{2}\sin(377t)$V，電源提供的平均功率$P_s$、虛功率$Q_s$分別為何？
(A)$P_s=1000$ W、$Q_s=1000$ VAR
(B)$P_s=1800$ W、$Q_s=1600$ VAR
(C)$P_s=1800$ W、$Q_s=400$ VAR
(D)$P_s=2000$ W、$Q_s=1600$ VAR

▲ 閱讀下文，回答第16-17題

如圖(十一)所示並聯諧振電路，電路諧振時$i_s(t)=5\sin(\omega_o t)$ A、$\omega_o=200$ rad/s，擬設計電容、電感組合及其電流值。

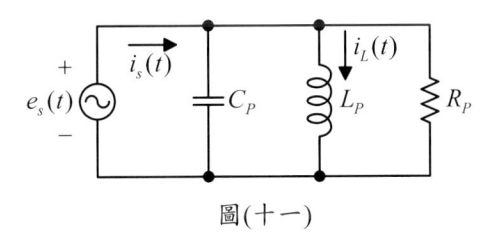

( )16. 已知電感$L_P=5$ mH，則電容C_P為何？
(A)5μF (B)25μF (C)40μF (D)50μF

( )17. 若電阻$R_P=40$ Ω，則電感電流$i_L(t)$的有效值為何？
(A)$10\sqrt{2}$A (B)10A (C)$5\sqrt{2}$A (D)5A

( )18. 如圖(十二)所示之三相平衡電路，電感性負載端線電壓有效值為$200\sqrt{3}$V，三相負載的總平均功率為15kW、總虛功率為15kVAR，則負載阻抗$\overline{Z_Y}$為何？
(A)$5+j5\Omega$ (B)$4+j4\Omega$ (C)$2+j2\Omega$ (D)$2-j2\Omega$

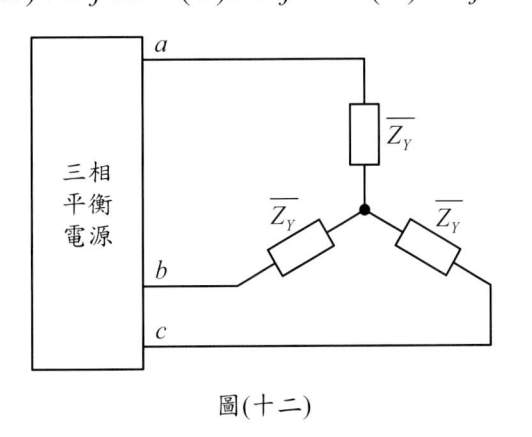

( )19. 變壓器、發電機或配電盤所引起的電氣火災歸屬於下列何種火災？
(A)D類　(B)C類　(C)B類　(D)A類 [實習1]

( )20. 如圖(十三)所示，電阻器R_1與R_2串聯後，若a、b兩端總電阻為90Ω，則R_2的色環由第一環至第五環顏色依序可能為下列何者？
(A)橙橙黑紅棕　(B)綠藍黃橙紫　(C)綠棕黑金紫　(D)橙黑橙棕紅 [3-1]

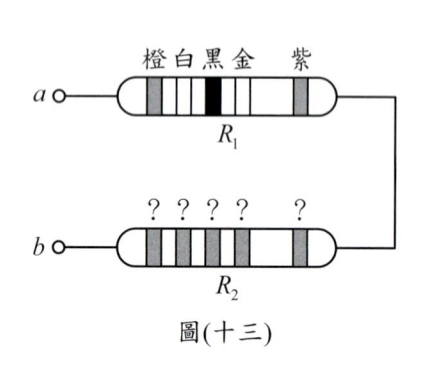

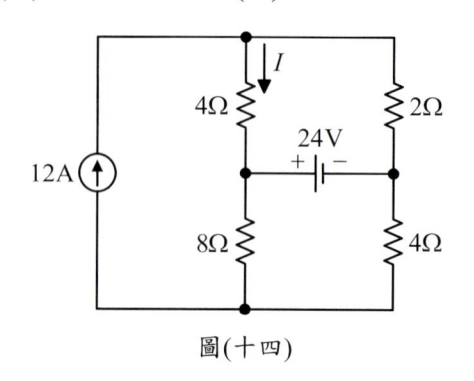

圖(十三)

圖(十四)

( )21. 如圖(十四)所示電路，電流I為何？
(A)0A　(B)4A　(C)8A　(D)12A [4-3]

( )22. 使用LCR表量測一只標示104K電容器的電容值，則下列何者為合理的量測值？　(A)0.95μF　(B)127nF　(C)96nF　(D)11nF [實習3]

( )23. 如圖(十五)所示RL電路，開關SW是打開狀態且電路已穩態，若開關SW在時間$t=0$時閉合，充電時間常數為τ，則下列何者正確？（e為自然指數，$e^{-1} \approx 0.368$）
(A)$v_R(t=\tau)=0.816E$
(B)$v_L(t=\tau)=0.368E$
(C)$i_1(t=\tau)=\dfrac{0.632E}{R}$
(D)$i_L(t=\tau)=\dfrac{0.184E}{R}$ [7-3]

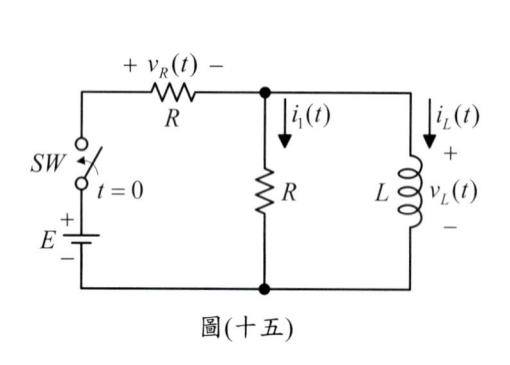

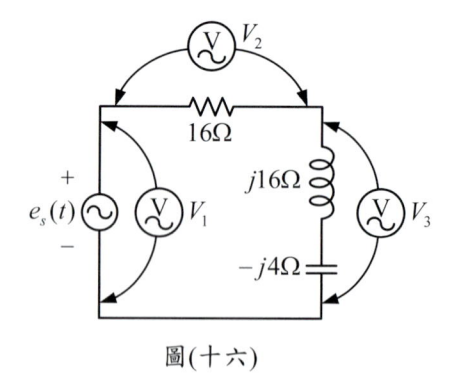

圖(十五)

圖(十六)

( )24. 如圖(十六)所示交流電路，採用交流電壓表量測各端電壓，若電壓表V_1讀值為200V，則下列敘述何者正確？
(A)V_2的讀值為160V，V_3的讀值為120V
(B)V_2的讀值為120V，V_3的讀值為160V
(C)V_2的讀值為120V，V_3的讀值為80V
(D)V_2的讀值為80V，V_3的讀值為120V [9-4]

( )25. 單相家用吹風機主要元件有電熱線、溫度開關及直流風扇馬達，其示意電路如圖(十七)所示，其中①、②、③表示元件編號，下列組合何者正確？
(A)①為直流風扇馬達，②為溫度開關，③為電熱線
(B)①為電熱線，②為溫度開關，③為直流風扇馬達
(C)①為溫度開關，②為直流風扇馬達，③為電熱線
(D)①為直流風扇馬達，②為電熱線，③為溫度開關

[實習4]

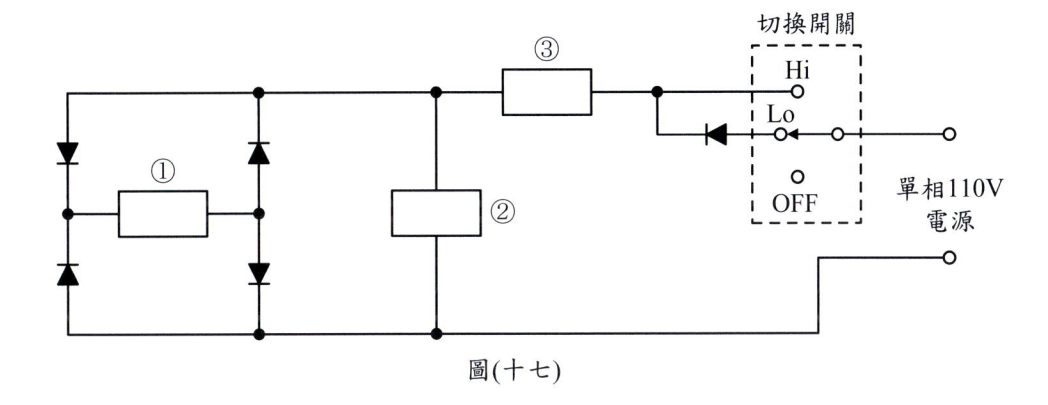

圖(十七)

| 答案與詳解 |

答 1.B 2.D 3.A 4.C 5.C 6.A 7.D 8.B 9.D 10.C
  11.B 12.A 13.A 14.B 15.C 16.D 17.A 18.B 19.B 20.C
  21.A 22.C 23.A 24.A 25.D

下冊詳解

10. 開關SW打開後，放電電路之戴維寧等效電阻$R_{th} = 6k // 3k = 2\,(k\Omega)$
    $\tau = R_{th}C = 2k \times 10\mu = 20\,(ms)$

11. (1) v_1波形相位$\theta_1 = \dfrac{\pi}{4} = 45°$，$v_2$波形相位$\theta_2 = -\dfrac{\pi}{4} = -45°$

    (2) $\theta_1 - \theta_2 = 45° - (-45°) = 90°$，所以$v_1$領先$v_2$為$90°$

12. (1) $V_m = 10\,(V)$，$2\pi f = \dfrac{2\pi}{T} = \dfrac{2\pi}{10m} = 200\pi$

    (2) $v_1(t) = 10\sin(2\pi ft + 45°)\,(V)$，$\overline{V_1} = 5\sqrt{2}\angle 45° = 5 + j5\,(V)$

    (3) $v_2(t) = 10\sin(2\pi ft - 45°)\,(V)$，$\overline{V_2} = 5\sqrt{2}\angle -45° = 5 - j5\,(V)$

    (4) $\overline{V_1} + \overline{V_2} = (5 + j5) + (5 - j5) = 10\angle 0°\,(V)$
    $v(t) = v_1(t) + v_2(t) = 10\sqrt{2}\sin(200\pi t)\,(V)$

答案與詳解

13. $X_L = \omega L = 500 \times 20m = 10\,(\Omega)$

$I_L = \dfrac{V_L}{X_L} = \dfrac{50}{10} = 5\,(A)$

14. $\overline{Z_{ab}} = 20 + (j6 // -j12) + j8 = 20 + \dfrac{j6 \times (-j12)}{j6 + (-j12)} + j8$

$= 20 + j12 + j8 = 20 + j20\,(\Omega)$

15. (1) 流經RL串聯路徑的電流：$I_1 = \dfrac{E_s}{Z_1} = \dfrac{100}{\sqrt{5^2+5^2}} = 10\sqrt{2}\,(A)$

(2) 流經RC串聯路徑的電流：$I_2 = \dfrac{E_s}{Z_2} = \dfrac{100}{\sqrt{8^2+6^2}} = 10\,(A)$

(3) $P_s = I_1^2 R_{5\Omega} + I_2^2 R_{8\Omega} = (10\sqrt{2})^2 \times 5 + (10)^2 \times 8 = 1800\,(W)$

$Q_s = I_1^2 X_L - I_2^2 X_C = (10\sqrt{2})^2 \times 5 - (10)^2 \times 6 = 400\,(VAR)$

16. $\omega_o = \dfrac{1}{\sqrt{L_P C_P}} \Rightarrow C_P = \dfrac{1}{\omega_o^2 L_P} = \dfrac{1}{2000^2 \times 5m} = 50\,(\mu F)$

17. (1) 諧振時，$I_{R0} = I_s = \dfrac{5}{\sqrt{2}}\,(A)$，則 $E_s = \dfrac{5}{\sqrt{2}} \times 40 = 100\sqrt{2}\,(V)$

(2) $I_{L0} = \dfrac{E_s}{X_{L0}} = \dfrac{E_s}{\omega_o L_P} = \dfrac{100\sqrt{2}}{2000 \times 5m} = 10\sqrt{2}\,(A)$

18. (1) 每相負載之平均功率 $P_\phi = \dfrac{P_T}{3} = 5\,(kW)$、虛功率 $Q_\phi = \dfrac{Q_T}{3} = 5\,(kVAR)$

視在功率 $S_\phi = \sqrt{P_\phi^2 + Q_\phi^2} = \sqrt{(5k)^2 + (5k)^2} = 5\sqrt{2}\,(kVA)$

(2) 相電流 $I_\phi = \dfrac{S_\phi}{V_\phi} = \dfrac{5\sqrt{2}k}{\dfrac{200\sqrt{3}}{\sqrt{3}}} = 25\sqrt{2}\,(A)$

(3) $R_\phi = \dfrac{P_\phi}{I_\phi^2} = \dfrac{5000}{(25\sqrt{2})^2} = 4\,\Omega$，$X_\phi = \dfrac{Q_\phi}{I_\phi^2} = \dfrac{5000}{(25\sqrt{2})^2} = 4\,\Omega$

電感性負載 $\overline{Z_Y} = R_\phi + jX_\phi = 4 + j4\,(\Omega)$

22. $C = 10 \times 10^4 \pm 10\%\,(pF) = 100 \pm 10\%\,(nF) = 90 \sim 110\,(nF)$

答案與詳解

23. (1) $E_{th} = E \times \dfrac{R}{R+R} = 0.5E$，$R_{th} = R//R = 0.5R$

(2) $v_L(\tau) = E_{th} e^{-\frac{t}{\tau}} = 0.5E \times e^{-1} = 0.184E$

(3) $i_L(\tau) = \dfrac{E_{th}}{R_{th}}(1 - e^{-\frac{t}{\tau}}) = \dfrac{0.5E}{0.5R} \times (1 - e^{-1}) = \dfrac{0.632E}{R}$

(4) $v_R(\tau) = E - v_L(\tau) = E - 0.184E = 0.816E$

(5) $i_1(\tau) = \dfrac{v_L(\tau)}{R} = \dfrac{0.184E}{R}$

24. 串聯電路電流 $I = \dfrac{V_1}{Z} = \dfrac{200}{\sqrt{16^2 + (16-4)^2}} = \dfrac{200}{20} = 10\,(\text{A})$

$V_2 = IR = 10 \times 16 = 160\,(\text{V})$

$V_3 = IX = 10 \times (16-4) = 120\,(\text{V})$

Note